北京师范大学教育学部
FACULTY OF EDUCATION, BEIJING NORMAL UNIVERSITY

U0573645

教师素养提升系列教材

中小学教师能力提升线上课程配套讲义

丛书主编
朱旭东

家庭教育指导

二十讲

宋　萑　金德江／主编

JIATING JIAOYU ZHIDAO
ERSHIJIANG

北京师范大学出版集团
BEIJING NORMAL UNIVERSITY PUBLISHING GROUP
北京师范大学出版社

图书在版编目（CIP）数据

家庭教育指导二十讲 / 宋萑，金德江主编. —北京：北京师范大学出版社，2024.8（2025.7重印）

ISBN 978-7-303-29099-4

Ⅰ. ①家… Ⅱ. ①宋… ②金… Ⅲ. ①家庭教育 Ⅳ. ①G78

中国国家版本馆 CIP 数据核字（2023）第 075939 号

出版发行：北京师范大学出版社 https：//www.bnupg.com
    北京市西城区新街口外大街 12-3 号
    邮政编码：100088
印 刷：北京虎彩文化传播有限公司
经 销：全国新华书店
开 本：787 mm×1092 mm 1/16
印 张：31.5
字 数：550 千字
版 次：2024 年 4 月第 1 版
印 次：2025 年 7 月第 4 次印刷
定 价：128.00 元

策划编辑：冯谦益   责任编辑：冯谦益
美术编辑：焦 丽   装帧设计：焦 丽
责任校对：康 悦   责任印制：马 洁

教师素养提升系列教材
中小学教师能力提升线上课程配套讲义

编委会

本书编委会

主　编：宋　萑　金德江

副主编：吴　慧　石春秀

编　委（以姓氏拼音为序）：

耿言梅　胡茹娟　黄石拨　李　强

梁锦瑛　彭永红　王敬英　温俊卿

吴小武　夏春美　徐桂芳　许伟洁

杨奇琴　尹晓平　张辉霞　赵紫薇

数智赋能　素养筑基
新时代教育强国战略下的教师发展路

　　当今世界正经历百年未有之大变局，教育作为国之大计、党之大计，始终处于国家发展战略的核心位置。党的十九大曾明确提出"优先发展教育事业""培养高素质教师队伍"的战略目标。2024 年，习近平在全国教育大会上指出，建成教育强国是近代以来中华民族梦寐以求的美好愿望，是实现以中国式现代化全面推进强国建设、民族复兴伟业的先导任务、坚实基础、战略支撑。为加快建设教育强国，实现到 2035 年建成教育强国的战略目标，《教育强国建设规划纲要（2024—2035 年）》发布，为我国教育事业高质量发展提供了清晰的路线图。

　　在这一宏伟蓝图下，教师队伍作为教育生态的核心主体，其素养与能力的全面提升，已成为实现教育强国目标的首要突破口——强国必先强师，教师队伍建设是教育强国建设最重要的基础工作。当前，全球正处于科技革命与产业变革的加速期，人工智能、数字技术正深度重构教育生态，推动教育范式向人机协同、跨界融合的智慧教育转型。党中央将教育数字化上升为国家战略，党的二十大明确提出"推进教育数字化"的核心任务，强调构建泛在可及的终身教育体系。教师角色亟待从"传统知识传授者"向"创新教育引领者"转型。近年来，党和国家立足教育强国建设全局，对新时代高水平教师队伍建设做出系统部署，明确提出以教育家精神为引领、以师德师风为根基、以专业能力为核心的战略路径。在此背景下，《新时代基础教育强师计划》《教师数字素养》等政策文件，科学擘画了政治坚定、师德高尚、业务精湛、创新有为的新时代教师队伍发展蓝图，强调通过实施教育家精神强师铸魂行动，深化师德养成与价值引领。这些举措深刻诠释了教育强国背景下教师队伍建设的核心逻辑——以高质量师资支撑高质量教育生态，以专业化发展破解城乡均衡、学科适配等结构性难题，为实现"为党育人、为国育才"根本使命筑牢人才根基。

面对教育数字化转型与教师能力升级的双重需求，北京师范大学主动响应国家战略，充分发挥学术引领优势，自2020年起全面推进"互联网+教育"改革创新工作，百门中小学教师教学能力提升线上课程建设项目就是这一背景下的重要工作。该项目立足"系统设计、分步实施、共建共享、实践导向"四大原则，构建覆盖教师职业全周期的三维课程生态，通过"阶梯计划"与模块化课程群，深度融合教育理论、学科重构与技术进阶，形成"职前奠基—职中精进—终身发展"的培养链。已建设的课程内容体系涵盖三大核心维度：教育理论与政策基础、教师素养与专业发展和教育实践与方法创新。每门课程包含至少10个专题的视频、配套教材及学习资源包，实现理论解析与教学实践深度耦合。本丛书通过跨学科专家团队与双平台协作，将理论成果转化为数字化解决方案，助力教师教育实现智能化、精准化升级，不仅为教师适应教育范式变革提供"数字罗盘"，还以动态升级的知识生态系统助力教育强国战略目标的实现。

本丛书的出版，不仅是北京师范大学"互联网+教育"战略在教师教育领域的实践成果，还是助力我国教师队伍数字化建设、推动教育高质量发展、构建数字化教师发展体系的有力支撑。通过深度融合北京师范大学教育学部的学术积淀与一线教育经验，我们致力于构建一个持续迭代的数字化支持体系，精准对接教师专业发展的多样化需求。未来，我们将继续紧跟"人工智能+教育"的前沿趋势，拓展课程内容的深度与广度，助力教师在智能技术融合中实现创新突破。期待本丛书能为教育工作者提供坚实的理论与实践支持，共同推动我国教育事业向更高水平迈进，为2035年教育强国目标的实现注入持久动力。

北京师范大学教育学部部长

2025年5月

▶▶ 前　言

习近平总书记在全国教育大会上明确指出，办好教育事业，家庭、学校、政府、社会都有责任。家校社合作育人，是现代学校制度建设和新时代教育发展的全球性新课题，是教育思想从"小教育观"向"大教育观"转变的重要标志。中国的教育改革已进入纵深阶段，家校社合育的实效便是决定其成效的主要标志。

如何落实"家校社合作育人"？我们的思考是：以教师家教指导能力为切入点，撬动家校社合育这个"大课题"。2019年6月，中共中央、国务院颁布了《关于深化教育教学改革提高义务教育质量的意见》，第一次将教师的"家庭教育指导能力"列入"教育教学能力"中，使之成为教师专业素养的重要组成部分。2019年10月，党的十九届四中全会明确提出要"构建覆盖城乡的家庭教育指导服务体系"，家教指导成为实现"三教结合"育人大体系的重要支点。2022年1月1日正式实施的《中华人民共和国家庭教育促进法》同样强调：中小学校、幼儿园应当将家庭教育指导服务纳入工作计划，作为教师业务培训的内容。2023年1月13日，教育部等十三部门《关于健全学校家庭社会协同育人机制的意见》指出，切实加强教师家庭教育指导能力建设，将教师家庭教育指导水平与绩效纳入教师考评体系，对教师开展家庭教育指导工作进一步明确要求。

从家校关系的历史来看，家庭教育指导对学校而言并非新事物、新要求，传统的家访、家长会都属于学校自发开展的家庭教育指导。但是，当前我国的教师家庭教育指导能力建设和研究尚处起步阶段，缺乏系统、科学的理论和实践框架。其次，面向教师的家庭教育指导培训课程多以理论讲解为主，忽视了"需求导向、重视实操"的教师学习特点。

基于此，教育部人文社会科学研究规划基金项目"多重熏陶理论下家庭学校社区关怀型教育共同体的创建"课题组与家庭教育专业培训网聚焦教师在家教指导过程中的实际疑惑，关注家庭教育中的热点和难点问题，邀请全国各地一线名师对典型案例进行细致讲解，从而编写出这本《家庭教育指导二十讲》。本书在编写时，遵循以下三个原则，力求从变动的社会现状和家庭现实出发，编写一本聚焦需求、指导实务的立体化家庭教育指导用书。

一、需求导向

教师最关注的家庭教育问题有哪些？家庭教育指导的重点和难点是什么？本书编写前，我们进行了一项"关于教师家庭教育指导课程内容需求"的调查，了解教师在日常的教学实践中最常接触的家庭教育指导问题，以及教师当下最关注的家庭教育指导内容。本次调查共收集到282份有效问卷。参与调查的教师中，98.90%的教师认为开展家教指导非常重要，可见很大一部分教师意识到了家庭教育指导的重要性及必要性。在"您当下最关注的家庭教育指导主题"这项调查中，"亲子沟通""习惯养成""学习能力培养"这三个主题教师最为关注，分别占比94.68%、84.75%和74.11%。另外，"教师家教指导途径与方法""特殊家庭与特殊孩子的家庭教育指导"等话题也有较多教师选择。不少教师在开放性问题中也反映了"手机使用不当""功利性教育过多"等实际问题。

根据调查结果，我们将教师集中遇到的问题进行分类和整理，从指导认知、指导途径、沟通指导、学业指导、学段衔接、心理健康指导、青春期指导、特殊指导8个维度，列出"亲子沟通""学习习惯培养""心理健康"等20讲，每讲下有5个相关主题，共计100个主题。这100个主题不仅是教师当前的迫切需要，也是家长困惑的集中反映。

二、实务指导

结合以上调查数据，本书采用问题集式的编排模式，对教师在家庭教育指导实践中遇到的具体问题，进行集成、分类，以专题形式列出。这100讲都遵循"小、实、快"的特点，即话题小而具体，来源教师教育实际，力求"一课有一得"，见效快。以"学习习惯培养"中"作业问题"为例，我们根据当下家长面临的难点及教师的实际需求，选取了"如何指导家长帮助孩子克服作业拖延问题"这一主题，指导教师与家长共同分析孩子作业拖延的原因，提出"分步建立规则，养成高效做事的习惯""根据实际，分类制定作业目标""多样化激励措施，帮助孩子快速、优质完成作业"三条建议，并加以阐释，以作业问题为切入点，培养孩子的责任意识、规则意识、自理能力等素质。

每一节开篇设有"知识构图"，帮助教师快速预览整体架构，了解知识重心；"学习目标"明确此主题想要实现的具体目标和意图，帮助教师预设学习获得的结果；"读前反思"启发教师思考，回忆或模拟该主题下可能出现的情景，"代入式"加深对内容的理解。

主体内容多按照"问题聚焦—应对策略—实施建议"的框架进行撰写。"问题聚焦"选取教师经历过的典型案例或当前面临的疑难问题，要求案例真实生动，问题聚焦，能引发群体共鸣；"应对策略"会紧扣主题，不空谈理论，也不点到为止，每条策略下都有详细的内容提示，给教师提供实实在在的"干货"；"实施建议"会充分考虑孩子学段及家长特点，给出能调动家长和孩子积极性的多样化实施路径，打开教师思路。以"线上家校沟通"中的"如何通过共写带来高质量的家校互动"为例。在应对策略中，本书不仅给出了家校信、随笔（日记）接龙这些常见的共写方法，也对每种方法的实施频率、书写途径、交流内容做了详尽的介绍，教师可按需选择；在实施建议中，我们列出"搜集或编辑典型案例，进行示范""根据家庭和孩子实际情况，灵活开展""制定多样化激励措施，贵在坚持"三个实施意见，打开了教师的视野，充分调动家长和孩子参与的积极性。

同时，结尾设有"随讲随练"帮助教师检视学习效果；"拓展阅读"提供相关参考书目和其他阅读材料，支持教师自主拓展学习，巩固对本节内容的理解。

三、源于一线

本书由一大批来自北京、上海、广东和江苏等地，具有丰富家庭教育指导经验的一线教师，及家庭教育研究与服务机构的课程开发人员集中撰稿。这些编者有教龄 20 年以上的成熟教师；有具备多年家庭教育指导经验的指导师；有具备丰富咨询经验的心理辅导教师；有来自各地名师工作室，辅导过上千个家庭的优秀教师；有长期从事家庭教育课程开发的专业人员；等等。大家都选取了身边常见的家庭教育问题，从实际案例入手，结合自己的家庭教育指导心得进行图书撰写。因此，本书的案例真实可信，策略切实可行，建议科学有效。在指导内容的设计上，本书聚焦家庭教育指导的重点问题，突出实用性，引发教师对问题起因和解决思路的深入思考，落脚在教师通过系统思考来解决问题的具体实践上。

孩子的成长受到学校、家庭和社会的交叠影响，教师指导家长开展家庭教育，不仅要着眼于制度化的教师培训，更要启发教师的专业自觉，将教师的自我经验转化为育人能力。我们希望，学校、家庭、社会能充分发挥各自的效能，共同促进孩子的身心健康成长。同时，也希望本书能为广大教师群体提供指导和帮助。

宋萑、金德江

于北京师范大学

2024 年 4 月

目

录

目录

目

录

目

录

目

录

第一部分
指导认知

· · · · · · · · ·

国际 21 世纪教育委员会在向联合国教科文组织提交的报告中指出，家庭是一切教育的第一场所，并在这方面负责情感和认识上的联系及价值观和准则的传授。[1] 由此可见，家庭教育是关系儿童未来发展与进步的奠基性事业，对儿童价值观和幸福人生的形成具有独特作用。但目前我国家长的家庭教育能力尚有不足，许多家长的家庭教育理念和教育方式较为落后。若想解决家长的教育期待与其自身教育能力不足的矛盾，就必须大力发展家庭教育指导工作。而学校教师作为与儿童朝夕相处，与儿童的家长接触较多并对儿童的成长产生重要影响的人，自然就成为家庭教育指导的主要力量。

由于家庭教育指导工作是一个涉及多方面的复杂的系统工程，这就要求教师既掌握儿童身心发展规律，又具备与不同家长沟通、交流的能力，同时还要拥有儿童家庭教育的基本知识储备及先进的教育指导理论。因此本书的第一部分为"指导认知"，该部分向教师和家长介绍了儿童拥有的一些重要却容易被忽视的权利，希望通过对儿童权利的讲解，帮助教师和家长形成科学的儿童观。同时，本部分也向教师们普及了家教指导研究的相关内容，如家庭指导相关知识、可利用资源、需重视的原则及具体过程和方法等。我们希望能够通过家庭指导知识的普及，从认知的层面，帮助教师和家长以较为宏观的视角，树立正确的家庭教育观，掌握科学的育儿方法，从而提高家校共育水平，促进儿童的协调发展与健康成长。

---

[1] 联合国教科文组织：《教育——财富蕴含其中》，96 页，北京，教育科学出版社，1996。

▶知识构图

-
-
-
-

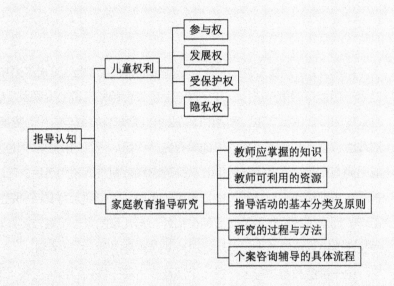

▶▶ 第一讲
▶ 儿童权利

儿童是一个独立的人，是有思想、有能力的个体。尊重和保护儿童权利，是家长与孩子平等交流的基础，也是家庭教育的起点和归宿。当下家庭教育中的很多误区，成因就在家长对儿童权利的无知和漠视。

本讲我们将重点解读儿童的隐私权、参与权、发展权和受保护权，帮助教师学会引导家长从儿童权利视角分析家庭教育问题，为教师指导家长尊重和保护儿童权利提供帮助，从而引导家长尊重儿童的个体差异和独立人格，顺应儿童的成长规律，强化家庭教育新理念，转变家长的教育行为。

·
·
·
·

▶▶ 第一节　常见的儿童权利有哪些 ◀

知识构图 ▶

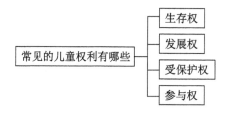

学习目标 ▶

1. 了解儿童权利的基本概念。

2. 了解儿童的生存权、发展权、受保护权、参与权这四种权利的基本内涵。

　　1. 你知道的儿童权利有哪些?

　　2. 在平时的教育中,你会尊重儿童权利吗?

　　生活中,有些家长经常这样说:"你要怎么怎么做,我们都是为了你好!"家长出于"保护"心理,随意进出孩子的房间,检查孩子的日记、手机,换来的却是孩子的不领情、不满意。中国家长的养育和保护,多多少少还保留着传统的观念,这种"我全心全意为你好,你就应该听我的"逻辑背后,暗含的是家长对孩子的支配,是对孩子缺乏理解,是对孩子的权利认识不足。教师在做家庭教育指导的时候,必须让家长了解孩子的基本权利,为孩子的成长与发展创造更加有利的条件。

　　儿童权利的概念来自西方社会。两次世界大战之后,儿童的不幸遭遇促使人们对儿童权利进行思考。多年讨论之后,在 1959 年,联合国发布了《儿童权利宣言》,首次将儿童权利以宣言的形式在国际社会上提出;1989 年,第 44 届联合国大会上通过了《儿童权利公约》,是第一部有关保障儿童权利且具有法律约束力的国际性约定。1990 年,我国签署了《儿童权利公约》,1992 年公约对我国生效。

　　根据具体国情,2020 年我国修订了《未成年人保护法》,对儿童权利进行全面的解读和完善。《未成年人保护法》第三条规定:"国家保障未成年人的生存权、发展权、受保护权、参与权等权利。"

一、生存权

　　《儿童权利公约》第六条规定"缔约国确认每个儿童均有固有的生命权。""缔约国应最大限度地确保儿童的存活与发展。"第二十四条规定"缔约国确认儿童有权享有可达到的最高标准的健康,并享有医疗和康复设施;缔约国应努力确保没有任何儿童被剥夺获得这种保健服务的权利。"生命只有一次,每一个人的生命都应该受到尊重。因此,我国一直把保障儿童生存权放在儿童保护的首要位置,对此,我国《未成年人保护法》第十六条明确规定,"未成年人的父母或者其他监护人应当履行下列监护职责:(一)为未成年人提供生活、健康、安全等方面的保障"。第十七条规定,"未成年人的父母或者其他监护人不得实施下列行为：（一）虐待、遗弃、非法送养未成年人或者对未成年人实施家庭暴力"。国家也一直在建立健全相关法律制度，组织设立各级各类儿童保障机构，改善医疗保健水平。对家庭而言，家长要切实关心孩子的生存状态，提供包括喂养、照料等基本生活保障，防止意外伤害、救治病患孩子等身体健康保障等。但是，打骂、虐待、遗弃孩子等新闻时有发生，在我国依然存在着个别家长侵犯儿童生存权的现象。

二、发展权

发展权在《儿童权利公约》里主要指信息权、受教育权、娱乐权、文化与社会生活的参与权等[1]。其主旨是要保证儿童在身体、智力、精神、道德、个性和社会性等诸方面均得到充分的发展[2]。

生存权保障的是儿童生命的存在，而发展权强调的是儿童生命的价值，是为了保障儿童使其具有良好的社会适应性，并发展成对社会有用的人才。在发展权里，特别强调儿童的受教育权、信息权和娱乐权。儿童有权接受教育，充分发展他们的个性、才智和身心能力；儿童享有娱乐、休闲的权利，有权自由参加文化生活和艺术活动；有权使用大众传播媒介，以获得有益其身心健康的信息和资料，培养文明的网络素养，拒绝色情、暴力等内容，努力满足儿童身心发展的需要。

三、受保护权

受保护权在《儿童权利公约》中包括三方面内容：反对一切形式的儿童歧视，平等对待每一个儿童；保护儿童一切人身权利，救助危急、紧急情况下的儿童；对脱离家庭的儿童进行保护。

在当下，"保护儿童"已不再是简单的一句口号，已得到多方面的重视。然而，保护儿童的什么？如何进行保护？各方依然缺少统一的认识，就会有意无意地产生忽视与侵犯儿童权利的行为。学校中就会存在着歧视问题，学习成绩、容貌形体、家庭收入等

---

[1] 洪明：《完整理解和实现儿童受教育权》，载《中华家教》，2017（C1）。

[2] 谌香菊：《儿童发展权保护立法研究》，硕士学位论文，广东商学院，2008。

都有可能成为儿童受歧视的原因。同时，部分家长、教师不尊重儿童的隐私，认为儿童没有隐私可言，看其日记、翻其手机是合情合理的事。其实，家长想要知道孩子心里想什么，坐下来平等沟通才是关键。还有，对儿童照料不周，对儿童进行有辱人格的惩罚，利用、剥削儿童，这些都侵犯了儿童的受保护权。

四、参与权

参与权指儿童享有参与家庭、文化和社会生活的权利，儿童不应被简单地视为一个需要特殊照顾的弱小群体，他们应当作为一个有权利的群体而被所有人尊重。

儿童虽然正处在身心发展阶段，但他们仍然是一个有生命、有意识的个体，是一个独立的存在，他们应该拥有自己的主观意识，享有表达自己意见的权利。成人不能将儿童看作附庸，需要理解、支持和尊重他们，引导儿童做出合理的、负责任的决定。如果总是代替儿童作出决定，儿童的好奇心、想象力、自主创造能力就会受到束缚，与其到那时反过来埋怨儿童长不大、没主见，不如提前鼓励儿童参与，充分发挥自己的潜能，尝试作出适合自己的判断，学会做自己的主人。

在本讲的后四个主题中，我们将重点解读儿童的隐私权、参与权、发展权和受保护权，为教师指导家长保护儿童权利提供帮助。

随讲随练

【判断】儿童生存权指的是：保证儿童在身体、智力、精神、道德、个性和社会性等诸方面均得到充分的发展。（　　）

【单选】以下哪个行为是尊重儿童生存权的表现：（　　）。

A.家长喂养和照料孩子　　　　B.家长引导孩子自己做决定

C.鼓励孩子发展个性

【多选】家长的哪些行为侵犯了儿童受保护权：（　　）。

A.打骂虐待孩子　　　　B.翻看孩子的手机

C.帮助孩子做决定　　　　D.翻看孩子的日记

拓展阅读

　　1.《中华人民共和国未成年人保护法》。

　　2.刘瑝：《你其实不懂儿童心理学》，海口，南方出版社，2012。

▶▶ 第二节　家庭生活中如何保障孩子的"参与权" ◀

知识构图

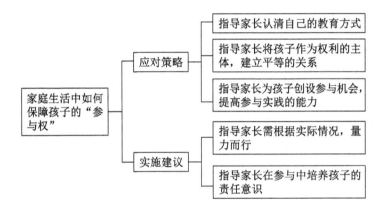

学习目标

　　1.明确家庭生活中保障儿童参与权的重要意义。

　　2.了解儿童参与权的8个递进阶梯。

　　3.明确如何在家庭生活中保障儿童参与权。

读前反思

　　1.之前你是否了解过参与权的相关概念？

　　2.反思自己在日常家庭生活中是否有侵害儿童参与权的做法？

一、问题聚焦

　　现实生活中，我们常常看到家长为了让孩子专注学习，不允许孩子外出游戏、参加活动，甚至连家务都不让孩子做；还有的家长为了提高孩子的学习成绩，不顾孩子的意愿，剥夺他们的休闲时间，带着孩子参加各种补习班、特长班、兴趣班，认为只有这样，才能"不输在起跑线上"。

家长的本意都是"为了孩子好"，但却忽视了孩子的真实需求，家长仅凭自己的主观意志，限制孩子参与活动、体验生活，剥夺了孩子在实践过程中获取知识、经验、能力的宝贵机会，孩子容易长成"温室里的花朵"，出现缺乏自主意识、动手能力差、生存能力堪忧等问题。

二、应对策略

《儿童权利公约》第十二条规定"缔约国应确保有主见能力的儿童有权对影响到其本人的一切事项自由发表自己的意见，对儿童的意见应按照其年龄和成熟程度给以适当的看待。"第十三条规定"儿童应有自由发表言论的权利；此项权利应包括通过口头、书面或印刷、艺术形式或儿童所选择的任何其他媒介，寻求、接受和传递各种信息和思想的自由，而不论国界。"儿童对自己的需要有权表达自己的意见，成人应该根据儿童的身体发育与心理成熟水平，尊重、支持儿童意见。为了鼓励、支持儿童积极参与家庭事务和社会交往，教师必须指导家长重视保障儿童参与权。

（一）指导家长认清自己的教育方式

根据对《儿童权利公约》的解读和相关调查的研究，可以把儿童参与权分为 8 个递进阶梯（图1-1），自下而上，儿童的参与程度层层递进。

教师可以指导家长结合图中的各个阶梯，对照自己平时对孩子的行为要求和教育方式，回忆曾经有没有操纵过孩子的某些行为，有哪些决定是替孩子做完之后才告知孩子的，又有哪些事情是真正交给孩子自己处理、决定的。家长对自己的教育方式有一个全面、清晰的认识，这是保障孩子的参与权的第一步。

（二）指导家长将孩子作为权利的主体，建立平等的关系

保障孩子的参与权，需从认可孩子作为权利的主体开始。教师在面对这类问题时，应指导家长转变原有观念，尊重孩子的意愿，尊重孩子的独立人格，给孩子自由参与的空间。教师可以让家长尝试着"弯下腰""蹲下来"，让孩子觉得家长不是高高在上；

儿童邀请成人提出意见并作出决定	• 儿童自己提出有关事项,并以主体身份来邀请成人一起讨论和做出决定。
儿童决定	• 儿童提出有关事项,并由儿童自己做出决定,成人并不参与。
儿童参与决定	• 成人提出有关事项,让儿童在筹划和实施中参与,并与儿童一起做决定。
事先征询儿童意见	• 成人设计了有关儿童的事项,但让儿童明白事项的意义,能征求儿童的意见,并能严肃地对待儿童的意见。
通知儿童	• 成人决定一些有关儿童的事项或计划后,让儿童了解他们为什么要做这些事情,他们可以决定是否参与。
象征性参与	• 在一些事项中,儿童可能会被问到他们有什么想法,但是没有人重视或参考他们的意见。
装饰品	• 儿童可能有机会参与一些活动,如被要求唱歌、跳舞、穿漂亮衣服为某些事情做宣传等,但他们不明白这些事项的意义,也不知道他们有权利选择是否参与,如何参与,以及在参与过程中如何表达自己的意见。
操纵	• 有关儿童的事情,完全由成人来安排。没有一种渠道或方法让儿童了解他们为什么这样做。

图 1-1　儿童参与权的 8 个递进阶梯

用"启发式"的语气,如"我觉得这样……会好一些?"提出自己的建议,切忌使用"我说你做"的"命令式"句式;在孩子表达自己想法时,要从孩子的视角出发,哪怕孩子的想法不切实际,也不轻易打断,应鼓励孩子多进行尝试。这样不仅是对孩子的尊重,更让孩子在参与中汲取经验,充分发挥创造力和个性。

（三）指导家长为孩子创设参与机会,提高参与实践的能力

孩子作为独立的个体,有权为自己的事情做决定,对家庭事务也应该有知情权和发言权。教师可以指导家长为孩子提供参与的机会,创设参与的环境。首先,让孩子参与决定自己的事务。例如,孩子过生日,可以让孩子自行决定怎样过,邀请哪些同学、朋友;假期想怎么过、买什么样的书籍、报什么兴趣班等事项,都应该听听孩子的想法。还可以让家长分配给孩子一些家庭任务,像分类扔垃圾、照看弟弟妹妹,家中来客时负责接待、倒茶等,以此培养孩子的主人翁意识;在家庭会议上,家长应给孩子表达意见的机会,为家庭事务的决策提出建议。

其实,在家庭生活中,孩子表达和参与的机会无处不在,只要家长给予适当的尊重

和支持，孩子不仅能够做出合理的决定，而且在一次次的锻炼中，孩子自身的能力也能获得提高。

三、实施建议

（一）指导家长需根据实际情况，量力而行

为孩子创设参与的环境，并不是一味地听从孩子，完全由着孩子的性子来。当孩子提出需求时，教师要提醒家长考虑一下家庭条件、社会环境等实际情况，例如，布置自己的房间时，孩子尽量不挑选与家长经济收入不符的、较为奢华的家具、装饰品；孩子参加冬、夏令营，虽然是一种有意义的体验，但也要注意家长的收入情况。家长不能一味满足孩子攀比、虚荣等心理。

另外，在家长放手让孩子参与家务，分派任务时，教师要指导家长考虑孩子的行为能力，一切应以安全为前提，不要让孩子过早地做烧水、做饭等可能存在安全隐患的家务。鼓励孩子积极参与家庭事务时，既不能低估孩子，也不能高估孩子，教师要提醒家长为孩子赋能，在合作参与的过程中边做边学，帮助孩子掌握必要的生活技能。

（二）指导家长在参与中培养孩子的责任意识

权利与义务是相对的，行使某一项权利，意味着必须履行某些义务。孩子在参与制定决策或处理事务的过程中，既要有积极行使自己权利的意识，又要有履行自己义务的责任心。因此，教师应指导家长在家庭活动中注意培养孩子的"角色意识"，让孩子认识到作为家庭的一员，做家务是自己应当承担的责任与义务。当事态发展不理想，结果出现偏差时，应指导家长让孩子承担责任，不逃避、不畏惧，正视问题与不足，从结果中分析原因、总结经验。这样，孩子不仅具备了应有的参与精神，更培养了一定的责任感与使命感，这些都是非常优秀、难能可贵的个人品质。

儿童参与权的背后，体现的是成人对儿童独立个体的尊重，儿童自身的独立人格应该通过参与的形式表现出来，才能推动儿童自主发展，促进儿童健康人格的形成。

随讲随练

【判断】儿童参与权的背后，体现的是成人对儿童独立个体的尊重。（　　）

【单选】儿童参与权的8个递进阶梯中儿童参与程度最高的是哪一个？（　　）

A. 通知儿童　　　　　　　　　　　B. 儿童参与决定

C. 儿童邀请成人提出意见并作出决定

【多选】家长如何在家庭生活中保障孩子的参与权？（　　）

A. 指导家长认清自己的教育方式

B. 指导家长将孩子作为权利的主体，建立平等的关系

C. 指导家长为孩子创设参与机会，提高参与实践的能力

拓展阅读

1. 卜卫：《儿童的权利——我们应该知道和遵守〈儿童权利公约〉》，载《少年儿童研究》，1998（4）。

2. 陈世联：《论儿童的参与权》，载《幼儿教育（教育科学版）》，2007（10）。

3. 李一凡：《尊重儿童参与权　破解家庭教育难题》，载《中国教育报》，2021-06-06。

▸ 第三节　哪些行为侵犯了孩子的"发展权" ◂

知识构图

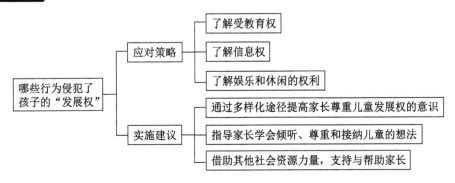

学习目标

1.了解儿童发展权的含义与三个分属权利。

2.掌握指导家长支持儿童发展的三种途径。

读前反思

1.你是否了解过儿童发展权的相关概念?

2.哪些方法可以指导家庭支持儿童的健康发展?

一、问题聚焦

全国城市儿童调查显示:高达77%的家长认为"娱乐必然导致孩子学习成绩下降,学生要以学习为第一要务"。调查还发现,现在孩子可以自由支配的时间,平均每天只有约68分钟。这些课后时间,孩子还要完成学业任务,根本没有时间发展自己的兴趣爱好,做自己喜欢的事情。其中,超过半数的孩子表示,在完成家庭作业之后,家长还会额外安排其他的课外作业。[1]

如果家长只强调学习成绩,忽视孩子的兴趣培养、心理健康、全面发展等,可能会让孩子感到恐慌,在巨大的学习压力下,引发孩子较强烈、较持久的焦虑心态,影响孩子的身心健康发展。其实,这些行为在不知不觉中已经侵犯了儿童发展权。那么儿童发展权包括哪些内容呢?家长在家庭生活中还有哪些行为侵犯了儿童发展权呢?教师又该怎样指导家长保障儿童发展权呢?

二、应对策略

儿童发展权,是指儿童拥有充分发展其全部体能和智能的权利。它包括以下几点。

(一)了解受教育权

受教育权是儿童发展权的核心。儿童在身体、认知、社会性、情感、能力等方面能

---

[1] 武秀霞:《教育场域之"压迫"与儿童的"他者化"生存》,硕士学位论文,南京师范大学,2010。

够得到全面的发展，必须通过教育施加影响。因此，给适龄儿童提供相应的受教育机会，是保障儿童发展权的关键措施，也是权衡儿童发展权的重要指标。同时，随着现代社会的发展，我们也应该关注教育的质量。

目前大部分人认为学校是教育儿童的主要场所，像家长中断子女的义务教育、社会非法雇用童工等行为，确实是侵犯了儿童受教育权，但针对的仅仅是学校教育。广泛意义上的教育，包括家庭教育、学校教育和社会教育三类。在家庭教育的范围内，儿童受教育权是否得到家长的保障了呢？生活中，一些家长不尊重孩子的兴趣，压抑孩子的个性发展；孩子必须按照家长的要求说话、做事，自己缺乏主见，不会独立思考等表现，都是因为家长忽视了孩子在家庭中的受教育权。

（二）了解信息权

信息权是指儿童有权获取健康的信息和资料。我国儿童媒介的发展一直受到政府部门、社会组织的关注，近年来，它们也分别采取了不同的措施，鼓励和扶持儿童媒介发展。然而，生活中，不少家长出于对孩子的"保护"，对他们接触的媒介加以限制，甚至对孩子的课外阅读也要干涉，这些都剥夺了孩子正当寻求和获得信息的权利。与之相对，有一部分家长又给予了孩子获取一切信息的自由，孩子可以随意地接触到色情、暴力、赌博等信息。这些家长都缺少媒介教育的意识，没有履行引导、帮助孩子获得积极、有益信息的责任。

（三）了解娱乐和休闲的权利

《儿童权利公约》第三十一条规定：1.缔约国确认儿童有权享有休息和闲暇，从事与儿童年龄相宜的游戏和娱乐活动，以及自由参加文化生活和艺术活动。2.缔约国应尊重并促进儿童充分参加文化和艺术生活的权利，并应鼓励提供从事文化、艺术、娱乐和休闲活动的适当和均等的机会。

儿童之间的游戏可以看作是成人生活的预演，游戏创造了一个儿童特有的世界。故事情节不可预测，游戏的规则也在不断改变。儿童在这个世界中，不仅能享受到娱乐的快乐和喜悦，身心得以放松，更锻炼了他们在遭遇不同情况下的灵活反应能力。生活中，家长总是要求孩子"要抓紧一切时间学习"，实际上这剥夺了孩子应该享有的娱乐和休闲的权利；寒暑假给孩子报名多种类型的兴趣班，规划孩子的时间与生活，不仅让孩子得不到应有的休息，也会在无形之中让孩子被迫选择屈从或者反抗，走向不同的极端，对其今后的人格发育产生负面影响。

三、实施建议

面对上述侵犯儿童发展权的行为，教师可以从以下几个方面指导家长，在家庭生活中支持孩子的发展，履行相应的责任。

（一）通过多样化途径提高家长尊重儿童发展权的意识

事实上，包括发展权在内的儿童权利没有得到尊重和保护的原因，很大程度上是受到了意识观念的制约。单纯为了保护儿童而忽视儿童权利的保护，其实是本末倒置。因此，教师可以通过家长会、家长学校、个别约谈、家访等途径，宣传儿童发展权有关的知识及相关法律法规。感兴趣的教师还可以以《儿童权利公约》为基础，编写儿童权利的家长读本，转变家长的教育观念，促进家长对保障儿童发展权具有正确认识，形成尊重儿童发展的家庭生活氛围，促进儿童茁壮成长。

（二）指导家长学会倾听、尊重和接纳孩子的想法

在大多数的情况下，家长心中"听话"与"懂事"的孩子，往往是顺从家长要求的。这些孩子的许多行为不是完全自愿，而是迫不得已。长此以往，孩子可能会失去原有的纯真与想象力。教师要指导家长倾听孩子的需求，在平等交流的基础上，鼓励孩子表达自己的看法，按照孩子的意愿选择游戏、书籍、特长学习等个体发展内容。要让家长意识到，他们的作用不是替孩子做选择，而是站在孩子的身后，给予他们信心与支持，引导孩子成长。

（三）借助其他社会资源力量，支持与帮助家长

孩子的发展牵动着社会的方方面面，当教师在家庭教育指导的过程中，遇到因贫困导致的孩子辍学、大量网络不良信息的出现等棘手问题时，可以寻求政府的帮助。当出现不良大众传媒信息时，在指导家长正确辨析的同时，教师还可以与家长一起向有关部

门举报，净化孩子的信息环境，同时为孩子提供丰富多彩的文化休闲活动，避免不良信息对孩子发展造成负面影响。

儿童的健康发展，不仅关乎着家庭的兴衰，更影响着国家的未来。教师、家长都应以"为国教子"为己任，给儿童多一点爱与尊重，让他们今后的人生，充盈着健康与幸福。

随讲随练

【判断】儿童发展权，是指儿童拥有充分发展其全部智能的权利。（　　　）

【单选】请问儿童发展权不包括以下哪个权利？（　　　）

A. 受教育权　　　　　　　　　　B. 信息权

C. 娱乐和休闲的权利　　　　　　D. 选举权

【多选】教师应当如何指导家长在家庭中尊重孩子的发展？（　　　）

A. 通过多样化途径提高家长尊重儿童发展权的意识

B. 指导家长学会倾听，尊重和接纳孩子的想法

C. 借助社会其他资源力量，支持与帮助家长

拓展阅读

1. 刘琪、杨雄：《家庭教育与儿童发展》，上海，上海社会科学院出版社，2017。

2. 童连：《0～6岁儿童心理行为发展评估》，上海，复旦大学出版社，2017。

3. 程红艳：《儿童自由与学校变革》，北京，人民教育出版社，2012。

4. 赵鸣九：《关于儿童心理发展规律与提高教育质量的几个问题》，载《西北师大学报（社会科学版）》，1982（2）。

▶▶ 第四节　哪些方面体现了孩子的"受保护权" ◀

知识构图

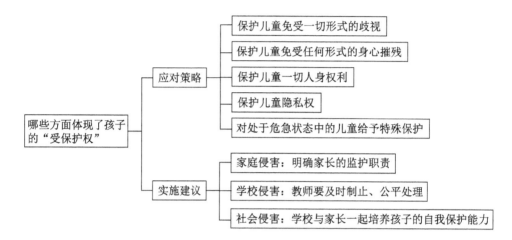

学习目标

1. 了解我国儿童受保护权的五个方面。

2. 掌握儿童在三种不同类型侵害下教师所需要做的事。

读前反思

1. 你对我国儿童受保护权利了解多少?

2. 当儿童面对来自家庭、学校、社会的侵害时,你会怎么做?

一、问题聚焦

自 2009 年未成年人案件审判庭成立以来,截至 2019 年一共审理了 167 起校园伤害案件[1];自 2018 年以来,检察机关共批准逮捕校园欺凌犯罪案件 3 407 人,起诉 5 750 人[2]。殴打下跪、脱衣拍照、勒索财物等侵害行为屡见不鲜,这些只是儿童受到伤害的一个方面,生活中,还存在着虐待、性侵、猥亵、侮辱儿童等行为。受保护权是《儿童

---

[1]　王思文:《浅析我国儿童的受保护权》,载《法制与社会》,2020(3)。

[2]　徐琳:《中小学校园欺凌问题及其对策研究——以陕西省 X 学校为例》,硕士学位论文,西北大学,2019。

权利公约》中儿童的基本权利之一，也是我国《未成年人保护法》的实施准则之一。那么，儿童受保护权具体包含哪些内容？教师又该如何指导家长履行儿童受保护权，保障儿童身心健康成长呢？

二、应对策略

《儿童权利公约》中规定的受保护权，是指儿童不受危害自身发展影响的、被保护的权利。包括保护儿童免受歧视、剥削、酷刑、虐待或疏忽照料，以及对失去家庭的儿童和难民儿童的基本保证[1]。教师需指导家长了解以下几点。

（一）保护儿童免受一切形式的歧视

我国《未成年人保护法》规定："未成年人依法平等地享有权利。"法律强调所有儿童都是平等的，儿童凡因成绩、容貌、体型特征、家庭收入、家长社会地位等受到的嘲笑、孤立，都是侵犯了儿童受保护权。

（二）保护儿童免受虐待、遗弃、照顾不周等任何形式的身心摧残

《未成年人保护法》中指出，未成年人的父母或其他监护人应当创造良好、和睦、文明的家庭环境，不得遗弃、虐待、非法送养未成年人或者对未成年人实施家庭暴力。在家庭生活中，儿童和成人在人格上是平等的，处于弱势的儿童还应当得到特殊的保护和照料，享受健康、安全、和谐的家庭环境。对儿童的虐待包括精神和身体两个方面，父母或其他监护人应当为儿童提供必需的、与其年龄相适宜的照料、教育和监督，当家庭对儿童照料不周时，国家和社会有权通过合法方式和正规途径进行适当干预。

（三）保护儿童免受任何形式的剥削与伤害，保护儿童一切人身权利

《未成年人保护法》在"社会保护"中规定禁止拐卖、绑架、虐待、非法收养未成年人，禁止对未成年人实施性侵害、性骚扰。不得允许未成年人进入营业性歌舞娱乐、酒吧、互联网上网服务营业场所等。禁止向未成年人出售烟、酒等。儿童应当在健康、安全的环境中生活，保护儿童免受童工、网瘾、吸毒、贩卖等不人道的剥削与伤害。

---

[1]　高伟：《未成年人监护制度研究》，博士学位论文，西南政法大学，2009。

（四）保护儿童隐私权，尊重儿童人格尊严

我国《未成年人保护法》明确规定：任何组织或者个人不得披露未成年人的个人隐私。保护未成年人，首先应尊重未成年人的人格尊严。

（五）对处于危急状态中的儿童给予特殊保护

《未成年人保护法》对留守儿童、流浪儿童、孤儿、卷入司法的儿童的保护都有明文规定；同时还规定，政府应当采取措施，保障贫困、流动、残疾儿童的权利。

三、实施建议

虽然世界各国越来越重视对儿童权利的保护，但是儿童的受保护权依然屡遭侵害，从儿童所处的环境来看，可以把侵害的来源分为三类：家庭、学校、社会。教师可以相应地做些什么呢？

（一）家庭侵害：明确家长的监护职责

针对家庭中的侵害行为，教师应强化家长的儿童权利意识，明确家长的监护职责。家庭中主要的侵害行为是歧视、虐待、遗弃、照料不周、侵犯隐私以及性侵犯等。避免在家庭生活中儿童受保护权受到侵犯，首先必须明确家长的监护责任。教师作为家庭教育指导者，应该积极为家长普及传播儿童受保护权的相关知识，列举监护应对行为、监护禁止行为，改变家长重男轻女、养儿防老、定娃娃亲等传统观念，强化保护儿童权利，依法履行监护人责任的意识。

教师要做个有心人，留心观察孩子的身体与精神状态。若发现孩子遭遇虐待、性侵害等行为，应及时与家长沟通，必要时可以运用法律武器，帮助孩子维护自身利益。

对贫困、流动、留守、隔代教育等特殊的家庭，儿童受保护权极易受到侵犯，教师应该在开学初建立成长档案，普查家庭情况，对上述家庭重点关注，定期家访，用责任与爱心维护儿童权利，促进儿童健康成长。

（二）学校侵害：教师要及时制止，公平处理

针对学校中的侵害行为，教师要及时制止、公平处理，配合家长规范孩子行为。因

为孩子尚处在身心发展阶段，善恶观念不清，在学校中极易发生歧视、校园欺凌等侵犯儿童受保护权的行为。

学校应履行防控校园欺凌的责任与义务，教师要尽早发现，及时制止、处理，通知被欺凌和实施欺凌行为孩子的监护人；对相关孩子，教师应当配合心理健康教师，及时给予心理辅导和教育引导；对相关孩子的监护人，应当加强沟通联系，给予必要的家庭教育指导。在沟通的过程中，教师应注意语气和心态，本着公平、公正的原则妥善处理，避免事态扩大，同时关注被欺凌者的隐私与尊严，降低事件对孩子的影响。

（三）社会侵害：学校与家长一起培养孩子的自我保护能力

针对社会中的侵害行为，教师可以与家长一起培养孩子的自我保护能力。在社会中，儿童作为弱势群体，主要会遇到拐卖、绑架、性侵、勒索财物等侵害行为，还会面临着暴力、赌博、色情等不良信息的影响，沾染抽烟、酗酒、打架斗殴等恶习。

为了保护孩子，部分家长不让孩子走进社会、接触社会，这不仅限制了孩子的成长，阻碍其社会适宜性的培养，本身也是一种侵犯儿童权利的行为。教师可以通过告知书、群通知等形式，提醒家长用正确的方式保护孩子的安全，可以教会孩子谨记安全准则，孩子外出一定要报告行程等；教师与家长要共同努力，教会孩子学会自我保护，如不要轻易给陌生人带路，不接受陌生人物品等，保护好个人隐私，自觉抵制不良文化的诱惑，增强自我保护意识，掌握一些紧急自救的一些技巧。

随讲随练

【判断】为保护儿童受到侵害，家长有权力让孩子不走入社会。（　　）

【判断】当家庭对孩子照料不周时，国家和社会有权通过合法方式和正规途径进行适当干预。（　　）

【多选】以下儿童哪些权利受到我国法律的保护？（　　）

A. 保护儿童免受一切形式的歧视

B. 保护儿童隐私权，尊重儿童人格尊严

C. 保护儿童一切人身权利

D. 对处于危急状态中的儿童给予特殊保护

E. 保护儿童免受任何形式的身心摧残

【单选】我国《未成年人保护法》规定，任何组织或个人不得招用未满
（　　）周岁的未成年人，国家另有规定的除外。

A.10   B.12

C.14   D.16

【单选】根据《未成年人保护法》规定，父母或者其他监护人侵害被监护
的未成年人的合法权益的，（　　）。

A. 应当依法承担责任

B. 视情况而定

C. 不承担责任

【填空】根据《未成年人保护法》规定，学校和幼儿园的教职员工应当尊
重未成年人（　　　　　），不得对未成年人实施体罚、变相体罚或者其他侮辱
人格尊严的行为。

拓展阅读

1. ［瑞士］J. 皮亚杰：《儿童心理学》，北京，商务印书馆，1980。

2. ［美国］马施、［美国］沃尔夫：《儿童异常心理学》，广州，暨南大学
出版社，2004。

3. 中国法制出版社：《中华人民共和国未成年人保护法：实用版》，北京，
中国法制出版社，2021。

第五节　哪些行为侵犯了孩子的"隐私权"

知识构图

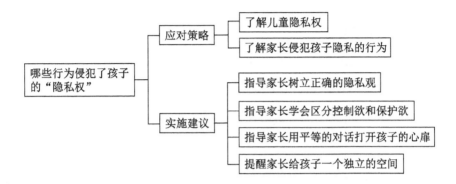

学习目标

1. 了解儿童隐私权的具体表现。

2. 了解家庭生活中保障儿童隐私权的重要意义。

3. 掌握如何在家庭生活中保障儿童隐私权。

读前反思

1. 你之前是否了解过儿童隐私权的相关概念?

2. 在日常生活中，你是否有侵害儿童隐私权的做法?

一、问题聚焦

一个生命的成长伴随着隐私的形成。生活中，一个刚出生的孩子，我们可以让他不穿衣服，光着身子，这看上去没有什么问题，但是，当孩子一天天长大，再让他光着屁股就不合适了，我们会告诉他怎么回避，怎么保护，哪些是敏感的地方等。家长如果对孩子应有的隐私视而不见，打着爱的旗帜想要掌控孩子的一切，不仅会伤害孩子的人格和自尊，而且会让亲子关系恶化，加深两代人之间的隔阂。

那么，生活中家长的哪些行为侵犯了孩子的隐私权? 教师应该怎样指导家长纠正这些错误的教育行为呢?

二、应对策略

隐私权是指公民享有的私人生活安宁与私人信息依法受到保护，不被他人非法侵扰、知悉、搜集、利用和公开的一种人格权[1]。

（一）了解儿童隐私权

隐私权是公民人格权的重要内容，是公民的一项基本权利，也是儿童权利的重要组成部分。《未成年人保护法》第三十九条规定："任何组织或者个人不得披露未成年人的个人隐私。"此个人隐私可具体分为：身体隐私，指身体的隐私部位，不愿被人知道的身体缺陷等；私人空间，指的是孩子的房间、抽屉及私人物品等；情感隐私，孩子的情感隐私最直白的表现是孩子的日记；通信与信息的隐私，分为传统的信件，现代的手机、个人社交信息、电子信箱等。

（二）了解家长侵犯孩子隐私的行为

根据我国《未成年人保护法》中的规定：任何组织或者个人不得隐匿、毁弃、非法删除未成年人的信件、日记、电子邮件或者其他网络通信内容。除下列情形外，任何组织或者个人不得开拆、查阅未成年人的信件、日记、电子邮件或者其他网络通信内容：（一）无民事行为能力未成年人的父母或者其他监护人代未成年人开拆、查阅；（二）因国家安全或者追查刑事犯罪依法进行检查；（三）紧急情况下为了保护未成年人本人的人身安全。

家长侵犯孩子的隐私权具体体现在：家长随意进入孩子的房间，搜查孩子的书包、口袋、抽屉等私人空间的侵犯；偷看孩子日记，私自拆开孩子信件，检查孩子手机、电子信箱等情感、通信隐私的侵犯；还包括跟踪、偷窥、偷拍、监听等极端的行为方式。

教师要特别注意家长对孩子身体隐私的无意识侵犯。在生活中，家长可能会觉得孩子还小，什么都不知道，便有意无意地暴露孩子的个人信息，晒孩子的"丑照"，甚至拿孩子的身体与亲朋好友开玩笑等，这些不仅侵犯了孩子的隐私权，更涉及幼儿早期的性教育问题。孩子有不希望被抱、被亲吻的权利，教师要指导家长，尤其是幼儿的家长，

---

[1] 彭诚信：《个人信息保护案例评析》，107 页，上海，上海人民出版社，2021。

教育孩子保护好自己的隐私部位，也不能随意看或者触碰别人的隐私部位。

三、实施建议

随着孩子身心的发育与成长，想要拥有属于自己的小空间、小秘密在所难免，为了孩子的身心健康，亲子关系的和谐，教师可以像以下这样做。

（一）指导家长树立正确的隐私观

在孩子的心理、情感隐私尚未出现之前，教师应该指导家长注意一些原则性的问题，在与孩子相处过程中，时刻培养孩子的隐私意识。比如，家长进入孩子的房间必须先敲门，拿孩子的东西要经过孩子的允许等。当孩子出现"男女"的概念时，教师应该提醒家长，注意培养孩子的身体界限意识：在家里，要注意上厕所、换衣服要回避，不和孩子一起洗澡等；在外面，不把孩子带入与他性别不同的厕所等。从小树立健康的个人隐私观，教育孩子既要学会保护自己的身体隐私，也要知道尊重他人的身体隐私。

（二）指导家长学会区分控制欲和保护欲

保护欲，顾名思义，就是对某个重要的人的保护、关心、照顾的想法；控制欲则是一个心理学名词，表示在某一领域需要掌握绝对的控制权，不能允许和接受任何违背和反对的意思。生活中，家长跟踪孩子的行踪，打听孩子的交往活动并不是出于保护欲的关心与爱护，而是为了满足家长自身的好奇心，出于对孩子的控制。教师要指导家长区分自己的行为，过多的行为干涉不仅起不到保护的作用，反而适得其反，使家长成为伤害孩子的一方，让孩子产生抵触情绪。

（三）指导家长用平等的对话打开孩子的心扉

当教师对家长侵犯孩子隐私的问题进行纠正时，总会听到家长这样说："我们也是为了孩子好，我们也不想这样……"确实，家长对孩子隐私的窥探，本意都是为了了解孩子的近况，只是方法没选对。教师应指导家长以平等的态度与孩子沟通交流，谈一谈自己小时候的经历，自己当年的一些小秘密，让孩子与自己产生情感上的共鸣。在成为孩子可以信赖的朋友后，孩子自然会敞开心扉，把心中的秘密告诉家长，还会寻求家长的帮助。在家长知道了孩子的一些不良问题时，不能大惊小怪，更不能有辱骂、殴打等过激行为，教师要引导家长与孩子坦诚地沟通，共同商量解决的办法，培养孩子自我教育、自我调整、自我修复的能力。

（四）提醒家长给孩子一个独立的空间

随着孩子的成长，他们会有自己的思维，有自己的想法，也应该允许他们拥有自己的小秘密。教师要提醒家长尊重、理解孩子，凡事也不要太过强迫孩子。不妨给孩子留一个属于他自己的空间，这样既是对孩子隐私的保护，又是对孩子的信任与尊重。如果家长不放心的话，教师可以指导家长，在合适的范围内制定好相应的规则与要求，既能让孩子感受到舒适，不受拘束，又能让孩子产生一定的安全感、规则意识，孩子自然能够健康地成长。

随讲随练

【判断】任何组织或者个人不得披露未成年人的个人隐私。（　　　）

【单选】孩子的情感隐私最直白的表现是什么？（　　　）

A. 孩子的房间　　　　　　　　B. 孩子的日记

C. 孩子的信件　　　　　　　　D. 孩子的身体缺陷

【多选】孩子的个人隐私可具体分为哪几种？（　　　）

A. 身体隐私　　　　　　　　　B. 私人空间

C. 情感隐私　　　　　　　　　D. 通信与信息的隐私

【多选】家长如何在家庭生活中保障孩子的隐私权？（　　　）

A. 指导家长树立正确的隐私观

B. 指导家长学会区分控制欲和保护欲

C. 指导家长用平等的对话打开孩子的心扉

D. 提醒家长给孩子一个属于自己的空间

拓展阅读

1. 高洁：《给孩子一点隐私空间——儿童独处行为的分析及其教育意蕴》，载《今日教育》，2015（6）。

2. 喻静雯：《家庭教育中处理儿童"秘密"的策略》，载《当代家庭教育》，2021（1）。

3. [加拿大]马克斯·范梅南、[荷兰]巴斯·莱维林：《儿童的秘密：秘密、隐私和自我的重新认识》，北京，教育科学出版社，2022。

▶▶ 第二讲
▶ 家教指导研究

　　家庭教育是社会主义精神文明建设的重要阵地。家庭是社会的一个天然基层细胞，是人类美好生活的实现基地，也是人才成长的摇篮。家庭教育的好坏并非一家一户的私事，它与社会进步相通，与国家命运相连。作为教师应响应国家号召，积极指导家长进行良好的家庭教育。

　　本讲我们将聚焦于教师开展家庭教育指导所应具备的知识、可利用的资源，家庭教育的基本分类及指导原则、过程与方法，以及个案咨询和实务辅导的具体流程。

· · · ·

▶▶ 第一节　开展家庭教育指导时教师应掌握哪些知识 ◀

知识构图

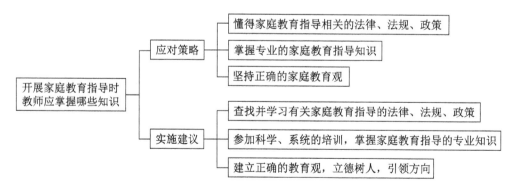

学习目标

1. 掌握开展家庭教育指导的三种策略。

2. 掌握学习家庭教育指导知识的三种途径。

读前反思

1. 那些家庭教育存在问题的孩子是什么样子的，你的应对措施通常是什么？

2. 开展家庭教育指导所需的知识包括什么？

3. 你曾由何种途径学习到家庭教育知识？

一、问题聚焦

一个孩子的健康成长，不但需要孩子自身的努力，家庭教育、学校教育也起着非常重要的作用，孩子的培养需要家校携手已经成为教师和家长的共识。然而，教师想对家长的教育问题进行指导，却常苦于不知从何下手。那么，开展家庭教育指导时，教师应掌握哪些知识呢？

二、应对策略

（一）懂得家庭教育指导相关的法律、法规、政策

习近平总书记多次强调应注重家庭、注重家教、注重家风，把家庭建设、家庭教育提升到了治国理政的新高度，把家庭作为"国家发展、民族进步、社会和谐的重要基点"。国家对家庭教育和家庭教育指导的重视，预示着我国的家庭教育指导将不断在新的、更高的层次上发展。教师应及时了解家庭教育指导的法律、法规、政策，使家庭教育指导依法办事，与时俱进。

（二）掌握专业的家庭教育指导知识

我国家庭教育事业正在蓬勃发展，在国家层面出台的有关家庭教育工作的文件中，都有关于家庭教育指导者队伍建设和培训的要求。教师掌握家庭教育指导专业知识迫在眉睫。教师应该掌握家庭教育学、家庭教育指导概论、家庭教育社会学、家庭教育心理学、家庭教育健康学概要、发展心理学等理论知识，以及情绪管理、夫妻关系、沟通技巧等实用知识，同时还要熟悉家庭教育指导与社会工作、家校合作共育的基本模式及主要任务，这样才能拥有专业的家庭教育指导能力。

（三）坚持正确的家庭教育观

教师在教育学生时经常要与家长沟通，可以及时发现家长在家庭教育中存在的问题。教师不但要运用所学的专业知识对家长进行指导，还要立德树人，在思想道德上引领方向。家长往往以感性经验、社会流行的观念作为家庭教育信条，教师要对这些信条进行分析，明辨是非，坚持正确的家庭教育观，用科学理念引领家长。

三、实施建议

（一）查找并学习有关家庭教育指导的法律、法规、政策

1995 年，我国《教育法》中就提出"学校、教师可以对学生家长提供家庭教育指导"，这是在法律层面正式提出家庭教育指导。2015 年教育部印发《关于加强家庭教育工作的指导意见》，提出"加快形成家庭教育社会支持网络"；2016 年中央精神文明建设指导委员会印发《关于深化家庭文明建设的意见》，专门提出"发挥家庭教育的基础作用""推进家庭教育指导服务机构建设，加强规范管理和内容建设，拓展传播渠道和服务能力"等具体工作任务和完善家庭教育指导的保障措施。这些法律、法规、政策、文件我们都可以从网上找到，认真学习它们，有利于教师更好地为家庭教育指导赋能。

（二）参加科学、系统的培训，掌握家庭教育指导的专业知识

近年来，各种以家庭教育指导者培训为主要内容的课程比比皆是，能考的证书五花八门，教师应该选择由政府统一筹备、具有权威性的，科学、正规、系统的培训。

发展心理学是《全国家庭教育指导大纲》的重要组成部分，因此教师需要掌握科学的、分年龄的养育方式，并能对不同的人群进行具体化指导。在家庭教育指导上，教师很容易陷入单方面说教的误区，这时就需要用到心理咨询上的一些技巧，比如，循环提问、双向共情等。此外，随着家庭教育指导的深入，教师会发现很多亲子问题归根结底是家长自身的问题，或是婚姻问题，因此教师还要接受婚姻生活、家庭关系等方面的培训，从而帮助家长完善自我与解决其婚姻中的问题。

（三）建立正确的教育观，立德树人，引领方向

教师不仅要传授家庭教育的知识、技巧，还要对家庭有价值观方向上的引领。教师本身就是社会主义核心价值观的传播者，担负着引领社会文明向积极方向发展的重要使命，要以立德树人、为国教子、终身教育和全面发展为核心价值，引导家庭成员树立正确的世界观、人生观、价值观，获得正确的人生方向。教师要遵循家庭教育规律，引领家长用正确的育儿观去看待孩子成长中的各种问题，从国家、社会、家庭综合视角来分析问题、解决问题。家庭教育中存在的一些不正确的观点、错误的行为得到纠正，家庭教育指导才能实现真正的成功。

在信息化高速发展的今天，开展家庭教育指导时，教师既要从中华优秀传统文化中吸收借鉴古人的育儿观、人才观，又要学习领会国家对青少年培养的相关法律法规政策，明确教育者和受教育者的权利义务，还要学习掌握运用现代信息技术获取家庭教育指导的知识方法。不忘初心，守正创新，与时俱进，教师自身的知识必然日见丰富，能力必将与日提升。

随讲随练

【多选】教师能通过以下哪几种途径学习到家庭教育知识？（　　）

A. 查找家庭教育相关法律法规

B. 参加家庭教育培训会

C. 阅读与中华优秀传统文化相关的家庭教育典籍

【判断】家庭教育指导中教师不需要对家长的教育观念提出意见。（　　）

拓展阅读

1. 郁琴芳、温剑青：《教师家庭教育指导实务：学前版》，上海，上海社会科学院出版社，2018。

2. 王君瑶、吴叔君：《教师家庭教育指导实务：小学版》，上海，上海社

会科学院出版社，2018。

　　3.郁琴芳、徐群：《教师家庭教育指导实务：初中版》，上海，上海社会科学院出版社，2018。

　　4.刘静、李金瑞：《教师家庭教育指导实务：高中版》，上海，上海社会科学院出版社，2018。

　　5.金卫东、曹明：《"独二代"家庭教育指导新方略.案例选》，上海，上海教育出版社，2017。

▶▶ 第二节　开展家庭教育指导可利用的资源有哪些 ◀

知识构图▶

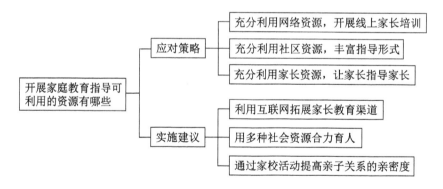

学习目标▶

　　1.了解开展家庭教育指导可利用的三大资源。

　　2.明确如何利用不同资源开展家庭教育指导。

读前反思▶

　　1.当你准备开展家庭教育指导时，你会想到哪些可利用的资源？

　　2.面对不同的资源，你会如何进行选择和充分利用？

一、问题聚焦

在开展家庭教育指导时，常有教师感叹："这个家长怎么这么固执，我教他好的方法怎么就是不听呢？""这个家长对孩子这么不上心，每次联系他，都说自己忙，没时间。""这个家长遇到孩子沉迷游戏的问题，我用掌握的方法教他，但解决不了问题，怎么办呢？"这些都是教师在开展家庭教育指导时遇到的棘手问题。那么，有什么资源可以帮助教师解决家庭教育指导过程中的类似问题？

二、应对策略

（一）充分利用网络资源，开展线上家长培训

针对部分工作较忙的家长，教师可以充分利用网络资源对家长进行家庭教育培训。线上家庭教育培训可以常规化、系列化，例如，教师通过班级群给家长按时授课；平时针对个别孩子存在的问题，分享一些优秀文章到班级群，对家长进行指导；邀请不同领域、不同层次的专家通过网络为家长授课。

（二）充分利用社区资源，丰富指导形式

学校可以与社区的联合，在社区建立家庭教育服务中心，共同开展家庭教育指导活动。社区、家庭、学校的资源整合是环境教育的关键因素，学校为社区提供服务，对社区的环境负责，教师可以挖掘社区中优秀的家庭教育资源并组织家长一起学习，或者利用周末、节假日在社区组织亲子活动，增进家庭成员间的感情。

教师要引导家长让孩子与社区中的人和物充分接触，了解社会的分工合作、成人的劳动奉献，增进孩子对自身、他人和社会的理解。引导孩子参加社会实践活动，提高孩子的社会化水平，使孩子得到全面的成长。

（三）充分利用家长资源，让家长指导家长

教师平时教学任务繁重，如果能够充分利用家长资源，既可以提高工作效率，也有助于教师职业技能和素养的提高。教师可以根据班中各家庭的情况，邀请相关领域的家长辅助进行家庭教育指导工作，如面对离家出走、打架屡教不改的孩子，可以请做警察

的家长来与其他家长进行面对面的交谈；邀请家庭教育优秀的家长做经验介绍答疑解惑，分享交流；也可根据家庭情况，有针对性地对家长进行分组，组员互相督促学习，小组内开展亲子活动，与孩子一起看电影，结伴旅游。当积极主动、家教经验丰富的家长成为小组的领头羊后，其他家长有了榜样的引领，也能更好地提升自己。家长与家长之间、亲子之间的关系都会加深。

三、实施建议

（一）利用互联网拓展家长教育渠道

利用网络课程平台进行培训，可以集中优秀的师资，保证所有受训者平等享受优质教育资源，随时学习，保证学习质量和效果。还可以线上与线下学习、理论与实践相结合，引领学习者自主学习。如"家校社合育实验学校"里面的教学资源丰富，不仅有名家讲堂，还有专家答疑，教师可以推荐给家长，改变传统的授课模式，让家长自由、开心地学习。

此外，教师还可以通过沟通群进行线上家长培训，教师可每两周一次给家长上网络直播课，全校联播。针对孩子沉迷游戏的问题，可以主讲"家长如何引导孩子健康上网"；针对家长盲目给孩子报兴趣班的问题，可以主讲"如何安排孩子的课后时间"。还可对家长分层、分段进行培训，根据具体情况量身定做。

（二）用多种社会资源合力育人

教师要多关注艺术馆、图书馆、市民文化中心、科技馆、儿童活动中心、妇女儿童之家、青少年宫等地，它们是一个城市文化聚集的地方，也是一个城市文化底蕴的体现。如果孩子的家庭环境有文化艺术的熏陶，在耳濡目染、潜移默化之下，就能得到很好的家庭教育。教师可以推荐家长参加公益活动，可以做亲子阅读、家庭阅读分享会、家庭科技创新比赛、家庭科技艺术展等，丰富家庭教育活动，拓展家庭教育内容，在户外树立孩子的环保意识，在科技馆培养孩子的创新能力。通过家长的引领示范，增强孩子对自我、对他人、对社会的责任意识。

（三）通过家校活动提高亲子关系的亲密度

家校活动是提高亲子关系亲密度的有效途径，教师要把握每一次家校活动的教育时机。例如，在开家长会时，请孩子给家长写一封信，信的第一部分是感恩家长，回忆家长为自己做了哪些感人的事情。第二部分向家长汇报自己最近的学习生活情况，第三部分展望未来，有对自己未来的描绘，也有对理想家长的期待。家长阅读孩子写的信后要马上给孩子回信，让孩子与家长打开心扉，进行真诚的沟通。如果自己离孩子理想中的家长比较远，家长也会反思自己的行为，改进自己的做法，甚至主动问教师怎么做，进行家庭教育的学习。家长会议程中还可以有一项"家长经验交流"，让进步孩子家长作为代表发言，家长之间进行互动交流，这样接地气的沟通方式，家长容易接受。还可以举办亲子拔河比赛，亲子美食节，亲子看电影，优秀家长评选等活动，让家长跟孩子的关系更加亲密。

可以利用的教育资源不只在学校里有，教师还可以整合校外资源，让学校、家庭、社会携手进行家庭教育，形成家校社教育合力，达到理想的教育效果。

随讲随练

【单选】以下哪些属于开展家庭教育指导可利用的资源？（　　　）

A. 网络资源　　　　　B. 社区资源　　　　　C. 家长资源　　　　　D. 以上都是

【多选】以下哪些方式属于线上家庭教育培训？（　　　）

A. 通过班级钉钉群按时给家长授课

B. 分享有针对性的文章到班级微信群

C. 邀请不同领域、不同层次的专家网络授课

D. 开展家长读书分享会

【多选】以下哪些地方提供了社会资源可进行家庭教育？（　　　）

A. 图书馆　　　　　B. 市民文化中心　　　　　C. 儿童活动中心

D. 妇女儿童之家　　　　　E. 青少年宫

【多选】以下哪些方式属于利用家长资源进行家庭教育？（　　）

A. 邀请做警察的家长进行关于"错误家庭教育方式令孩子误入歧途"的讲座

B. 邀请家庭教育优秀的家长做经验介绍

C. 邀请进步孩子的家长做教育方式分享

D. 推荐优秀的家庭教育书籍供家长阅读

拓展阅读

1. 张竹林：《学习管理与家庭教育》，上海，上海远东出版社，2021。

2. 刘丽娜、赵翠兰：《近三十年中国家庭教育资源研究热点及趋势剖析》，载《生活教育》，2022（25）。

▶ 第三节 家庭教育指导活动的基本分类及原则有哪些 ◀

知识构图

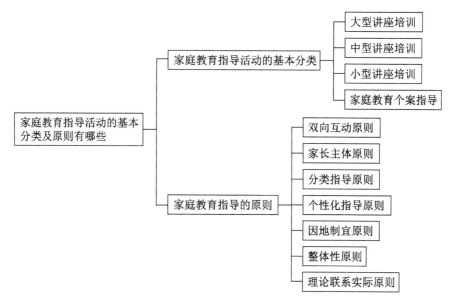

学习目标

1. 明确家庭教育指导活动的基本分类。
2. 了解家庭教育指导的原则。

读前反思

1. 你之前是否参加过家庭教育活动的相关指导?
2. 反思自己是否了解过家庭教育指导的原则?

一、问题聚焦

孩子是在家人的陪伴与影响下成长的,他们的言行举止、行为习惯或多或少带着家庭的影子,他们的行为或心理等问题的背后也多少折射出家庭教育存在的问题。这时,教师就要对家长进行家庭教育指导。家庭教育指导活动的类型有哪些,指导家庭教育要遵循的原则又有哪些呢?

二、家庭教育指导活动的基本分类

(一)大型讲座培训

大型讲座培训是以大会报告的形式对家长进行培训,如家庭教育专题讲座、家庭教育经验交流会等,也有线上开展的远程教育讲座、微课、论坛等,教师可以根据大型会场的座席来确定人数。这种培训形式具有成本低、效率高、家庭教育指导覆盖率高的优点,同时也存在着针对性弱、缺少互动,以及指导深度不足等问题。

(二)中型讲座培训

中型讲座培训也是以会议报告的形式对家长进行培训,人数在100人以内,主要针对一些普遍性的问题进行解答,以家长听取报告的方式为主,可以配有小型互动活动,如专题座谈会、家长会、亲子活动、家长开放日活动。这种方法具有成本较低、效率较高、家庭教育指导覆盖率较高的优点,同时也存在着针对性较弱、互动不足,以及指导深度不足等问题。

（三）小型讲座培训

此方式仍以会议报告的形式为主，人数在 40 人以内，以边讲边互动的形式激发家长的共同思考，具体解决家长的问题。家长在交流信息、观点碰撞、体验活动或者专业干预中进行学习、交流与反思。这种小型讲座具有针对性强、互动充分、深度指导的优点，同时也存在着成本高、家庭教育指导覆盖率低等问题。

（四）家庭教育个案指导

家庭教育个案指导是家庭教育指导者与被指导对象进行一对一的深入沟通与交流、设置与实施个性化指导方案的指导方式。常见的个体指导方法有两种：面对面的直接指导、凭借纸质或电子媒介指导的间接指导。针对个体的直接指导方法如家访、校访。个案指导不仅能大量收集到被指导对象的口语表达信息、表情、手势等肢体语言所传达出的信息，还可以细致了解到被指导对象的家庭环境及家庭成员之间的关系，这些信息都有助于指导者更加清晰地了解被指导对象，但是这种指导方法存在成本高、覆盖率低的问题。在互联网时代，电子邮件、视频通话等为个体沟通提供了极大的便利，让双方跨越了时空的限制，可以随时随地沟通，降低了指导的成本。一般情况下，可以根据指导的进度，把直接指导与间接指导相结合，从而得到事半功倍的效果。

三、家庭教育指导的原则

家庭教育指导原则是家庭教育指导者在工作中应该遵循的基本原则，是家庭教育指导规律的反映和实践经验的科学概括，它对家庭教育指导工作具有指导意义。一般包括：双向互动原则、家长主体原则、共同提高原则、分类指导原则、因地制宜原则、整体性原则和理论联系实际原则等。

（一）双向互动原则

在家庭教育指导过程中，教师要努力创设自身与家长、家长与家长之间相互学习，家长与孩子之间双向沟通的环境与条件。有的家长学识渊博，教师在指导家长的过程中，不能高高在上，要在与家长的沟通中不断地学习，对家长存在的教育误区，也要在平等的交流中帮家长认识到自己的错误，促成家长自我教育。在家庭教育指导过程中，随着指导的推进，要令组织管理者、指导者、家长、孩子都能够获得成长，共同进步。

（二）家长主体原则

家庭教育指导的主要对象是家长，指导家长与教育孩子是不同的。现代家长的学历层次、教育观念、活动的参与性随着时代的发展在不断变化，有的家长的教育观念、教育能力、获取家庭教育知识的能力已经超出指导者的指导范围。在家庭教育指导过程中，家长不是教育对象，实际上也不是指导对象，而应该是服务对象。家庭教育指导的组织管理者和指导者，应发挥家长在家庭教育指导过程中的主体作用。

（三）分类指导原则

根据家庭教育指导工作的总体要求，各个学段家长对孩子的教育方法和方式都不一样，教师要按照不同学段、不同类型的家长进行分类指导。不同类别对象本身的特点不同，家庭教育的观念、态度和行为不同，对指导的需求也不同。

（四）个性化指导原则

个性化指导是指家庭教育指导的对象是独特的个体，每位家长的文化程度，教育观念都不一样，每个家庭都有自身的生活环境，教师指导家长时要了解每一个家庭成员的特点，根据家庭的实际情况制定服务方案。家庭教育指导的个性化指导体现了对家庭教育指导服务对象的尊重。

（五）因地制宜原则

我国幅员辽阔，不同地区社会发展水平不平衡，教育发展也不平衡。因地制宜原则是指教师需根据来自不同发展水平地区的家长的不同特点和不同对象的实际情况提出适宜的要求、采取适宜的措施，如此才能获得良好的效果。

（六）整体性原则

家庭教育指导是一项系统的社会工程。孩子的成长是在多种环境的影响下实现的。要坚持家庭教育、学校教育、社区教育和大众传播媒介合力对孩子发展进行影响，坚持学校、社区、企事业机构、大众传播媒介对家庭教育进行整合性指导。在家庭教育中要关注每个家庭成员的需求，帮助他们发掘自身的潜能，积极参与解决家庭教育问题，让每一个家庭成员都获得进步，提升家庭整体发展能力。

（七）理论联系实际原则

教师要进行家庭教育指导，必须有一定的理论知识。教师自己要有计划地参加一些家庭教育培训，多读一些家庭教育理论方面的书籍。除了读书学习，还要对家庭教育进行研究，在研究时注意理论与实践相结合。首先，在选择研究对象时，要从身边的家庭教育问题着手进行研究，使研究的成果能够切实解决实际问题。其次，在研究过程中要注意将家庭教育理论运用到实际的家庭教育指导中，在具体的家庭教育指导中检验家庭教育理论。最后，家庭教育研究成果要转化和推广，通过推广转化为日常工作，推动家庭教育指导实践。

著名家庭教育专家孙云晓指出，家庭教育的实质是改变父母自己，而这种改变的关键就是自觉自愿地与孩子一起成长。这样一个成长过程，既是父母自身发展的需要，又是胜任家庭教育的需要。[1] 为此，转变家长的教育观念，形成正确的教养态度，提高家长的教育素质，还需要广大教师们长期不懈地努力。

随讲随练

【判断】家庭教育的实质是改变父母自己，而这种改变的关键就是自觉自愿地与孩子一起成长。（　　）

【单选】下面哪一个不是家庭教育指导原则？（　　）

A. 因地制宜原则　　　　　　B. 理论联系实际原则

C. 打骂原则

【多选】家庭教育指导活动的基本分类包括什么？（　　）

A. 大型讲座培训　　　　　　B. 中型讲座培训

C. 小型讲座培训　　　　　　D. 家庭教育个案指导

---

[1] 陈佳慧：《翻开家庭教育的账本》，载《现代苏州》，2017（17）。

拓展阅读

1. 李静雅：《美国密苏里州"父母即教师"家庭教育指导项目研究》，硕士学位论文，辽宁师范大学，2021。

2. 王烟蒙：《家庭教育指导中的问题、成因及对策——以苏北 S 市主城区小学生家庭为例》，载《文理导航（下旬）》，2017（4）。

▶ 第四节　家庭教育研究的过程与方法具体是什么 ◀

知识构图

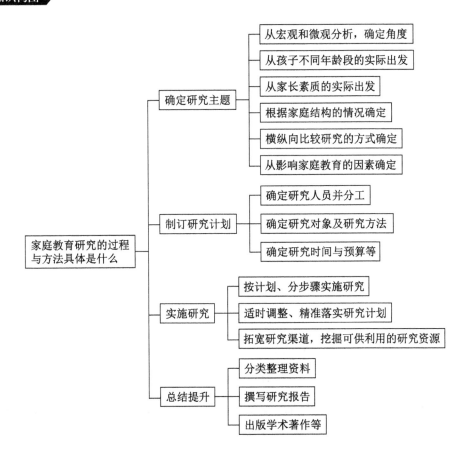

掌握家庭教育研究的四个过程及具体研究方法。

1. 你知道家庭教育研究需要具体、科学的研究方法与系统的研究过程吗?

2. 家庭教育要研究些什么? 研究的主题有哪些?

一、问题聚焦

家庭教育研究是家庭教育中的重要部分,家庭教育研究得深入具体,才能解决家庭教育中的问题。很多家长不知道应该如何系统进行家庭教育中的问题研究,其实家庭教育研究和通常的学术研究一样,应该按照确定主题、制订计划、实施研究、总结提升这四个步骤进行,研究方法可以用到文献研究法、个案研究法、史料法、对比研究法、叙事研究法、调查研究法等。

二、确定研究主题

要让家庭教育研究更深入、更具体,教师应该从不同角度选定具体问题,细化研究。

(一)从宏观和微观分析,确定角度

宏观角度是指教师要把家庭教育研究放在社会发展的大背景下,探讨社会发展对家庭教育的要求。如:我国在2014年教育部印发了《关于全面深化课程改革 落实立德树人根本任务的意见》,在2016年学界提出中国学生发展核心素养,要求未成年人能够适应社会可持续发展,每个家庭成员都要在家庭共同的学习中得到成长。教师可根据以上内容确定宏观主题,如:《家庭教育如何紧跟时代步伐,培养有理想、有信仰的人?》微观的角度则是通过剖析某一家庭的具体家庭教育模式,总结家庭教育的方法、规律等。如:《从"一门三院士,九子皆才俊"看梁启超的家庭教育》。

（二）从孩子不同年龄段的实际出发

孩子年龄不同，家庭教育的重点、目标、方法侧重点就不同。教师进行家庭教育研究，应根据不同年龄段孩子的特点确定主题，如表 2-1 所示。

表 2-1　不同年龄段家庭教育研究主题举例

年龄段	家庭教育研究主题举例
学龄前	如何培养孩子独立生活的意识？
小学低年级	如何培养孩子的责任意识？
小学中高年级	如何教会孩子管理时间？
初中阶段	家庭教育中如何帮助孩子克服青春期的逆反心理？
高中阶段	家长如何对孩子进行理想信念教育？

（三）从家长素质的实际出发

家长的文化水平、教育观念、工作情况等都会对家庭教育产生影响。家庭教育研究应考虑不同家庭的实际情况，侧重分析不同家庭的家庭教育差异。对家长忙于工作、疏于陪伴孩子的家庭，教师可以将重点放在如何做好亲子陪伴、如何有效进行亲子沟通、如何构建和谐亲子关系等方面，增进家长和孩子间的感情，以达到更好的教育效果；对家庭教育基础较好的家庭，教师可以研究在家庭中是否存在家长教育期望过高、孩子心理压力较大等问题，因这类父母自身取得了一定的成就，往往会希望孩子同样或更加优秀，可能会有较强的育儿焦虑，也会给孩子较大压力。

（四）根据家庭结构的情况确定

不同的家庭结构，教育的侧重点也不同，以下分具体情况为大家列举几个例子。对主干家庭的家庭教育研究，教师要考虑代际关系对孩子教育的影响，例如，在主干家庭中，祖辈和父辈如何形成合力，对孩子进行教育。而做留守儿童家庭的家庭教育研究时，主要研究隔代教育和孩子的自我教育。对联合家庭的研究，要考虑多个家庭成员对孩子家庭教育的影响，长辈如何给孩子树立榜样，家庭成员之间如何达成教育一致。对离异家庭的研究，主要研究离婚后父母对孩子教育抚养的责任和孩子的自律问题，以及教育环境的变化对孩子成长的影响，重点要放在不让孩子缺爱上，要引导孩子积极向上，乐观面对生活。

（五）用横纵向比较研究的方式确定

纵的方向可以是：古代、近代、现代家庭教育研究，这是从历史的角度研究家庭教育的特点及其发展。如中国封建社会家庭教育主要内容和特点研究。横的方向则是对中外家庭教育的理念、方法、影响因素等做对比研究。如中西方家庭教育理念的比较研究。

（六）从影响家庭教育的因素确定

社会经济条件、地域差别、人文环境等因素都会影响家庭教育。"孟母三迁""近朱者赤，近墨者黑"都说明了这一道理。因此，家庭教育研究可从这些方面着手去确定主题。如互联网时代，如何让孩子能安心读纸质书；经济欠发达地区的孩子，如何树立自信心；家庭教育如何与社区文化环境相融合；等等。

三、制订研究计划

确定了研究主题后就要制订研究计划，包括确定研究者人员并分工，确定研究对象，确定研究方法，确定研究时间、公布研究纪律，计算研究预算，召开开题会、中期汇报会、结题会，撰写研究报告，进行成果推广等。表 2-2 为研究计划示例。

表 2-2　家庭教育研究计划表示例

主题：家庭教育如何与社区文化环境相融合？	
负责人	吴老师
成员	张老师、王老师、刘老师
分工	张老师和王老师主要负责家长、孩子对家庭教育诉求的调查。设计调查问卷表并回收，归类总结，从具体个案中了解家庭教育的现状、目标，提出家庭教育需与社区文化环境相融合的依据。拍照、撰写论文等。 刘老师主要负责查阅资料，为研究提供理论依据和实践借鉴。进行论文撰写等。 吴老师主要负责研究期间人员调配、关系协调、方向把握、总体指导、撰写报告、出版著作。
研究时长	三年
准备阶段	×年×月×日—×年×月×日
开题时间	×年×月×日
中期汇报时间	×年×月×日

主题：家庭教育如何与社区文化环境相融合？	
总结整理时间	× 年 × 月 × 日—× 年 × 月 × 日
研究对象	× 省 × 市 × 社区、× 省 × 市 × 社区、× 省 × 市 × 社区，共计 × 个家庭及社区文化环境。
拟聘请研究指导专家	李老师
研究方法	文献研究法、个案研究法、史料法、对比研究法、叙事研究法、调查研究法等。
总结报告撰写人	吴老师
研究经费预算	× 元

四、实施研究

（一）按计划、分步骤实施研究

教师需要把研究什么、为什么研究、怎样研究在计划里详细列出，实施时要依计划行事。计划的完成不是一蹴而就的，所以研究要有步骤、分阶段进行，前一步的研究目标实现了方能为后续的研究打好基础，各步骤的研究任务全部完成才能最终促成总目标的实现。

（二）适时调整、精准落实研究计划

遇到意外情况时，教师要及时调整分工，即调整工作的范围、工作的任务、人员的职责。例如，方法不适用时，把传统的研究方法调整为"互联网 +"，原来的目标在研究过程中难以实现，则可适当调低，这样才能更精准落实研究计划、取得研究成效。

（三）拓宽研究渠道，挖掘可供利用的研究资源

传统的研究渠道无外乎通过发放问卷、走访家庭、对比历史文献等方法进行，教师根据不同的研究任务，还可以选择不同的研究方法，如个案法、行动法、实验法等。如"家庭教育如何与社区文化环境相融合"这一问题的研究，教师便可进行实地调查研究，在教育信息方面，了解社区有无开设家长学校、是否开展家庭教育相关讲座；在教育资源方面，了解社区是否提供图书馆、博物馆、艺术馆、科技馆等公益性、教育性的场馆；在文化环境建设方面，了解社区是否建有家庭教育宣传栏、相关的标语条幅是否完备等。

对待家庭教育的应用性研究，一定要"走出去"才能认识到更多的途径与方法。

家庭教育研究要进展顺利，不仅依靠研究者自身的素质和能力，也需要研究对象人员的配合及支持。研究者如果站在帮助家长、帮助孩子、帮助构建更为和谐文明的社会的角度开展研究，必然得到家长、孩子等的支持，支持的力量越强，研究越容易成功。

五、总结提升

研究的总结部分包括分类整理资料、撰写研究报告、出版学术著作等工作。对资料的分类整理，教师要做到条理清晰、层次分明、逻辑严密。可按时间顺序分类，按地域分类，按不同内容、形式分类。撰写专题论文、研究报告、出版专著都要体现专业性、逻辑性，有独到的深刻见解，并在分析时选择典型事例，有论点，有示例，提出可操作性强的建议，才能对家庭教育起到较好的指导作用。

总之，家庭教育研究是一个系统工程，研究者要有责任担当，要高屋建瓴，又要深入家庭、社会，运用各种方法调动各方面积极因素。目前，家庭教育事业方兴未艾。我们相信，广大家庭教育研究者一定能以高度的爱岗敬业精神，为家庭教育的研究贡献出自己的聪明才智。

随讲随练

【单选】家庭教育研究和我们日常的学术研究一样需要按照一定的步骤进行，下列哪一个选项是合理的研究顺序？（　　）

A. 确定主题、制订计划、实施研究、总结提升

B. 制订计划、实施研究、确定主题、总结提升

C. 实施研究、总结提升、制订计划、确定主题

D. 确定主题、实施研究、制订计划、总结提升

【多选】我们可以从哪些角度来确定家庭教育研究主题？（　　）

A. 从宏观和微观分析角度　　　　B. 从孩子不同年龄段实际出发

C. 从家长素质的实际出发　　　　D. 横纵向比较研究的方式

【多选】在家庭教育研究的实施过程中，要遵循哪些事项？（　　）

A. 按计划、分步骤实施研究

B. 适时调整、精准落实研究计划

C. 拓宽研究渠道，挖掘可供利用的研究资源

D. 按部就班地完成，不要有改动

拓展阅读

1. 陈向明：《质的研究方法与社会科学研究》，北京，教育科学出版社，2000。

2. 骆风：《当代家庭教育研究方法：三大学科的比较与建议》，载《青年探索》，2008（3）。

3. 高学生等：《家庭教育研究与方法》，沈阳，辽宁大学出版社，2017。

▶▶ 第五节　家庭教育个案咨询实务辅导的具体流程是什么 ◀

知识构图

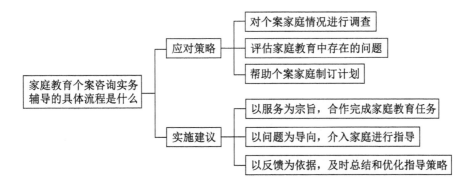

　　1.掌握家庭教育个案咨询的应对策略。

　　2.了解家庭教育个案咨询的实施建议。

　　1.面对家庭教育个案咨询,你会如何进行辅导?

　　2.教师实施个案咨询实务辅导的流程有哪些?

一、问题聚焦

　　《2022年青少年心理健康状况调查报告》对全国范围内超过3万名青少年的调查数据进行了分析。结果发现,参加调查的青少年中有14.8%存在不同程度的抑郁风险,其中,有4.0%抑郁得分较高,属于重度抑郁风险群体,有10.8%为轻度抑郁风险群体,需进行有效干预和及时调整,以免出现更严重的症状。

　　调查还显示,女生相对男生有更高的抑郁、孤独得分;总体上,抑郁、孤独、手机成瘾得分有随着年级增长而升高的趋势;住校、父母外出工作、多子女家庭中排行老三或更小的青少年有更多抑郁、孤独、手机成瘾问题。[1]

　　除了求助于心理医生,家长还常常求助于教师,希望得到系统、严谨的引导,帮助他们走出教育误区。这时候,教师需要对其进行个案咨询。那么,教师该如何展开个案咨询呢?实行个案咨询实务辅导的流程有哪些呢?

二、应对策略

(一)对个案家庭情况进行调查

　　家庭教育个案指导的目的是服务家长,按照方案进行指导,建立真诚、平等的咨询关系。在制定辅导方案前,首先要与家庭成员进行面对面的交流,了解家长遇到的实际困难,以及期望达到的家庭教育目标。这是家庭教育指导者建立双方良好合作及信任关

---

[1]　林甲针:《感受孩子的感受:青春期,与家长说》,189页,福州,福建教育出版社,2022。

系的基础。因此，教师要妥善安排好时间、地点，提前做好调查清单，清单中包括以下几项内容：了解孩子的个人情况，包括孩子的兴趣、特长、习惯、个性、健康状况、在家情况等；了解家庭情况，包括家长性格、家庭结构、家庭教养环境、教育方式、教育观念、亲子关系和沟通模式等；了解孩子近期的情况，如孩子口中的与教师和同学的关系，最近发生了哪些事情，是否有比较反常的表现，最近孩子在家的学习状态等。教师要从多个角度了解孩子自身和家庭的情况，以便对孩子表现出的问题进行全面分析。

（二）评估家庭教育中存在的问题

接着，教师需要分析问题并借助家庭教育的相关知识找出问题背后的原因。把孩子的问题放在家庭系统中进行分析，寻找家庭系统对孩子问题的影响及产生的根源，明确塑造家庭教育环境的责任，挖掘家庭自身具有的教育潜能和每一个成员的教育、影响作用。促成家庭成员间的互动，使每一个成员融入家庭系统，共同探讨每一个成员的成长规划，为孩子成长塑造良好环境，使其感受共同成长，体验自我成就。

（三）帮助个案家庭制订计划

在了解孩子及其家庭的基本情况和存在的问题后，教师要从系统的家庭角度对个案进行分析，根据家庭及子女具体情况，确立指导与咨询方案。计划的制订需要教师和家庭成员共同参与。计划要可操作性强，要有一个总体目标，还要有阶段性的分目标，目标的制定要参考家长的意见，通过可操作性的建议，改变家长不当的教育观念和方法，帮助家长改善育人的环境，纠正孩子的问题偏差。

三、实施建议

（一）以服务为宗旨，合作完成家庭教育任务

指导教师需要和家长共同讨论和协商家庭教育目标，帮助家长并与家长合作完成家庭教育的任务。家庭教育个案指导的对象是问题家庭，教师始终要牢记帮助家庭挖掘自身的教育潜能、助人自助的原则，使家庭通过规划与指导，转变教育观念，改善教育方法，通过家长的改变带动孩子的改变，提高共同解决自身问题的能力，促进共同成长。

（二）以问题为导向，介入家庭进行指导

考虑到不同个案家庭的差异性，在指导家长的内容上，教师需根据收集到的材料做到有的放矢。既包括引导家长转变家教观念，也包括传授给家长符合孩子特点的教育方式方法，如通过个性化的家庭活动改善亲子关系等。

现在家长与孩子之间产生矛盾的很大原因在彼此缺乏沟通、不能够站在对方的角度看问题上。针对这些问题，教师要引导家长每天找孩子聊聊天、谈谈心，让孩子敞开心扉，接受自己的缺点和不足，不要过分追求完美。并经常电话家访，如在每一次考试前后，给家长做思想工作，使家长能够接受孩子成绩的起伏，关注孩子的健康成长。

（三）以反馈为依据，及时总结和优化指导策略

教师在对家长进行帮助和引导后，还要对个案家庭做长期的跟踪指导，不断深入实践：分析、指导、反馈、再分析、再指导、再反馈，不断优化或调整指导的方法和手段，才能达到解决问题的目的。

教师要做好指导过程中的记录工作，养成良好的记录习惯。做到每个月有记录，每个季度有小结，每个年度有总结。每个阶段结束时，教师需要和被指导的家长一起评估目标是否达成，是否需要延长指导，以阶段目标达成为结果，转入下一阶段的规划与指导。指导教师之间还要经常进行交流研讨，不断优化和调整个案跟踪指导策略。

家庭教育个案辅导的最终目的是唤醒家长的家庭教育主体意识，教师在辅导过程中，要注意帮助家长树立正确的成才观，让家长了解孩子的问题产生原因和解决问题的关键。引导家长采取恰当的教育方式，促进家长自我成长，建立和谐的亲子关系，营造健康、阳光的家庭教育环境。

随讲随练

【判断】教师在对家长进行家庭教育帮助和引导后，就不需要进一步跟踪情况了。（　　　）

【多选】当我们对个案家庭情况进行调查时,请问以下哪些内容需要调查?
(   )

A.孩子的兴趣、特长、习惯

B.家长性格、家庭结构、家庭教养环境

C.孩子近期学习情况、与教师和同学的关系

D.家长的教育方式、教育观念、亲子关系和沟通模式

【多选】教师实行个案咨询实务辅导的应对措施有哪些? (   )

A.对个案家庭情况进行调查

B.评估家庭教育中存在的问题

C.帮助个案家庭制订计划

D.及时反馈、总结并优化指导策略

拓展阅读▶

1.洪明:《当前我国家庭教育的焦点难点问题透视——基于600份家庭教育咨询案例分析》,载《中国青年研究》,2012(11)。

2.曹亮:《家庭教育危机个案辅导及思考》,载《教育观察》,2014(23)。

3.[英国]乌莎·戈斯瓦米:《儿童心理学》,南京,译林出版社,2019。

4.赵世平、赵贤吉、李兴渊:《现代家庭教育咨询》,天津,天津社会科学院出版社,1992。

第二部分
指导途径

· · · · · · · ·

　　孩子的成长离不开家庭和学校的共同教育，家校共育日益受到人们的关注。苏霍姆林斯基曾说："教育的效果取决于学校和家庭的教育影响的一致性。如果没有这种一致性，那么学校的教学和教育就会像纸做的房子一样倒塌下来。"[1] 他的观点充分说明家庭教育与学校教育保持一致的重要性。但由于家长素质参差不齐，要保持家校教育的一致性，迫切需要专业人士进行家庭教育指导，在专业的家庭教育指导者缺乏的当前情况下，教师对家庭教育进行指导是最直接也是最有效的方式。教师需要明确应该在哪些方面对家庭教育进行指导，以及如何进行家庭教育指导。[2]

　　要确保家庭的力量和学校的力量能形成合力，学校需要对家庭教育进行专业的指导，因此本书的第二部分为"指导途径"。首先介绍个别指导途径，包括教师选择家访时机、确定家访内容、在线个别指导、明确邀请个别家长来访时的注意事项，以及以一个辅导个案为例阐释个别心理辅导的设计与实施等。其次会介绍集体指导途径，包括用爸爸家长会、家长开放日等多种形式的家校共育活动展开集体指导，亲子活动发挥实效的技巧、因班制宜开展家庭教育课程，以及在线集体指导的要点等。从个别指导途径到集体指导途径，我们希望能够通过家庭教育指导途径的普及，从实践的层面，帮助教师和家长从较为宏观的视角，树立正确的家校共育观，从而提高家校共育水平，实现家庭和学校的协调发展和家长、孩子、教师等相关人员的共同成长。

---

[1]　[苏联] B.A. 苏霍姆林斯基：《给教师的建议（全一册）》，杜殿坤编译，526页，北京，教育科学出版社，1984。

[2]　胡白云：《让教师成为家庭教育的指导者——家校共育的突破口》，载《中国德育》，2018（23）。

▶ 知识构图

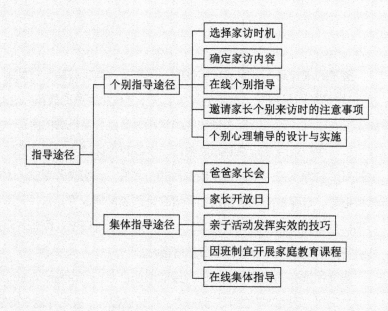

指导途径
- 个别指导途径
  - 选择家访时机
  - 确定家访内容
  - 在线个别指导
  - 邀请家长个别来访时的注意事项
  - 个别心理辅导的设计与实施
- 集体指导途径
  - 爸爸家长会
  - 家长开放日
  - 亲子活动发挥实效的技巧
  - 因班制宜开展家庭教育课程
  - 在线集体指导

▶▶ 第三讲
▶ 个别指导途径

"授人以鱼，不如授人以渔"，教师要帮助家长树立正确的家庭教育观念、掌握科学的家庭教育方法、提升家庭教育胜任能力，对家长开展必要的家庭教育指导是教师在教育教学中应该承担的一项工作。教师针对个别孩子的特殊问题开展家庭教育个别指导，有形式灵活、方便快捷、针对性强、效果更明显的优点。

本专题选择了家访、线上个别沟通、家长来访、个案辅导四种典型的个别指导场景，详细介绍了它们的实施步骤和注意事项，帮助教师密切家校沟通，促进家校协作共育。

- •
- •
- •
- •

▶▶ 第一节　如何选择家访时机 ◀

知识构图

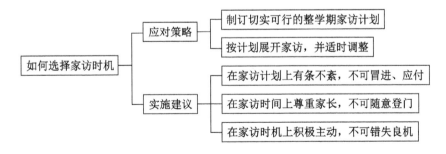

学习目标

1.了解如何选择家访时机。

2.掌握如何制订切实可行的整学期家访计划。

3.了解制订家访计划的原则。

1. 你之前是否会有计划地进行家访？

2. 反思自己以往的家访计划，是否科学有效呢？

一、问题聚焦

轰轰烈烈的家访过后，办公室里充斥着教师的吐槽。

"我三天前就和家长约好，可今天到她家等了半个小时，打电话一问，人家说忘记了，从公司赶回来要半个多小时，我等也不是，走也不是……"

"我昨晚明明和学生的爸妈约好的，没想到今天他们居然都不在家，上夜班去了，只有爷爷奶奶在。"

"我更难堪，前两天晚上散步到一个小区，一看是咱班一个同学住的小区，我心里惦记着家访的事，刚好又记得他家的门牌，不假思索就敲门了。没想到，孩子的爷爷刚刚去世，全家人都沉浸在哀伤之中，我成了不速之客。"

以上吐槽的背后折射的均是家访时机不当的问题。教师想尽快完成家访任务的心情可以理解，想努力做好家访工作的动机值得肯定。可是，家访时机不当往往会事与愿违，选择恰当的家访时机很重要。

二、应对策略

（一）制订切实可行的整学期家访计划

根据接班时间的长短和教师对孩子、家长了解程度的不同，每个班的家访计划也是不尽相同的。

1. 新接班的家访计划

接新班的班主任教师在开学之初的一两个月内，对全班孩子做一次普访很有必要。普访的家访计划中应关注的多是一些共性、基本的问题。教师可以通过以下步骤进行新生普访。

步骤一：普访前，充分了解家长的实际情况。

教师可以设计几个简单的问题让孩子带回家让家长填写。比如：您家现在的详细住址是？您的联系电话是？您家希望教师家访吗？大约什么时间段您们能接受家访？如果不方便教师前来家访，您喜欢什么样的家校沟通方式？

收集到家长的反馈信息后，教师可先对家长以如下方式进行归类。

按意愿分类："希望家访"和"不希望家访"的家长；按空间位置分类：在"希望家访"的家长中，可将居住地邻近的家长进行归类；按家访时间分类：可接受工作日下班后家访的家长为一拨，仅周末有空的家长为一拨，随时有空的家长为另一拨。

接着，教师可将居住在相近区域内的家长空闲时间细分，决定哪家应下午去，哪家晚上去，哪家周末去，做到心中有数，再与家长预约时间就更有把握。

步骤二：拟订学期家访计划表，在班级群公示。

以表3-1为例，教师可模仿拟订计划，表中也展现了特访与随访，后文会进行介绍。

表 3-1　新班家访计划

家访内容	家访时间	家访片区	温馨提示
了解本班孩子及家庭基本情况；了解家长对孩子的教育方式及期待；了解家长对学校和教师的看法与期望；向家长反馈孩子在校的表现。	第一至二周	××片区（具体名单）	1. 教师应提前一两天与家长预约具体时间，同一区域的家长应拉一个临时微信群，便于小范围沟通。 2. 家访时，孩子的父母需在家，孩子需在场。 3. 教师自备粮水，不让家长特意招待，不吃饭，不接受礼物。 4. 如果家长不能协调本次时间，可与其约其他时间。
	第三至四周	××片区（具体名单）	
	第五至六周	××片区（具体名单）	
	第七至八周	××片区（具体名单）	
	第九至十周	××片区（具体名单）	
	第十一至十三周	特访（待定）	
	第十四至十八周	随访（待定）	
	第十九至二十周	特访（待定）	

步骤三：特殊情况特殊处理。

普访过后，教师就可筛选出一些需要更多关注的孩子和家庭，记录下来，作为日后重点指导的对象，以便适时随访和定期特访，因材施教，家校合力。

另外，要及时关注那些明确拒绝家访以及多次预约家访时间均不成功的家庭，他们或对教师登门家访有抵触心理，或因工作太忙，或对孩子的教育不上心……教师要以家长乐于接受的方式探寻背后的原因，以便进一步开展家校工作。

2. 带旧班的家访计划

教师对带了一两年的班级中的孩子和家长的情况都相当熟悉了，这时候的家访就需根据孩子的学业情况和在校表现，进行分层分类，有的放矢地进行特访，见表3-2。

表3-2　旧班家访计划

家访时间	家访对象	家访内容/家访原因	家访目的
学期第一至三周一次，第四至六周一次。	有学习障碍、行为问题和身心疾病的孩子。	这部分孩子往往是班级的后进生，要多关注，多鼓励。	与家长达成教育共识后，定期跟进，进行个性化辅导。
	成绩中等、在班里默默无闻的孩子。	这些孩子表现平平，不招惹事端，最容易被班主任和其他教师忽略。但是，他们依然渴望被教师关注，被班主任重视，他们的发展潜力巨大。	给这些孩子加加油、鼓鼓劲，提一提新学期的新期望，了解他们在学习和生活上的困惑，多支持，多鼓励。
学期第九至十二周。	期中考试前后，成绩大起大落、或者行为表现严重退步的孩子。	了解孩子学业退步的真实原因，或不良行为背后的主要原因。	与家长商讨教育的策略，以期长善救失。
适时随访。	一直表现优秀的或取得突出成绩的孩子。	家长必定很重视孩子的教育，并且有较好的教育方法。	登门祝贺，虚心请教其家庭教育理念和方法，并预约该家长分享自己的家教心得体会。
	孩子因病请长假或者意外受伤后。	询问孩子的身体康复情况。	送去对孩子的关爱，鼓励其树立对生活的信心。
	孩子之间或亲子之间发生严重冲突后。	进一步了解孩子和家长的想法，以及对彼此的诉求。	与家长和孩子真诚沟通，协调问题，以期化解矛盾。

（二）按计划开展家访，并适时调整

在学期初制订切实可行的计划，能让家访工作有章有法、有条不紊地推进。但是，该计划也不是一成不变的。教师应结合学校当前重点工作的开展情况，对家访工作适时调整，以促进教育教学工作的顺利开展。

三、实施建议

（一）在家访计划上有条不紊，不可冒进应付

制订家访计划前，需根据实际情况，有目的、有步骤、有针对性地安排家访工作；重视家访，但要明白教育的长期性、反复性和曲折性的特点，不急于求成，也不冒进、应付。

（二）在家访时间上尊重家长，不可随意登门

按照家访的学期计划，提前一两天预约，须征得家长同意。教师每次出门前，应与家长再次确认时间。如果家长实在不方便，就下次再约，不可随意登门。

尊重家长的作息时间，避开休息和进餐时间。每户家访时间不宜过长，孩子无特殊问题的，以30分钟内为宜；有棘手问题的，以1小时内为宜。长话短说，与教育孩子无关的话题不展开谈论，让家长清楚明白教师家访的目的，达到交流合作的效果即可。

（三）在家访时机上积极主动，不可错失良机

对不在普访计划内的随访和特访，应特殊情况做特殊处理，具体问题做具体分析。特别是对突发情况和突发问题，教师要第一时间与家长取得联系，及时登门家访，拿出诚意和耐心，以求化解困境和矛盾，达成教育共识，寻求问题的解决之道。

总之，不影响家长作息，能达到良好沟通效果，最有利解决问题的时机，就是家访的好时机。

随讲随练

【判断】根据接班时间的长短和教师对孩子、家长了解程度的不同，每个班的家访计划也是不尽相同的。（　　）

【多选】在制订家访计划时应注意哪些事项？（　　）

　A.在家访计划上有条不紊，不可冒进、应付

　B.在家访时间上尊重家长，不可随意登门

　C.在家访时机上积极主动，不可错失良机

拓展阅读

1. 王蓉、于冬青：《美国 HIPPY 家访项目的经验及启示》，载《陕西学前师范学院学报》，2020（6）。

2. 宋艳红：《浅论教师与家长关系的中介性》，载《学前教育研究》，2007（2）。

3. 李瑾瑜：《重新认识教师家访的文化与教育价值》，载《人民教育》，2017（8）。

▶ 第二节　教师家访，"访"什么 ◀

知识构图

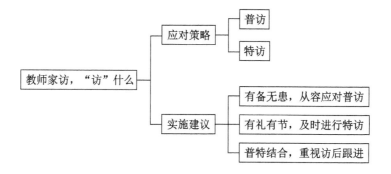

学习目标

1. 掌握普访的内容设计、形式及注意事项。

2. 掌握特访的内容设计、形式及注意事项。

读前反思

1. 普访和特访的区别是什么？

2. 教师在进行家访时，需要注意哪些方面？

一、问题聚焦

新接班的教师普遍对家访工作感到困惑的是：对孩子不太了解，对家长也很陌生，初次家访不知找什么话题聊，很尴尬；带班两三年的教师也很为难：对家长和孩子都很熟悉了，孩子的长短处一目了然，其种种问题已经跟家长在线上多次沟通了，家访是浪费时间，不过就是走个形式。

教师家访是有目的的个别教育指导活动。面对面的交流，能有效拉近教师与家长之间的距离，达成教育共识，形成教育合力。那么，教师家访该"访"什么呢？

二、应对策略

根据家访目的的不同，家访可以分为了解信息型的普访和具体目标型的特访。

（一）普访

普访多用于新生入学前后，教师新接班之时。普访的特点是覆盖面广，目的是对全班情况有个大概的、基本的了解。家访内容主要是教师的自我介绍，询问孩子的基本情况，了解家庭情况和家长对孩子的管教方式、教育期待等，见表3-3。

表3-3 普访内容设计要点

三个要点	访谈提纲
教师自我简介	初次见面：介绍姓名、所教科目、是否为班主任。
	非初次见面：介绍学校的办学宗旨、本人的教育理念和对家庭教育的心得。
询问孩子情况	生活习惯：孩子的身体状况、作息饮食习惯、学习时间、家务劳动情况等；特别要注意的地方，如有些孩子有某种先天疾病，不能剧烈运动，不能跑步，有些食物不能吃等。
	个性品格：孩子的性格特点、兴趣爱好、行为上的偏差。
	学习方面：孩子喜欢哪些科目，哪些科目需要加强，特别擅长的学科领域；学习主动还是被动，学习习惯。
	同伴交往方面：孩子合不合群，有没有人际交往障碍等。
了解家庭情况	家庭结构：包括联合家庭、核心家庭、主干家庭、单亲家庭、隔代家庭等类型，不同家庭结构成长起来的孩子，会呈现出不同的特质和问题，这是教育时需要重点关注的方面。

续表

三个要点	访谈提纲
了解家庭情况	家庭成员：父母的职业、文化程度、性格特点。家庭其他成员的特殊情况，如患重病的老人等。
	家庭环境：从家庭氛围和家庭环境中，可以初步判断出父母的教养类型是民主型、权威型、专制型、溺爱型还是疏忽型。
	家庭关系：亲子关系、夫妻关系是否和谐，有没有明显的异常。
	亲子陪伴：亲子陪伴的时间和陪伴质量，目前主要由谁担负教育和照顾孩子的责任。
	教育期待：家长对孩子的教育态度和要求，对学校和教师的要求与建议等。

（二）特访

特访的特点是专事专访，为某个具体问题而来，教育目的性和专业指导性更强。根据学生问题类型的不同，常见的特访主要内容如表3-4所示。

表3-4 特访的访谈内容设计

问题类型	具体访谈提纲
学业困难型	如某科成绩不理想的孩子，或近期严重退步的孩子。 1.与家长一起分析学业现状，找出背后的原因。学业成绩一般受到本人的学习态度、学习方法、理解接受能力、家长的教育陪伴等因素的影响。 2.让孩子说说自己的感受和想法，希望得到教师和家长哪些方面的帮助与指导。 3.与家长、孩子一起研讨有针对性的帮助方案。
行为偏差型	如经常与同学发生冲突，同伴关系不融洽的孩子。 1.询问家长该行为的持续时间，以前如何处理类似的问题，效果怎样。 2.让受欺凌的孩子说说自己的感受和诉求。 3.让孩子说说对这种行为的看法，自己的感受，希望得到教师和家长哪些方面的帮助与指导。 4.与家长、孩子一起研讨有针对性的帮助方案。 5.商议定期跟进家访。
心理异常型	如有抑郁症、孤独症、强迫症、狂躁症等心理疾病的孩子。 1.向家长了解孩子病情的起因和治疗的经过，效果怎样，家长的看法、想法怎样。 2.了解平时的亲子关系如何，家长的教育期望是什么。 3.向家长推荐一些有益于孩子健康成长的育儿书籍，以及对本症状的治疗辅导有帮助的书籍；如学生病情严重，要推荐专业的心理辅导咨询师，进行专业治疗。 4.定期家访，跟进孩子的发展情况。

续表

问题类型	具体访谈提纲
突发事件型	孩子在家、在学校时难免遇到一些突发事件。如人身伤害（摔伤、撞伤、打架、交通事故）、突发疾病、亲人离世、亲人患重病等。面对这些情况，教师要及时家访，向家长客观陈述事件发生时的具体情形，给予孩子关怀和鼓励，给予家长安慰和协助。

三、实施建议

（一）有备无患，从容应对普访

由于普访的覆盖面广、工作量大、关注点多，所以家访前的工作要做足做细，教师最好列一份详细的访谈提纲。为免遗漏关键信息，家访时，教师要随身携带笔和本记录重点信息和突出的问题。此外，在条件允许的情况下，普访的内容也可以做成电子或纸质问卷，发给家长填写，使家访更为方便。

（二）有礼有节，及时进行特访

针对特定问题的特访，重在及时，抓住教育的契机。例如，对孩子某些意外情况的发生，有的家长反应很大，态度不好。如果教师也没控制好情绪，只会使事情更糟，加剧家校矛盾。所以，教师应冷静应对，礼貌而理智地与家长沟通和协商，让事情朝着好的方向发展。

（三）普特结合，重视访后跟进

不管是普访还是特访，都应当重视访后的跟进工作。例如，普访后，应当对班级孩子的情况进行分类汇总。如果是通过调查问卷了解的情况，还应做数据分析和调查分析等工作，找出共性问题和个性问题，对孩子的家庭情况做到心中有数，以便为日后的教育教学工作的扎实推进打下基础。

特访的后期跟进就更重要了。孩子问题的形成不是一朝一夕的事，所以问题的解决过程也是复杂和曲折的。与家长沟通时，教师不要只停留在问题表面的陈述，而是要启发家长，一起探求问题行为背后的真正原因和教育的措施。只有辨证施治，对症下药，才能解决问题。对一些顽固的行为问题和异常的心理问题，教师要做好长期教育、持续帮扶，必要时寻求更专业的帮助，与家长达成共识，一起教育孩子。

【判断】为免遗漏关键信息，家访时，教师需要随身携带笔和本子记录重点信息和突出的问题。（　　　）

【判断】普访中教师不可以通过问卷的形式了解孩子情况。（　　　）

【多选】家庭教育分为哪些类型？（　　　）

A. 民主型　　　　B. 权威型　　　　C. 专制型　　　　D. 溺爱型　　　　E. 疏忽型

【单选】小斌每次洗手时都是从指尖开始洗，连续不断地洗到手腕，如果顺序反了或者被中断了都要重新开始，为此耗费大量时间，小斌的这种表现属于心理障碍中的（　　　）。

A. 孤独症　　　　B. 抑郁症　　　　C. 强迫症　　　　D. 人格分裂

1. [美国] 卢森堡：《非暴力沟通》，北京，华夏出版社，2009。

2. 白芸：《如何开展家校合作研究》，载《中国教师报》，2020-07-01。

↣ 第三节　如何让在线个别指导更"走心" ◂

知识构图

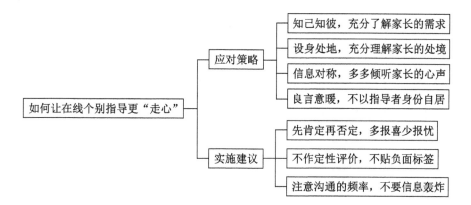

学习目标

1. 了解线上指导家长进行儿童教育时会遇到的问题。

2. 掌握线上指导家长进行儿童教育的相关原则及策略。

读前反思

1. 线上指导和面对面指导有什么区别?

2. 如何在做好教育指导的基础上,扎实推进指导方式的变革?

一、问题聚焦

随着现代通信技术的发展和网络技术的普及,学校与家庭之间的沟通渠道不再局限于教师的入户家访,以及邀请家长来校的校访。校讯通、电子邮件、电话、微信、QQ、钉钉等平台的即时通信工具由于其快捷便利的特点,被越来越多运用到现代家校沟通中,成为教师在线个别指导家庭教育的新途径。线上个别沟通与指导尽管有其不可替代的便捷优势,但是家长与教师之间毕竟隔着一个屏幕,仿佛一道墙,看不清对方的表情反应,更难以揣摩对方的心情。因此,线上沟通中"沟"而"不通"的负面效应日益突出。如何让线上沟通更顺畅、让指导更有效,让在线个别指导更"走心"呢?

二、应对策略

（一）知己知彼，充分了解家长的需求

全国未成年人家庭教育状况抽样调查显示，按照从高到低的排列顺序，家长对家庭教育知识的需求超过 50% 的选项依次是：孩子的心理健康知识、管教孩子的方法和孩子的学习辅导，对孩子的道德引导和孩子的人生理想的教育知识需求均不足 50%。[1] 不同类型的家庭、不同文化背景的家长和孩子的不同表现情况，他们对家庭教育指导的需求是不一样的。为了让沟通更顺畅，让指导更有效，我们一定要对家长的情况和孩子的情况了解清楚，有的放矢地进行在线指导更"走心"。

（二）设身处地，充分理解家长的处境

"幸福的家庭都是相似的，不幸的家庭却各有各的不幸。"这句话略改之后放在家庭教育上，也是适合的。"成功的家庭教育经验千篇一律，不成功的家庭教育却各有各的问题。"教育是良心的工作，是灵魂的事业，尤其需要教师以爱育心，设身处地、换位思考，运用同理心去理解每一位家长的不同处境，去关爱每一个需要帮助的家庭，去关注每一个成长中的孩子，让在线指导更"走心"。

（三）信息对称，多多倾听家长的心声

线上的沟通，不同于面对面的沟通，不能从对方的表情和反应中直接反馈沟通的效果。有时候，教师说的一句话，如果家长从不同的角度和立场去理解，就会得出不同的信息和判断。所以，线上沟通时，教师要特别注意遣词造句的规范性、语义表达的确定性。如果说模棱两可的话，让家长揣摩或者误解你的意思，就会发生信息不对称的不良沟通后果。所以，线上指导沟通时，多传递明确的观点和建议，多倾听家长的想法和看法，在平等的交流中，在对称的信息互动中，能增加家校沟通的有效性和互相理解，让线上个别指导更"走心"。

---

[1]　中国家庭教育学会、全国妇联儿童工作部：《全国家庭教育课题研究优秀论文集》，16 页，北京，中国妇女出版社，2012。

（四）良言意暖，不以指导者身份自居

"良言一句三冬暖，恶语伤人六月寒。"一句安慰鼓励的话，能给家长留下善解人意的好印象，能给家长带去希望的曙光。教师虽然身兼家庭教育指导的职责，但切不要以指导者的身份自居，对家长居高临下地发号施令。良言意暖的话语、尊重谦虚的态度，让线上个别指导更"走心"。

三、实施建议

（一）先肯定再否定，多报喜少报忧

在线沟通由于具有便利性，被广泛应用到人们的日常人际交往和家校工作的交流和互动中。教师向家长反映孩子的教育问题时，要掌握一定的语言技巧和谈话艺术。先充分肯定孩子某一方面的进步，再说需要待改进的问题，会给家长良好的心理暗示，觉得教师不是专门来挑孩子的毛病的，在教师的眼里，孩子是有闪光点的。这样，家长更容易接受教师的建议和要求。

孩子的成长过程中，总会有这样那样不如人意的地方。教师要包容孩子的无心之错，包容孩子的顽皮和淘气。只要不是原则性的错误和品行方面的扭曲，没必要直接反映到家长那里去，教师直接教育和引导孩子即可。多报喜少报忧，让在线指导更"走心"。

（二）不作定性评价，不贴负面标签

孩子是成长中的人，未来的发展具有无限可能性。他们在很多时候表现出来的行为问题只是表面的和暂时的，不具有稳定性和本质性。教师向家长陈述孩子的问题时，不宜作定性的评价，更不能给孩子贴上负面的标签。对家长而言，教师多鼓励、多欣赏、多肯定、多关注，就是在让在线指导更"走心"。

（三）注意沟通的频率，不要信息轰炸

现实生活中，有很多热心肠和急性子的教师，做事情雷厉风行，说话就像放鞭炮，在与家长交流时，也是狂轰滥炸。殊不知，这种单向度的沟通只是一种纯粹的宣泄，是无效的沟通。特别是线上与家长的交流，如果教师口不择言、传递一些令家长不安的、

不实的言论或者消息，很容易"授人以柄"。所以，要特别注意与家长沟通的频率，把握线上指导的"度"，不要引起家长的反感。

教师应当全面了解家长的职业特点和作息习惯。注意沟通的时间，一般晚上十点后和早上八点前，不要与家长联系。除非有特殊情况必须与家长及时沟通时，也务必先表达自己的歉意再谈事情。尊重他人作息习惯，理性沟通，不信息轰炸也是一种美德，让在线指导更"走心"。

随讲随练

【判断】在与家长进行线上沟通时，为了能够更好地帮助孩子发展，教师应该多多指出孩子的问题。（　　　）

【单选】以下哪个行为不属于"走心"的在线个别指导？（　　　）

A. 了解家长的需求　　　　　　B. 理解家长的处境

C. 倾听家长的心声　　　　　　D. 以指导者身份自居

【多选】以下几个选项中，哪几个是教师与家长进行沟通的最适宜的时间段？（　　　）

A. 5:00～6:00　　　　　　　　B. 10:00～11:00

C. 19:00～20:00　　　　　　　D. 22:00～23:00

拓展阅读

1. 周旭：《上海市小学家庭教育指导的现状调查及问题分析》，硕士学位论文，华东师范大学，2007。

2. 杨静平：《线上·入户·陪伴》，载《江苏教育》，2020（80）。

3. 车文博：《陈鹤琴儿童心理学思想探新》，载《学前教育研究》，2006（3）。

▶▶ 第四节　邀请家长个别来访时的注意事项有哪些 ◀

知识构图

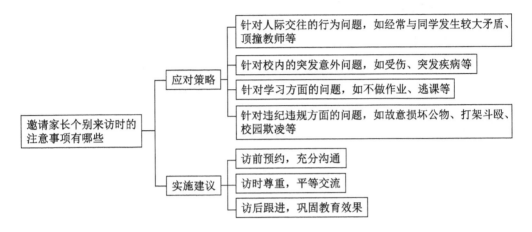

学习目标

1. 能够根据不同的情况使用正确家访策略。

2. 掌握家访前、家访时、家访后的相应工作。

读前反思

1. 在之前的教学中，你是否进行过家访活动？

2. 在之前的家访活动中，你是否采用了科学的应对策略？

一、问题聚焦

家访是家校沟通的重要途径，也是班主任工作的基本方法之一。当孩子严重违反校规班规，如参与打架斗殴、经常逃课、经常不完成作业、与教师或同学发生较大的矛盾冲突时或者在校突发意外时，教师如果不及时与家长沟通处理，往往会导致严重后果。除了教师"走出去"的入户家访外，邀请家长个别来访也是常见的家校沟通方式。大部分通情达理的家长，会充分理解教师教育孩子的责任心，非常愿意配合教师来校协同教育。但是，也有少部分家长对来校见教师持有抗拒心理。一则害怕因为孩子的顽劣表现被教师当面批评；二则担心教师的态度不好，令自己很难堪；三则确实由于个人的工作时间紧张，难以抽身来校；四则对教师的教育方式不认同，不支持。如何消除家长来访的消极心理，从而乐意接受校访呢？

二、应对策略

为消除家长来访的消极心理，乐于接受教师的来校邀请，积极配合学校开展教育工作，教师应当做好访前沟通及访后跟进等，特别要充分准备访谈内容，列出访谈提纲，突出需要重点解决的问题，并给出相应的解决措施和建议等。根据不同的问题类型，采取相应的应对策略。

（一）针对人际交往的行为问题，如经常与同学发生较大矛盾、顶撞教师等

访谈内容重在引导家长培养孩子的情绪管理能力，认识人际交往的界限，对他人尊重和有礼貌等。可以推荐家长和孩子阅读情绪管理和人际交往方面的书籍或者小故事，让孩子在阅读中明理，受到自我教育。

（二）针对校内的突发意外问题，如受伤、突发疾病等

访谈内容重在引导家长对孩子安全教育的重视，在日常生活中培养安全意识，落实安全教育责任和细节。了解孩子的生活作息、饮食习惯，引导家长关注孩子的身体健康，合理膳食，不暴饮暴食，规律生活，有效预防疾病的发生。

（三）针对学习方面的问题，如不做作业、逃课等

访谈内容重在对学业现状的分析，对上课听课、课后作业，以及学习成绩的如实描述。了解家长对孩子的教育态度、教育方法和教育期待，了解学生在学习中遇到的困惑和问题，和家长一起商议教育的对策。

（四）针对违纪违规方面的问题，如故意损坏公物、打架斗殴、校园欺凌等

访谈内容重在明确学校的规章制度，校规校纪的具体要求。如果是经常性的校园欺凌造成同学受到身体或心理的伤害，并且经教师多次教育仍不改正的，如果已经快要触及国家法律法规，可以联系学校的法制校长或者德育处负责人一起，共同教育。

三、实施建议

（一）访前预约，充分沟通

1. 简要说明邀请来访的目的

教师应当理解，家长接到教师电话或者短信时忐忑不安的心理。特别是平时表现糟糕的孩子，其家长最怕接到教师电话，最怕见教师。教师要求来校，他们心里更是七上八下，以为孩子又闯大祸了。此时，不管事情有多糟糕，教师都要冷静下来，控制情绪，简要说明请家长来校的目的，以消除家长的疑虑和担忧。

2. 尊重家长的时间安排

教师应当知道，家长也有自己的工作要处理和家庭成员要照顾，不是任何时候都能"随叫随到"的。预约时，注意语气要友善，宜以商量式口吻，忌命令式语气。多用礼貌用语，如"您好""拜托了""麻烦啦"；多用商量口吻的句子，如"这个时间段您方不方便呢？""如果今天不方便，您能另安排一个时间过来吗？"

3. 真诚表达自己的歉意和感谢

请家长来校，目的是共同教育孩子。家长能够协调好自己的时间到学校来，显示了对孩子教育的重视和对教师工作的支持。当然，对家长的工作来说，可能会有一定的影响。如果教师能谦虚地向家长表达自己的歉意及感谢之情，那么一定会给家长留下一个善解人意、友善谦虚的好印象，有利于进一步交流和沟通。

（二）访时尊重，平等交流

1. 单独谈话，保护家长和孩子的自尊心

教师办公室是集体办公的公共场合，人多口杂，不建议在此接待来访家长。与家长谈论孩子的问题行为，特别是涉及个人隐私时，宜找一个人少安静的环境，如学校的小会议室、空教室、功能活动室等。谈话内容不公开，能很好保护家长和孩子的自尊心。

2. 邀请孩子在场，能消除孩子疑虑

邀请孩子共同参与谈话，教师就事论事，在描述问题和具体情形时征询孩子的意见，承认自己的不当行为，能让孩子消除疑虑，明白教师不是向家长"告状"，而是真心想帮助自己，从而更愿意接受教师的教导。

3.实事求是，注意谈话的艺术技巧

很多教师是直性子，特别是孩子在校犯了严重错误后，看到家长，真是气不打一处来，把孩子的各种毛病一股脑就抖了出来。如果碰到不明事理或者性格火暴的家长，很容易引发家校矛盾。与家长谈话，我们宜本着实事求是的态度，先把孩子的优点向家长讲足讲全，再把不足和需要努力的方向提出来，请家长予以配合。这样更能赢得家长的配合和支持，更利于问题的解决。

（三）访后跟进，巩固教育效果

教育是一个长期的、复杂的、反复的过程，特别是对小部分孩子屡教不改的行为问题，不是请家长来校一两次就能够解决的。所以，校访后的跟进教育很有必要。教师应特别关注孩子在家长校访后的各种行为表现，如有进步，应及时向家长汇报，提出表扬，督促孩子再接再厉。如有退步或者问题行为反复出现，应及时向家长反映，商议进一步的教育措施等。

总之，无论是家访、校访还是电访、信访等任何家校沟通方式，都是为了共同教育好孩子。所以，教师与家长的每一次沟通都要注意不要满堂灌、一言堂。要耐心倾听，留给家长充分表达自己意见、看法的时间，适时点头认可，并适当补充，才能引发家长的情感共鸣，帮助家长形成清晰的教育思路，共写家校合作育人新篇章。

随讲随练

【判断】家访是家校沟通的重要途径，也是班主任工作的基本方法之一。
（　　　）

【单选】下面哪一个不是家访的应对策略？（　　　）

A.针对人际交往的行为问题，如经常与同学发生较大矛盾、顶撞教师等。访谈内容重在引导家长培养孩子的情绪管理能力

B.针对校内的突发意外问题，如受伤、突发疾病等。访谈内容重在引导家长对孩子安全教育的重视，在日常生活中培养安全意识，落实安全教育责任和细节

C.针对学习方面的问题，如不做作业、逃课等

【多选】家访的实施建议有哪些? (   )

A. 访前预约，充分沟通

B. 访时尊重，平等交流

C. 访后跟进，巩固教育效果

拓展阅读

1. 谢海波：《"真家访"温情暖人心》，载《教育家》，2021（44）。

2. 孙双燕：《浅谈教师家访的基本原则》，载《新智慧》，2019（6）。

3. 李雪梅、刘仕永：《以礼相待，用心沟通——浅谈家访的策略及应用》，载《教育教学论坛》，2017（14）。

4. 粟深友：《谈家访的作用和原则》，载《平安校园》，2014（22）。

▸ 第五节 如何进行个别心理辅导的设计与实施 ◂

知识构图

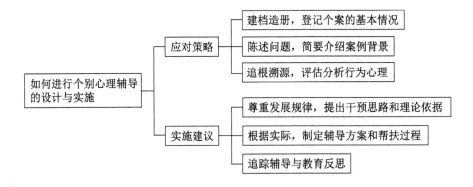

学习目标

1. 能够根据不同的问题，明确个别心理辅导的正确应对策略。

2. 了解"同胞竞争障碍"的辅导过程。

1. 在之前的教学中，你是否进行过"同胞竞争障碍"个别心理辅导？
2. 你之前在个别心理辅导中是否采用了科学的应对策略？

一、问题聚焦

家长反映的孩子在心理异常、行为偏差等方面的突出问题，往往不能靠家长或教师单方面的力量转变。此时，与家长商议长期的教育帮扶方案，定期进行家访跟进，能形成有效的家校教育合力。个别心理辅导方案如何设计、具体该如何实施操作，是教师普遍关注的问题。下面以小学生小陈"同胞竞争障碍"心理辅导个案为例加以说明。

二、应对策略

（一）建档造册，登记个案的基本情况

个案的基本情况包括孩子的姓名、性别、年龄、个性特点、身体健康状况、家庭住址、家长姓名、联系电话等。

（二）陈述问题，简要介绍案例背景

小陈妈妈主诉，她是在小陈5岁的时候生下的二宝。自从有了二宝，安静乖巧的小陈性情大变，情绪不稳定，经常发怒哭闹，爱跟弟弟争风吃醋，甚至故意伤害弟弟、伤害自己，有时是语言辱骂，有时候趁家里人不注意对弟弟下狠手。小陈爸爸长期在外地工作，通常一个月才回一次家，所以，照顾和教育两个孩子的重担都压在妈妈肩上。最近一个月，小陈各科考试成绩严重退步了。

（三）追根溯源，评估分析行为心理

随着政策的放开，越来越多的家庭有了两个或两个以上的孩子。同胞兄弟姐妹之间相处的矛盾和冲突，导致孩子出现某种程度的情绪紊乱，称之为"同胞竞争障碍"。这

是国际疾病分类诊断标准提出的一种心理障碍，特发于童年的情绪障碍。

通过对小陈情况的综合分析，教师确定她有"同胞竞争障碍"。她的情绪变化和异常行为主要源自三个方面。首先，有较严重"同胞竞争障碍"的孩子，有其自身性格特质的问题。其次，这类孩子在心理角色认知上会有一定的偏差。最后，这类孩子之所以出现异常行为和情绪，更重要的是家庭教育的原因。比如，家长对孩子的过度溺爱，容易让孩子形成自我为中心的观念；父母忙于工作，把孩子交给家里其他长辈养育，使孩子对父母之爱存在怀疑，缺乏安全感。

由此我们看到，"同胞竞争障碍"的出现，不仅仅是因为孩子有了弟弟、妹妹，更隐秘的根源在家庭教养方式、亲子沟通出了问题，家长对孩子心理的不理解，对孩子感情变化的不关心等。

三、实施建议

（一）尊重发展规律，提出干预思路和理论依据

大量研究结果表明，"同胞竞争障碍"是可防可控的。从小陈的症状表现来看，她属于中度的"同胞竞争障碍"，其行为已经给自己和家庭成员造成一定程度的伤害和困扰。由于造成孩子"同胞竞争障碍"的原因是多方面的，所以相应的心理辅导干预方法也是综合的。其干预方法有：认知重建、角色体验、亲子沟通、阅读疗法等。

（二）根据实际，制定辅导方案和帮扶过程

第一步：谈话沟通，信息共享，建立信任。

通过多次的电话沟通、微信聊天、家访面谈，教师与小陈妈妈建立了初步信任，达成了基本的教育共识。教师把收集到的"同胞竞争障碍"相关文章、案例共享给陈妈妈，并给她分析了孩子异常情绪背后存在的多种原因。陈妈妈也逐渐意识到自己在家庭教育中需要改进的一些问题，承认自己对孩子情感上的忽视。

第二步：尊重孩子，理解孩子，认知重建。

小陈有一个难解的心结：我不是爸妈亲生的，所以爸妈对我才不好。教师与小陈围绕这几个问题聊了起来：我是谁？我从哪里来？爸爸妈妈还爱不爱我？弟弟是谁？什么

叫亲人？

针对第一个问题，教师把小陈的出生医学证明和小时候的照片出示给她看，转述她妈妈告诉教师的她小时候的事情，重建了"我"是爸爸妈妈亲生孩子这一个认知；针对第二个问题，教师让她说出"爱"与"不爱"的证据。教师引导她谈谈自己衣食住行方面的事情，姐弟之间发生的事情。正面证据很多，反面证据不足。教师顺势给她一个基于事实的重建信息，即"爸爸妈妈仍然是爱我的，只是他们表达爱的方式要改改"。

针对第三个问题，教师和小陈对弟弟的任性行为进行分析，得知每个孩子小时候都会淘气和不懂事。小陈明白了，因为弟弟是自己的亲人，所以应当包容对方、爱对方。

第三步：角色体验，亲子辅导，双管齐下。

对自己和他人的角色认知，是认知重建的重要方面。在教师的建议下，这对母女利用一个周末，进行了角色互换。后来，她们都跟我分享了角色扮演的体验和感受。当了一天的妈妈，忙碌了一天，小陈终于体会到妈妈照顾两个小孩子的艰辛和不易，能站在妈妈的角度去理解妈妈的想法和做法了。而妈妈也理解了小陈对爱和安全感的心理需求，不再认为小陈是故意和父母作对，乱发脾气了。

通过交流和体验，教师和这一家庭达成了以下共识。

首先，孩子表面上的争抢、顶嘴、打架，其实争的是爱、理解和关注。所以当孩子们发生冲突时，家长没必要立刻调解，应当试着给他们自己解决问题的机会，或者引导示范教给孩子协商和让步的方法，效果可能更好。

其次，不要在老大面前滔滔不绝地跟别人谈论二宝，这会强化老大被二宝"取代"的观念。也不要为了激励老大，就使劲夸赞另一个孩子，这种不同个体的横向比较，会加重"同胞竞争"的程度，让老大感觉非常沮丧。

最后，多关注、多陪伴孩子，做孩子之间爱的联结者。家长要善于观察孩子，如果发现孩子有一些异常情绪和行为时，应正视这些现象，分析其背后可能的原因，理解孩子的情绪和感受，既不过度关注，也不粗暴批评或打骂。当孩子发现没人重视她的过度反应时，这些异常情绪和行为就会慢慢消退。等孩子闹腾过后，家长再给予安慰解释和正面引导，这样的教育效果更好。

第四步：阅读疗法，互助成长，效果自评。

阅读是最好的自我教育，针对个体心理情绪障碍的阅读疗法是自我教育、自我康复、自我成长的"无痛"疗法。小陈和妈妈都很愿意阅读书籍。读书后的交流分享使亲子的沟通鸿沟慢慢减小，亲子间的感情渐渐拉近了。小陈的性格变得开朗起来，在家里，她和弟弟的关系改善了，对妈妈，她的埋怨和不满更少了；在学校，她和同伴们的交流互动也多了起来。

（三）追踪辅导与教育反思

以上四个步骤并不是截然分开、按部就班的，而是互相渗透、互相促进的。本次辅导的成功得益于教师跟小陈母女建立的信任、合作关系，也得益于对各种辅导方法的优化组合及综合运用。心理辅导并不是一件一劳永逸的事情，教育过程中孩子的思想行为会有反复，维护良好的亲子关系是接下来追踪辅导的重点。

以上是小学生"同胞竞争障碍"心理辅导个案的设计及实施的简单介绍。虽然学生的心理行为问题各式各样，但是就辅导方案的设计及实施而言，万变不离其宗，教师们可参考以上流程和方法执行。家长的理解和爱是医治孩子心病的良药，只要家长学习掌握科学的家庭教育方法，给予孩子平等的、足够的爱和关心，就能够预防孩子不良情绪、不当行为的发生。让孩子们相亲相爱、健康成长，是我们的共同心愿，需要家长和教师的共同努力。

随讲随练

【判断】针对家访中家长反映的孩子在心理异常、行为偏差等方面的突出问题，往往不能单靠家长或教师一方面的力量就能转变。（　　）

【单选】下面哪一个不是"同胞竞争障碍"辅导的应对策略？（　　）

A. 建档造册，登记个案的基本情况

B. 角色体验，亲子辅导，双管齐下

C. 不尊重孩子，不理解孩子

【多选】"同胞竞争障碍"辅导的实施建议有哪些？（　　　）

A. 尊重儿童发展规律，提出干预思路和理论依据

B. 根据儿童实际，制定辅导方案和帮扶过程

C. 追踪辅导与教育反思

拓展阅读

1. 刘新好：《用管理理论破解"同胞竞争障碍"——二孩时代，手足相处模式之我见》，载《新课程（小学）》，2019（8）。

2. 陈园园：《"二孩时代"长子女心理问题与教育对策》，载《当代教育评论》，2018（7）。

3. 苏林雁：《同胞竞争障碍的诊治与预防》，载《中国儿童保健杂志》，2017（3）。

▶▶ 第四讲
▶ 集体指导途径

　　家庭是孩子成长的第一环境，好的家庭氛围和科学的家庭教育方法能够开启孩子的生命与智慧。虽然现在的父母已经认识到家庭教育的重要性，可重教不会教的现象依旧存在，因此对父母进行相关知识和方法的教授与指导是迫切且必要的。但是，教师会发现，在家庭教育指导过程中，家长们这群"特殊的学生"经常会面对生活和现实的压力，无法保证充足的学习时间和精力，并且也经常会出现家长们的主动性不足的问题。那么教师应该如何为家长们提供灵活且有针对性的高效帮助呢？

　　本讲将从"针对爸爸在家庭教育中角色的缺失我们应该如何面对""学校可以组织哪些'有趣'且'好用'的家庭指导活动"等问题出发，以多个家庭教育集体指导活动的例子进行回应，以期给教师一定启发。

·
·
·
·

▶▶ 第一节　　"爸爸家长会"怎么开 ◀

知识构图▶

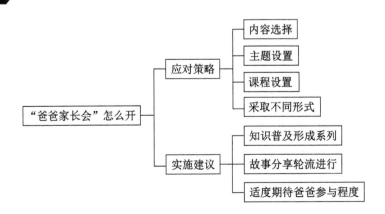

学习目标

　　1. 了解"爸爸家长会"的特性。

　　2. 掌握举行"爸爸家长会"的具体方式。

读前反思

　　1. 爸爸在孩子的成长中起着什么不可替代的作用?

　　2. 教师应如何鼓励爸爸参与到孩子的成长中?

一、问题聚焦

　　2019年3月7日晚,浙江省杭州市时代小学召开了一次比较特殊的四年级家长会——要求爸爸们都来参加。很多爸爸在接到通知后非常紧张,而家长会后,爸爸们普遍觉得很有意义。很多爸爸感慨自己平时在孩子的陪伴上做得不够。[1]

　　"爸爸家长会"事件传开后,得到很多人的赞许,有人直呼:"应该全国推广!"那么,教师应该如何召开一场"爸爸家长会"呢?

二、应对策略

(一)内容选择

　　爸爸家长会要以提升爸爸陪伴孩子的质量为主,让爸爸亲身垂范为孩子树立榜样,改善家庭教育环境。通过家长会上的交流、分享,让爸爸更多地了解孩子的身心发展规律和性格特点,觉察自身的不足,学习陪伴孩子的方法,与孩子共同成长。具体操作如下。

(二)主题设置

　　可分年级确定不同主题。如起始年级以新生适应、爸爸新角色适应为主;二到五年级以习惯养成为主,如生活习惯、作业习惯、听课习惯,培养学习兴趣、抗挫力;七年级和八年级以青春期沟通、同伴交往辅导、合理使用手机等为主;九年级及以上以应对考试压力、生涯辅导为主。

---

[1]　姜晓蓉:《请爸爸来开家长会》,载《都市快报》,2019-03-10。

（三）课程设置

教师可以设置系列主题，如针对青春期沟通，可设置"了解青春期男孩和女孩身心变化""爸爸的情绪管理""与孩子有效沟通的方法"等话题。通过每学期一个系列的家长会，循序渐进地帮助每位爸爸掌握适合自身的家庭教育方法，由浅入深学习家庭教育知识。

（四）采取不同形式

此外，教师可以根据家长会的不同内容，采取不同的形式开展家长会。比如，育儿知识讲座类的家长会，教师可以采用线下和线上交替的形式进行。学校可以邀请专家录制家庭教育课，爸爸远程观看视频课程。这样的家长会以每学期一次为宜，学校依据学生年龄设置相应课程。又如育儿分享会可以班级家长微信群、QQ 群为载体，旨在探讨爸爸在日常陪伴孩子过程中的成败得失。分享会的内容是爸爸在陪伴孩子过程中的经验分享，可以是成功经验，如亲子共读、共画、共玩、共做美食等，也可以是陪伴中的困惑。教师可以引导爸爸分享自己的经验，献计献策。教师可以每月开展一次这样的家长会，时间不宜过长，一小时左右即可。分享会能拉近爸爸与孩子间的距离，促使爸爸发现自身的家庭教育优势和不足，对孩子也会有更多的理解和接纳。当爸爸愿意花时间来探讨育儿心得，我们相信，更多的孩子会在爸爸的陪伴中茁壮成长。

三、实施建议

（一）知识普及形成系列

教师在实施过程中，要依据不同年龄孩子的身心发展特点，以年级为单位制定相应的家庭教育主题，形成学校的家庭教育系列课程。可以聘请校外专家通过线上或线下集中培训的形式，统一给爸爸授课，提高爸爸的育儿水平。家长会前，学校要将家长会主题、要求等提前印发告知家长，并征询家长参与意向，最好放在周末举行，便于爸爸安排时间，准时参加；培训后要收集爸爸的反馈意见，便于学校了解培训效果并及时改进。

（二）故事分享轮流进行

以班级为单位，教师可以推选有丰富家庭教育经验的家长主持，每月一次。爸爸自荐或轮流在班级群里分享自己的育儿心得或困惑，主持人负责组织其他爸爸参与讨论。活动筹备前，教师要将育儿分享会开展的目的和家长们进行探讨，并邀请爸爸在平时积极观察孩子成长中的点点滴滴，并有所思考。分享的话题可以根据爸爸的育儿心得自己确定，也可以在家长群里讨论制定，分享内容要适合孩子年龄特点，分享的活动要新颖、有趣、有实效、有创意，便于其他爸爸学习借鉴。活动时间、分享人员要提前告知家长，便于家长积极准备。

（三）适度期待爸爸参与程度

爸爸家长会目前尚属尝试阶段，教师对爸爸的参与度、积极性要抱有合理期待。平时工作中需要家校联系时尽可能多与爸爸联系，提升爸爸对学校的认知度，对爸爸的建议诉求多肯定、多倾听，保持家校沟通渠道畅通。传授的育人方法要依据家长的实际情况，注重可操作性、实效性。只要家长意识到爸爸参与教养对孩子教育的重要性，我们相信，越来越多的爸爸会愿意参与家长会的。

爸爸家长会就是通过家校合力，为爸爸搭建一个学习分享交流的平台，引导爸爸通过参与孩子的成长来完善自己、提高家庭教育水平，让更多的孩子能享受到爸爸的呵护关爱，也让更多的爸爸成为孩子心中最好的爸爸。

随讲随练

【判断】爸爸育儿分享会能拉近爸爸与孩子之间的距离，促使爸爸发现自身家庭教育思想的优势和不足，因此我们应该每周都举行这样的家长会。（　　）

【单选】以下做法不正确的是：（　　）。

A. 教师在平时工作中可以多和爸爸们联系，扩大爸爸们对学校的认知度

B. 爸爸家长会分享的内容需要符合孩子的年龄特点

C. 家庭教育课十分重要，爸爸们必须抽空参与学习与讨论

D. 为了更好地提高爸爸们的育儿水平，学校可以开展家庭教育系列课程

【多选】以下符合"爸爸家长会"的应对策略的是：（　　　）。

A. 分年级确定不同主题

B. 教师可以设置系列主题

C. 教师可以采取"育儿知识讲座"开展家长会

D. 教师可以采取"好爸爸育儿分享会"开展家长会

拓展阅读

张苗妙：《父教对小学生成长的影响研究——以上海市三区为例》，硕士学位论文，华东师范大学，2009。

▶ 第二节　家长开放日，需要向家长开放什么 ◀

知识构图

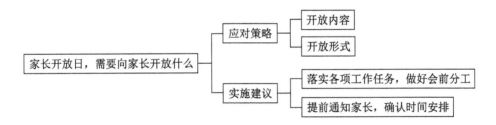

学习目标

1. 了解"家长开放日"的目的、内容。

2. 掌握"家长开放日"的应对策略。

读前反思

1. 了解学校是让家长更加了解自己孩子的途径之一，那么家长应该如何了解学校？

2.学校应该如何增加办学的透明度？

3.教师应该通过什么途径加强学校和家长之间的联系？

一、问题聚焦

家长开放日是学校开展的一项面向家长的活动，形式是分期让家长来学校深入课堂聆听教师的讲课，目的在于让家长深入了解自己孩子在学校的表现及教师的讲课水平，增加学校办学的透明度。家长开放日也是教师向家长传授科学教育方法的重要途径。家长开放日的目的是什么，可以让家长看些什么，活动中教师要注意哪些教育细节，传递怎样的教育理念，这些都是教师在家长开放日之前要思考的。

二、应对策略

很多学校会在每学期或学年安排一次半日或一日的家长开放活动。家长开放日给家长们提供了走进校园、走进课堂，零距离了解学校、了解孩子在学校生活的机会，可以在很大程度上促进家校沟通，增进亲子交流。

家长开放日，需要向家长开放什么？教师可以从以下几方面入手。

（一）开放内容

教育环境。各类教室（常规教室和专用教室等），体现学校的办学理念、办学特色。

生活环境。如就餐环境，食堂卫生，餐饮器具等，为孩子健康成长提供保证；有些住宿学校还需要开放宿舍环境，让家长真正放心；校园布置（校园绿化、走廊文化、班级文化墙等）等。

学校的日常安排。教师可以给家长展示每日、每周行程表，以及一学期的活动安排。让家长对孩子的课程时间表、学习任务的进度、休息时间的安排等有更全面的了解。

（二）开放形式

家长开放日活动大体可以分为以下四个方面。

看。教师可以组织家长通过观看视频资料来了解学校的发展历史、办学理念、所获荣誉、特色课程。如观看学校师生活动专题片、学校大型活动获奖视频；特定节日师生活动掠影，如六一儿童节庆祝活动、清明节缅怀先烈活动、入团仪式等。

听。组织家长走进教室听各科教师上课，实现家长与学校教育零距离接触。一方面，家长可以了解教师们的教学水平、上课特色、教育方法、课堂驾驭能力等；另一方面，这也是家长观察自家孩子上课情况的好机会，教师可以引导家长更多关注孩子的课堂表现、听课效率等，发现孩子课堂的优点和不足，及时和教师沟通，帮助孩子更好地成长。

赏。引导家长们带着欣赏的眼光参观学校在育人宗旨下所有的匠心布置。如布置在各楼层走廊的宣传栏、教室的读书角、黑板报，学生教师各级各项获奖作品展示、特色社团活动照片、特定节日孩子自制的宣传小报、优秀作业展示、优秀作品交流等。

玩。根据孩子的年龄和心理发展特点，设计一些专题亲子互动环节，提供亲子共处时间，增进亲子交流机会。不同年级可设计不同主题：一年级以做好幼小衔接为主。如设计活动"亲子撕贴画"。要求每个家庭在规定时间内用所给的杂志和胶棒完成一幅画。家长只能辅助孩子，教师观察、拍照。这个活动主要是引导家长适当放手，做好陪伴，帮助孩子适应小学生活。二至五年级主要培养孩子的学习习惯。如"养成作业好习惯""培养孩子专注力""记忆魔方""激发孩子潜能"等专题讲座。六年级开展的主题主要是适应初中学习生活。建议以班级为单位，观看孩子表演小品、朗诵、歌舞等，让家长看到孩子的才华。七年级至九年级，重在学业压力管理，教师可以设计一些小型拓展游戏，促进亲子沟通；也可以围绕考试焦虑开展家长讲座。教师可以和家长交流孩子在校学习情况和家庭教育困惑，也可以组织家长代表座谈会，鼓励家长发表对学校办学的意见和建议，学校领导认真听取，积极改进。并在开放会结束后填写家长开放日活动反馈表，学校整理并逐步改进。

三、实施建议

（一）落实各项工作任务，做好会前分工

开学初，学校在全体教师会上将家长开放日活动列入本学期教学日程，并组织人员落实具体任务。如专人负责视频剪辑，各年级组长负责年级活动准备，美术组负责走廊、读书角、黑板报、宣传栏等布置；政教处负责各年级学生获奖作品收集，提前做好家长开放日活动计划和家长反馈表，并发到学校班主任群征集意见，做到科学严谨、合理有序；教务处要落实好家长接待工作，做到专人、专责，高效、有序；学校总务处提前做好后勤保障工作，如教室安排、桌椅布置、会议室确定、茶水供应等。

教师要认真钻研教材，准备教案、学案，教导处统一检查，完善课堂教学流程，保证教学质量，被听课的教师要热情接待进来听课的家长。家长开放日是全校的大事，各班主任要切实加强学生在校的常规活动安排，全体教师全力保证学校各项活动有序进行。

（二）提前通知家长，确认时间安排

班主任提前一周发放家长邀请函，以便家长们合理安排时间，确认家长参与数量。可将电子稿发到班级家长群并将纸质稿让孩子带回给家长签名。邀请函上的活动内容，家长可以自主选择参加项目，班主任要做好回执回收统计，交政教处统一协调，避免人员疏密差异太大。不能参与的家长要向班主任和自己孩子说明不能参加的原因，以免孩子产生失落感。

家长参与家长开放日活动的过程体现了家长对学校教育的支持与配合。教师要做好前期工作，引导家长共同参与，形成家校合力，为孩子成长护航。

随讲随练

【判断】家长开放日是教师向家长传授科学教育方法的重要途径，给家长们提供了走进校园、走进课堂，零距离了解学校、了解孩子在学校生活的机会，可以在很大程度上促进家校沟通，增进亲子交流。（　　　）

【单选】以下选项中错误的是：（　　　）。

A. "家长开放日"可以向家长展示学校的教育环境，如学校的办学理念

B. "家长开放日"可以向家长展示学生的生活环境，如学生的每周的行程表

C. "家长开放日"可以向家长展示学生的日常安排，如学生一学期的活动安排

【多选】以下符合"家长开放日"活动的形式的是：（　　）。

A.教师可以组织家长通过观看视频资料来了解学校的发展历史、办学理念、所获荣誉、特色课程

B.教师可以组织家长走进教室听各科教师上课，实现家长与学校教育零距离接触

C.教师可以引导家长们带着欣赏的眼光观赏学校在育人宗旨下所有的匠心布置

D.教师可以根据学生的年龄和心理发展特点，设计一些专题亲子互动环节，提供亲子共处时间，增进亲子交流机会

拓展阅读

刘丹凤、李晓波：《国外高校校园开放日及其启示》，载《教育评论》，2015（1）。

▸ 第三节　想要亲子活动发挥实效，需要掌握哪些技巧 ◂

知识构图

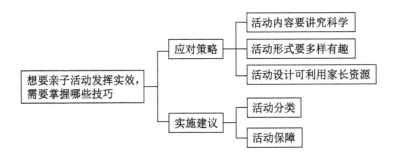

学习目标

1.了解亲子活动对家庭教育的重要作用。

2.掌握亲子活动发挥实效的技巧。

3.明确制定亲子活动的原则。

读前反思

1.你之前是否明确制定过亲子活动的原则?

2.以往你组织的亲子活动是否发挥了实效?

一、问题聚焦

任何一种感情的升华都有赖于双方的交流。亲子之情虽是与生俱来,但由于现代社会竞争日趋激烈,年轻的父母们大多忙于赚钱养家,祖辈与孩子的交流往往有代沟,令亲子间的交流越来越少。越来越多的青少年出现手机依赖、网瘾,很大程度上与孩子缺少父母陪伴有关。亲子活动为亲子间的相互沟通、了解提供了机会,让孩子体会到家长的不易,享受有家长陪伴玩游戏的乐趣,养成尊重、谦让、理解、包容、感恩等优秀品质;也让家长了解、接纳自己的孩子,拉近与孩子的距离,实现与孩子共同成长。因此,教师需要重视亲子活动的开展,掌握一定开展技巧,努力提升家长在亲子活动过程中的陪伴质量。

二、应对策略

（一）活动内容要讲究科学

不同年龄的孩子认知水平、接受能力各不相同,所以在设计亲子活动时,教师最好能依据孩子年龄特点、身心发展规律,分年级邀请家长开展不同的主题活动,提高亲子活动的实效。如根据家长们在亲子教育中出现的共性问题,学校统一组织开展针对某年级的亲子活动;针对青春期孩子与家长之间出现的沟通难题,专门设计一些沟通类的拓展游戏,促进亲子间的感情。一学年结束后,教师可以根据每次活动的反馈情况,将深受家长孩子喜爱的活动固定下来,逐渐形成班级和学校的特色亲子活动。

（二）活动形式要多样有趣

孩子天生爱玩，能在家长陪伴下一起玩，更是很多孩子的梦想。为了增强孩子参与活动的积极性，学校设计的亲子活动一定要形式多样，生动有趣。比如，以家庭为单位的趣味运动会、看动作猜成语、亲子表演等，通过活动前家庭共同积极准备，促进亲子凝聚力。

（三）活动设计可利用家长资源

现在的家长普遍受过高等教育，学识、能力、视野不亚于教师。亲子活动如果能充分挖掘家长资源优势，让家长主动参与到活动中来，亲子活动的开展会事半功倍。活动前，教师可以在家长群征集活动主题、形式，和家长讨论制定游戏规则。规则一旦制定，必须人人遵守，这样的活动也是对孩子们进行规则教育的有效尝试。也可以发动家委会成员，针对同一年龄段孩子家庭中出现的共性问题，积极献计献策。家长们自己提供的方案，参与起来会更有成就感。当孩子知道自己的爸爸妈妈参与了活动设计，玩起来会更用心、更开心。

对有专长的家长，教师可以邀请他们来学校帮忙，比如，会化妆的妈妈们、会摄影的爸爸们等。家长积极参与学校活动，会对孩子起到榜样示范作用。而家长在活动中多发现孩子的优点，多肯定鼓励，能更好地培养孩子自信心。

三、实施建议

（一）活动分类

教师可以针对不同年龄段的孩子，设计不同的亲子活动类型。

低龄段的孩子，亲子活动难度要小，时间控制在 30 分钟左右，以孩子能独立完成为主，家长辅助。比如，一年级孩子，主要培养孩子适应学校生活，缓解与家长的分离焦虑，同时引导家长学会适当放手，给孩子自主独立应对新环境的机会。可以开展亲子共进午餐活动，邀请家长来校，让孩子做导游带领家长参观校园，并和家长一起在学校吃一顿午饭，让孩子从中获得归属感。或者开展亲子拼贴画活动，邀请家长和孩子共同完成一幅拼贴作品。家长只能听从孩子指挥，帮孩子处理一些做不了的事情，比如，拧开胶棒、帮孩子把画作贴到墙上等，引导家长学会放手。

对年龄稍大的孩子，教师可以开展一些有针对性的训练活动，如培养孩子耐心的亲子共读、增进亲子情感交流的拓展游戏等，培养孩子在活动中沟通交流、理解宽容等团队协作精神。

（二）活动保障

亲子活动对学校来说属于大型活动，参与人员密集，调控难度大。要保证活动的顺利进行，学校的后勤保障必不可少。在活动策划中，教师要保证安全第一。包括家长进校后的车辆停放位置、活动场地选择、活动风险预估、活动器材准备、活动人员调配等，都要做到有预案、有备案，各条线都有专人负责。

要做到活动前有预案，后有评价、反馈。亲子活动主题确定好之后，教师要制定亲子活动方案，将活动内容、时间、地点、每个家庭参与人数、服装等写清楚，然后发到家长群，邀请家长参与。如家长有意见建议，教师要虚心听取，积极应对。邀请函可以有回执形式，这样便于教师统计家长参与人数。活动结束后，教师可以邀请家长对活动作出评价，并提出宝贵意见。评价可以设计成反馈表，以不记名形式请家长填写。反馈表的设计要简单明了，避免长篇大论。

亲子活动是增进家校联系的有效手段，也是促进亲子之间情感联结的有效途径。在亲子活动中，孩子和家长都能放下身份，轻松愉悦地沟通、交流、分享、应对，提供了彼此被看见的机会，有利于增进家庭凝聚力、家校合力。

随讲随练

【判断】亲子活动是增进家校联系的有效手段，也是促进亲子之间情感联结的有效途径。（　　）

【多选】想要发挥亲子活动实效，教师需要掌握下面哪些技巧？（　　）

A.活动内容要讲究科学

B.活动形式要多样有趣

C.活动设计可利用家长资源

拓展阅读 ▶

　　1.李波:《父母参与对子女发展的影响——基于学业成绩和非认知能力的视角》,载《教育与经济》,2018(3)。

　　2.彭建兰、舒亚倩:《在亲子和谐活动中培养孩子良好个性》,载《教育学术月刊》,2009(1)。

　　3.邓林园、李蓓蕾、靳佩佩等:《父母陪伴与儿童自我价值感的关系:城市与流动儿童的对比研究》,载《教育学报》,2017(5)。

▸ 第四节　如何因班制宜开展家庭教育课程 ◂

知识构图 ▶

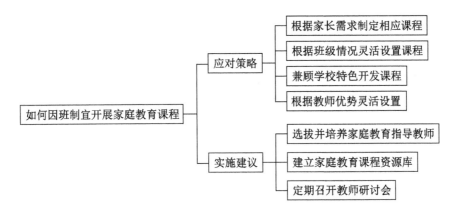

学习目标 ▶

1. 了解家庭教育课程的作用。

2. 了解如何因班制宜开展家庭教育。

3. 了解如何开发高质量的家庭教育课程。

读前反思 ▶

1. 你之前是否发现了家庭教育课程的局限?

2.反思自己以往的家庭教育课程是否发挥实效?

一、问题聚焦

《家庭教育指导纲要》指出,家庭是学校重要的合作伙伴。应本着尊重、平等、合作的原则,争取家长理解、支持和主动参与,并积极支持、帮助家长提高教育能力。为此,很多学校开设了针对不同年级或不同学段孩子心理年龄发展特点的家庭教育课程,旨在提高家长育人水平、增进亲子情感联结、形成家校教育合力。但以年级或学段为单位的家校课程比较笼统,难以覆盖家庭教育中的独特性、突发性、偶然性问题,缺乏及时解决问题的时间和空间。

二、应对策略

不同班级孩子所呈现的家庭教育问题会有所不同。比如,不同地区(市中心学校、郊区学校、外来人口多的学校)、不同班级(特色班和普通班)家长的教育理念、教育目标和教育方法也会有所不同。因班制宜开展家庭教育课程,可以更有针对性地帮助到每一个家庭,使家庭教育课程更有实效。那么教师具体应该如何开展呢?建议如下。

(一)根据家长需求制定相应课程

班主任通过家访、电话、QQ、微信等途径和家长联系,了解家长们的教育理念、方法,倾听家长在教育孩子过程中的困惑和需求,制定相应的有针对性的主题课程。如针对青春期亲子矛盾凸显的问题,可以设计专门的"与青春期孩子对话"的课程。不同年级孩子的身心特点不同,需要的家庭教育内容也不同。多倾听家长意见,增强家庭教育课程针对性、实效性。

(二)根据班级情况灵活设置课程

如同"家家有本难念的经"一样,每个班级出现的问题也各不相同。而孩子们出现的问题往往与家长的教育理念、家庭关系有直接关系。如果家长文化程度不高,对孩子教育有心无力,那这样的孩子在学习态度、习惯、毅力等方面出现的问题就比较多。这时,家庭教育课程就要从引导家长提升教育理念,改变教育方法,为孩子营造良好的家庭学习氛围，端正孩子学习态度、养成学习习惯入手。针对孩子们出现攀比之风的现象，家庭教育课程设计要从家长如何引导孩子养成勤俭节约的习惯入手。依靠班主任对班级孩子及其家庭的了解，倾听任课教师反馈，和不同孩子聊天，捕捉教育的契机。

（三）兼顾学校特色开发课程

学校特色课程开发是为了促进有特长的孩子更好地成长。结合学校特色课程，可以引导家长发现孩子的优势特长，以更全面的视角看待孩子，克服"以分数论英雄"的单一评价模式，给孩子提供更多的成长机会。可以采用班主任发现、家长推荐、同伴推荐等方式，给家长们提供特殊的家庭教育指导，赢得家长的支持配合。

（四）根据教师优势灵活设置

每个教师都有自己擅长的领域，班主任作为班级课程开发的主要责任人，可以整合各学科教师优势，在班级开设灵活多样的提高家长指导课程。比如，语文教师开设"如何促进亲子阅读"的课程，数学教师开设"如何引导孩子发现家庭中数学之美"的课程，英语教师开设"旅游与英语学习指导"的课程等。

总之，因班制宜开发家庭教育课程，需要教师具有专业素养，兼顾学校、教师资源优势，因地、因时、因人，灵活设计，体现科学性、专业性、针对性和实效性。

三、实施建议

（一）选拔并培养家庭教育指导教师

高质量的家庭教育课程需要高素质的教师队伍。因班制宜开展家庭教育需要大量的家庭教育指导教师。学校自己培养教师是比较便捷的途径。由学校德育室牵头，在教师队伍中选拔一批经验丰富且善于与家长沟通的班主任或教师，组成家庭教育指导师资团队。通过组织他们参与心理咨询师、家庭教育指导师等培训，获取相应证书，形成学校内较为专业的团队，为家庭教育指导质量提供保障。可以由学校教师工作群发出通知，邀请对家庭教育感兴趣的教师或班主任主动报名或学校选拔。获取学校财政支持，解决他们参与培训的经费，通过培训提高其专业素养。还可以从区、市级层面聘请有影响力的家庭教育专家，定期给学校家庭教育指导师资团队进行指导、督导，也可以来学校给家长们上课，让团队成员观摩、学习。

（二）建立家庭教育课程资源库

因班制宜开发家庭教育课程耗时耗力，学校统一建立资源库，挑选受欢迎和质量高的课程，让每个班级可以直接选用，做到资源共享。

在家庭教育师资队伍中，有人擅长上课，有人擅长课程开发，学校要统一领导，分组进行。可以分成"课程开发组""授课组"等，组织教师头脑风暴，鼓励教师积极献计献策，群策群力，将家庭教育课程设计得尽善尽美。

（三）定期召开教师研讨会

家庭教育课程开发是一项系统工程，班级课程也不例外。它需要专业的教师花很大的精力去思考。班主任、教师们平时忙于教学和班级管理工作，时间有限，也容易陷入闭门造车的困局。因此，要定期召开会议，让教师们坐在一起，针对班级中家长、学生的情况设计相应课程，只有大家建言献策，才可使课程更完善。也可以同课异构，充分发挥每位教师的聪明才智，提高课程质量。

因班制宜开展家庭教育课程对教师是一个新的尝试，它使家庭教育指导更有针对性，需要学校提供更多的支持，需要家长更多的配合。家校合育，双方合力，才能使家庭教育之路走得更远。

随讲随练

【判断】以年级或学段为单位的家校课程比较笼统，难以覆盖家庭教育中的独特性、突发性、偶然性问题，缺乏及时解决问题的时间和空间。（　　）

【多选】想要使家庭教育课程更有实效，教师具体应该如何开展呢？（　　）

A. 根据家长需求制定相应课程　　　　B. 根据班级情况灵活设置课程

C. 兼顾学校特色开发课程　　　　　　D. 根据教师优势灵活设置

拓展阅读

1. 杨雄、刘程：《新时期家庭教育学科发展与课程建设思路研究》，载《当代青年研究》，2021（2）。

2. 孔屏、刘菊香：《家庭教育课程的组织与实施》，载《中国成人教育》，2020（14）。

▶▶ 第五节　在线集体指导需把握哪些要点 ◀

知识构图

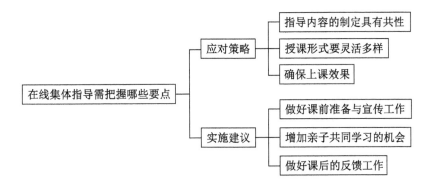

学习目标

1. 掌握在线集体指导的三种策略。

2. 了解开展在线集体指导的三种建议。

读前反思

1. 你曾开展过在线家长会吗，效果如何？

2. 在线家长会与线下的有何区别？

3. 你会用哪些方式准备在线集体指导？

一、问题聚焦

在线教学模式尽管存在着不能与教师面对面交流、互动少等不足，但从空间成本和时间成本来看，却有极大的优势。只要有网络、手机或其他电子产品，家长坐在家里就可以参与学校的教育活动，还可以倾听其他学校的，甚至是一些行业专家们的课程，极大地丰富了教育资源。网课期间，孩子们的学习效果也成了检验家庭教育水平的试金石。网课期间，家长的教育理念、教育方法、陪伴时间、心态等因素直接影响到孩子们的学习效果。因此，学校在掌握对孩子的线上教学方法的同时，也要学会在线上指导家长提高育人水平。那么，开展在线集体指导时，教师需要把握哪些要点呢？

二、应对策略

（一）指导内容的制定具有共性

家长的困惑主要集中在学业应对、生活习惯、品质培养和家长自我成长几个方面，教师可以根据重要节点如开学前、重大考试前、假期中等家长们普遍困扰的话题展开。

1. 学习指导

据全国18个城市、上万个家庭调研结果显示，小学生家长最关注的三大问题依次是：注意力不集中、粗心、写作业拖拉。小学阶段是习惯培养的关键期，教师可以设计如培养专注力、养成作业好习惯、亲子共读课外书、巧陪拖延娃、和粗心说再见、适应新学校等课程内容。而对中学生家长来说，培养孩子自制力、专注力、应对学业压力、和孩子探讨学习意义等课程可能更适合家长需求。

2. 生活指导

生活指导有居家生活安全指导，包括安全使用水、电、煤气，出门安全防范，对孩子进行自我保护教育，如预防性骚扰、应对校园欺凌等；还有家长经常反馈的手机使用问题，教师要引导家长与孩子多聊一聊手机管理、网络交友、追星，防止孩子过度沉迷网络，制定科学的手机使用规则，培养孩子健康的生活态度。

3. 品质培养

除了生活指导之外，教师还要指导家长着重培养孩子的良好品质，如积极心理品质培养、自信心培养、抗挫折教育、感恩教育、责任担当、情绪管理等。在线学习期间，教师不能和孩子面对面接触，难以把握每个孩子的心理状况。这个时候教师就要引导家长更多地承担起在家庭教育中的引导任务，帮助孩子健康、积极地成长。

（二）授课形式要灵活多样

在线指导的时间、地点较为灵活，但由于教师不能当面接收家长的反馈，如果形式太单一，互动效果不佳，很可能形成教师一言堂的局面。因此，教师在课程形式的设计上要灵活多样，可以在聊天区和家长做简单互动，在课程中增加家长发言的机会，在课后增加答疑环节；课件制作上，PPT背景要清新简洁，字要大一些，文字的排列不能太满（否则家长看起来会很吃力）。为提高上课效果，可以插入一些小视频，如心理学小实验、小故事、电影片段剪辑，或者是对孩子、家长的采访，吸引家长的注意力。也可以考虑家长沙龙、头脑风暴等有参与性的形式。

（三）确保上课效果

课程所用的平台要便于家长进行选择。网课期间，每个学校所用的授课平台不一样，教师在进行家长课程时，要以家长们已熟悉的平台为主，省去不必要的下载、注册、熟悉操作等烦琐的流程。

选择安静的场所进行授课。良好的上课环境是保证良好课程效果的前提。为确保家长的听课效果，教师录课或直播时要选择安静场所，讲课期间要全场静音，需要交流发言时再解除静音。避免家长讨论时造成课堂杂乱，影响上课效果。

课程时间不宜过长，以60～90分钟为宜。时间太短容易使课程内容压缩，影响家长学习的效果；时间太长家长容易疲倦，注意力不集中，同样不利于家长对课堂内容的吸收。

注意授课时的语言。教师的课堂语言要幽默、生动、鲜活，雅而不俗。所选材料恰当且有时代性，语速适中，语气亲切。

教师形象要大方得体，适当化淡妆，衣着得体。

三、实施建议

（一）做好课前准备与宣传工作

课程开始前，授课教师要提前检验网络是否通畅，平台使用是否顺畅，并将宣传海报、上课时间及时发到家长群。对需要全年级或全校家长参与的课程，班主任可以提前发通知到家长群，让家长收到后回复，确定家长知晓课程的时间与所在平台；有些名额受限的课程，则以先到先得为准。

（二）增加亲子共同学习的机会

教师最好选用带有回放功能的平台，给没时间观看直播又想学习的家长提供学习机会，提高课程的辐射力。教师可以组织家长和孩子一起参与学习，如亲子沟通的技术，往往需要亲子双方相互学习、理解、改变才更有效果。指导家长在家里演练学到的方法，亲子间相互监督、反馈、改进。通过这样的形式，孩子和家长都能找到家庭"主人"的感觉，避免一方改变另一方不动的局面。

（三）做好课后的反馈工作

教师可以在班会课或心理课上引导学生讨论希望家长做出哪些改变，然后将话题整理归类，交给心理教师或聘请专家组织备课。在每一次课程结束后，教师要对家长进行简单的反馈，了解家长们的听课情况，也可以提前在家长群征集家长们感到困扰的家庭教育问题，倾听家长的意见建议，这样的课程设计会更吸引家长参与。

在线集体指导为帮助家长提高育儿水平提供了更广的渠道，也提供了更丰富的资源，运用得好，对家庭、对学校、对孩子的成长都能起到有效的帮助作用。

随讲随练

【多选】在线集体指导的内容可以包括以下哪个选项？（　　　）

A. 学习指导　　　　　　B. 生活指导　　　　　　C. 品质指导

【判断】在线集体指导中，教师需要做好准备和宣传工作，并及时进行会后评价反馈。（　　）

拓展阅读

1. 于光：《家庭教育指导的新模式》，载《中国德育》，2019（14）。

2. 池浩田、左雪、冯海瑛：《基于微信平台开展幼儿家庭教育指导的实践探索——以呼和浩特市 A 公立幼儿园为例》，载《内蒙古师范大学学报（教育科学版）》，2019（1）。

3. 李春梅：《谈互联网 + 家校共育的实践模式构建》载《学周刊》，2019（6）。

第三部分
沟通指导

　　沟通，是人际交往的必备技能，有效沟通可以拉近彼此的距离，让很多事情事半功倍。

　　在家庭生活中，父母与孩子之间产生隔阂和怨怼，多是源于父母不了解孩子内心最真实的想法，没有耐心地倾听孩子的心声，双方没有进行平等、平和沟通。教师对家长进行正确指导，家校及时沟通，是解决问题的有效途径，也是化解家校矛盾的重要方式。

　　随着科学技术的发展，多媒体技术让线上沟通愈加便捷高效，如何利用多媒体手段进行家校沟通，如何指导孩子进行适宜的网络社交，也是教师与家长需要面对的问题。因此，第五讲"亲子沟通"聚焦亲子沟通过程中的常见问题，帮助教师有效指导家长做好亲子沟通；在第六讲"人际交往"分析了家庭教育中孩子人际交往相关问题，以期引导教师帮助家长培养孩子的社交能力，促进孩子健康成长；第七讲"线上家校沟通"列举了教师常用的线上沟通场景，启发教师合理使用多媒体技术，提高家校沟通效率，进一步促进家校合育；第八讲"儿童媒介教育"聚焦新媒体环境下的网络使用问题，指导教师与家长制定合理方案，引导孩子正确认识、理解并合理使用媒介，助力孩子健康成长。

▶ 知识构图

-
-
-
-

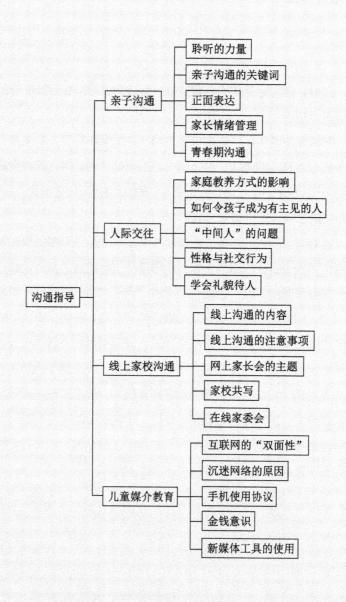

沟通指导
- 亲子沟通
  - 聆听的力量
  - 亲子沟通的关键词
  - 正面表达
  - 家长情绪管理
  - 青春期沟通
- 人际交往
  - 家庭教养方式的影响
  - 如何令孩子成为有主见的人
  - "中间人"的问题
  - 性格与社交行为
  - 学会礼貌待人
- 线上家校沟通
  - 线上沟通的内容
  - 线上沟通的注意事项
  - 网上家长会的主题
  - 家校共写
  - 在线家委会
- 儿童媒介教育
  - 互联网的"双面性"
  - 沉迷网络的原因
  - 手机使用协议
  - 金钱意识
  - 新媒体工具的使用

▶▶ 第五讲
▶ 亲子沟通

　　良好的亲子沟通对建立健康的亲子关系十分重要，本讲我们将首先探讨亲子沟通中聆听的重要性，再讲解需把握的关键词，如何"正面表达"、如何控制情绪等技巧，并且针对青春期孩子的亲子沟通提出针对性方案。

•
•
•
•

▶▶ 第一节　如何让家长重视亲子沟通中聆听的力量 ◀

知识构图 ▶

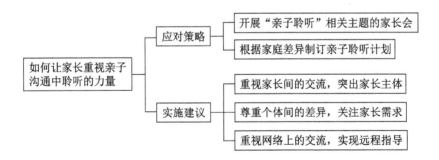

学习目标 ▶

1. 掌握促进亲子沟通的两种策略。

2. 了解开展亲子沟通指导的三种实施建议。

读前反思 ▶

1. 你是否遇到过亲子沟通不畅的家庭？他们是怎样的？

2.你是否遇见过不重视亲子沟通的家长？他们为什么不重视？

3.你用什么方式帮助过家庭改善亲子沟通？

一、问题聚焦

"老师，我越来越不懂我家孩子了，真不知道他整天在想什么，现在每天和我讲话不超过三句，真是越来越叛逆了。"小良的父亲发来了微信语音向班主任倾诉。而当班主任和小良谈心时，小良也发泄了他对父母的不满："我都懒得和他们讲话，他们根本就不听。"由于认为自己父母疏于聆听，小良慢慢地就不和父母沟通了，他们之间的关系也越来越疏远。

在亲子沟通过程中，有很多家长和小良父母一样，常常只顾着用言语教育孩子，忽视了聆听的力量。那么，该如何让家长重视亲子沟通过程中聆听的力量？

二、应对策略

（一）开展"亲子聆听"相关主题的家长会

每一个家庭的亲子关系融洽程度各有差异，这和家长日常与孩子沟通过程中是否善于聆听息息相关。为了发挥家长相互之间的影响力，可以参考"世界咖啡"会议模式开展家长会。

1.明确会议目的

本次会议主要目的是指导家长在亲子沟通过程中要注意聆听的力量，在思想层面重视聆听，在实践层面学会聆听孩子的真实想法。

2.确定会议主题

会议主题需紧扣"聆听"这两个字进行设置，可以设置为"亲子沟通，聆听在先""聆听心声，关注成长""融洽的亲子关系，从学会聆听开始"等。

3.选择研讨话题

研讨话题要具备开放性，让家长有话可说。家长会研讨话题可以设置为：聆听对孩子成长有什么作用；自己当前对孩子的聆听现状如何，有何缺失，主要的原因是什么；如何提升家长的聆听能力。

4.做好会议准备

制作简单的亲子沟通调查表（表5-1），从调查问卷中了解孩子与家长的亲子关系如何。

表5-1　亲子沟通调查表

问卷对象	问卷目的	问卷内容
孩子	通过问卷调查，了解孩子是否喜欢和家长倾诉，平时与家长倾诉的频率、时长、内容。	你喜欢和家长倾诉吗？ 你与家长大概几天交流一次？ 最长一次亲子交流时长是多久？ 交流的话题都有哪些？ 最近一次亲子交流，你和家长聊了什么？
家长	利用问卷侧重了解家长在亲子沟通过程中的聆听力如何。	您喜欢听孩子和您讲话吗？ 孩子讲话时，您会停下手头上的工作吗？ 孩子讲话时，您能敏锐地捕捉到他的情绪吗？ 您听得懂孩子说话背后的"潜台词"吗？ 孩子最近一次和您聊了什么？

制作家长会请柬，确定与会家长名单。教师要在请柬上标明会议时间、主题、形式等内容，并统计可以赴会的家长名单。同时，要了解个别家长未能到会的原因，尽量说服家长抽空参加。

根据问卷反馈，结合日常的观察了解，将聆听力较好、聆听力一般、聆听力较差的家长均衡分配并建立小组。

其他准备工作，如表5-2所示。

表5-2　其他准备工作

工作名称	具体内容
物资准备	白纸、彩色笔等（物资数量根据与会人数而定）。
设备准备	至少2个移动麦克风（注意检查电量是否足够）、翻页笔1个、多媒体设备1套（注意检查投影屏幕比例、电脑接口及音频设备是否正常）。
资料准备	制作PPT课件和家长会座位卡。
会场布置	按照座位要求将课桌摆放好，可在会场墙面展示关于"聆听"的名言。

5. 组织会议流程

以六个小组为例，参考"世界咖啡"会议模式进行家长会流程设置，见表 5-3。

表 5-3 家长会流程设置

环节	内容	时间
一	教师介绍本次家长会的形式、研讨话题及要求。	5 分钟
二	1. 小组破冰——选组长、自我介绍等。 2. 小组抽签，确定研讨话题。 A、B 组：聆听对孩子成长有什么作用。 C、D 组：自己当前对孩子的聆听现状如何，有何缺失，主要的原因是什么。 E、F 组：如何提升家长的聆听能力。	10 分钟
三	**第一轮研讨：** 组长组织研讨，每人每次发言不超过 2 分钟，可多次发言。 各组针对研讨主题将主要观点记录在白纸上。	20 分钟
四	**第二轮研讨：** 组长留下，其他组员分散到与本组不同主题的咖啡桌。 组长向来宾介绍本桌首轮研讨的观点，来宾认真聆听。 来宾针对本桌研讨主题表述观点，组长记录要点。	15 分钟
五	**第三轮研讨：** 组长留下，其他组员分散到尚未参与研讨的主题咖啡桌。 组长向来宾介绍本桌第二轮研讨的观点，来宾认真聆听。 来宾针对本桌研讨主题表述观点，组长记录要点。	15 分钟
六	**总结：** 所有成员回归最初的咖啡桌。 组长向组员汇报最新版研讨结果。 各小组派代表汇报成果，其他组员认真聆听。 教师根据研讨结果发表总结性讲话。	25 分钟

6. 做好会后跟进

家长会结束之后，教师应及时将本次家长会的重要内容整理好发送到家长群，以供未到会的家长进行学习。同时，教师还应关注家长未到会的孩子的思想动态，做好开导工作，避免孩子对家长产生猜疑。

（二）根据家庭差异制订亲子聆听计划

对亲子关系过度紧张，家庭教育知识较少，但主动性较强的家长，教师可根据实际情况，引导家长制订亲子聆听计划。比如，针对工作比较忙碌的家长，教师可以建议家长每天抽出特定时间与孩子交流，设立固定的家庭聚餐日、组织重大事件家庭会议等，主要目的在于为家长提供聆听的机会。而针对不懂得如何聆听的家长，教师适当给家长推送一些关于亲子间聆听的小知识，引导家长撰写简单的聆听日记等，进而提升家长的聆听能力。

三、实施建议

（一）重视家长间的交流，突出家长主体

家长间的交流也是提高家长聆听能力的一种有效途径。教师指导家长时，要突出家长这一主体，为他们提供多渠道的交流形式，如家长茶话会、网络交流会或在家长开放日设置交流环节等。

（二）尊重个体间的差异，关注家长需求

家长文化水平不一，气质性格不一。在组织家长间交流活动时，可能会出现家长不敢讲的情形。教师要尊重家长个体间的差异，在交流会现场细心观察，及时进行引导。在后续个别指导过程中，除了关注主动性较强的家长以外，教师还要重点关注交流会上不怎么发言的家长，了解家长的实际需求，并给予针对性指导。

（三）重视网络上的交流，实现远程指导

在信息化时代，教师应紧跟时代步伐，与时俱进，充分利用网络平台及资源对家长进行远程指导，如利用腾讯会议、钉钉直播等平台进行直播，家长观看时可以随时发表言论或实时连线与教师进行交流；利用微信群或班级公众号向家长推送与"聆听"相关的理论知识或案例，供他们随时随地进行学习等。

家长是否善于聆听孩子已成为习惯问题，肯定不是教师用三言两语就可以说通的。因此，教师要耐心、循序渐进地引导家长打破旧有坏习惯，建立聆听好习惯。

随讲随练

【多选】你可以采用以下哪些方法促进亲子沟通？（　　　）

A. "亲子聆听"家长会

B. 制订亲子聆听计划

C. 举办家长间亲子沟通分享会

【判断】教师只需要面对面进行亲子沟通指导，因为这样才有效。（　　　）

拓展阅读

1. 王树青、张文新、陈会昌：《中学生自我同一性的发展与父母教养方式、亲子沟通的关系》，载《心理与行为研究》，2006（2）。

2. 方晓义、林丹华、孙莉等：《亲子沟通类型与青少年社会适应的关系》，载《心理发展与教育》，2004（1）。

3. 雷雳、王争艳、李宏利：《亲子关系与亲子沟通》，载《教育研究》，2001（6）。

▶▶ 第二节　进行有效亲子沟通需把握哪些关键词 ◀

知识构图

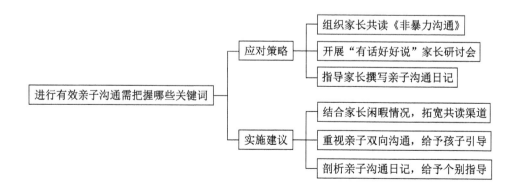

学习目标

　　1. 掌握基于《非暴力沟通》的有效亲子沟通的方法。

　　2. 学会根据不同情况对亲子沟通进行指导。

读前反思

　　1. 当你想利用《非暴力沟通》进行亲子沟通指导时，你会怎么安排活动？

　　2. 面对家长、孩子这两类不同群体，你有什么不同的指导方式吗？

一、问题聚焦

　　在现实生活当中，家长常常会有这样的抱怨："现在的孩子真是越来越难教了，根本沟通不了。"确实，有不少家庭由于种种原因与孩子沟通特别少，家长们也不知道该如何与孩子进行沟通。有时候，家长本意是想表达对孩子的爱，但由于不讲究方法和技巧，亲子沟通最终变成了家长单方面的情绪宣泄。甚至，有的家庭出现了一沟通就吵架的局面。亲子沟通困难成为特别严重的家庭教育问题，那么教师该如何指导家长进行有效亲子沟通？

二、应对策略

　　马歇尔·卢森堡在《非暴力沟通》一书中提出了一种沟通方式，依照它来谈话和聆听，能使人们情意相通，乐于互助。这种沟通模式适用于各种环境，在家庭的亲子沟通中也同样适合。非暴力沟通模式的四个关键要素分别是观察、感受、需要和请求。教师要指导家长实现有效亲子沟通，则需要指导家长把握以上四个关键词。

　　（一）组织家长共读《非暴力沟通》[1]

　　1. 制订七天共读计划

　　《非暴力沟通》一书共十三个章节，主要引导家长通读第一章至第六章，如表 5-4《非暴力沟通》共读计划所示。

---

[1]　文中以华夏出版社 2009 年出版的《非暴力沟通》版本为例进行讲解。

表 5-4 《非暴力沟通》共读计划

时间	阅读任务	作业	要求
第一天	目录、译序、前言	谈谈你对本书的第一印象。	
第二天	第一章 让爱融入生活	找出非暴力沟通模式的四个要素。	
第三天	第二章 是什么蒙蔽了爱	反思自己是否用过"异化的沟通方式"与孩子沟通。	1.按时完成阅读任务,并将作业发布在共读营中。
第四天	第三章 区分观察和评论		2.作业格式:文字、图片、音频、视频皆可。
第五天	第四章 体会和表达感受	完成书中对应章节练习题,谈谈你对每一章节的感悟。	
第六天	第五章 感受的根源		
第七天	第六章 请求帮助		

2.实施家长共读计划

教师可以利用打卡类等微信小程序,创立共读营。每日发布共读任务,家长可以在每日共读任务完成后打卡、提交作业。

为了让本次共读活动具有仪式感,教师可以在家长群召开开营仪式,主要介绍共读营的共读任务、共读日程和共读要求等;还可以在共读过程中,评选每日最佳打卡作业,并分享到家长群供大家参考学习,激励家长们用心阅读;在闭营仪式上,可以邀请优秀家长代表分享阅读本书的心得。

(二)开展"有话好好说"家长研讨会

在七天共读营结束之后,要趁热打铁,及时开展"有话好好说"家长研讨会,帮助家长将四个关键词的理论知识运用于实践。

1.整理常见的亲子沟通不融洽情景对话

教师可制作开放式调查表,或者采用个别电访的方式,了解、收集、整理所任教班级的家长在亲子沟通过程中不融洽的情景对话。不同年龄段的孩子,亲子沟通不融洽的常见情景对话有所不同。以高中阶段的孩子为例,可能出现的常见情景有以下几种。

情景一:家长下班回家后,看到孩子玩游戏玩了一个多小时还停不下来。家长边做晚饭边指责:"整天就只知道玩游戏!家务活也不帮忙,你还能做什么?一事无成!"

情景二：周末早上 10 点钟，孩子还在睡觉。家长一推开门看到房间很乱，怒气冲冲地说："你说你一个女孩子，天天睡懒觉，早饭不吃，房间也不收拾，以后谁敢娶你？"

情景三：晚上 11 点多，孩子参加同学聚会才回到家。一进门，家长就开始数落："整天出去野！还知道回家啊？不用回了，到外面野去吧！"

当出现以上情景对话时，孩子要么无视家长，要么大吵一架，要么离家出走。这样的亲子沟通不但无效，还会严重伤害亲子关系。

教师在指导家长进行有效亲子沟通实践之前，了解每个家庭背后的无效沟通情景对话显得尤为重要，这样才能有的放矢、对症下药。

2. 向家长解读非暴力沟通的四个关键词

在"有话好好说"家长研讨会开始之初，教师要向家长解读非暴力沟通的四个关键词及含义（表 5-5）。这样一来，既可以帮助家长重温四个关键词，又可以教会家长具体的表述话语。

表 5-5　非暴力沟通的四个关键词及含义

关键词	含义
观察	我观察到了什么现象？
感受	我的感受是怎样的？
需要	我有哪些需要没被满足，导致我产生了上述感受？
请求	为了改善现状，我希望对方做什么？

3. 运用四个关键词演示有效的亲子沟通

教师选取一个无效沟通的情景对话进行案例演示，可以邀请家长扮演孩子，教师扮演家长，让家长在案例演示当中感受孩子的情绪。

首先，教师将无效沟通的情景对话进行现场还原。

接着，再运用四个关键词向家长演示如何有效沟通。以情景一为例。

观察："孩子，从我下班回到家，我看到你已经玩了超过一个小时的游戏了。"

感受："我感到不满。"

需要："我下班回家很累，所以需要你的帮助。"

请求："你以后可以腾半个小时陪妈妈做晚餐吗？"

4.组织家长进行案例研讨

教师将本班常见无效沟通的情景对话用图文并茂的方式还原，将问题抛回给家长。现场邀请家长运用四个关键词重新梳理对话内容。教师在组织案例研讨过程中，要充分发挥家长的主动性和积极性，让家长们畅所欲言。

（三）指导家长撰写亲子沟通日记

随着家庭、学校、社会发生的事务不同，每个阶段家长遇到的亲子沟通情景也会发生变化。教师可以指导家长撰写亲子沟通日记，让家长在记录过程中进行对自我沟通方式的反省；还可以鼓励家长将亲子沟通日记共享在家长微信群，借助其他家长的力量，帮助其纠正错误，实现有效沟通。

三、实施建议

（一）结合家长闲暇情况，拓宽共读渠道

当教师组织家长进行共读活动时，有一些家长平时工作比较繁忙，可能无法按时参加。针对这一部分家长，教师可以建议家长上网搜索正版有声书，听《非暴力沟通》一书，并推送书中的重要知识点给家长，让每一位家长都能学习到有效亲子沟通四大关键词的基本知识。

（二）重视亲子双向沟通，给予孩子引导

亲子沟通出现问题，有家长的问题，但也不可忽视孩子的问题。沟通是双向的行为，有时候单家长作出改变，不会立竿见影提高沟通效果。教师在指导此类问题时，要具体问题具体分析，必要时可以对孩子加以引导，这样亲子沟通才会更加有效。

（三）剖析亲子沟通日记，给予个别指导

教师可以针对家长记录的亲子沟通日记进行剖析，了解亲子间沟通产生矛盾的原因。如果是简单的家长沟通方式问题，可以指导家长围绕观察、感受、需要和请求四个关键词重新梳理出正确的表述话语；如果亲子间已产生较大矛盾，教师可以为孩子和家长提供面对面沟通机会，进而调解亲子矛盾，缓和亲子关系。

　　家长把握好观察、感受、需要、请求四个关键词可以更好地实现有效亲子沟通。不过，孩子千差万别，这种沟通方式不一定对每个孩子都奏效。但是，只要家长以平等、理解、信任的态度与孩子进行交流，相信都可以实现有效的亲子沟通。

随讲随练

　　【多选】非暴力沟通模式的四个关键要素分别是什么？（　　）

　　A. 观察　　　　B. 感受　　　　C. 需要　　　　D. 请求　　　　E. 记录

　　【单选】以下哪个是非暴力沟通模式中的"需求"的含义？（　　）

　　A. 我观察到了什么现象

　　B. 我的感受是怎样的

　　C. 我有哪些需要没被满足，导致我产生了上述感受

　　D. 为了改善现状，我希望对方做什么

　　【单选】以下哪部分内容属于非暴力沟通模式中的"观察"？（　　）

　　A. "孩子，从我下班回到家，我看到你已经玩了超过一个小时的游戏了。"

　　B. "我感到不满。"

　　C. "因为我下班回家很累，需要你的帮助。"

　　D. "你以后可以腾半个小时陪妈妈做晚餐吗？"

　　【单选】当亲子沟通出现问题时，以下哪种做法是最妥当的？（　　）

　　A. 引导学生进行表达

　　B. 指导家长撰写亲子沟通日记

　　C. 要求家长以平等、理解、信任的态度与孩子进行交流

　　D. 根据具体情况对家长、学生双方进行引导

拓展阅读

　　1. [美国] 马歇尔·卢森堡：《非暴力沟通》，北京，华夏出版社，2009。

2.[美国]马歇尔·卢森堡:《用非暴力沟通化解冲突》,北京,华夏出版社,2015。

▶ 第三节　指导家长学会"正面表达"的技巧有哪些 ◀

知识构图

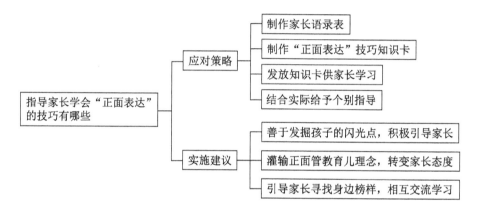

学习目标

1.了解将负面表达话语转换为正面表达话语的三大技巧。

2.知道如何指导家长使用"正面表达"的技巧进行亲子沟通。

读前反思

1.你知道生活中哪些是负面表达话语,哪些是正面表达话语吗?

2.你觉得应该如何指导家长进行"正面表达"?

一、问题聚焦

在亲子沟通过程中,常常会出现事与愿违的场景。比如,家长对玩闹的孩子大喊"不要乱跑,注意安全"时,孩子会跑得更快;家长叮嘱了孩子"明天别迟到了",孩子第二天却仍迟到了;家长对写作业的孩子说"你怎么这么拖拉,赶紧写"时,孩子却越写越慢了。孩子常常在听到家长的这些话之后，不仅不会改变现有的行为或状态，反而会像施了魔法一样，令情况愈演愈烈。那么，家长到底应该怎么表达，孩子才会听呢?

二、应对策略

从上述问题可以看出，当家长说的是负面表达的话语时，孩子就不易听进去。想让孩子听进去家长说的话，教师需要指导家长学会将负面表达的话语转换为正面表达的。正面表达有三个技巧:第一，少说"不"，多给清晰指引;第二，将负面语言替换成正面语言;第三，多用"我句式"进行表达。

(一)制作家长语录表

在学习"正面表达"三大技巧之前，教师可以先给家长布置一个作业:家长语录表，让家长回忆自己在日常生活中对孩子说过的负面话语，并填写在家长语录表的第二列"情景"和第三列"负面表达话语"里面，如下表5-6所示。

表5-6 家长语录表

序号	情景	负面表达话语	正面表达话语
例	孩子写字慢。	整天拖拖拉拉的。	
1			
2			
3			
4			
5			

(二)制作"正面表达"技巧知识卡

教师可以利用网上的一些海报制作小工具，设计以下的正面表达技巧知识卡片，发送给家长学习。

1. 知识卡片一:少说不，多给清晰指引

小互动:请你现在闭上眼睛，不要想象一只羊，不要想象一只正在吃草的羊。请问，你的脑袋里是否出现了一只正在吃草的羊?

小知识:人类的大脑是听不懂"不"语言的，这也是孩子常常自动屏蔽"不"字的原因。家长与孩子进行沟通时要做到"少说'不'，多给清晰指引"。比如，将"不要跑"替换成"停下"，"别乱动"替换成"安静坐好"……

2.知识卡片二：将负面语言替换成正面语言

小效应："罗森塔尔效应"又称"期待效应"，指人们基于对某种情境的知觉而形成的期望或预言，会使该情境产生适应这一期望或预言的效应。

小知识：正面语言能让孩子产生积极心理，向好的方面发展。相反，负面语言会伤及孩子的自尊，打压孩子的积极性。教师需指导家长，在与孩子进行沟通时将负面语言替换成正面语言。比如，将"不要这么紧张"替换成"放轻松点"，"你怎么这么慢"替换成"请你快一点"……

3.知识卡片三：多用"我句式"进行表达

小感受：当你第二次迟到时，上司对你说："你怎么又迟到了？"你会产生什么想法？而当上司对你说的是"我观察到你这周迟到了两次，希望你下次早点到"，你内心又是怎么想的呢？

小知识：当使用"你句式"表达时，通常是对他人行为的评判指责。而使用"我句式"表达时，通常是表达自己的观察、感受、需求。评判和指责容易让孩子产生厌烦、抵抗情绪，因此家长在与孩子沟通时要多用"我句式"进行表达，避免孩子出现逆反心理。

设计知识卡片时，建议教师选择竖版格式的海报模板进行设计，方便家长在手机上查看；教师在制作时还可以适当加入一些表情符号，吸引家长注意，也辅助家长理解；为了方便家长理解，教师可利用二维码助手类的软件，将语音讲解内容生成二维码，家长扫码就可听到详细讲解。

比如，"知识卡片一"可以如图 5-1 知识卡

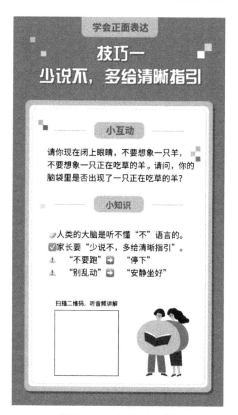

图 5-1　知识卡片示例

片示例这样设计。

（三）发放知识卡供家长学习

教师通过家长群，将正面表达技巧的三张知识卡片分别发送给家长进行学习，并做好线上答疑工作。学习完成后，指导家长参照正面表达的三个技巧将自己负面表达的话语转变成正面表达的话语，并填入家长语录表的第四列"正面表达话语"中。

（四）结合实际给予个别指导

家长将完成的"家长语录表"发送给教师，教师认真查阅每一位家长的作答情况，并根据实际对家长进行个别指导。

三、实施建议

（一）善于发掘孩子的闪光点，积极引导家长

有的家长总拿"别人家的孩子"与自家孩子做比较，这类家长往往只看得到自家孩子的短处。作为教师，要善于发掘孩子的闪光点，与家长交流时，将孩子表现好的方面告知家长。通过这样的方式，可以引导家长看到孩子的长处，让家长信任孩子，用积极的眼光看待孩子。

（二）灌输正面管教育儿理念，转变家长态度

用正面表达的话语对孩子进行教育，可谓知易行难。家长多年来的语言习惯和思维模式是很难改变的，要想让家长在潜意识层面运用正面表达的技巧，最重要的还是指导家长树立"正面表达"的意识。教师可以建立家长读书会，组织家长阅读育儿书籍，在潜移默化中给家长灌输正面管教的理念，转变家长教育孩子的态度。

（三）引导家长寻找身边榜样，相互交流学习

"80后、90后"父母中不乏一些好学上进的人，他们积极主动学习先进育儿理念与方法，也往往做得较好。教师可以建议他们带头组织一些亲子活动。在亲子活动中，家长与孩子之间肯定会有语言交流，其他家长就可以感受优秀家长的语言，从而学习提升。

在亲子沟通过程中，"说"是尤为重要的环节，教师指导家长进行技巧性的正面表达，可以更有效地教育孩子，引领孩子积极地成长。

随讲随练

【多选】以下哪些属于正面表达的技巧？（　　　）

A. 少说"不"，多给清晰指引　　　B. 将负面语言替换成正面语言

C. 多用"我句式"进行表达　　　　D. 使用命令式的话语

【多选】以下哪些情形属于使用了正面表达技巧？（　　　）

A. 将"不要跑"替换成"停下"

B. 将"别乱动"替换成"安静坐好"

C. 将"不要这么紧张"替换成"放轻松点"

D. 将"你怎么这么慢"替换成"请你快一点"

【多选】负面语言会对孩子产生哪些影响？（　　　）

A. 伤及孩子的自尊　　　　　　　B. 打压孩子的积极性

C. 使孩子变得好强　　　　　　　D. 增强孩子的抗压能力

【多选】使用"我句式"表达时，通常是表达什么？（　　　）

A. 自己的观察　　　　　　　　　B. 自己的感受

C. 自己的需求　　　　　　　　　D. 自己对他人行为的评判

E. 自己对他人行为的指责

拓展阅读

1.［美国］简·尼尔森：《正面管教》，北京，京华出版社，2009。

2.［美国］简·尼尔森、［美国］琳·洛特：《十几岁孩子的正面管教》，北京，北京联合出版公司，2014。

3.［美国］托马斯·戈登：《P.E.T.父母效能训练》，北京，中国发展出版社，2015。

▶ 第四节　如何指导家长在沟通中控制情绪 ◀

知识构图

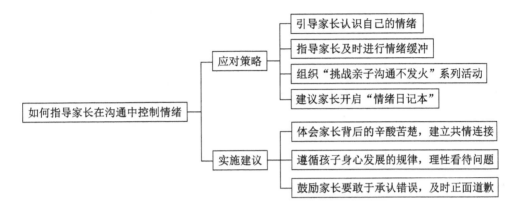

学习目标

1.掌握指导家长在沟通中控制情绪的应对策略。

2.了解指导家长在沟通中控制情绪的实施建议。

读前反思

1.在生活中，你是一个能够控制好自己情绪的人吗？在与孩子相处的过程中你发脾气的次数多吗？

2.你了解如何更好地在与孩子相处时控制自己的情绪吗？

一、问题聚焦

不少家长在教育孩子时曾经讲过很伤人的话，此时家长的情绪就是失控的，他们常常会使用带有侮辱性的语言攻击孩子，甚至出现吼叫、打骂孩子的错误行为。

二、应对策略

家长在亲子沟通过程中情绪失控可能会给孩子造成阴影，影响亲子关系，严重的话还可能影响孩子未来成家后做的家庭教育。为了孩子的健康成长，教师需要指导家长学会认识情绪、缓冲情绪、控制情绪。

（一）引导家长认识自己的情绪

美国心理学家埃利斯有一个著名的"情绪ABC理论"，他认为，同一个事件A会引起不同的情绪或行为结果，是由于我们对这个事情或情境抱有的信念想法不同。教师可以通过微讲座、家长沙龙等形式，组织家长学习情绪ABC理论各字母的含义（表5-7），结合不同情绪爆发的情景，指导家长认识自己的情绪。

表5-7　情绪ABC理论各字母的含义

关键词	含义
A：Activating events	诱发情绪的事件
B：Belief	个体对该事件的想法
C：Consequence	这一想法所引发的情绪

（二）指导家长及时进行情绪缓冲

美国情绪管理专家罗纳德博士指出，研究表明，暴风雨般的愤怒，持续时间往往不超过12秒，爆发时摧毁一切，但过后却风平浪静，控制好这12秒，就能排解负面情绪。[1]

《正面管教》[2]中提供了一个缓冲情绪的工具：积极地暂停。教师可以建议家长在家里设置一个积极暂停区，当家长察觉到自己的情绪将要失控时，立马按下"暂停"键，去积极暂停区，等到情绪稳定时再与孩子进行沟通。在积极暂停区，家长可以进行情绪缓冲，比如，反复深呼吸，倒数30秒，用便签写下此刻的事件、自己的想法和情绪。

（三）组织"挑战亲子沟通不发火"系列活动

为了督促家长在亲子沟通过程中有意识地控制愤怒情绪，教师可以在家长间开展"挑战亲子沟通7天不发火""挑战亲子沟通21天不发火"等活动。

挑战活动开始前，教师制作"情绪晴雨表"，并打印出来下发给家长。以"挑战亲子沟通21天不发火"活动为例，制作的表格如表5-8所示。

---

[1]　管依萌：《无法控制的"12秒"》，载《法治周末报》，2021-11-18。

[2]　文中以京华出版社2009年出版的《正面管教》版本为例进行讲解。

表 5-8 家长"情绪晴雨表"示例

时间	日期	主情绪	一句话日记	是否发火
第 1 天		□喜□怒□哀□惧		□是□否
第 2 天		□喜□怒□哀□惧		□是□否
第 3 天		□喜□怒□哀□惧		□是□否
第 4 天		□喜□怒□哀□惧		□是□否
第 5 天		□喜□怒□哀□惧		□是□否
……		□喜□怒□哀□惧		□是□否
第 21 天		□喜□怒□哀□惧		□是□否
温馨提示：请根据亲子间发生的事件，勾选自己的主情绪，并简单写下一句话感想。				

挑战活动开始后，家长根据活动要求填写情绪晴雨表。在一天当中，家长可能产生喜、怒、哀、惧四种情绪，教师需指导家长根据自己与孩子之间发生的事件或相处情况判定今日主情绪，写下一句话日记，并且勾选当天是否有对孩子发火。

挑战活动结束后，教师将家长的"情绪晴雨表"回收，进行数据统计，挑选出"情绪控制达人"，授予证书以示鼓励。

（四）建议家长开启"情绪日记本"

有的家长会说："道理我都懂，可是我有时就是控制不了自己对孩子发火。"教师可以建议家长开启"情绪日记本"，用于追踪和记录每一次对孩子发火的过程，主要记录自己在情绪失控前发生了什么，自己的情绪是怎么变化的，情绪爆发时，孩子的反应是怎样的。

让家长记录"情绪日记"的最重要目的是复盘。教师可以建议家长在每一次发火后，等到心情平静时，去重看日记并理性思考情绪产生的原因，再进行自我疏导。在不断记录、反思中，家长的情绪控制能力可以得到提升，对孩子发火的次数也会慢慢减少。

三、实施建议

（一）体会家长背后的辛酸苦楚，建立共情连接

现代生活节奏比较快，家长在日常工作中会产生压力和焦虑情绪，下班回家还要面

对生活的琐碎，难免会出现情绪失控的情况。教师在指导家长时，可以与家长进行共情，接纳家长的情绪，引导家长要对自己好一点，适当给自己放假。可以建议家长每周给自己半天的时间，选择自己喜欢的事情去做，比如，出去会朋友、看电影、喝咖啡、做瑜伽等。通过这些活动放松自己，不但可以减轻日常压力，也可以控制情绪。

（二）遵循孩子身心发展的规律，理性看待问题

有时候，家长情绪失控仅仅是因为孩子产生了负面情绪。比如，一个两岁多正处于秩序敏感期的孩子，常常一言不合就会哭闹。如果家长不理解孩子在这个阶段的心理特点，可能分分钟会情绪崩溃，失去理智，进而吼叫孩子。教师在指导家长时，要引导家长在遵循孩子身心发展的规律的基础上，理解并接纳孩子的负面情绪。在日常家校沟通时，教师要适当向家长传达学生现阶段的心理发展特点，让家长心中有数，理性看待孩子存在的问题。

（三）鼓励家长要敢于承认错误，及时正面道歉

美国心理学家罗达·邓尼说过："父母错了，或违背自己许下的诺言时，如果能向孩子说一声对不起，可以帮助孩子建立自尊，同时能培养孩子尊重他人的习惯。"[1]家长在亲子沟通过程中确实可能出现错怪孩子或迁怒于孩子的情况。教师要鼓励家长，一旦出现这种情况，敢于承认错误，及时向孩子道歉，这样才不至于影响亲子关系。

在亲子沟通中，家长一定要学会控制情绪，和善而坚定地教育孩子，给予孩子幸福感满满的未来。

随讲随练

【判断】当孩子犯错的时候，家长应该大声训斥来阻止他的行为。（　　）

【判断】埃利斯有一个著名的"情绪 ABC 理论"，其中 C 指的是这一想法所引发的情绪。（　　）

---

[1] 崔华芳：《与孩子沟通的 36 种好方法》，104 页，北京，北京工业出版社，2006。

【多选】以下哪些措施可以帮助家长更好地控制情绪？（　　）

A. 进行情绪缓冲　　　　　　　　B. 开启"情绪日记本"

C. 分析产生负面情绪的原因　　　D. 与孩子进行沟通

拓展阅读

1. [美国] 阿尔伯特·艾利斯、[澳大利亚] 黛比·约菲·艾利斯：《理性情绪行为疗法》，重庆，重庆大学出版社，2015。

2. 刘学柱：《家长如何控制自己的情绪》，载《家庭教育》，2001（Z1）。

▸▸ 第五节　与青春期孩子沟通时该如何调整策略 ◂

知识构图

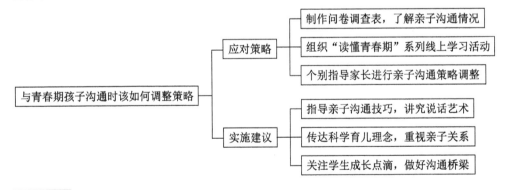

学习目标

1. 了解孩子进入青春期后会发现的变化。

2. 掌握与青春期孩子进行沟通的策略。

读前反思

1. 你知道进入青春期的孩子在生理或心理上都会发生哪些变化吗？

2.你是否为青春期的孩子发愁过？你是如何与他们相处的？

一、问题聚焦

根据发展心理学，青春期又被称为"心理断乳期"或"危机时期"，是儿童的第二反抗期，主要是体现在心理上的反抗，这个时期的孩子更追求自我的独立，想要得到他人的尊重和认可。然而，有的家长受传统教育观念的影响，常常会以家长自居，用"说教"的语气与孩子进行沟通，完全忽略孩子的内心感受，导致亲子关系越来越紧张。

青春期是人生第二关键期。李玫瑾教授指出，青春期是早期教育的缺失补救期。[1]那么，教师该如何指导家长调整与青春期孩子沟通时的策略呢？

二、应对策略

子女进入青春期后，不少家长依旧把他们当作"小孩"，却不知道他们已经在悄然长大。因此，教师首先应引导家长认识孩子在青春期阶段的变化，注意身份的转换，再给予沟通策略上的指导。

（一）制作问卷调查表，了解亲子沟通情况

教师可以制作亲子沟通调查问卷，问题聚焦在家长与青春期孩子沟通的常见情况，引起家长自我反思。比如，问卷可设置如下问题。

问题1：您是否觉得青春期的孩子难以捉摸？

问题2：您是否会不停地追问孩子某些事情或者打断孩子讲话？

问题3：您是否会在孩子专注看电视或手机时和他说话？

问题4：您是否会用命令的口气与孩子说话？

问题5：您是否常常在学习成绩上给孩子施压？

问题6：您是否喜欢将自己孩子与别人家孩子做对比？

问题7：您是否会有操控孩子的想法？

---

[1]　史望颖：《早期心理抚养影响孩子一生》，载《中国教育报》，2018-04-19。

问题 8：您是否会围绕某个问题和孩子唠叨很久?

问题 9：您是否发现了孩子除了学习以外的其他特长?

问题 10：您是否主动学习过与孩子沟通时的讲话技巧?

问题 11：您是否在孩子学习时进行玩手机、看电视等娱乐活动?

问题 12：您是否了解孩子的兴趣爱好?

(二) 组织"读懂青春期"系列线上学习活动

为了让家长了解青春期的特点，清楚孩子在这一阶段的变化，可以组织"读懂青春期"系列线上学习活动。首先，教师可以先组织家长利用网络自学青春期的特点，并要求家长们以接龙的形式在群里发表学习心得，以供家长相互学习。在自学完毕之后，教师可以邀请学校心理教师开展"读懂青春期"的线上微讲座，让家长们对青春期有更深入的认识。

(三) 个别指导家长进行亲子沟通策略调整

教师针对青春期亲子沟通的常见问题，提出与青春期孩子沟通的策略，下面提出12 条策略供参考（表 5-9）。教师可结合家长所提交的问卷及线上学习情况，根据每个家庭实际情况指导家长进行策略调整。

表 5-9　与青春期孩子沟通的策略汇总

序号	策略
1	接纳当前阶段的孩子。青春期孩子的情绪时常会大起大落，但在他们爆发情绪之后，通常也会进行自我反思。家长要学会接纳孩子的情绪，接纳正处青春期阶段的他们。
2	做孩子忠诚的聆听者。青春期的孩子不愿意与家长讲太多的事情，家长觉察到孩子情绪变化时，可以静静地陪着孩子，在孩子想讲的时候，静静聆听，不做任何评判。
3	选择合适的沟通时机。每一个人都不喜欢被打扰，家长与青春期孩子沟通时要懂得选择合适的沟通时机，这样才不易引起孩子的不耐烦情绪。
4	与孩子平等地进行交流。青春期的孩子常常会认为自己已经长大了，希望家长将自己当成大人看待，家长要尤其注意自己与孩子讲话时的姿态，切忌高高在上。
5	做孩子强有力的后盾。青春期的孩子会面临很大的升学压力，家长要做孩子强有力的后盾而非压力源。孩子在学校已经感受到成绩的压力，家长不应再过度施压，而是要给予孩子支撑力量。

续表

序号	策略
6	不要总拿自己的孩子和别人比较。家长常常会拿"别人家的孩子"与自家孩子进行对比，这很容易引起孩子的反感，伤害孩子的自尊心。
7	给予孩子空间与权利。青春期的孩子更喜欢和朋友待在一起，家长要给予孩子适当的空间与权利，学会放手，千万不要过度管孩子，否则将适得其反。
8	简明扼要地进行沟通。心理学上有个"超限效应"，指刺激过多、过强或作用时间过久，而引起心理极不耐烦或逆反的心理现象。在亲子沟通中，家长"唠叨"就极易产生"超限效应"，因此家长应该做到简明扼要地进行亲子沟通。
9	多元化标准看待孩子。很多家长常常在学习上对孩子寄予很高甚至不切实际的期望，却忽视了孩子其他方面的优点。家长要学会从不同角度看待和评价孩子，找到属于他们的闪光点，并适当表扬，激励孩子成长得更好。
10	学习亲子沟通的技巧。为了避免在与青春期孩子沟通时产生言语冲突，家长要主动学习亲子沟通的技巧。
11	做一名以身作则的家长。很多家长自己做不到的事却要求孩子做到，这样只会让孩子更加排斥家长。只有家长承担起引导的责任，以身作则，为孩子树立起榜样，孩子才会更信服家长的教育。
12	与时俱进，爱其所好。有的家长找不到与青春期孩子的共同话题，感觉与孩子的距离越来越远。家长们一定要与时俱进，尽力了解孩子的喜好，才能与孩子有话可说。

三、实施建议

（一）指导亲子沟通技巧，讲究说话艺术

面对青春期的孩子，尤其要注意说话的艺术，教师可以通过读书会、家长会、微讲座等形式指导家长学习亲子沟通技巧，如"非暴力沟通""三明治谈话术""正面语言表达""长颈鹿语言"等。

1.非暴力沟通

非暴力沟通方式可以让亲子间避免产生语言暴力。非暴力沟通有四个关键词，即观察、感受、需要和请求，具体可见本书第五讲第二节。

2.三明治谈话术

三明治谈话术是指对某个人先表扬、再批评、接着再表扬的一种谈话方式。当家长

批评孩子时，采取这种方式进行沟通能让孩子更易接受。

3.正面语言表达

人们日常沟通中的很多语言是可以自动转换的，家长学会把负面语言变成正面语言去表达，这样孩子越有可能朝正面成长。

4.长颈鹿语言

长颈鹿语言提倡"沟通不要使用暴力"，并且强调自由地表达和选择性倾听，拒绝强迫式、对抗式的沟通。

（二）传达科学育儿理念，重视亲子关系

教师在家庭教育指导过程中，要引导家长意识到亲子沟通对维护亲子关系的重要性，切忌因一时言语过激，伤害了孩子，破坏了亲子关系。

（三）关注学生成长点滴，做好沟通桥梁

有些处于青春期的孩子在某个阶段会封闭自我，不愿意主动与家长交流。教师要时刻关注学生在校成长的点滴，及时向家长反馈。比如，可以将学生在校的学习生活以照片或短视频的形式在家长群展示，让家长们见证学生的成长，也可以帮助亲子间找到共同话题。另外，针对亲子关系过于紧张的家庭，教师还可以作为中间桥梁，为他们搭建亲子沟通的渠道。

孩子在长大，家长也要不断成长。在亲子沟通过程中，家长要根据孩子每个阶段的特点，及时调整沟通策略，这样才有利于建立融洽的亲子关系。

随讲随练

【判断】家长应认识到家庭性教育的必要性，在孩子提出问题时给予明确而直接的答案，并积极寻求相关信息、指导和支持。（　　）

【多选】以下哪些是青春期孩子的心理特点？（　　）

A.自我意识出现质的变化　　　　B.渴望独立

C.情绪的多变　　　　　　　　　D.性意识的萌动

【多选】以下哪些策略适用于与青春期孩子进行沟通？（　　　）

A. 与孩子平等地进行交流　　　　　B. 给予孩子空间与权利

C. 多元化标准看待孩子　　　　　　D. 尽量减少与孩子的相处时间

拓展阅读

1. [美国] 弗朗西斯·詹森、[美国] 艾米·艾利斯·纳特：《青春期的烦"脑"》，北京，北京联合出版公司，2017。

2. 李玫瑾：《心理抚养》，上海，上海三联书店，2021。

3. 张璐斐、张琦光、施小菊：《青春期父母教育方式的调整与亲子关系》，载《教育理论与实践》，2002（10）。

▶▶ 第六讲
▶ 人际交往

在第六讲中，我们会对"教师应该如何指导家长培养孩子的人际关系"展开论述。家庭是孩子的第一所学校，也是孩子成长中的一所重要学校。孩子的性格养成，以及人格成长都与家庭有关。作为教师，我们有义务帮助家长指导孩子更好地成长。因此，在本章节中，我们将从"如何提升孩子的社会交往能力""如何培养孩子的主见""如何培养孩子解决人际危机的能力""根据孩子的性格开展适宜的社交活动""如何在亲子游戏中学会礼貌待人"这五个方面开展。

●
●
●
●

▶▶ 第一节　家庭教养方式对孩子社会交往能力的影响有哪些 ◀

知识构图

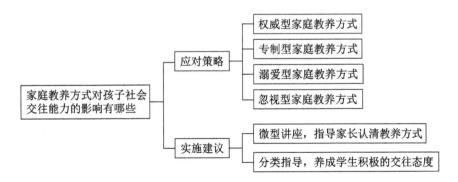

学习目标

1. 了解家庭教养方式分类和特点。

2. 掌握建议家长改变家庭教养方式时的沟通方式。

1.你知道心理学家鲍姆令德的家庭教养方式分类法吗，各方式有什么特点？

2.教师建议家长转变家庭教养方式时，需要注意哪些方面？

一、 问题聚焦

在日常生活中，我们会发现有的孩子不太合群，容易和其他人发生矛盾；有的孩子不与同学、家长和教师表达自己内心的想法；有的孩子自私、任性，不会设身处地为别人着想；有的孩子说话做事没有礼貌，让人总觉得唐突。以上这些都是孩子社交能力弱的表现。

二、 应对策略

家庭教养方式对孩子的社交能力影响非常深刻。心理学家鲍姆令德把家庭教养方式分为权威型、专制型、溺爱型和忽视型，每一种方式下的孩子会呈现不同的社会交往能力。

（一）权威型家庭教养方式

权威型家庭教养方式是一种比较民主的方式。家长会以积极的态度对待孩子的问题，并鼓励孩子表达自己的意见和观点。同时他们对孩子有比较高的要求，对不同的行为会做到奖惩分明。这种高控制度并且温暖的方式，对孩子的心理发展有很多积极的影响。权威型家庭教养方式教育出来的孩子独立性较强，善于自我解决问题，自尊感和自信心较强，性格开朗，喜欢与人交往，谦逊有礼，具有较强的社会交往能力。

如果班级里有使用权威型家庭教养方式的家长，教师可以邀请他们在班级家长会中分享自己培养孩子的经验。同时，教师也应该多鼓励这样家庭的孩子去帮助班级中学习和交往能力较差的孩子。

（二）专制型家庭教养方式

使用此方式的家长要求自己的孩子做到绝对服从，希望孩子按照自己设定的路线成长，不能偏离轨道。他们常常用冷漠、忽视的态度去对待孩子，很少考虑孩子的要求和意愿。一旦孩子违反家长定下的规则，家长就会发怒，甚至采取严厉的惩罚措施。这种方式下的孩子容易表现出焦虑、退缩和不快乐，喜欢独来独往，不懂得和同伴交流和沟通，在人际交往中处于被动的一方。

面对这样的家庭，教师需要引导家长转变自己的家庭教养观念。可以在家长群中分享一些家庭教育相关的内容，让家长意识到每个孩子都需要被尊重。家长只有尊重孩子本身的想法，孩子才会积极主动地参与到人际交往中。

（三）溺爱型家庭教养方式

使用此方式的家长和权威型家庭教养方式下家长一样，对孩子充满肯定的情感，但是这些家长缺乏规则意识，也就是通常所说的不给孩子立规矩。家长会放任孩子自己做决定，即使孩子不具有这种能力。家长容易向孩子妥协，孩子一哭一闹，家长就会纵容孩子贪玩、看电视。在这种方式下长大的孩子，其思想是不成熟的，他们会随心所欲地做事情，一旦事情超出自己的预期，就会很冲动并带有攻击性；而且这样的孩子一般比较容易以自我为中心，一味索取，不会为他人考虑。

溺爱型家庭教养方式下的家长对孩子充满了爱，但是不会使用正确的教育方法。教师在面对这样的家庭时，需要让家长正视自己错误的教育方法，引导他们掌握正确的教育方法。

（四）忽视型家庭教养方式

使用此方式的家长对孩子没有充分的感情，也缺少对孩子行为方面的要求和控制，家长对孩子缺乏关注和反馈。当孩子向家长提出物质需求的时候，家长可能会做出回应。但要求家长投入感情、投入精力，比如，培养孩子良好的生活习惯、学习习惯，陪孩子做亲子活动时，家长会很难做到。在这种家庭教养方式下成长的孩子来到学校后，他的生活及学习习惯和其他孩子相差很大。

教师在面对此类家长时，要多把孩子在学校里的情况告诉家长，把要求孩子做到的事情直接告诉家长。比如，教师可以建议家长陪孩子做作业，亲子活动时也邀请这类家长参加。教师要有意识地让家长参与到孩子的生活中，这样孩子才能用积极的态度投入学习生活中。

三、实施建议

（一）微型讲座，指导家长认清教养方式

教师在建议家长改变教养方式前，首先应该让家长认清自己目前教养方式的利弊。可以请家庭教育专家开展微型讲座，让家长清楚地认识到自己的教养方式的优缺点。同时，教师也可以请家长和孩子共同表演一个权威型家庭生活日常的小品，让家长看到权威型家庭教养方式的好处，更真切地意识到自己需要用什么样的教养方式对待孩子。

（二）分类指导，养成学生积极的交往态度

面对社会交往能力强、积极的孩子，教师可以建议家长，继续鼓励孩子帮助班级中落后的孩子，做到不骄不躁；面对焦虑、退缩的孩子，教师要指导家长给孩子创造一个民主的家庭氛围，让孩子有一个平等发言的机会，从而让孩子积极地参与到人际交往中；面对随心所欲、有些自我的孩子，教师可以指导家长和孩子一起制定劳动家规，劳动教育既可以阻止家长一味地溺爱孩子，也可以让孩子在劳动中知道父母的辛苦，学会在人际交往中关爱他人、帮助他人；面对被忽视的孩子，要建议家长和孩子多参与学校的亲子活动，在活动中增加相处的时间，让孩子打开心扉，走出沉默，在人际交往中变得更开朗、更主动。

随讲随练

【判断】劳动教育可以阻止家长一味地溺爱孩子。（　　）

【判断】权威型家庭教养方式培养的孩子因为父母在生活中比较强势，所以会对他们心中代表权威的人言听计从。（　　）

【多选】心理学家鲍姆令德把家庭的教养方式分为（　　）。

　A. 权威型　　　　B. 专制型　　　　C. 溺爱型　　　　D. 忽视型

拓展阅读

1. [意大利] 玛利亚·蒙台梭利:《童年的秘密》，武汉，长江文艺出版社，2021。

2. [法国] 让 - 雅克·卢梭:《爱弥儿:论教育》，北京，人民教育出版社，2017。

▶ 第二节　如何教育孩子在人际交往中成为有主见的人 ◀

知识构图

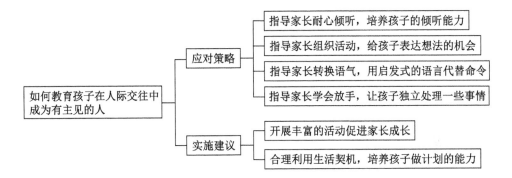

学习目标

掌握"指导家长让孩子在潜移默化中成为一个有主见的人"的方法。

读前反思

1.你认为培养孩子成为一个有主见的人的方法有哪些?

2.作为教师，我们应该如何更好地指导家长，让他的孩子在人际交往中成为有主见的人?

一、问题聚焦

我们发现有些孩子在人际交往中人云亦云，没有自己的想法；做游戏、参加活动时总是躲在人群的后面，从不积极主动；遇到问题时举棋不定，还会畏首畏尾。其实谁都不希望自己的孩子将来成为一个毫无主见的人，这样的人往往缺乏信心，依赖性强，很容易被他人左右，不利于个人成长和未来的学业、事业发展。所以在日常生活中，家长应该在潜移默化中鼓励孩子养成独立思考、独立决策的习惯，让孩子在人际交往中成为一个有主见的人。

二、应对策略

（一）指导家长耐心倾听，培养孩子的倾听能力

想让孩子成为有主见的人，家长就要尊重孩子，给孩子充分的表达机会，并耐心、认真地听孩子的话，积极做出反馈。家长不能横加打断，或者全盘否定孩子的表达。另外，"倾听"是人际交往的必备能力，一位优秀的倾听者能让讲话者觉得自己受到了尊重。家长认真倾听的形象也为孩子树立了榜样，孩子学会倾听不仅能提升独立思考和判断的能力，也能逐渐养成独立自主的习惯。有些家长觉得孩子太小了，还什么都不懂，就不愿给孩子表达的机会，这是不尊重孩子的表现。当然，家长的积极倾听与尊重孩子不能表现为无原则的放任与溺爱，家长要把握好尺度，在孩子做出错误决定的时候一定要及时引导他们改正。

（二）指导家长组织活动，给孩子表达想法的机会

有些家长对孩子的要求有求必应，却不把孩子当作一个有思想的人。大多数时候都是家长替孩子做决定，很少让孩子表达自己的想法。一旦孩子违背自己的想法，家长就去责备孩子。

教师可以组织亲子活动，家长们参与其中，但是活动的主要负责人是孩子。孩子是决策者，家长在活动中只起到辅助的作用。在活动的过程中，让家长看到孩子是有想法的，应该给孩子更多表达自我的机会。

（三）指导家长转换语气，用启发式的语言代替命令

教师经常会发现这样的现象，一部分孩子只愿意被别人指挥，教师让做作业，孩子

就做作业；教师让他看书，孩子才翻开书本。当没有接到指令时，他们无所适从，不知道自己能干什么，该干什么。这是因为他们的教育者经常用命令式的语言代替孩子做决定。我们常可以听到家长跟孩子这样发号施令"你的作业做完了吗，去做作业""八点了，你去洗澡吧"这些都是命令式的语气。

教师可以组织孩子们写一写"我最不喜欢家长说的10句话"，然后把这些语句整理后发在家长群里。并建议家长把这些话语改成建议式、启发式的语气，在平时的交流中注意转换语气对孩子说话。

（四）指导家长学会放手，让孩子独立处理一些事情

有些孩子的依赖性很强，如写家庭作业时，一定要家长陪伴在自己身边，一旦家长去上班了，作业的质量就大打折扣。这和家长平时控制型的教育方式有关，事事替孩子做决定的话，孩子独自一人时就会无所适从。

教师可以建议家长们安排一些独立的事情给学生做，比如，让孩子独立在家养一盆花，独立完成作业。并尝试放手按照孩子希望的思路来，孩子是可以学习的，要相信孩子。独立处理这些事情的过程，就是孩子慢慢成长的过程。在这个过程中，他们自己判断，做出选择，逐渐会成为一个有主见的人。

三、实施建议

要想孩子在人际交往中成为有主见的人，家长就需要进行耐心而专业的引导。教师可以这样指导家长。

（一）开展丰富的活动促进家长成长

教师可以开展全班性的家长会，给家长提供一些和孩子对话的技巧，让家长学会从命令式的语言转换成引导式的语言，和孩子之间的沟通更流畅。如将"你不能穿这件衣服"转换成"你今天想穿裙子，还是穿裤子呢"。这样的语言不仅是在倾听孩子的心声，更给了孩子自己选择做主的机会。

指导一段时间后，教师可以开展家长沙龙活动，让家长们聚在一起交流孩子最近的一些转变。教师可以安排两到三个家长作示范，说一说采取的行动，孩子有了哪些转变，

以便其他家长吸取经验。

（二）合理利用生活契机，培养孩子做计划的能力

第一，从一本书的阅读计划开始。阅读永远是孩子最应培养的兴趣爱好之一。我们可以从这里培养孩子的主见，读一本书要有阅读计划，今天读几页，明天读几页，要规划好。

第二，做假期的学习和娱乐计划。寒暑假时，教师可以指导家长，让孩子安排自己假期的学习和娱乐活动，做出一份适合自己的假期计划。教师要提醒家长，应愉快地接受和赞同孩子的意见，并与孩子共同分享决定的快乐。

第三，做全家出游的计划。有些家庭每年都有全家出游的计划，这个时候就可以放手让孩子来做这个计划。教师可以建议家长，让孩子独自列出他的种种想法和具体的操作方式，先参观哪里，后参观哪里，需要携带哪些东西。如果孩子的决定有失误，家长不要急于纠正，而是耐心地询问孩子："还有别的吗？"也可以平和地提出自己的看法："我的想法是这样……你认为对你的设想有帮助吗？"

教育孩子在人际交往中成为有主见的人，其核心在于家长和教师要对孩子保持尊重。只有被尊重的孩子才能拥有自尊与自信，才敢发表自己的想法，才有信心处理好同伴之间的关系，才会妥善解决生活、学习中遇到的困难。

随讲随练

【判断】教师可以给家长们布置一个每晚互相倾听 5 分钟的活动来培养学生的倾听能力。（　　）

【判断】"你今天不能出去玩！"转换成"你觉得今天是和爸爸妈妈在一起好，还是想和同学一起玩呢？"这是将命令式的语言转换成引导式的语言。（　　）

【单选】当青少年遇到心理困惑时，应（　　）。

①学会当自己的"心理医生"，②开放自己的心灵世界，毫无顾忌地向别人倾诉，③学会调控自己的情绪，积极面对挑战，④独自承受，尽量少麻烦别人，

⑤主动向教师、家长或社会寻求帮助，⑥尽情、大胆地发泄出来。

    A.①②④   B.②③⑤   C.①④⑥   D.①③⑤

拓展阅读

1.［奥地利］阿尔弗雷德·阿德勒：《儿童的人格教育》，上海，华东师范大学出版社，2017。

2.陈鹤琴：《家庭教育》第2版，上海，华东师范大学出版社，2013。

3.［美国］丹尼尔·西格尔、［美国］蒂娜·佩恩·布赖森：《如何让孩子自觉又主动》，杭州，浙江教育出版社，2020。

▶▶ 第三节　为什么说家长不宜充当孩子交往的"中间人" ◀

知识构图

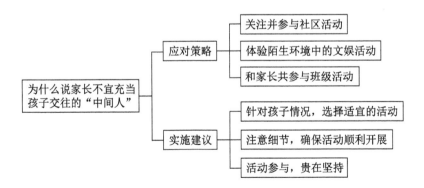

学习目标

1.了解孩子与他人直接进行交往和沟通的重要作用。

2.掌握指导家长给孩子提供人际交往的活动具体有哪些。

3. 了解活动的实施建议。

1. 你之前是否忽略了孩子间交往的重要性？
2. 反思自己以往在指导孩子人际交往时存在的问题。

一、问题聚焦

班主任经常会在下班后收到家长的这类信息。"老师，孩子说今天她的衣服落在操场上找不到了。""老师，孩子说今天同桌欺负她了。"不知道此时班主任会不会有这样的思考：为什么孩子在学校时不直接跟老师反映，而需要家长来传达信息呢？

二、应对策略

家长成了孩子与他人交往的"中间人"，这会减少孩子独立解决人际问题的机会，有可能导致孩子不懂理解和关心别人，不会与他人进行恰当的沟通与交往。教师应指导家长给孩子提供更多与人交往的机会，可通过定期举办亲子活动的方式，让家长和孩子共同参与其中，帮助孩子体验与他人交往的愉悦。

（一）关注并参与社区活动

频率：每月一次。

内容：教师可以定期关注孩子所在各社区的公益活动，邀请家长和孩子一起参与到社区活动中，在较熟悉的环境中提升人际交往能力。在活动过程中，教师一定要引导家长认清自己的角色，明确自己是孩子的陪伴者，而不是孩子和他人交往的"中间人"。家长只需陪伴在孩子左右，不能代替孩子与他人交流。活动后，家长可以帮孩子录视频说一说参加活动的感受，并发到班级群里和大家分享交流。

（二）体验陌生环境中的文娱活动

频率：两周一次。

内容：教师可以组织家长和孩子参加一些不在家庭惯常生活圈内的有益文娱活动。比如，让孩子报名博物馆的公益志愿者，在讲解中和各色人打交道，既长知识，又增强沟通能力；参与校外的读书交流会，让孩子与同伴沟通，分享自己的读书感受。活动结束后，家长要鼓励孩子与新朋友打电话或者写信交流。教师要提醒家长，参加活动前可与孩子一起做准备练习，提前掌握交流技巧，帮助孩子更好地和同伴交流。

（三）和家长共参与班级活动

频率：每学期一次。

内容：教师组织班级"交往学习类"亲子活动，让家长和孩子进行情景表演，指导孩子学会用语言、动作、表情等方式恰当地表达自己的情感和需求，学会控制自己的情绪和行为，学会分享和合作。表演后，教师要给予中肯的评价，并在评价中有意识地指导孩子学会遵守交往规则，学会注意他人的情绪变化，体会和理解他人的情感。

三、 实施建议

有的家长可能不清楚怎么样去具体帮助孩子，彻底摆脱"中间人"的角色。所以教师要尽可能地给家长详细的实施建议。

（一）针对孩子情况，选择适宜的活动

在组织活动的时候，教师应该对参与活动的孩子和家长进行挑选。不同孩子的人际交往能力是不一样的。人际交往能力欠缺的孩子，一开始可以参加读书分享会这样不必须发言的活动，孩子可以以听为主来学习沟通，这样孩子也更容易接受；对有一定交往能力的孩子，则可以建议其参加派发传单这样的公益活动，须与很多陌生人交流，更锻炼人。

（二）注意细节，确保活动顺利开展

做好准备。活动开展前，家长和孩子应该根据活动的内容进行情境练习，让孩子在足够熟练的情况下去进行人际交往，而不是毫无准备地交流。

使用礼貌语言。礼貌、礼仪是人的思想道德水平、文化修养、交际能力的外在表现，是人际交往能力发展中的重要组成部分。要提醒家长注意孩子在活动中应做到文明用语、举止得体。

不断鼓励孩子。有些孩子不敢踏出交流的第一步，家长这时候不能焦急，更不能强硬地要求孩子，而是要用鼓励的语言引导孩子走出第一步。

（三）活动参与，贵在坚持

开展活动的频率要适应孩子的实际情况。教师可以开展阶段性交流，了解孩子的人际交往情况。交流会上，每位同学都可以上台发言，说一说已经开展了几次人际交往的活动，家长有没有做"中间人"，做了几次。家长也可以说一说孩子在活动中遇到的困难，自己的感受和解决的办法。家长要逐渐减少自己的参与，让孩子学会独立处理自己在交往中遇到的问题。

最后，教师可以组织一个评选仪式，评选出班里的"最强外交星"和"进步外交星"，并由家长给自己的孩子送上奖状。这不仅是一种奖励，更是一种督促，望家长以后不要再代替孩子发言。

家长不宜充当孩子交往的"中间人"，要给孩子提供人际交往的机会。但同时也不能完全放任，可以进行适当的监督，并提出一些小建议，做一个在孩子日常交往中献计献策的好军师。

随讲随练

【判断】家长不宜充当孩子交往的"中间人"，要给孩子提供人际交往的机会。（　　　）

【多选】在社区活动、游乐活动、班级活动中，教师应给家长哪些实施建议？（　　　）

A.针对孩子情况，选择适宜的活动　　　B.注意细节，确保活动顺利开展

C.活动参与，贵在坚持

拓展阅读

1.刘晓陵、叶腾辉、周俊丽等：《社交技巧行为特征检核表在小学生中的适用性研究》，载《中国临床心理学杂志》，2021（5）。

2.林崇德：《发展心理学》，杭州，浙江教育出版社，2019。

3.邓敏：《谈家庭对儿童人际交往社会化的影响》，载《科教文汇（中旬刊）》，2012（29）。

▶▶ 第四节　如何指导家长根据孩子的性格展开适宜的社交行为 ◀

知识构图

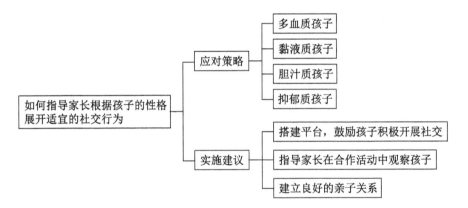

学习目标

1.掌握孩子的性格分类。

2.掌握不同类型的孩子所需的教育策略。

3.明确指导家长时的实施原则。

读前反思

1.你之前是否忽略了孩子的性格分类？

2.反思自己以往对孩子的教育是否适合孩子？

一、 问题聚焦

教师在课堂上常会发现，有的孩子坐姿端正、认真听讲，却很少积极举手回答问题；有的孩子教师一提问就跃跃欲试，特别想要表现自己。很多时候，家长认为活跃的孩子社交能力强，而沉默的孩子社交能力弱。其实，孩子不和他人说话不代表孩子社交能力差，而孩子滔滔不绝地和他人说话，也不代表他就有较强的社交能力。

二、 应对策略

教师需要指导家长，首先认清楚自己孩子的性格，再根据孩子的性格指导其展开适宜的社交行为。只有进行有针对性的教育，孩子才能在社交行为方面有所成长。教师要指导家长掌握孩子的性格分类，认识不同类型的孩子所需的教育策略，因势利导进行教育。

（一）多血质孩子

多血质孩子好奇心强，做事情的灵活性比较强，但不够有耐心，所以他们在社交上呈现出来的特点是"能很快和人熟悉，但是'凉'得也快"。这样的孩子自信热情、聪明活泼、善于和他人交往，但不能稳定地维持与人的关系。

针对多血质的孩子，教师要指导家长要做好以下几点。

多鼓励孩子和不同人交流，当他们和其他人沟通良好时，家长要适当对他们进行鼓励。

拓宽孩子的视野，带他们去见一些博学的或在某一方面有成就的人士。鼓励自己的孩子向这些人虚心学习。

教会孩子尊重他人，在别人发言的时候要认真倾听。

引导孩子发现其他人身上的优点，让孩子不骄傲自大，不以自我为中心，能观察到并学习他人身上的长处。

（二）黏液质孩子

黏液质孩子一般有耐心，有毅力，但是在社交上不太擅长。当这类孩子进入一个陌生的社交环境后，不会热衷表达，不会轻易表现自己，对别人的批评和表扬也并不在乎。

针对黏液质的孩子，教师可以指导家长做好以下几点。

用更充沛饱满的状态与他们沟通，这样才能引起他们注意。比如，批评时语气更加严厉，表扬的时候情绪更加饱满。

要培养孩子的积极态度，做事情、和他人沟通时都要积极，不要养成拖拉、懒散的习惯。

获得孩子的信任，让孩子愿意与家长交流遇到的人际问题。

与孩子多进行人际方面的分析和沟通，让孩子知道沟通是很重要的。

多开展家庭会议，会议的内容定为孩子喜欢的内容。

（三）胆汁质孩子

胆汁质孩子思维活跃，反应快，但是他们的情绪不稳定，容易愤怒。他们的优点是喜欢和他人平等地进行沟通，不喜欢用高傲的语气说话，崇尚自由和平等。很多家长觉得这样的孩子是不听管教的，但是这样的孩子却是有主见的。

针对胆汁质孩子，教师要指导家长做好以下几点。

和孩子要心平气和地说话，最好是以朋友的身份进行沟通。

不要无缘无故地表扬孩子，要针对孩子做得好的具体事情表扬，表扬应是基于事实的。

认同孩子乐于表达的性格，鼓励孩子在人际交往、社会实践中更积极主动。

当孩子在游戏或交往中突然发脾气，马上批评的话只会激化孩子的情绪，可以让孩子一个人冷静一下，过一会儿再家庭共同讨论这个行为的对错。

（四）抑郁质孩子

抑郁质孩子的内心是比较敏感和脆弱的，会注意一件事的细节，尽量把事情做到完美。在人际交往中，他们属于弱者，不善于和他人交谈。在陌生的环境中，他们会感到自己缺乏安全感，因此会原地不动，处于被动。

针对这样的孩子，教师要指导家长做好以下几点。

不强迫孩子独自参加表演或冒险去做什么事情。

在带孩子参加活动之前,家长应给孩子进行示范,给孩子可以参考的做法。

多和孩子参加亲子活动,如学校的体育运动比赛、亲子才艺比赛、同学生日会等。

经常给予孩子表扬鼓励,培养和保护他们的自信心。孩子犯错误时,要注意批评的场合和批评的语气。

三、 实施建议

(一)搭建平台,鼓励孩子积极开展社交

教师可以在学校开设一些社团课,家长可根据孩子的性格报不同的社团课,扩大孩子社交的范围。还可以指导家长帮助孩子拓展交友圈,让孩子有较多的机会与他人进行正面的交往和交流,努力提高孩子的社交能力。尽量安排孩子和不同年龄段的孩子交往:和同龄孩子玩,可以学习怎么和同伴沟通和交流;与比自己大的孩子交往,可以在他们身上学到本领和更多解决问题的办法;与比自己小的孩子一起活动,会让他们学会关心他人和领导他人,学习如何组织和管理。

(二)指导家长在合作活动中观察孩子

孩子长大后的人际交往状况,往往和小时候得到的人际交往培养有很大关系。教师要指导家长有意识地留意孩子从小的社交活动,在观察的过程中了解孩子在社会交往中的性格特点,以此作为指导依据,引导孩子建立和谐的人际关系。教师可以参考下面的家长观察表格示例(表6-1)对家长进行指导。

(三)建立良好的亲子关系

家长和孩子每天开展亲子互动是保障社交能力良性发展的重要基础,只有家长多与孩子沟通,在沟通的过程中潜移默化地传递给孩子一些交往的经验,孩子才会更多地了解社会规则,更好地了解社会环境。教师要指导家长以身作则,在生活中教给孩子基本的人际交往技能,给他提供更多的社交机会,让孩子慢慢形成与他人交往的稳定方式。

人际交往是孩子进入社会的起点和必经之路。教师和家长需相互协作,让孩子在早

表 6-1　家长观察表格示例

社交内容	具体行为
语言	
动作	
表情	
性格鉴定	
社交优势	
存在不足	
改善方法	

期就学习和积累社会交往经验，内化为比较稳定的行为处事方式，提高孩子积极适应各种环境的能力，协调好与他人、集体的关系，友好地与身边的人进行合作与相处。

随讲随练

【判断】人际交往是孩子进入社会的起点和必经之路。（　　　）

【单选】小花是一个自信热情、聪明活泼、善于和他人交往，但又不能稳定地开展人际交往的孩子，请问她的性格属于哪种分类？（　　　）

　　A.多血质　　　　　B.黏液质　　　　　C.胆汁质　　　　　D.抑郁质

【多选】以下哪种行为有助于家长了解孩子的性格特点？（　　　）

　　A.搭建平台，鼓励孩子积极开展社交

　　B.指导家长在合作活动中观察孩子

　　C.建立良好的亲子关系，多社交，积累经验

拓展阅读

1.贾高鼎、曾明、王爱平等：《父母教养方式对儿童自尊的独特贡献：儿童气质的调节》，载《中国临床心理学杂志》，2016（3）。

2.刘文、杨丽珠：《基于教师评定的 3～9 岁儿童气质结构》，载《心理

学报》，2005（1）。

  3.张鸿宇、程利：《儿童气质与社会化发展》，载《教育教学论坛》，2013（31）。

  4.于晓宇：《儿童气质与社交焦虑的关系》，载《现代交际》，2015（1）。

▶ 第五节　如何让孩子在亲子游戏中学会礼貌待人 ◀

知识构图

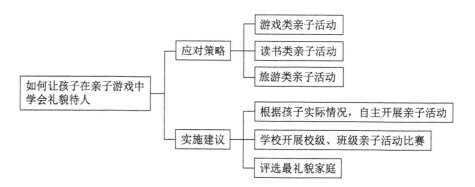

学习目标

1.掌握能帮助孩子学会礼貌待人的亲子游戏。

2.掌握指导家长开展亲子类活动，从而帮助孩子建立良好性格的方法。

读前反思

1.你所知道的能帮助孩子学会礼貌待人的亲子游戏有哪些？

2.教师应如何指导家长在亲子游戏中与孩子建立良好关系？

一、问题聚焦

父母和爷爷奶奶、外公外婆十分溺爱孩子，过多地给予孩子物质，忽视了对孩子的精神教养的话，孩子会变得不尊重他人，不文明、不礼貌。有的孩子会性子急躁，乱发脾气，总是哭闹；有的孩子会易怒，动不动就摔东西，经常骂人、打人；有的孩子不懂礼貌，不会向他人表达感谢，犯了错误之后会不肯向他人道歉。对这样的情况，教师应该如何指导家长对孩子进行教育呢？

二、应对策略

教师可以引导家长开展亲子活动，用陪伴改善品行，培养孩子良好的性格。

（一）游戏类亲子活动

1. 角色扮演

玩法：家长扮演客人到孩子扮演的主人家串门，让孩子开门，给客人倒茶和准备水果，鼓励孩子多跟客人谈话，锻炼孩子的社交能力。

小贴士：对孩子在日常生活中不愿意问候、打招呼的行为，教师可指导家长通过角色扮演类的亲子活动来改善，让孩子在游戏中学会与人打招呼的礼貌行为。家长可以多做几次示范，让孩子知道如何有礼貌地接待他人，在日常生活中，家长也应时刻注意自己的言行，多用"请""对不起""谢谢"等礼貌用语。

提醒：如果孩子真的不愿意叫人，不愿意打招呼，教师要提醒家长尊重和接纳孩子现在的状态，不要强求，可以尝试在潜移默化中慢慢影响孩子。

2. 萝卜蹲

玩法：有几个人参加就准备几个头饰，头饰上画出不同的水果、蔬菜或动物图案，戴上头饰的人会获得与头饰上图案相同的代号。戴好头饰后，一个人首先发号施令，边蹲边说："××蹲，××蹲，××蹲完××蹲！"被点到名的人要立刻接上，边蹲边说："××蹲，××蹲，××蹲完××蹲！"以此类推。口令说错或没有及时做出反应的人要被淘汰。

小贴士：此游戏不仅锻炼孩子的专注力和反应力，更锻炼孩子的规则意识，家长要引导孩子接受自己的出局，不能生气或耍脾气。

（二）读书类亲子活动

1. 绘本阅读

玩法：教师可以建议家长购买一些生动活泼、有教育意义的绘本，抽时间陪孩子一起阅读。让孩子在阅读后自主思考，归纳总结，家长询问孩子的所思所想后再加以引导。

小贴士：家长在陪孩子阅读的过程中，不要说教，而要以引导为主，让孩子在阅读后主动表达。

2. 读书角

玩法：教师可以在节假日，与家长们一起发起读书角活动，让不同性格的孩子在一起自主学习，并仔细观察孩子在交流中发生的各种情况，引导孩子在阅读、交流的过程中学习其他人好的地方，看到自己身上不好的地方并加以改正。

小贴士：家长尽量不要介入孩子们的交流中，应让其自己处理交流中的问题，如发现孩子有不好的行为，也不要当场指出，应回家后私下交流。

（三）旅游类亲子活动

1. 开心农场

玩法：家长可以在农忙季带孩子到乡村，以开心农场的形式，让孩子实际参与到劳动中，通过观察农民耕地、播种、浇水、施肥、收割等环节，了解农耕文化，让孩子知道劳作不易，应感恩自己所拥有的生活，对身边人和事怀有感恩之心。

小贴士：家长应让孩子参与到劳作中去，让孩子成为活动的主导，不要因为怕孩子弄脏衣服、干活辛苦，就代替其完成。

2. 风俗巡游

玩法：家长在长假期间，可带孩子到有不同风俗习惯的地域旅游。出游前可以先制作一份旅游攻略，让孩子先行了解当地的一些风俗习惯。孩子到达当地后可以通过自我观察，参与活动，实际了解当地的风俗。

小贴士：家长应让孩子多多和不同人打交道，拥有更宽阔的视野和广阔的心胸。

三、实施建议

刚开始开展亲子活动时，教师可以将一些经典的亲子活动发到班级群中供家长学习，也可以将以前开展过的亲子活动拍成小视频，给家长和孩子提供参考。亲子活动开展一段时间后，教师可以组织班级内的亲子比赛，如亲子运动会、亲子竞答等，选出各班最优秀的亲子家庭，提高家长和孩子们的积极性。

（一）根据孩子实际情况，自主开展亲子活动

各家庭自主开展亲子活动时，教师一定要及时给予帮助，不能放手不管。开展前期，教师要把礼貌待人类亲子活动的示范视频发给家长；尽可能地给家长多提供一些亲子游戏资源，让家长和孩子能够挑选出适合自己家庭的游戏。家长开展活动时，教师可以建议家长多拍一些亲子活动过程中的照片，打印后带到班级的照片墙展示。在前期准备的过程中，教师要用各种形式调动家长和孩子参与亲子活动的热情。

（二）学校开展校级、班级亲子活动比赛

活动开展到比较成熟的阶段时，教师可以组织开展校级、班级亲子活动比赛。先是各班进行比赛，从每班中挑出三组表现优秀的家庭，再参加年级的比赛。这样的活动既能给其他孩子树立榜样，也能调动家长的积极性，让亲子活动多元化，还能够积累游戏素材，扩充亲子游戏资源库。

（三）评选最礼貌家庭

学校可以在每年开学的时候开展一个学习礼貌月，评选出最礼貌家庭。在升旗仪式上请最礼貌家庭做一段演讲，并颁发奖状，在微信中发布相关推文。在这样充满仪式感的氛围下，激发家长和孩子对成为礼貌家庭的向往。

礼貌待人是人与人之间建立友好感情的一道桥梁。如果我们的孩子能够自觉地做到礼貌待人，就可以避免和减少某些不必要的个人冲突，使家庭和学校更加和谐。在这种美好和睦的环境中，孩子们就能更好地学习并从中感受到亲切、温暖、愉快和力量。

随讲随练

【判断】在角色扮演的亲子游戏当中，如果孩子依旧不愿意打招呼，教师要提醒家长尊重和接纳孩子现在的状态，不要强求，可以尝试在潜移默化中慢慢影响。（　　　）

【判断】孩子在参加开心农场活动时，家长可以帮助孩子完成农活。（　　　）

拓展阅读

1.［美国］朱迪斯·哈里斯：《教养的迷思：父母的教养方式能否决定孩子的人格发展？》，上海，上海译文出版社，2015。

2.［美国］安东尼·迪本德、［美国］劳伦斯·科恩：《亲子打闹游戏的艺术》，北京，中信出版社，2018。

3.［美国］沙法丽·萨巴瑞：《父母的觉醒》，上海，上海社会科学院出版社，2013。

4.侯静、陈会昌、王争艳等：《亲子互动研究及其进展》，载《心理科学进展》，2002（2）。

▶▶ 第七讲
▶ 线上家校沟通

　　本讲将围绕线上家校沟通的内容、注意事项、在线家长会高质量主题筛选、通过在线家委会加强家校共育的意义展开。阅读完本讲后，教师将对如何通过新媒介指导家校共育有更深层的认识。

- ●
- ●
- ●
- ●

▶▶ 第一节　线上家校沟通聊些什么 ◀

知识构图 ▶

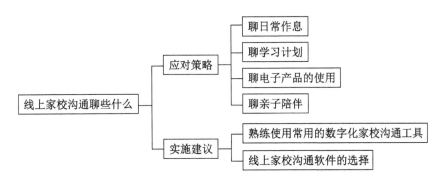

学习目标 ▶

　　1. 掌握线上家校沟通的方法。

　　2. 了解常用的家校沟通软件及使用方式。

读前反思 ▶

　　1. 你认为线上家校沟通可以涉及哪些内容？

2. 你认为促进线上家校沟通的方法有哪些?

一、问题聚焦

在线学习期间,孩子会遇到不少学习状态和学习适应的问题。加上不同孩子长期以来养成的不同学习习惯和自我管理能力的不同,必然导致学习效率有差异。在没有教师监督和缺乏校园学习氛围的情况下,孩子的各种问题暴露得更加明显。

在这样的情况下,家长必然显得力不从心,那些原本在家庭教育方面能力欠缺的家长更是捉襟见肘。面临这样的困境,家长尤其需要教师的指导和帮助,与此同时,教师也迫切需要获得家长的有效协同。那么,在线沟通聊些什么才能更有成效呢?

二、应对策略

(一)聊日常作息

合理的作息对保障孩子身体健康、提高学习效率尤为重要。教师在沟通时,可以就日常作息是否规律,是否按计划表安排学习和生活,在线教育之外的时间如何安排等问题和家长进行交流。对生活不规律的孩子,教师要指导家长及时改进,如建议家长监督孩子早睡早起,保证运动;合理安排时间,增强时间管理能力等,引导孩子养成良好的生活、学习习惯。

(二)聊学习计划

合理安排学习计划,是养成良好学习习惯的重要方法。教师可以向家长了解孩子的学习习惯、学习进度,并和家长分享科学的学习方法和经验,指导家长协助孩子制定适宜的短期、中期学习目标,养成守时有序的好习惯。同时,教师也可以鼓励家长在规定的在线教育课程之外,引导孩子多读书,制订一份专属阅读计划表,开阔视野。家里藏书不足的,可以由教师列出推荐阅读清单进行购买,引导孩子读纸质书,记读书笔记。建议家长尽量和孩子一起阅读,可以是共读一本书,也可以是读家长自己感兴趣的书,要积极营造一个良好的阅读氛围。

（三）聊电子产品的使用

目前，手机、计算机、电视等电子产品成为孩子的主要学习工具。对缺乏自控力的孩子来说，控制电子产品的使用至关重要，建议家长和孩子商定合理使用的计划。同时建议家长做好带头示范，无论是居家办公还是正常上班，在家的时间除了工作必须外，尽量不要使用手机，尤其不要用来刷朋友圈和娱乐。家长可以和孩子商定一个固定时间，浏览时政新闻，了解国内外形势，并和孩子共同交流。

（四）聊亲子陪伴

家长和孩子往往只有晚上和周末的时间是一同度过的，亲子间缺乏足够交流。部分家长对与孩子共处一室感到无所适从，不知道怎样进行有效的亲子陪伴。教师可以建议家长召开家庭会议，和孩子共同商定合理的计划。除了上述的亲子阅读、共同浏览新闻资讯外，还可以每天利用固定的时间，一起做有益趣的室内运动，也可以共同观看适合孩子的经典影片，或者一起做手工、做家务等。这些活动在提升亲子关系的同时，还能帮助孩子增强体能、陶冶生活情趣。建议家长对制订的计划要予以有效监督并适当奖惩，以帮助孩子养成良好的习惯。

通过和家长的深入沟通，教师可以了解家长和孩子的具体情况，然后在此基础上制订合理的教学和家校沟通计划，同时对特殊家庭予以重点关注。

三、实施建议

（一）熟练使用常用的数字化家校沟通工具

随着信息技术、智能手机的发展，人们越来越多地依靠新媒介进行沟通、获取信息和知识。2022年，教育部发布了《教师数字素养》教育行业标准。标准中明确提出教师应掌握"数字化协同育人"能力，能够"利用数字技术资源开展家校协同共育"。熟练运用新媒体技术进行家校沟通，既是新时代家校沟通交流的诉求，也是教师自我成长的需要，是教师应该掌握的一项专业技能。在日常工作中，将传统沟通与新媒介沟通结合起来，优势互补，才能更好地开展家庭教育指导。

（二）线上家校沟通软件的选择

在实际工作中，教师可以根据不同的应用场景，选择不同的沟通软件。

一是即时通信软件。这类软件一般用于日常沟通，常用的如微信、QQ等。教师可以建立班级群，统一发布学校、班级通知，转发、宣传相关教育资讯，也可以添加家长，进行一对一沟通。

二是音视频会议软件。这类软件多用于发起会议、讨论、直播等，如腾讯会议。通过创建会议，发送会议号或邀请家长参加等进行小型的沙龙讨论；利用共享屏幕等功能可以进行实时直播，如线上家长会等。

随着技术水平发展，各平台功能越发集成、完善，沟通软件的选择需要考虑到学校、教师、家长的实际使用情况，要避免因安装过多软件对大家造成负担。

随讲随练

【判断】无论是居家办公或是正常上班，在家的时间除了工作必须外，尽量不要使用手机，尤其不要用来刷朋友圈和娱乐。通过家长树立榜样的形式提高孩子的电子产品使用自控力。（　　　）

【多选】对生活不规律的学生，教师要指导家长及时改进。改进建议有：（　　　）。

A. 建议家长监督学生早睡早起，保证运动

B. 合理安排时间，增强时间管理能力等，引导孩子养成良好的生活、学习习惯

C. 建议居家办公的家长做好规律作息的榜样示范

拓展阅读

1. ［美国］罗伯特·泰比：《如何做家庭治疗——临床实践中的技巧：第3版》，北京，中国轻工业出版社，2019。

2. ［美国］罗纳德·B·阿德勒、［美国］拉塞尔·F·普罗科特：《沟通的艺术：看出人里，看出人外》，北京，世界图书出版公司北京公司，2010。

▶▶ 第二节　线上家校沟通需要教师注意什么 ◀

知识构图

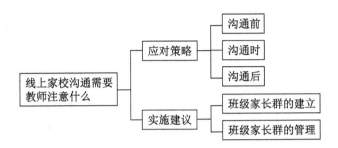

学习目标

1. 掌握线上家校沟通的原则与具体策略。

2. 了解班级家长群的建立与管理策略。

读前反思

1. 在线家校沟通与线下的有何不同？

2. 有效的在线家校沟通是怎样的？

一、　问题聚焦

大规模在线教学，无论对教师、家长还是孩子都是崭新的。对教师来讲，除了备课、在线教学、作业批改等教学任务以外，与家长的沟通也变得频繁了；对家长来说，除了处理工作上的事务，还要督促孩子的学习；而居家学习对孩子来说也是一种挑战，在自我管理、自主学习过程中存在一些问题。在这样的情况下，亲子关系容易变得紧张。这时教师要及时出手，做好线上沟通。

线上沟通与面对面沟通有很大不同，教师应该注意什么？

二、应对策略

（一）沟通前

进行一对一沟通或一对多沟通前，教师需做到。

1. 商定恰当时间

沟通前，教师应提前预约时间，最好选择在晚上或双休日，家长时间宽裕，可以更好地参与沟通。

2. 做好设备调试

检查网络是否处于最佳状态，试运行软件，检查计算机、手机等的摄像头、音频设备是否正常。还要确定一个安静的沟通场地，保证沟通效果。

3. 确定沟通主题

提前收集整理家长、孩子在线学习期间面对的问题，并结合当下家长较为关注的重点话题，确定主题。如：如何为孩子营造良好的学习环境？如何实现有效陪伴？如何培养孩子良好的习惯？在涉及孩子偏科的问题上，班主任可以联合学科教师对家长和孩子进行针对性指导。

4. 拟定线上议程

可按照"时间 + 事项"的格式拟定议程内容，并安排好先后顺序和所需时间。

5. 制作 PPT 课件

确定主题和议程后，教师需制作一份条理清晰、要点突出的 PPT 课件，辅助教师的线上直播。可提前将课件上传到班级群中，会议当天便于家长掌握要点。

进行一对一沟通前，教师最好能够草拟一份沟通提纲，提纲内容包括：针对问题的原理分析、改善策略、预期效果。

（二）沟通时

1. 情感关怀，多用"我信息"交流

情感关怀是人际沟通的基本要义。不管是进行一对一的沟通，还是一对多的沟通，教师在沟通时，要多用"我信息"的语言。"我信息"常用表达公式为：当……时候（陈述引发我们情绪的事情或对方的言行），我觉得……（陈述我们的感受），因为……（陈述我们的理由）。教师可以根据实际情况加以改变。使用"我信息"句式表达时，是用一种平等沟通的方式向对方表达情绪，并提出合理的建议。

家长向教师反映孩子因打游戏耽误作业时，教师如果用"你信息"表达，可能会说：

你应该和孩子约定游戏时间和作业时间，而不是放任他不管。这样，就把责任推卸给了家长。如果用"我信息"表达，可以说："孩子在该写作业的时间玩游戏，确实令人担心，我觉得你可以和孩子一起约定游戏时间和作业时间，将两件事独立开来，这样孩子就可以专心了。"

2. 综合融通，合理使用不同的互动途径

在和家长一对一沟通时，教师可以根据不同家庭的情况采用文字、语音、电话等多种互动方式，如果是情况比较复杂的，如孩子沉迷游戏不愿学习的，建议教师使用视频进行互动，直观观察孩子的行为，并和孩子对话，深入了解孩子沉迷游戏的时长、动机、家长的应对方法等，给出合理化的调整建议。

进行一对多交流时，可利用班级群发布常规的班级信息，互动时要注意表达到位，并引导家长规范互动，不要造成信息刷屏；还可利用教学服务软件的留言功能开展群体互动，并时时关注家长的反馈，进行答疑。

（三）沟通后

1. 及时反思总结

针对沟通过程中出现的一些突发性问题，教师要冷静分析。声音、画面卡顿可归结为技术问题；家长互动、反馈少，可归结为内容问题；在进行一对多沟通时，家长交流偏离主题、信息刷屏，可归结为管理问题。针对不同问题，教师要合理归纳，找出原因。

2. 改进沟通策略

总结沟通过程中的注意事项及细节问题，提炼经验。教师可以从5个方面进行提问：沟通前知识储备是否准备充分；沟通时表达是否准确；是否认真倾听家长诉求；思维是否清晰；沟通过程中心理素质是否积极。通过追问这5个有效沟通的要点，改进沟通策略，提升下次沟通的效率和效果。

总之，在进行线上家校沟通的过程中，不管是用何种沟通方式，教师都要以亲切的态度和家长平等对话，了解家长的诉求，以教师的专业能力和师德素养给家长智慧的引领。

三、实施建议

线上沟通增强了学校与家长联系，在为双方提供便利的同时，以微信、钉钉建立的班级家长群也给教师的监督管理带来了挑战。班级家长群最初的建立，是为了通过家校联系为孩子提供更好的教育，具体该如何维护管理呢？

（一）班级家长群的建立

在建群之初或接班之初，班主任、科任教师在邀请家长时应强调全体家长必须按照"孩子姓名＋爸爸或妈妈"的形式修改自己的群名片，让所有家长实名制入群，确保信息真实、清晰。

同时，作为群管理员，班主任应制定《班级群管理公约》，营造和谐、公开的交流氛围，比如，明确班级群可以发布的内容，以教师发布学校通知、活动资讯、先进的学习理念和科学指导为主，家长可以辅助交流一些教育政策方面的信息，推荐优质的教育资源，分享一些教育子女的经验等；教师、家长不能发布求赞、求转发等和教育无关的内容，不晒图片、不闲聊；教师不在群里公布考试成绩和排名信息；对学校、班级相关通知，家长也不要随意刷屏，避免遮挡重要信息等。

（二）班级家长群的管理

俗话说"无规矩不成方圆"，对违反管理公约的行为，教师要私下及时提醒。当群里出现争议时，教师先要及时介入，与相关家长私信沟通，平复家长情绪，不要在群里进一步讨论，避免事态失控；不要着急判断谁对谁错，可以通过家委会成员了解事情缘由，再行协商处理；如有必要，可以邀约相关家长到校，在德育主任等校领导的帮助下解决问题。如果家长在群里发布不良、不实等信息，教师应及时制止，必要时可以采取禁言、移出班级群等措施。

总之，班级家长群在家校沟通中扮演的角色越来越重要，但驾驭家长群走向的不只是教师，更多的是家长。只有双方加强自身的新媒体素养，遵守群规，规范言行，才能把家长群建设成为家校沟通的好平台。

随讲随练

【多选】在线家校沟通时需要注意什么？（　　　　）

A. 情感关怀，多用"我信息"交流

B. 综合融通，合理使用不同的互动途径

C. 商定恰当时间

D. 改进沟通策略

拓展阅读

战元川：《家校协同，走进理想教育》，北京，新华出版社，2013。

➡ 第三节　网上家长会的主题怎么选 ◀

知识构图

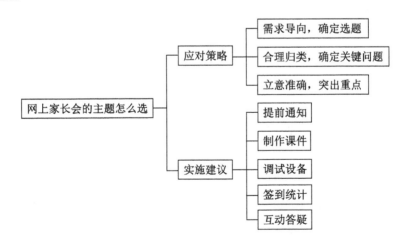

学习目标

1. 了解线上家长会主题选取原则。

2. 了解线上家长会常见主题。

3.了解开展线上家长会的一般流程。

1.线下家长会通常如何确立主题？常见主题为何？

2.确立线上家长会主题的方式与确立线下的有何不同？

一、 问题聚焦

大规模在线教学，孩子是首次参加，家长也是首次参加。针对其中的共性问题，班主任可以开展网上家长会进行集体指导。那么哪些主题有助于孩子居家学习呢？

二、 应对策略

（一）需求导向，确定选题

选题时，班主任要关注三个需求：孩子需求——明晰本阶段孩子的发展需求；家长需求——了解班级家长的实际诉求；教师指导需求——明确线上教学期间集体指导的重点话题。了解了这三种需求后，教师就可以确定选题了。

以初中网上家长会为例，可选的选题有。

预初年级：小升初衔接、同伴交往、学习习惯培养、合理使用网络……

七年级：青春期身心变化、科学学习指导、时间管理、异性交往……

八年级：青春期亲子沟通、情感困惑、科学学习指导、迷恋网络问题……

九年级：升学指导、学业焦虑、情绪控制、亲子沟通、生涯规划……

（二）合理归类，确定关键问题

确定选题后，班主任要对选题进行认真梳理、合理归类。常见的问题有学习问题、习惯养成问题和心理问题，如表7-1、表7-2、表7-3所示。

1. 学习问题

表 7-1　常见学习问题及典型行为归类

常见问题	典型行为表现
偏科问题	1. 上某门课时容易走神。 2. 相比较而言，某一门学科成绩偏差。 3. 路上看到某学科教师时故意躲闪。
厌学问题	1. 不愿学习甚至不去上学。 2. 时常迟到、早退、旷课、逃学。
作业提交问题	1. 作业拖延，不能按时完成作业。 2. 作业出错率较高。 3. 不能自主完成作业，从网上搜索答案。
科学学习方法问题	1. 平常很努力，考试时仍然做错很多基础题。 2. 没有养成主动预习、复习、纠错的习惯。 3. 参照网上学霸的学习方法，但是成绩提升不大。

2. 习惯养成问题

表 7-2　常见习惯养成问题及典型行为归类

常见问题	典型行为表现
阅读习惯问题	1. 阅读时思想不集中，注意力分散。 2. 使用错误的阅读方法，如音读。 3. 坐姿不科学，或躺着、趴着看书。
劳动习惯问题	1. 不主动做家务。 2. 将自己该承担的劳动推给家长。 3. 做家务时常常损坏劳动工具。
运动习惯问题	1. 每日运动时间不达标。 2. 不能根据指定的运动计划长期坚持。 3. 常常在锻炼过程中出现摔倒、碰伤等问题。

3. 心理问题

表 7-3　常见心理问题及典型行为归类

常见问题	典型行为表现
迷恋网络问题	1. 离开手机或计算机会出现焦虑、烦躁、抑郁等心理状况。 2. 每天连续上网时间超过 4 小时，影响正常的学习和生活。 3. 沉浸在网络世界中，几乎不参与社交活动。

常见问题	典型行为表现
情感困惑问题	1. 同伴交往出现误解、摩擦等问题。 2. 异性交往出现"早恋"等问题。 3. 与家长相处出现沟通不畅、误解、叛逆等问题。
学习焦虑问题	1. 成绩下降后，出现肚子疼等应激反应。 2. 升学考试前，失眠、心悸。 3. 新学期考试成绩突然下滑，难受得几天吃不下饭。

（三）立意准确，突出重点

确立了关键问题后，班主任就要抓取其中一个重点进行立意，围绕该主题做到"有分析、有策略、有反思"，集中解决一个问题。在立意时，要注意学段和阶段差异，如阅读习惯中的"阅读方法"问题，小学低段是培养孩子阅读兴趣的关键期，以亲子陪伴阅读为主，阅读时常用到"指读法"。小学高段，孩子从亲子阅读走向自主阅读，就要养成默读的习惯。现列举网上家长会十类问题及可选主题归类，供大家参考，如表7-4所示。

表7-4　网上家长会十类问题及可选主题归类

常见问题	可选主题
偏科问题	1. 偏科的常见表现及应对方法。 2. 孩子偏科需"对症下药"。
厌学问题	1. 孩子不爱上学，到底"厌"什么。 2. 厌学的常见原因及应对方法。
作业提交问题	1. 帮孩子战胜拖延，学会时间管理。 2. 引导孩子正确对待网上作业答案。 3. 提高作业质量，从检查作业开始。
科学学习方法问题	1. 学不会，还是不会学。 2. 学霸学习法的利与弊。 3. 制定科学学习法也要"因材施教"。
阅读习惯问题	1. 书香伴人生，阅读促成长。 2. 阅读，更要"悦读"。 3. 阅读习惯培养攻略。
劳动习惯问题	1. 我的家务我做主。 2. 劳动习惯养成，从 GET 家务小技能开始。

常见问题	可选主题
运动习惯问题	1. 亲子运动，为爱陪伴。 2. 如何制订一份科学的运动计划。 3. 安全运动，让运动更健康。
迷恋网络问题	1. 如何发挥网络的积极作用。 2. 用真实陪伴抵抗虚拟网络。
情感困惑问题	1. 同伴冲突本寻常，合理引导友情长。 2. 异性交往，发挥"TA 能量"。 3. 亲子沟通，从倾听开始。
学习焦虑问题	1. 考前心理调适，帮孩子轻松过关。 2. 正确看待孩子的成绩。 3. 学业焦虑，家长也要心理调适。

最后，要提醒大家，开展家长会是班主任工作的重要内容，但班主任不是万能的。接收到不同家长的信息反馈后，班主任要及时与其他专业人员一同商讨，注重反馈意见。

如与心理教师共同探讨孩子的心理问题，与体育教师共同探讨科学运动计划的制订，与信息技术教师共同引导孩子发挥网络的积极作用，与各学科教师共商学生的偏科问题，制订适宜的学习计划……在提及孩子的不足之处或案例列举时，教师要注意保护孩子的隐私。

三、实施建议

确定家长会主题后，在具体实施时，教师还需要注意以下几点。

提前通知。教师应提前与家长沟通交流、约定网上家长会的时间，并发放通知，告知家长做好工作安排；提醒家长及时反馈，确保家长会当天至少有一位家长准时参加。时间最好选择在晚上或双休日，这样家长时间相对宽裕，可以更好地参与沟通；同时，家长会时间不宜过长，40 分钟左右为宜。在通知时，还要提醒家长提前熟悉平台或软件的操作步骤，提醒家长当天线上签到时间，提醒发言家长做好发言准备等。

制作课件。确定主题和时间后，教师需制作一份条理清晰、要点突出的 PPT 课件，辅助线上直播。

调试设备。会议前,教师需提前调试摄像头、耳麦,试行软件,确保设备正常、操作顺畅,还要提前播放 PPT 课件、音乐,进行试讲,确保线上家长会流程顺畅。

签到统计。家长会开始前,可通知家长在网上进行签到,统计参与人数,提醒家长及时进入会议。

互动答疑。在家长会进行过程中,可以实时查看家长互动留言,对家长会内容进行补充、调节,回应家长的问题,避免教师的"一言堂",为家校平等沟通交流提供机会,但有可能会出现秩序混乱的现象,所以教师要重视引导,确保交流有序进行。

网上家长会虽然形式上与传统家长会有所不同,但只要教师用心、细心、耐心,同样可以有效解答家长家庭教育中的困惑,家校协作解决孩子学习、生活上遇到的困难,为孩子的学习生活保驾护航。

随讲随练

【多选】教师能够通过以下哪些方法确立线上家长会主题?(   )

A. 需求导向,确定选题   B. 合理归类,确定关键问题

C. 顾及方方面面

拓展阅读

1. 赵军、王晓兰:《教师如何开好家长会:小学、初中》,长春,吉林大学出版社,2012。

2. 张海卿、郝德骅:《教师如何开好家长会:高中》,长春,吉林大学出版社,2012。

3. 王松壮、王慧:《初中家长会主题活动设计》,长春,吉林大学出版社,2019。

↠ 第四节　如何通过共写带来高质量的家校互动 ◂

知识构图▶

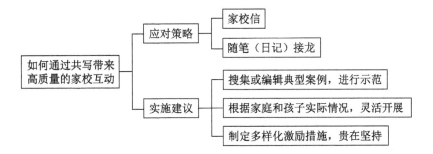

学习目标▶

1.能够根据不同的问题，明确高质量家校互动的正确应对策略。

2.了解高质量家校互动的实施建议。

读前反思▶

1.在之前的教学中，你是否进行过高质量的家校互动？

2.反思在家校互动中，你是否采用了科学的应对策略？

一、问题聚焦

在线教学期间，不管是班主任还是学科教师，每天都要和家长进行密集的家校沟通，沟通的内容除了全班学生学习成长中常见的事务，还包括孩子的某些具体问题。而家长因工作繁忙，无暇实时回应教师。家校沟通陷入了被动，双方无法进入同一个学习场域。该怎么办呢？

二、应对策略

教师可通过家校共写，邀请家长和孩子参与到共同的教育情境中，来提高沟通的质量。一般来说，常见的共写方法分为三种：家校信，家校便签，随笔接龙。因家校便签更多突出信息的单向传递，我们接下来主要围绕家校信和随笔接龙展开讨论。

（一）家校信

由教师把全班集中表现的和当下需要重点关注的问题，通过班级群向全班家长进行说明，家长们回复后，双方及时沟通，调整教育策略。

频率：每周一封。

1. 书写途径

QQ 班级群：每周教师将班级共性问题总结上传至群文件，家长将回信以 Word 文档形式统一上传至群文件中对应的文件夹，便于教师统一查看。

钉钉：教师将问题总结上传至班级群文件，家长将回信以提交电子作业的形式上传，教师使用软件中的批改功能进行回复和沟通。

2. 交流内容

（1）一周在线学习表现

教师对本周内孩子在学习中呈现的共性问题进行归纳，在每个问题下提出应对建议，发到群里，请家长回信告知近期的家庭情况。双方一起查找孩子行为背后的原因，共同制定教育对策。

（2）家庭教育指导重点话题

不同成长阶段的孩子会遇到不同的成长困惑，如一年级新生会遇到新环境适应、同伴交往等问题，初中生会面临青春期异性交往、亲子沟通等问题，高三学子面临升学焦虑、生涯规划等问题。不管是日常教学还是线上教学，这些都是当前阶段教师进行家庭教育指导的重点话题，教师可以通过家校信的方式和家长进行深入沟通，获取家长的配合与支持。

（二）随笔（日记）接龙

由学生记录，家长和教师在其记录后分别写下对话或点评。通过孩子、教师、家长三方参与，形成共同学习场域。教师可通过孩子视角的生动案例反思教学，家长可深入了解孩子的学校生活及想法，学生也可得到适时的引领和成长。

频率：每月两次。

1. 书写途径

QQ 班级群：家长将孩子和自己的随笔以 Word 文档的形式统一上传至群文件中对应的文件夹，教师统一查看并整理。

朋友圈：家长将孩子和自己的随笔发布在朋友圈中，教师以留言的形式进行点评。

钉钉：孩子将随笔以提交电子作业的形式上传，教师可以用软件中的批改功能进行点评。

2. 交流内容

（1）学校及家庭生活

以日记为主，撰写内容不限，阅读感受、学校生活、成长感悟、亲子互动均可。语文教师也可以发布一些适合本年龄段孩子的书写主题，与孩子的作业结合，让孩子拍照上传到 QQ 班级群；也可利用学校网站专题帖、博客、朋友圈等形式分享成果，并邀请其他学科教师一同进行真诚点评。

（2）亲子共读、共赏、共写

读是指读书，写读后感；赏是指欣赏教育类影视作品，观看后进行思考和讨论交流。家长和孩子记录自己的感受，教师则书写自己的教育心得，在共写完成后，教师可以开展线上视频交流会，对共写内容进行分享，促进家长之间的交流，相互学习、共同提高。

三、实施建议

（一）搜集或编辑典型案例，进行示范

刚开始参与共写，家长和孩子可能不知从何入手。教师可以搜索其他学校在共写中产生的优秀案例，提炼共写中的要点和注意事项，发到班级群中供家长学习；也可以在班级中开展小范围的共写实验，形成典型案例，给家长和孩子提供参考，从而更好地开展共写活动。

（二）根据家庭和孩子实际情况，灵活开展

共写涉及表达与写作，看似难度较大，实则教师每天都在和家长进行线上沟通，沟通即表达，沟通的内容就是写作的素材。教师可以根据孩子和家长的实际情况分类、分步实施，循序渐进。

如低龄段的孩子还没有涉及写作，可以通过孩子口述、家长记录的方式开展随笔接龙活动；对不擅长写作的家长，教师可以借助互联网工具帮助家长便捷沟通，向家长推荐一些文字语音助手类软件，也可以使用智能手机自带的语音识别功能，将语音转化为文字，记录日常教育生活。

（三）制定多样化激励措施，贵在坚持

坚持家校共写，可以在教师和家长之间建立良好的情感基础和关系定位。教师可以制定多样化的激励措施，引导家长坚持下去。如组织沙龙活动，观摩成果，介绍分享经验；也可以组织优秀随笔评比，在班级群中以不记名投票的方式选出最受欢迎的作品，颁发证书和简单的小礼品，以示鼓励；还可以和其他科任教师、家委会一起对班级共写作品进行编辑和整理，编印家校共写随笔集，分发给班级教师、孩子和家长，作为共同参与、见证孩子成长的纪念。

家校共写中的"写"只是形式，"写什么，如何写"才是要关注的重点。"写"的过程促使教师对教育活动进行主动思考与实践，让教师、家长和孩子共同编织有意义的教育生活，形成相互激励的力量。

随讲随练

【判断】每天都要和家长进行密集的家校沟通，沟通的内容除了学习成长中的共性事务，还包括孩子的某些具体问题。（　　）

【单选】下面哪一个不是高质量家校互动的应对策略？（　　）

A. 家校信

B. 随笔（日记）接龙

C. 不进行家校互动，放任不管

【多选】高质量家校互动的实施建议有哪些? (　　　)

A. 搜集或编辑典型案例，进行示范

B. 根据家庭和学生实际情况，灵活开展

C. 制定多样化激励措施，贵在坚持

拓展阅读

1. 张硕、常飞:《"家校记事本"架起家校沟通的彩虹桥》，载《北京教育（普教版）》，2021（6）。

2. 翟亚琪:《浅谈互联网背景下如何完善家校沟通机制》，载《高考》，2021（9）。

3. 葛晓英、徐耀光:《有效利用网络平台探索家校共育新模式》，载《中国现代教育装备》，2020（12）。

4. 施展:《智慧教育环境下中学家校共育的现状及对策》，硕士学位论文，湖南科技大学，2020。

5. 谭正海:《将家校联系簿打造成家校沟通的桥梁》，载《教学与管理》，2019（35）。

6. 马莉莹:《班主任家校交流的问题与对策》，载《基础教育论坛》，2019（31）。

7. 张超逸、崔瑞晶:《基于QQ通信平台的家校交流可行性研究》，载《河北北方学院学报（社会科学版）》，2016（2）。

8. 王薇薇:《家校联系本的有效设计与实施研究》，硕士学位论文，西南大学，2010。

▶▶ 第五节 如何通过在线家委会，让家校共育更具智慧 ◀

知识构图

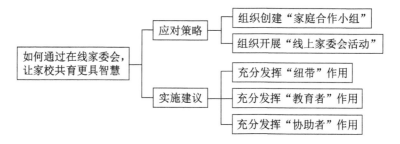

学习目标

1. 能够根据不同的问题，选择开展在校家委会的正确方式。

2. 掌握开展"家庭合作小组""线上家委会活动"的相应工作。

3. 了解家委会的其他工作。

读前反思

1. 在之前的教学中，你是否开展过线上家委会活动?

2. 反思在线上家委会活动中，自己是否采用了科学的应对策略?

一、问题聚焦

在线教学期间，班级常规的线下活动不能如期举行，减少了家校之间深入互动的机会。这时教师可充分发挥班级家委会的作用。家委会是家长参与学校管理的重要载体，能够整合家长教育资源，丰富家校沟通的内容与形式;在参与的过程中，也能让更多家长理解和支持学校工作，提高家校沟通的实效，促进孩子身心健康成长。那么，线上要如何开展家委会工作呢?

二、应对策略

（一）组织和创建"家庭合作小组"

当前，家长和教师都处在线上教学的探索期，家长每天会向教师咨询软件操作、作业提交等问题。这时，教师可以和家委会成员协商建立"家庭合作小组"，由家委会成员协助答疑。

小组组成：将班级家长分为3～5个家庭合作小组，由家委会成员担任各小组组长。

交流内容：对线上学习期间组内家长遇到的问题进行每日汇总，家长们反映的问题分类主要如下。

软件操作类。家庭作业去哪里查看？如何查找教师发布的信息？订正的作业如何提交？怎么连线回答问题？

作业规范类。各科作业的要求是什么？提交作业时怎样给文件命名？

监督管理类。上班期间无法在孩子身边督促学习怎么办？如何督促孩子及时高效地完成作业？

解决办法：针对软件操作类问题，家委会成员可以制作图片示例加以说明（图7-1），让组内家长一目了然地掌握信息要点；针对作业规范类问题，可以用文字进行要点概述（图7-2），发布在合作小组内，确保每位家长都能收到；针对监督学习类问题，家委会可以组织家长在群内讨论，让家长分享经验。

图7-1 软件操作示例

英语作业格式要求：
1. 练习本折中线
2. 单词、短语都不需要大写，句子首字母要大写
3. 作业命名格式：姓名＋标题＋日期

图7-2 作业规范示例

（二）组织开展"线上家委会活动"

在线学习期间，常规的线下家委会活动无法正常举行，教师可充分利用家长资源，和家委会共同挖掘线上家委会活动的开展形式。

1. "线上家委会活动"的前期准备

（1）确定活动形式及内容（表7-5）

表7-5　家委会活动形式及内容归纳

活动形式	活动内容
线上主题讲座	邀请不同职业的家长开展线上主题讲座，以视频直播的形式增加活动的互动性和趣味性。
线上交流沙龙	针对家长群里发现的一些教育共性问题，开展线上交流沙龙，以多人直播互动的形式厘清问题，提出合理化的建议。
线上亲子活动	开展不同主题的亲子活动，并用照片、短视频和文字结合的方式指导家长分享和孩子在劳动、阅读、运动等方面的成果和乐趣。

（2）确定小组组成及活动频率

小组组成：由家委会主任将班级家长分为3～5个小组，每组选取两位家委会成员担任组长和副组长。

活动频率：每月1～4次，视班级内家长和孩子情况而定。

（3）确定使用的工具及参加人数

①直播工具

钉钉、腾讯会议：除班内直播外，也可以进行多群联播，发起直播后，可以看到在线的人数；直播时可以进行信息互动；可以在连麦列表中选择成员进行发言，全体成员都可以收到声音和视频图像。

教师可以指导家委会成员根据实际情况进行选择，在新增直播课堂页面，依次完善直播班级、科目、直播时间、直播主题。如需保留会议讨论视频，可点击"开始录制"，录制活动视频资料。

②沟通工具

QQ、微信：可以使用文字、图片，也可以使用语音或视频，支持一对一、一对多、多对多等多向沟通。

微信公众号、校园网：家委会组长或副组长及时整理发布家委会活动，教师可通过家长留言对活动进行总结提升，引导班级家长进行再学习。

教师可以引导家委会成员采用多平台协作的方式开展活动。

2."线上家委会活动"的组织开展

（1）日常运作

每周，家委会成员在小组群中统计家长遇到的问题，班主任和副班主任对其进行分类，挑选出符合当前实际情况的家庭教育指导重点话题，确定活动形式及内容。

（2）前期准备

小组组长：撰写活动方案，整理活动开展的流程及注意事项，发给参与的家长提前熟悉。

小组副组长：提前一周在家长群里发布活动内容及时间，确定参加人数。

参与家长：撰写分享内容，如需 PPT 辅助讲解，要制作 PPT 课件。

班主任和副班主任：审核活动提案，并对内容及 PPT 提出完善意见，并协助修改。

信息技术教师：协助处理活动中可能出现的技术问题。

（3）活动开展

小组组长：活动开始前一天，协助参加活动的家长调试设备、进行彩排；活动开始前，组织签到。

副组长：活动正式开始后，负责收集家长对活动的建议和评价，并及时反馈给组长和班主任。

班主任和副班主任：活动开始前 1 分钟，在群内发送线上活动注意事项，并请大家欢迎主讲家长分享。

信息技术教师：及时处理活动中出现的一些技术问题（网络卡顿、音画不同步等）。

（4）后期工作

成果整理：小组副组长将本次活动的成果（PPT 课件、音视频资料、互动建议、家长反馈等）整理后发送到群里。

学习反思：班主任引导全体家长对本次活动进行再学习和分享交流。如可以分享相关主题的文章拓宽家长的视野，也可以就家长提出的部分建议进行集中交流等。

在家委会开展活动和线上答疑的过程中，班主任或相关学科的教师要适时参与进来，和家委会成员进行协商，不断优化策略。

三、实施建议

家长委员会是现代学校制度建设的一项重要机制，除了互学互助、活动组织外，还可以发挥以下作用：

（一）充分发挥"纽带"作用

家委会是由家长推选、代表家长的"第三方"，被看作是家长的"自家人"，是家校沟通的桥梁和纽带。借助新媒体，班主任可以线上召集班级家委会成员，及时沟通家长对学校、教师的看法，了解孩子的家庭表现，对班级中家庭教育遇到困难的家庭，共同商量解决办法。同时，要虚心听取家长对学校工作的疑问，帮助学校了解情况，促进教育教学工作进一步优化完善。

（二）充分发挥"教育者"作用

家委会虽然是一个为家庭教育服务的组织，但成员本身也是孩子的家庭教育者。教师可以组织"家长进校园"活动，发挥家委会成员的职业优势，例如，医护、公安、商贸等领域，向孩子介绍相关工作的专业知识；还可以引导家委会成员以身作则，围绕生活教育等领域，挖掘家庭教育的优秀案例，比如，亲子伴读、家务劳动等家庭教育行为，通过不同形式进行宣传，如推文、短视频等，引导其他家长树立正确的教育观念。

（三）充分发挥"协助者"作用

家长是班主任班级管理中重要的助手，家委会的组建应该吸纳热心学校教育工作、富有奉献精神的家长，协作学校、班级做好执勤护学、场地布置等工作。

家长委员会的建设，需要教师的合理引导和有效管理，也需要家长的配合和支持，如此才能增进家校之间的理解，达成教育共识。

随讲随练

【判断】在线教学期间，班级常规的线下活动不能如期举行，减少了家校之间深入互动的机会。这时教师可充分发挥班级家委会的作用。（　　）

【单选】下面哪一个不是在线家委会的应对策略？（　　）

A. 组织创建"家庭合作小组"

B. 组织开展"线上家委会活动"

C. 对家校合作放任不管

【多选】线上家委会活动形式有哪些？（　　）

A. 线上主题讲座

B. 线上交流沙龙

C. 线上亲子活动

拓展阅读

1. 王佳佳、王意萌：《优化制度设计，发挥家委会正面作用》，载《教育家》，2021（48）。

2. 刘洁：《家委会如何回归本位？》，载《教育家》，2021（48）。

3. 曹霁：《创新机制，让家委会有"位"也有"为"》，载《教育家》，2021（48）。

4. 姜玉婷、张影、刘仕悦：《家委会：理性看待才能发挥作用》，载《留学》，2021（20）。

5. 高彤：《家委会在家园合作共育中的应用探索》，载《幸福家庭》，2021（18）。

6. 韩红勤：《家委会职能落地，推动家校联盟发展》，载《家庭生活指南》，2021（3）。

7. 马婕：《一名新手班主任的家委会建设之路》，载《初中生世界》，

2020（12）。

8.何炜、江敏：《建设家委会，实现学校治理体系和治理能力现代化》，载《上海教育》，2020（C1）。

9.张书献：《用QQ群使班级家委会高效运作》，载《班主任》，2013（5）。

▶▶ 第八讲
▶ 儿童媒介教育

信息化时代，孩子不可避免会接触到各种媒介，但是孩子的身心皆处于不成熟状态，判别是非的能力不强，因此他们格外容易受到媒介环境的影响。我们有责任去引导他们认识各种媒介，并进行必要思考，培养他们正确接触及使用媒介的习惯，以便从容应对纷繁复杂的信息时代。

本讲我们将聚焦于教师帮助家长正确认识互联网的"双面性"，了解孩子沉迷网络的原因，制定一份适宜的手机使用协议，引领其在移动支付时代培养孩子正确的金钱意识，以及学习发挥新媒体工具在家庭教育中的优势。

·
·
·
·

▶▶ 第一节　如何帮助家长正确认识互联网的"双面性" ◀

知识构图▶

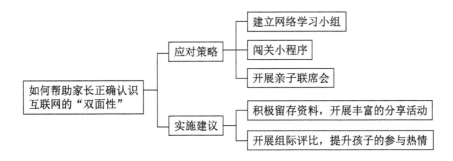

学习目标▶

1. 掌握协同家长指导孩子正确使用互联网的方法。

2. 学习并运用推进互联网活动的相关技巧。

1.你的班上的孩子都使用互联网做什么?

2.如果遇到家长因孩子网络成瘾向你求助,你会怎么提供帮助?

一、问题聚焦

随着互联网的迅猛发展和智能手机的普及,孩子可以更加便捷地接触到网络,但网络上的内容泥沙俱下,一些孩子因而沉迷电子产品、行为失范、价值观混乱,学业成绩和身心健康都受到影响。面对这样的现实,很多家长采取了"一刀切"的阻断方法,直接没收了孩子的手机,由此又导致了另外一些极端事件的发生,"家长没收手机,孩子离家出走""家长没收手机,孩子伤害家长"等新闻不时出现在我们的视野中,甚至出现了孩子因此而自杀的极端事件。

互联网是一把双刃剑,"天使"与"恶魔"同在,"鲜花"与"陷阱"共存,但若直接隔绝孩子与互联网的联系,是因噎废食。那么,教师应如何让家长认识到互联网的"双面性",让家长正视网络带来的便捷,也让孩子合理且有效地利用网络进行学习和交流呢?

二、应对策略

网络给孩子带来的危害有目共睹,但其为我们的学习、工作和生活带来的便利也无法忽略。如何让家长认识到网络给孩子带来的正向作用,需要教师和家长联手共同指导孩子正确使用互联网,在互联网中获取知识,促进健康人格的形成。教师可以这么做。

(一)建立网络学习小组

家长群体藏龙卧虎,教师可以充分发掘家长的各方面优势,建立网络学习组,发挥网络学习的正向积极作用。各种各样的兴趣小组可以最大限度地满足孩子的各项兴趣爱好,也能充分发掘家长和孩子在各个方面的优势和闪光点,让家长在小群体内发挥自己的长处,这样既有利于家长和孩子们打成一片,拉近亲子关系,也能让家长更好地了解孩子。这样的网络小组活动，既可以在校内开展，也可以到校外开展，时间上也可在假期开展，突破时间和空间的限制。围绕共同的兴趣，教师可以指导家长组织同龄的孩子们开展组内打卡比赛、线下体验等活动，帮助孩子填补课余时间，最大限度地让孩子将精力集中到有意义的活动中来。

学习小组类型：学习小组的类型很多，可以分为学习型和兴趣型。学习型包括诗词组、计算组、英语口语组、课本剧组、地理组、生物组、历史组等；兴趣组包括跳绳组、画画组、篮球组、泥塑组、书法组、编织组、面点组等。家长作为某些领域内的专业或特长人士，对组内同学进行不定时的专业指导，既可以辅导孩子校内的学科知识，也可以带领孩子参与专业活动，如观看篮球比赛、参加书法展览等。

活动方式：组内的活动方式可以采取任务式、打卡式、比赛式或线下活动体验式等，也可以穿插进行。每次活动后，在网络小组内开展总结表彰，教师和家长在总结时参与其中，提高孩子们参与的积极性。

活动内容：不同学习小组的活动内容由组内成员集思广益，共同商定，最后形成统一活动计划，由组长拟定后发组内成员共同执行。诗词组可以制订诗词背诵计划，组员们一起确定诗词的背诵范围，集体整理诗词内容，在规定时间内开展背诵比赛，也可以采取丰富多彩的比赛形式，如个人飞花令或分组对决等。家长作为专业指导人员，可以采用录视频或线下组织活动等形式给孩子们开展专题讲座，提升孩子的学习兴趣，拓宽他们的学习视野；课本剧组可以选定课本剧内容，分好角色，充分准备，最后进行汇报表演；跳绳组可以在组内进行跳绳的单摇、双摇、花样跳绳的挑战，然后组内比赛等。

鉴于孩子课后的时间和空间限制，讨论和交流可以在限定时间内进行网络沟通，家长也可以参与其中，既参与和见证了孩子们的学习过程，也能分享孩子成功的喜悦。

（二）闯关小程序

针对班内很多孩子喜欢上网甚至沉迷网络的情况，并不需要一味制止，顺势引导也能收到较好的效果。可尝试求助班内的网络高手或者有专业特长的家长，制作一款闯关小程序，将本学期内的各学科知识内容作为通关的条件，将不同科目的知识穿插放入闯关程序，把这款游戏作为其他游戏的替代品，班级同学一起玩同一款游戏，更能激发他们的热情。

闯关内容：将本学期内的各学科知识内容作为通关的条件，将不同科目的知识穿插放入闯关程序，每日闯关内容与各科所学知识基本对应，可以根据艾宾浩斯遗忘曲线设计，帮助反复记忆。

闯关方式和时间：闯关小程序与家长的手机做联动，如果孩子当日闯关任务成功完成，家长可以同意孩子按照约定好的时间（如每日半小时）自由支配手机，这样既能让孩子带着兴趣复习学校的文化知识，也能杜绝他们在网络中随意游览，影响身心健康。

（三）开展亲子联席会

在开展以上两种方式的线上活动的同时，教师还可以适时地召开一次家长和孩子的联席会。

联席会频次：一学期一次。

联席会方式：联席会邀请家长（最好是父亲或母亲）和孩子一起参加。

联席会内容：联席会上可以采取现身说法或共写长短的形式开展。现身说法指，联席会上邀请家长和孩子代表，分别就互联网带给孩子的正向帮助、有益的经验做法等进行分享。在家长和孩子积极的案例影响下，让家长认识到互联网的正向作用，给其他家长和孩子以启迪。

共写长短指，联席会上可以设置"共写长短"的环节，让家长和孩子分别写出互联网给孩子带来的正向和负向的影响，并有针对性地提出自己的策略建议，然后交换阅读，让家长更深入地走入孩子内心，在增进亲子关系的同时，也能让家长意识到互联网的"双面性"，从而给孩子更多有效的支持和帮助。

三、实施建议

（一）积极留存资料，开展丰富的分享活动

在班级内各项活动开展的同时，教师要有意识地积极留存各个兴趣小组、打卡小程序及亲子联席会的资料。在收集资料的基础上，可以开展丰富的分享活动，如班级内的展板、实物展览、课本剧会演，也可以建立班级公众号，将资料整理成文章或小视频等

发布出去，让家长和孩子广泛分享，在班级内形成积极阳光的网络分享氛围。

（二）开展组际评比，提升孩子的参与热情

除了活动小组内的比拼，教师还可以适时地组织组际间的评比，比一比哪个小组的活动最丰富，哪个小组的分享最成功，哪个小组的展演最受欢迎等，让各个小组的活动都能够生机勃勃地开展起来，提升家长和孩子的参与热情。

网络学习小组活动、闯关小程序和亲子联席会的开展，可独立进行，也可以做阶段性的融合，如在亲子联席会上把兴趣小组的成果进行呈现，或对闯关小程序提出意见和建议等。这样的活动既让孩子能以积极阳光的方式借助互联网进行学习和分享，提升家长和孩子之间的亲密度，也能让家长更显性地看到互联网在孩子成长方面的正向作用，让家长意识到在互联网已经成为我们生活中不可分割的一部分的前提下，我们需要做的是因势利导，而不是一味地盲目阻隔。

随讲随练

【多选】网络上哪些内容会严重影响了中小学生的学业成绩和身心健康？
（　　　）

A. 成瘾性网络游戏　　　　　　　B. 邪恶动漫

C. 互联网赌博　　　　　　　　　D. 涉黄网站

【单选】以下哪个属于正确面对互联网的态度？（　　　）

A. 直接隔绝青少年与互联网的联系

B. 让青少年尽可能探索互联网，促进互联网使用能力

C. 相信青少年的能力，不多加干涉

D. 适当监督青少年对互联网的使用，指导学生合理有效地利用网络进行学习和交流

【单选】教师如何和家长联手共同指导学生正确使用互联网？（　　　）

A. 建立多类型的网络学习组

B. 将本学期内的各学科知识内容为基础，制作通关小游戏

C. 开展亲子联席会，分享互联网使用经验

D. 以上都是

拓展阅读

1.《中国信息安全》编辑部：《中国青少年互联网使用及网络安全情况调查》，载《中国信息安全》，2018（6）。

2. 方勇、季为民、沈杰：《中国未成年人互联网运用报告.2022》，北京，社会科学出版社，2022。

▶▶ 第二节　孩子沉迷网络的原因有哪些 ◀

知识构图

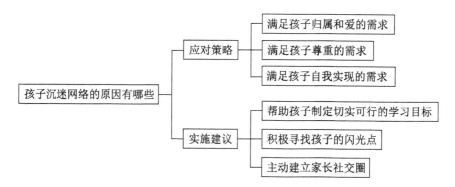

学习目标

1. 了解孩子沉迷网络的三大原因。

2. 学会制定策略，助力家长帮助孩子避免沉迷网络。

读前反思

1.你知道孩子沉迷网络都有什么原因吗？

2.如果你班上有孩子沉迷网络，你会如何提供帮助？

一、问题聚焦

某中学生阿项因过分沉迷网络游戏,升上初中后不到半个学期就开始一天到晚走神,自言自语;变得性格孤僻,不喜欢与人沟通,情绪变化无常。家长不得不为他办理休学手续,带着他四处求医。尽管阿项休学已有一年多的时间,但其在校期间的种种怪异言行,仍然令不少教师和同学印象深刻,对其因过分沉迷网络游戏而导致出现病症更是感到可惜。这个案例只是孩子沉迷网络的一个缩影,更有甚者,会走上违法犯罪的道路。教师找到孩子沉迷网络的原因,并利用有效的策略助力家长帮助孩子避免沉迷其中,势在必行。

二、应对策略

孩子为何会沉迷网络? 我们从马斯洛的需求层次理论出发进行分析,可以更好地找到原因。

马斯洛认为,人的需要由生理的需求、安全的需求、归属和爱的需求、尊重的需求、自我实现的需求五个等级构成。当前,孩子的物质生活都能得到最大限度的满足,很多无暇陪伴孩子的家长更是通过物质给予去填补陪伴的空白。因此,在马斯洛理论的两个低层次需求：生理和安全的需求方面,孩子并不缺乏。但更高层次的归属和爱、尊重和自我实现的需求无法被满足,成了孩子沉迷网络的主要原因。

（一）满足孩子归属和爱的需求

归属和爱的需求是一个人要求和他人建立感情的联系或关系,融入某个群体的需求。孩子同样渴望成为群体中的一员,归属和爱是孩子人际交往的一种正常需求。

当下的孩子大多有很强的自我意识,一方面有的家长忙于工作无暇陪伴孩子,另一方面正处于青春期的孩子因为思想和观念的差别,不愿与家人进行过多的交流,回到家也是待在房间，沉迷在网络中。高效、匿名、随性的网络沟通方式极大地满足了孩子强烈的好奇心，在虚拟的环境中，孩子避开了现实中学业的压力、人际交往的障碍，可以无所顾忌地倾吐心声，吐露烦恼，寻求同伴的交流甚至支持，在这样的场域中，他们找到了共鸣与理解，感受到了现实中难以如愿的平等和共情，实现了对归属和爱的需求。

（二）满足孩子尊重的需求

尊重的需求包括自尊和希望受到他人的尊重。自尊的需求能使人相信自己的力量和价值，使得自己更有能力，更有创造力。相反地，缺乏自尊，则使人自卑，没有足够的信心去处理问题。同时，孩子也希望得到他人的认可和赏识，获得存在感。学习成绩一般或学习有困难的孩子在班级或一定范围的群体中很难获得存在感，从而也缺失了自尊和他人的尊重，失去了自信及自我价值感。

很多孩子沉迷网络的重要原因就是在现实生活中无法获得家人或同伴的尊重。一方面，多数家长都有"望子成龙，望女成凤"的美好愿望，孩子的表现与家长的高期待总是存在很大的差距；另一方面，独生子女由于特殊的成长经历习惯以自我为中心，加之青春期的特殊情绪表现，很多孩子或多或少存在人际交往障碍。虚拟世界弥补了这些现实生活中的缺憾，虚拟社群中的自我认同和自我价值感让他们获得了自信、自尊和他人尊重，第四层尊重需求得以满足，导致他们沉迷其中，无法自拔。

（三）满足孩子自我实现的需求

个体在成长过程中，都需要获得自我实现的满足感。但在现实生活中，复杂的社会环境及自身能力的局限，很多人无法获得自我实现的满足。在网络世界中尤其是网络游戏中，在现实生活中缺乏竞争力的孩子因为网络创造的自由性而有了自我发挥的广大空间，他们的个性得到了张扬，很轻易地就能体验到成功的喜悦，获得他人的认同和赏识，从而获得自我价值感和认同感，这也是很多孩子沉迷网络的首要原因。

另外，由于群体中的归属需要，当孩子在闲暇中谈论到某个时下流行的网络游戏时，没有玩过游戏的孩子由于没有任何参与交流的资本，慢慢地就会被边缘化，甚至被孤立。这样的群体效应，引诱着其他同学的加入，虚拟世界的影响越来越大，也变成一部分孩子沉迷网络游戏的原因之一。

网络成瘾是整个社会都密切关注的问题。2021年10月20日，教育部办公厅等六部门联合印发了《关于进一步加强预防中小学生沉迷网络游戏管理工作的通知》，可见青少年沉迷电子产品这一问题的重要性和紧迫性。学校作为教育的主战场，教师作为学校教育的主要参与者，更应承担起这一艰巨的任务，做好家校合作，共同为下一代的健康成长尽心竭力。

三、实施建议

（一）帮助孩子制定切实可行的学习目标

家长要做孩子最忠实的朋友，也要做最了解孩子的朋友。在学习方面，教师可以指导家长了解孩子各个学科的优势和劣势，家长在提供针对性帮助的同时，和孩子一起制定切实可行的学习目标。这样，既能避免孩子在某个方面形成习得性无助，也能在学习上树立自己的努力方向，从而在学习方面走向一个良性循环，让孩子获得自信，获得自尊。

（二）积极寻找孩子的闪光点

每个人都希望自己能在群体中获得成就感，这样的成就感能帮助孩子收获他人的尊重，并在群体中获得归属感。教师要引导家长，积极寻找孩子的闪光点，并助力孩子在这个优势下获得自信。语文学科优秀、地理知识渊博、熟知历史人物和古诗等学习方面的优势自然可以作为培养方向，而其他方面的特长也可以帮助孩子在同龄伙伴中脱颖而出，收获自信。

（三）主动建立家长社交圈

随着孩子年龄的增长，尤其到了小学高年级或中学阶段，孩子更愿意和自己同龄的伙伴一起聊天或玩耍。教师可以牵线搭桥，让家长主动和孩子好友的家长建立社交。几个家长约着带孩子组织一些活动，如公园野餐、户外徒步、参观博物馆等，同龄伙伴的加入可以提升孩子们参加活动的积极性，家长们也可以互相讨论孩子们成长的问题，可谓一举两得。这样的家长社交圈，能有效避免孩子宅在家沉迷网络，也能通过丰富的活动提升孩子多方面的能力。

随讲随练

【多选】沉迷网络游戏，孩子可能会出现哪些不良反应？（　　　）

A. 一天到晚走神，经常自言自语

B. 性格孤僻，不喜欢与人沟通

C. 喜欢玩电脑游戏，情绪变化无常

D. 积极参加学习和社交活动

【多选】以下哪些可能是孩子沉迷网络的原因？（　　　）

A. 在虚拟的环境中，可以无所顾忌地倾吐心声，吐露烦恼，寻求同伴的交流甚至支持

B. 虚拟社群中的自我认同和自我价值感让他们获得了自信、自尊和他人尊重

C. 个性得到了张扬，很轻易地就能体验到成功的喜悦

D. 获得他人的认同和赏识，从而获得自我价值感和认同感

【多选】家长应如何为沉迷网络的孩子提供帮助？（　　　）

A. 帮助孩子制定切实可行的学习目标

B. 积极寻找孩子的闪光点

C. 建立家长社交圈，为孩子提供更多社交活动机会

D. 没收一切电子产品，鼓励孩子抵制诱惑

拓展阅读

1. 尹繁荣、周世杰：《青少年网络成瘾特点及生理—心理—社会后果研究》，

载《中国健康心理学杂志》，2012（2）。

2.骆渊、张雪琴：《网络成瘾青少年家庭环境分析》，载《中国健康心理学杂志》，2010（2）。

▶ 第三节　如何指导家长制定一份适宜的手机使用协议 ◀

知识构图

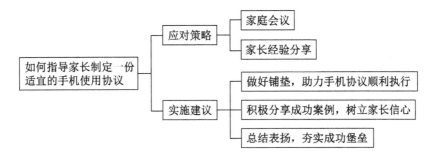

学习目标

1.明确制定手机使用协议需要贯彻的原则。

2.明确帮助家长制定适宜的手机使用协议的方式。

读前反思

1.手机对孩子到底是"利大于弊"还是"弊大于利"？

2.教师应该如何和家长携手，帮助孩子正确使用手机?

一、问题聚焦

现在，稍微大一点的孩子都是人手一部手机，尤其到了中学，很多孩子自己上下学，为了孩子的安全，手机更是成了必备品。但智能手机的功能越来越强大，大量新奇的资讯信息极大地吸引着手机的主人，导致自制力差的孩子天天手机不离手，占用了他们的学习和运动时间，着实让家长们忧心忡忡。如何有效管理好孩子手里的手机，让这部小小的手机既能发挥应有的作用，又能避免孩子沉迷其中呢？

二、应对策略

从孩子使用手机的场所和时间段来看，家里是孩子过度使用手机的场所，周末和节假日是孩子使用手机最频繁的时间段。因此，帮助家长制定一份适宜的手机使用协议，让孩子通过自律和他律两种方式达到合理使用手机的目的迫在眉睫。教师可以通过指导家长召开家庭会议、家长经验分享等方式，帮助家长制定一份适宜的手机使用协议，以帮助孩子合理使用手机。

（一）家庭会议

孩子从态度上接受手机使用协议是其产生效力的基本条件，否则再完美的协议都只能是镜中花、水中月。因此，教师可以指导家长采用目的显性表达方式召开家庭会议，让家长和孩子共同开展头脑风暴，分析使用手机的利弊。通过这样的活动，让孩子充分意识到手机可能带来的负面影响，从而增强自控力，提高自我管理能力。

在此基础上，家长和孩子就手机使用的具体事项进行讨论，可以从使用时间及频次、使用规则、奖惩措施这三方面进行。

一是使用时间。孩子使用手机时没有时间概念是家长最头疼的事情，因此，在手机使用协议里约定好使用时间是非常有必要的。首先，要和孩子约定好每天使用手机的时长。家长可以和孩子商定好，比如，每天用30～40分钟，休息日延长20分钟等；其次，每天晚上休息前要将手机上交，如工作日晚上七点半上交手机，休息日晚上九点上交手机，次日早上六点家长交还手机后再开机。这样就避免孩子趁着睡觉无人看管的时候无节制地玩手机，保证他们的休息时间。

二是使用规则。网络上的讯息纷繁复杂，教师可以让家长和孩子在手机使用协议中约定好使用范围，使用手机贯彻三个原则：充分使用手机的学习管理功能；适时使用手机的联络沟通功能；适当使用手机的休闲娱乐功能。

充分使用手机的学习管理功能。如下载英汉词典软件，查阅单词、复习单词；通过微信加入各个学习小组，和同学组成学习共同体助力学习；使用手机小程序或软件玩一些单词过关或脑筋急转弯的游戏等。

适时使用手机的联络沟通功能。可以使用手机和同学或师友进行必要的联络，沟通感情、互通讯息；不允许加入过多的微信聊天群，浏览无用的信息是时间的浪费；不随意加陌生人的微信等。

适当使用手机的休闲娱乐功能。可下载音乐愉悦身心，以让自己有更好的学习状态；可以适当接触一些游戏，但如果有沉迷的趋势，家长就要及时叫停；不允许浏览色情或暴力网站与信息；不允许发送或接受含有自己或他人隐私部位的照片，更不能以此为乐；不允许使用手机撒谎或欺骗他人；不允许下载包含负面情绪或价值导向的软件等。

三是奖惩措施。手机的使用协议还应当包括如若出现违反协议的情况，要接受必要的惩罚。因此，教师还应该指导家长和孩子商定好承诺条款，如手机若出现损坏或丢失情况，孩子应该为维修或购买新手机的费用负责；不能沉迷在手机中的世界，要对现实世界充满兴趣，关注周围的生活；最重要的，如果孩子因为手机把自己的学习或生活弄得很糟糕，家长有权收回手机。

在家庭会议上，家长和孩子应畅所欲言，家长积极了解孩子的需求和想法，从而采取更有针对性和更适宜的方法和措施。教师可以在广泛征集家长和孩子的有益做法和有效措施的基础上，归纳和整理，撰写出有相对普适性的协议供家长参考，以便其在此模板的基础上做个性化的调整和修改。

（二）家长经验分享

面对网络的积极和消极方面，教师请家长和孩子针对利弊分别写出好的想法和建议：网络的利好方面如何有效高效利用，网络的弊端如何最大程度地避免等。

在家庭会议的基础上，教师还可以建立线上家长学习共同体，将家长有价值的经验进行分享，提炼共性，保存个性，家长吸收他人经验，结合自己孩子的实际情况进行个性化的更新，制定出适合个体的手机使用协议。

三、实施建议

（一）做好铺垫，助力手机协议顺利执行

当孩子正处在青春期，亲子关系可能有不够融洽的现象，有的孩子和家长的关系甚至到了剑拔弩张的程度。因此，制定手机使用协议一定要在公平、公开、公正的氛围下进行，让孩子充分认可这份协议，并能自觉自愿地执行。

在家长召开家庭会议前，教师应做好家长和孩子两方面的工作。孩子方面，教师应在班里做好充分的动员工作，如班会时强调亲子关系的重要性，鼓励孩子提升自己的自律性，无法自我约束时适时加入他律的约束和监督等；家长方面，教师要引导家长以平等的身份去看待未成年的孩子，将孩子看作独立的个体，而不是家长的从属品，切忌简单粗暴的管理方式等。

（二）积极分享成功案例，树立家长信心

青少年人格发育还不健全，自律性往往不足，手机使用协议在制定初期可能会起一些效果，随着时间慢慢累积，一定会有一部分孩子抵挡不住网络的诱惑，出尔反尔，拒绝遵守自己亲手参与制定的手机使用协议。

因此，教师要多与家长沟通孩子执行手机使用协议的情况，帮助家长一起齐抓共管，让手机使用协议能够真正地实施。同时，教师也要通过各种方式方法，如在班级微信群、QQ群等地方，分享成功的案例，让家长看到有的孩子在家长和教师的帮助下，成功地戒掉手机瘾，学习和生活态度都发生了积极的变化，给其他家长坚持下去的信心和力量。

（三）总结表扬，夯实成功堡垒

教师还可以在班级内不定期进行总结和表扬，对成功戒掉手机瘾或认真执行手机使用协议，学习成绩有所提升的孩子进行表扬，请这些孩子现身说法，分享一下自己是如何抵制诱惑，成功地摆脱手机的控制，养成积极阳光的生活和学习方式的。

通过这样的鼓励和表扬，在班级内形成一种你追我赶的氛围，孩子们之间互相比赛，争着表现自己的自制力，争着在学习上取得更大的进步，逐步带动班内的所有孩子，夯实手机使用协议的成功堡垒。

手机已经成了我们生活的重要组成部分，它使我们的生活更便捷更高效，但是手机"一半是天使，一半是魔鬼"，如何让手机成为孩子真正的朋友，助力他们的成长，而不是让他们成为手机的"奴隶"，是教师和家长最应思考的。手机使用协议只是可供参考的一种方法，更多的有效方式还需要智慧的教师和家长更多地研究和探索。

随讲随练

【判断】孩子使用手机会影响学生的身心健康，所以我们不应该让孩子用手机。（   ）

【单选】下列选项中错误的是：（   ）。

A.制定手机使用协议一定要在公平、公开、公正的氛围下进行

B.孩子可以下载英汉词典等软件帮助学习

C.孩子不应该玩手机游戏，以免耽误学习

D.手机协议需要制定奖惩协议

【多选】下列选项中是使用手机时需要贯彻的原则的是：（   ）。

A.充分使用手机的学习管理功能

B.充分使用手机的消费购物功能

C.适时使用手机的联络沟通功能

D.适当使用手机的休闲娱乐功能

拓展阅读

1.刘菲菲：《小学生身心健康受手机影响及解决措施研究》，载《教育界（B）》，2021（12）。

2.朱锦伟、贤娴、谢锦辉：《新时期家校共育下的手机管理实践探索——以广东实验中学为例》，载《中小学德育》，2021（7）。

▶ 第四节 移动支付时代，如何指导家长培养孩子的金钱意识 ◀

知识构图 ▶

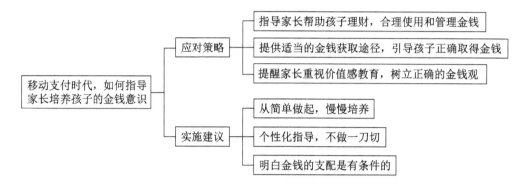

学习目标 ▶

　　1.掌握帮助孩子树立正确金钱观的途径。

　　2.能够指导家长用适当的方式引导孩子合理地获得、管理、使用金钱。

读前反思 ▶

　　1.孩子的金钱观是什么时候开始树立的？

　　2.孩子的金钱观是如何形成的？

一、问题聚焦

　　随着移动支付的兴起，纸币在人们的生活中越来越处于无形的状态，随时随地扫码支付彻底改变了人们的消费方式。崭新的移动时代，给孩子们的金钱观带来挑战。孩子是非辨别能力差，容易沉迷于网络游戏充值、大量购买游戏装备等消费，甚至可能给家庭带来巨额债务，孩子给网红疯狂赠送礼物，花光家长积蓄的新闻频频成为社会热点。

　　中小学生正处在世界观和人生观形成的关键时期，教师除了在学校开展主题班会、理财讲座等培养孩子的金钱意识和消费观外，还要注重家校配合，多关注指导家长的教育行为，因为孩子的消费行为归根到底是家庭行为，家庭的经济能力和消费观念会影响孩子的金钱观。那么，如何指导家长培养孩子正确的金钱观呢？

二、应对策略

（一）指导家长帮助孩子理财，合理使用和管理金钱

首先，教师可以指导家长教会孩子通过记账算账把每笔花费记录下来，以便分析消费动向。先养成记账的习惯，过一段时间可以放手让孩子自己记录，家长做好检查，了解孩子的消费方向，如果出现偏差，可以及时纠正。

其次，建议家长和孩子一起去银行办理个人账户。指导家长每个周期（半年或者一年）把孩子结余的零花钱存到银行，到达一定数额后，可以帮助孩子进行理财，让孩子感受到自己的存款由少到多，提升孩子的成就感，培养孩子的理财意识。

最后，指导家长帮助孩子制定个人理财目标。孩子的个人银行账户建立以后，教师可以引导家长询问孩子，近期有没有什么愿望需要达成，鼓励孩子用自己账户的钱去完成这些事情，一方面提升孩子对金钱的主人翁意识，另一方面也可以让孩子养成节俭的习惯，为了完成某个目标，孩子会有意识地减少不必要的支出。

（二）提供适当的金钱获取途径，引导孩子正确取得金钱

未成年人面对"伸手就来"的零花钱，很容易养成不劳而获的认知偏差。因此，教师可以指导家长除了给孩子一定的零花钱外，还可以让孩子通过两种方式获得：家务劳动和社会劳动。

一是通过家务劳动所得。教师可以建议家长，让孩子通过在家做家务，获得适当的报酬，如帮助家长洗车、外出购物等。虽然有偿劳动可以鼓励孩子帮助家长做力所能及的事情，但要提醒家长切忌操之过度。孩子分内的事情，如写作业、整理自己的物品等就不宜采用付酬的方式，否则会起到反作用，孩子可能失去自主性，形成不给报酬就消极对待，或者为了得到报酬拼命劳动的错误意识。

二是通过社会劳动所得。社会劳动也可以帮助孩子获得一定的报酬，教师可以建议家长，让孩子在学校的跳蚤市场出售自己闲置的物品，收集可回收物卖废品等方式获得报酬。在这个过程中，孩子不仅知晓了金钱需要劳动获得，同时也通过钱货的交易初步了解社会。

（三）提醒家长重视价值感教育，树立正确的金钱观

在知晓金钱是劳动和努力换来的基础上，教师需要指导家长教育孩子合理使用，不能浪费。可以让家长帮助孩子合理规划自己的消费。合理地使用自己的金钱既能让孩子避免过度消费，也能教会他们理财，让有限的金钱发挥最大的价值。

另外，虽然金钱能做很多事情，但教师和家长也要教育孩子，金钱不是万能的。金钱可以买来财物，但买不来精神和道德；金钱可以买来朋友，但买不来真正的友谊。还有很多东西比钱更重要，比如，高尚的情操、美好的心灵、纯真的友谊等。

三、实施建议

（一）从简单做起，慢慢培养

金钱观的培养在孩子有了数字和金钱的概念就可以开始，教师可以指导家长通过列好物品清单，让孩子帮妈妈购物，看看如何能用最少的钱把所需物品全部买到；也可以有意识地让孩子看一看自己在超市购物的账单、信用卡的账单等，让孩子明白家庭收入和支出的比例，以及家庭的消费结构等，慢慢地把金钱观念和理财观念渗透给孩子。

（二）个性化指导，不做一刀切

每个孩子的家庭环境不同，家庭的经济收入和消费观念差别很大，孩子的金钱观也相应地会因家庭的影响而不同。有的家长认为孩子的书包 300 元一个，价位很合理，有的家长只能接受 100 元以下的书包。在这样的消费观念下，家长给孩子的零花钱就会有较大的不同。因此，教师在指导家长时要关注到这样的差别，不"一刀切"，只给出大体的建议，让家长根据实际情况做细节上的调整。

（三）明白金钱的支配是有条件的

零花钱交给孩子，孩子就有自由支配的权力，他们要合理安排自己的消费，也要为自己冲动或失误的消费负责。同时，支配自由是有条件的，教师要指导家长和孩子做好约定，合理消费，如不能买垃圾食品，不买过多玩具等，如乱用金钱被发现，孩子将会受到约定好的惩罚。

孩子金钱观的培养对他们世界观、人生观和价值观都有重要的影响，商品经济下，金钱几乎可以和一切利益做等价交换，因此，正确的金钱观有助于孩子建立正确的道德观念。

随讲随练

【判断】孩子努力完成作业，认真整理好自己的物品后，家长需要给予一定的金钱奖励，从而帮助孩子形成正确的金钱观。（　　）

【单选】以下不能帮助孩子形成正确的金钱观的行为的是：（　　）。

A. 帮妈妈购物获取金钱

B. 帮爸爸洗车获取金钱

C. 用自己的金钱购买任何自己想买的东西

D. 制定个人的理财目标

【多选】下列哪几个选项符合正确的金钱观：（　　）。

A. 金钱需要用劳动获得　　　　　　　　B. 金钱不能浪费

C. 金钱不能买来朋友　　　　　　　　　D. 金钱不是最重要的

拓展阅读

1. 陈翠薇：《当代青少年的金钱教育》，硕士学位论文，湖南师范大学，2011。

2. 陈熙：《论犹太人的金钱观教育》，载《科教导刊（上旬刊）》，2016（9）。

➡ 第五节　如何发挥新媒体工具在家庭教育中的优势 ◀

知识构图▶

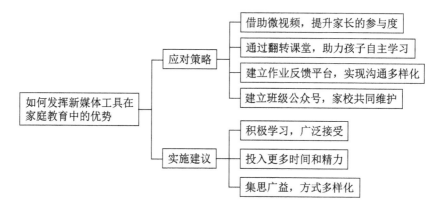

学习目标▶

1.掌握发挥新媒体工具在家庭教育中优势的应对策略。

2.了解发挥新媒体工具在家庭教育中优势的实施建议。

读前反思▶

1.你知道新媒体工具可以在家庭教育中发挥哪些作用吗？

2.你知道如何更好地发挥新媒体工具在家庭教育中的优势吗？

一、问题聚焦

孩子经常使用互联网，加之好奇心很重，易于接受新鲜事物，使得他们受到新媒体的影响更深。新媒体技术的发展，给家庭教育带来了巨大的影响和改变。相较于以前，孩子遇到问题不再是问家长，而是找百度或各种作业辅导软件，"问家长不如上网"，让家长的权威受到了挑战。自主选的网上学习，让孩子的发展远远快于家长的认知，家长不得不重新审视新时代下的教育关系。

二、应对策略

教师可以通过以下方式，指导家长调整传统的家庭教育观念，更新现有的教育模式，让新媒体充分发挥优势，助力教育。

（一）借助微视频，提升家长的参与度

网络时代，孩子的学习方式越来越多样化，微视频无疑也是学习方式的一次有益尝试。教师可以联合家长的力量，充分发挥孩子的优势，如面对教学中存在的共性错误或重点问题，可以请家长给学习出色的孩子录制一些短视频，发布到班级的微信交流群或学习小组群内供大家学习。短视频可以反复播放，方便孩子学习，延伸教育的时间和空间，提升教学的有效性；另一方面，家长的积极参与也带动了其他家长的积极性，形成了良性联动。

（二）通过翻转课堂，助力孩子自主学习

在这种教学模式下，学习的决定权从教师转移给了孩子，课堂内的宝贵时间不被传统的教师讲授所占用，而是孩子专注于项目式的学习。

在翻转课堂中，孩子课前就可以开展自主学习，这就为家长的参与提供了可能。有专业知识的家长，可以为孩子提供资源或专业指导，如某些家长在物理方面很精通，可以帮助孩子录制一段和课堂学习相关的知识拓展，或带孩子参观专业的物理实验室，并录制视频或照片，也可以把仪器带到课堂上来，对课堂知识进行延伸。如果家长没有专业知识，也可以帮助孩子搜集和课堂内容相关的视频讲座、电子书、博客等，助力孩子完成自主学习。

翻转课堂中，孩子带到课堂上的学习资料，经过了家长的甄选和推荐，使得资料更加翔实、有价值，对建立高效的翻转课堂是一个非常好的基础。

（三）建立作业反馈平台，实现沟通多样化

作业是孩子学习的重要表现形式，大多数家长每天会检查孩子的作业情况，但依然有一些工作比较忙的家长不能做到时时关注。建立作业反馈平台，考虑到当下敏感的隐私保护，可以设置互不可见模式，让家长能够时时处处看到孩子各科作业的情况，做到心中有数。发现孩子的问题，也能及时和教师沟通，第一时间给孩子正确的引导。

作业反馈平台是家庭教育的素材之一，针对有问题的孩子，教师可以联系家长，对孩子的作业和在校表现情况做一对一的细致沟通和交流，个性化地指导家长开展家庭教育，并做长时间的跟踪和反馈，对孩子产生问题的原因做深入分析，并提供更有针对性的引导和帮助。

（四）建立班级公众号，家校共同维护

班级公众号可以采用家校共同维护的模式，班级里有哪些重要的活动，可以请志愿者孩子分别担任摄影记录员、文稿撰写等任务，将活动发布到公众号，让家长第一时间了解孩子校内的生活，孩子也能在设计文案、发布公众号环节锻炼运筹和写作能力。

除了班级活动，公众号还有很多内容可以分享，如孩子的优秀作品：作文、书法、绘画等，也可以为每个孩子出一个专栏，介绍自己的特长、进步等，增加孩子在班级的归属感；家长还可以把自己与孩子之间的有益互动写成文章发到公众号，其他家长可以在文章评论区开展有益的讨论和交流。家庭教育的智慧的沟通从校内延伸到了校外，从线下拓展到了线上，是家庭教育在新媒体时代的积极体验。

三、实施建议

（一）积极学习，广泛接受

随着互联网的不断发展，新媒体以不可阻挡之势短时间就占据了我们的生活。作为教师和家长，要勇于接受新鲜事物，积极学习，让新媒体为我所用，发挥其正向的优势作用。

（二）投入更多时间和精力

新媒体工具的使用，丰富了家校合作的形式，也无形中增加了教师和家长的工作量。如在翻转课堂的实行中，家长需要为孩子提供力所能及的专业知识和资源，帮助他们甄别筛选和学科学习内容相关的书籍、视频和文章等；教师虽然课上不再需要讲授，看上去很轻松，但大量的工作转移到了课前和课下，面对孩子课前搜集和整理的大量资料，教师都要有所准备，才能进行高屋建瓴的提炼和总结；同时，个性化的学习带来了个性化的问答方式，不同孩子提出的不同问题也要教师付出更多的时间和精力。

（三）集思广益，方式多样化

电子时代，孩子更易于接受新鲜事物，他们对新媒体的应用和了解很多时候走在了教师的前面。教师应多听取孩子的意见和建议，不断增加新媒体在教学中的应用，更新更多的教学、评价和家校沟通方式，提高教育教学效率，提升教育教学能力，做一个在专业发展方面一直进步的教师。

新媒体是一个动态的概念，"互联网+"时代及移动终端的飞速发展，让信息的发出者和受众的沟通更快捷更多元，时代也对教师提出了更高的要求，利用新媒体的优势，使其在教育教学领域发挥出更大的作用，有待于更多的教师进一步地探索和实践。

随讲随练

【判断】教师和家长面对新媒体工具应该没有保留地接受，并将其运用在家庭教育中。（　　）

【单选】以下哪种态度是家长和教师在家庭教育中使用新媒体工具应该采取的？（　　）

A. 积极学习，全面接受

B. 坚决抵制，不予采用

C. 关注形式，多多益善

D. 集思广益，理智使用

【多选】以下哪些举措有利于更好地发挥新媒体工具在家庭教育中的作用？（　　）

A. 借助微视频，提升家长的参与度

B. 通过翻转课堂，助力孩子自主学习

C. 建立作业反馈平台，实现沟通多样化

D. 建立班级公众号，家校共同维护

拓展阅读

1.孙宏艳：《新媒介与新儿童：新媒体与少年儿童社会化研究报告》，北京，中国青年出版社，2014。

2.欧启忠：《互联网＋教育教学新媒体》，北京，现代教育出版社，2018。

3.汤翠檀：《借力新媒体工具赋能家校共育的策略》，载《中国信息技术教育》，2021（11）。

第四部分
学业指导

　　家长把家庭教育当作学校教育的延伸和附庸，全身心投入在对孩子的学业指导上，家长花大力气像教师一样辅导孩子功课、教授孩子知识，或者斥重金请别人教导孩子学业。以上现象是家庭教育的常见误区。学业指导固然是家庭教育的重要部分，但并不应成为家庭教育的全部，家长进行学业指导也不应仅停留在知识传授方面，更多应关注孩子的学习兴趣提升和学习习惯培养。如果家长过于关注孩子的学习成绩，在校、回家都只面对一个问题——学习，孩子内心的压力可想而知。

　　这一部分内容分为两个方面。第九讲关注"学习习惯培养"，目的在帮助教师引导家长树立正确的家庭学习观，关注孩子学习习惯的培养，让学习事半功倍；第十讲聚焦"学业焦虑"，指导教师帮助家长正视孩子的学习压力，引导父母做有定力、有方向的家长，建立合理的教育预期，遵循教育的本质，为孩子营造一个快乐、和谐、健康的家庭成长环境。

▶ 知识构图

-
-
-
-

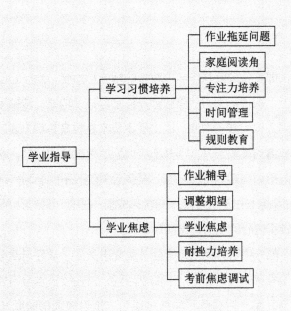

▶▶ 第九讲
▶ 学习习惯培养

学业发展是孩子成长的重要方面，对孩子的学业指导不能仅仅出现在学校课堂中，同时也应成为家庭教育的重要组成部分。好的学习习惯有助于促进孩子学业的进步及人格的养成。但是在现实学习生活中，孩子存在各种各样的学习习惯问题：懒散、拖延、注意力不集中等。通过本讲的学习，教师能够更好地指导家长帮助孩子克服作业拖延问题，学习建立家庭阅读角，培养孩子专注力，学习有效管理时间的方法，以及将规则教育渗透在学习生活中，从而令家长对培养孩子的良好学习习惯有更加充分的了解。

●
●
●
●

▶▶ 第一节　如何指导家长帮助孩子克服作业拖延问题 ◀

知识构图▶

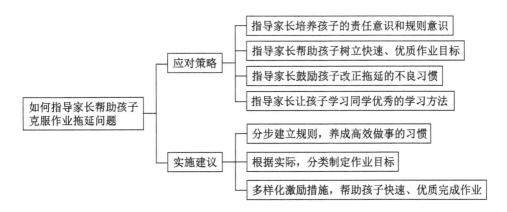

学习目标▶

1.掌握指导家长帮助孩子克服作业拖延问题的应对策略。

2.了解指导家长帮助孩子克服作业拖延问题的实施建议。

1.面对孩子作业拖延的问题，你的态度是什么？

2.你知道如何让孩子养成作业不拖延的好习惯吗？

一、问题聚焦

教师经常会听到一些家长反映：孩子写作业拖拉，玩够了才开始写家庭作业；做作业时总是咬笔头或不停地涂改，半天都完不成一道题；作业完成的速度慢、质量差；假期期间，有的孩子更是临近开学才动笔写假期作业……孩子做作业的习惯直接影响孩子的学习效果，甚至会影响他做人做事的风格。教师应该如何指导家长，帮助孩子克服作业拖延问题呢？

二、应对策略

（一）指导家长培养孩子的责任意识和规则意识

学段不同，孩子承载的责任也有所差异。但任何年龄段的人，都得对自己的行为负责。社会生活离不开规则，规则与我们每个人息息相关。教师要向家长传递孩子应承担责任的理念，让孩子从小在心中烙下"作业是自己的事情"的烙印，培养孩子的规则意识。

（二）指导家长帮助孩子树立快速、优质作业目标

伟大的目标产生无穷的动力。教师要指导家长，根据孩子所处的不同学段树立高速、优质的作业目标。家长可参考班级内其他孩子的优秀作业，有针对性地制定适合自己孩子的目标。

（三）指导家长鼓励孩子改正拖延的不良习惯

任何人做同一件事，时间长了都会倦怠，正向、多样的激励措施可以缓解、消除人

们的倦怠心理。比如，教师可以指导家长采用个性化作业批改方式，打破原来只检查错题、评优的单一方式，走向个性化和多元化，激发孩子对学习的兴趣。也可以在作业旁添上一幅充满创意的简笔画，再配上一段暖心的评语，如"今天的作业很认真，表扬你！""今天的作业我喜欢！"等，教师要鼓励家长多尝试。

（四）指导家长让孩子学习同学优秀的学习方法

孩子作业拖延，除了对作业重视程度不够，有做事拖拉的习惯，注意力不集中等主观性原因外，不会做或不熟练，也是导致孩子作业拖延的原因。因此，教师要向家长强调：对孩子不懂的题目，家长要了解清楚孩子到底哪里没弄懂，然后给孩子补上这部分不懂的知识，尽快让孩子跟上学校的学习进度。但要注意的是，不要单纯地讲给孩子听，而应启发孩子，让孩子独立做题。孩子懂得了知识点，写作业的速度就会有提高。

三、实施建议

（一）分步建立规则，养成高效做事的习惯

教师们可按表 9-1 所列步骤、方法和原则指导家长。

表 9-1　建立规则主要步骤及相应方法

步骤	方法	原则
制定规则	首先，家长与孩子一道找出每一学科期末考试卷，弄清试卷的考试时间，计算出在总的考试时间内完成一道题或平均每一分题需要的时间。让孩子明白，平时作业的完成速度要与考试时的速度应基本一致。 其次，家长与孩子要共同查阅某几天或寒暑假的各科作业总量，计算出完成各科作业需花费的总的时间。对一些实践性作业，可在完成书面作业的基础上或在完成某两科书面作业的间隙穿插进行。	与孩子共同制定；未按时完成作业的行为都算破坏规则的，如果多次破坏规则，则要受到一定的限制或惩罚。
执行规则	首先，让孩子增强时间观念，学会管理时间。每个人一天都只有 24 小时，何时该做何事，要自己想清楚。要想多一些娱乐时间就必须提高做题效率。 其次，在规则执行的初期，家长需要陪伴孩子，并监督，也给孩子创造一个安静的环境。作业做完后家长要检查其是否完成。	时间一定，监督检查，原则性与灵活性相结合。

续表

步骤	方法	原则
	在坚持三周或更长的时间后，孩子就会养成好的写作业习惯。 最后，执行规则允许有弹性，坚持原则性与灵活性相结合。允许不懂的题空着回校问教师、同学或自己查阅资料；在孩子生病身体不适时可适当放宽要求。	
修改、完善规则	随着孩子的成长，每个学期的作业量和做题的速度、要求要相应提高，上一学期的规则到了下学期就需补充、修改、完善。	依孩子成长状况，与时俱进。

（二）根据实际，分类制定作业目标

教师们在指导家长的过程中，可根据表9-2所列栏目，要求家长教育孩子制定作业目标并发挥家长作用。

表9-2 作业目标制定参考

目标	形式上	内容上	家长指导内容
总目标	版面干净整齐、书写美观。	简洁且无错误。	监督与鼓励并重，要求孩子在规定时间内完成作业。
小学低年级目标	少涂改。	回答正确。	叮嘱孩子检查作业，家长示范，孩子按时完成作业。
小学中高年级目标	排列整齐。	准确表达。	监督孩子检查作业，鼓励并指导孩子。让孩子按时完成作业。
初中目标	书写美观。	简明扼要。	鼓励孩子，争取提前完成作业。
高中目标	版面干净整齐、书写美观，有自己的风格。	内容详细，多角度解决问题。	学会放手，让孩子争取提前完成作业。
学困生的目标	少涂改、版面整齐。	尽量回答正确。	监督孩子检查作业，家长示范，多鼓励孩子。
中等生的目标	版面整齐、书写美观。	回答正确。	家长示范，多鼓励孩子，使其按时完成作业。
优等生的目标	书写美观，有自己的风格。	简明扼要，多途径解题。	家长多肯定和鼓励孩子，提出更高要求，尽量让孩子提前完成作业。

也许有家长会疑惑，当孩子到了初高中，家长不一定能看懂孩子的作业，那要怎

监督？这时教师要告诉家长，可从形式和态度上检查孩子作业，内容上家长可通过对答案的方式，或让科任教师批改后再看。当家长做了有具体标准的作业指导，并坚持执行，孩子写作业不仅不会拖拉，还会让自己的作业成为别人学习的范本。

（三）多样化激励措施，帮助孩子快速优质完成作业。

教师们可按表 9-3 所列内容、方法和原则指导家长。

表 9-3 激励孩子的具体内容及方法参考

内容	方法	原则
精神上的鼓励	具体指出孩子做得好的地方，及时、当面给予充分肯定，并指出今后具体的努力方向。 例如，当孩子完成了一张数学试卷，可以这样鼓励孩子：你能在规定时间内完成，说明你时间观念强、注意力集中（语言上肯定）。下面我们一起来对照参考答案，看看正确率如何（行动上参与）。 家长在肯定孩子行为的同时，还要询问、共同探讨错题的原因，进而对孩子如何避免错误给出建设性的意见。在卷面书写、心理调适、平时听课、与同伴互学情况等方面，教师也可以引导家长给出建议（方法上指导）。	详细具体，避免空洞表扬。
物质上的奖励	孩子由不遵守规则到逐步遵守规则，由作业拖延到逐渐能按时完成，家长都可给予小小的奖励。如奖励一样孩子喜欢的玩具、喜欢的食物，过年多给点压岁钱等，都可提高孩子写作业的兴趣。目的在于激励孩子在接下来的写作业过程中更积极、努力地提高速度和质量。	适度，避免过多。
其他方面的奖励	例如，孩子作业按时按质完成得好，可让孩子自由支配属于自己的时间，或周末去影院看场电影，也可假期出门旅游等。同时教师要提醒家长：不可无端布置约定之外的作业，这会降低孩子完成作业的成就感，导致其学习动力的丧失。	有多样性。

孩子写作业拖延看似是小事，实则影响孩子的学习效果、生活质量，如果能尽早让孩子明白按时保质完成作业的重要性，并让孩子掌握提高写作业效率的方法，孩子写作业拖延问题是一定可以解决的。

随讲随练

【判断】面对孩子的作业拖延问题，家长应该大声训斥以免再犯。（　　　）

【单选】面对孩子的作业拖延问题，家长和教师应该（　　　）。

A. 大声训斥　　　　B. 顺其自然　　　　C. 漠不关心　　　　D. 正确引导

【多选】以下哪些措施有利于教师帮助家长改变孩子的作业拖延问题?

（　　　）

A. 指导家长培养孩子的责任意识和规则意识

B. 指导家长帮助孩子树立高速优质作业目标

C. 指导家长鼓励孩子改正拖延的不良习惯

D. 指导家长让孩子学习同学优秀的学习方法

拓展阅读

1. 鞠文玲：《学生的学习习惯培养》，北京，光明日报出版社，2013。

2. 李泽国、姜虹娟：《学生学习习惯培养的方法》，合肥，安徽人民出版社，2012。

3. 陶伟珍：《和作业拖延说"不"》，载《七彩语文（教师论坛）》，2020（4）。

▸ 第二节　如何建立家庭阅读角 ◂

知识构图▶

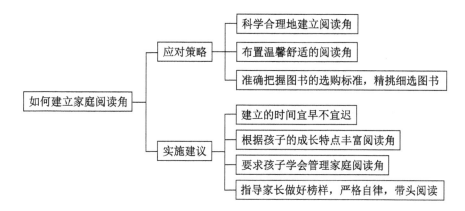

学习目标

1.能够根据不同的情况，选择建立家庭阅读角的策略。

2.了解建立家庭阅读角的实施建议。

读前反思

1.你是否指导过家长建立家庭阅读角？

2.反思在建立家庭阅读角的过程中，自己是否采用了科学的应对策略？

一、问题聚焦

经常有家长问教师："孩子不喜欢阅读，怎么办？"其实，孩子阅读习惯的养成，很大程度上取决于家庭环境的熏陶，这种环境包括硬件环境（阅读的空间和场地、可供阅读的书籍等），软件环境（家长的兴趣爱好、习惯，家庭阅读的氛围等）。想让孩子爱上阅读，培养孩子良好的阅读习惯，不如为孩子打造一个专属于他们的阅读空间。家庭阅读角就是孩子及其他家庭成员阅读的好场所。那么，教师如何指导家长建立家庭阅读角呢？

二、应对策略

（一）科学合理地建立阅读角

在建立家庭阅读角时，教师要引导家长注意以下这些要求。

安全。书架不能有尖锐的棱角，要结实，放置好后不能晃。

舒适。根据孩子身高确定书架高度，让孩子伸手就能拿到书；安装光线柔和的灯，保护孩子视力；地面要平坦。

实用。桌椅体积小巧，移动方便；针对低年级孩子，可装置展示绘本的绘本架。

美观。书架、书桌、地毯等以浅色调为主，给孩子营造轻松的氛围；也可配一些绿植，使阅读角更加赏心悦目。

（二）布置温馨舒适的阅读角

家庭阅读角的面积无所谓大小，教师应指导家长根据家中的实际情况，安排出一个专门的读书空间。房屋、阳台中光线好又安静的角落，客厅、卧室的墙面，楼梯转角处或楼梯下面，阁楼边角等地方，都可辟为阅读角。尽量选择相对独立安静的空间，减少孩子在阅读过程中的人为干扰因素。阅读角的布置要因地制宜，能装书架的，装上书架，能放桌椅的，摆好桌椅。主要让孩子以最放松的状态阅读书籍，增加阅读的舒适感。阅读角布置得好，可让孩子体验到家中处处是书，处处可阅读的好处。

（三）准确把握图书的选购标准，精挑细选图书

家长无论是网上购书，还是实体店购书，都要选择适合孩子年龄特点、阅读兴趣、有益于孩子身心健康的图书。选购的图书应符合以下几个特点。

趣味性。选择适合孩子认知水平，能读懂的书，要语言生动、情节有趣、图画传神，能抓住孩子的兴趣点。

科学性。应到正规书店和网站购买正版图书；内容健康，宣传正能量，有利于提升孩子的精神境界、文化品位。

丰富性。根据孩子的兴趣特长选择多种类的书，如小说、工具书、教辅资料，社会科学图书、自然科学图书，中文图书、外文图书等。

三、实施建议

若想建立、管理、完善、发展家庭阅读角，教师们可以给家长这些具体的指导意见。

（一）建立的时间宜早不宜迟

心理学实验研究表明，胎教有利于刺激胎儿大脑神经，而儿童的早期（0～3岁）教育可促进婴幼儿大脑发育，对婴幼儿生理和心理发展产生良好影响。家庭阅读角的建立，宜在孩子学会说话后，大约一岁半时就开始。孩子3岁之前，阅读角的陈设要使用柔软的材料，要多让孩子通过听的方式，培养阅读兴趣。如通过在阅读角播放古典音乐、古诗词、童话故事等方式引导孩子爱上阅读；也可以让家长给孩子讲故事、读绘本，引导孩子边听、边看，无形之中还能教孩子识字。

（二）根据孩子的成长特点丰富阅读角

随着孩子年龄的增长，知识阅历的增多，原有阅读角的各种空间需适时扩大（如面积扩大、桌椅变大），书籍的种类需适时补充和更新换代。4～6岁孩子的阅读角，主要以卡通漫画、绘本、童话书为主，突出图书的故事性、趣味性、启蒙性，也要有利于发展孩子的数理逻辑能力和动手能力。

孩子上小学后，阅读角的书可逐步补充一些寓言故事、成语故事、儿童诗选、中外名著、教辅资料等书，以拓展孩子知识面、培养孩子文学情操为主。孩子上初中后，阅读角应变为书房，有独立的书柜、书桌、座椅、电脑，有丰富的藏书。家长适时补充和更换图书，既体现了家长对孩子的关注，又有利于孩子身心发展和科学文化素养的提高。

（三）要求孩子学会管理家庭阅读角

随着家庭阅读角图书的增多，加强管理就很重要了。教师可以告诉家长，引导孩子对图书进行编写目录（表9-4）、分类摆放，管理图书和自己的阅读行为。

完善、发展家庭阅读角，一是指导家长适时添置图书，增加图书种类；二是指导家长，经常检查阅读角设施，发现老化、松动等安全隐患要及时处理；三是随着孩子年龄的增长，阅读角要升级，如变成能放书桌、电脑、大书柜的书房。

表9-4　图书编写目录范例表

图书编号	书名	作者	出版社	购书日期

（四）指导家长做好榜样，严格自律，带头阅读

家长也要有良好的阅读习惯，在家中不要一直刷手机、看电视。教师要提醒家长，孩子会模仿家长的行为，而良好的家庭学习氛围必将熏陶出热爱阅读、热爱学习的孩子。

家庭阅读角的建立，有利于为孩子创设阅读、学习环境，有利于营造良好的家庭成员共同阅读、学习的氛围。要想孩子热爱学习、养成良好的学习习惯，请告诉家长：抓紧建立家庭阅读角吧！

随讲随练

【判断】想让孩子爱上阅读，培养孩子良好的阅读习惯，不如为孩子打造一个专属于他们的阅读空间。（　　　）

【单选】下面哪一个不是建立家庭阅读角的应对策略？（　　　）

A.布置温馨舒适的阅读角

B.准确把握图书的选购标准，精挑细选图书

C.随意建立家庭阅读角，放任不管

【多选】教师指导家长建立家庭阅读角的实施建议有哪些？（　　　）

A.建立的时间宜早不宜迟

B.根据孩子的成长特点丰富阅读角

C.要求孩子学会管理家庭阅读角

D.指导家长做好榜样，严格自律，带头阅读

拓展阅读

1. 刘志华：《家长参与课外阅读，营造家庭阅读氛围》，《课堂内外（高中版）》，2022（7）。

2. 吴仲平、刘冬、凌佳等：《少儿图书馆家庭阅读推广中的家长阅读探讨》，载《图书馆研究与工作》，2021（12）。

3. 陈亚兰：《"双减"背景下学习型家庭阅读场的构建策略研究》，载《新课程评论》，2021（11）。

4. 徐年乐、王倩：《加强亲子阅读指导，提升家庭阅读体验》，载《安徽教育科研》，2021（28）。

5. 施旖：《"既是生活，亦是教育"——论陶行知思想引领下的家庭阅读》，载《家教世界》，2021（24）。

▶ 第三节 指导家长培养孩子专注力技巧有哪些 ◀

知识构图

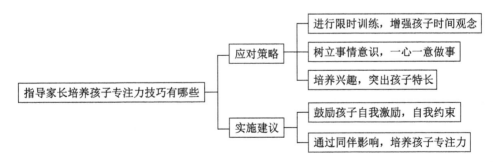

学习目标

1. 能够根据不同的情况，选择指导家长培养孩子专注力技巧的应对策略。

2. 了解指导家长培养孩子专注力技巧的实施建议。

1.在之前的教学中,你是否指导过家长培养孩子的专注力?

2.反思在指导家长培养孩子专注力时,自己是否采用了科学的应对策略?

一、问题聚焦

小强是一名小学三年级学生,他的妈妈向教师反映:"老师,我家小强看书和做作业总是注意力不集中,调皮好动,小动作多,一会儿要喝水,一会儿要吃东西,静不下来。老师,有什么办法改变他这种现状吗?"其实,孩子做事磨蹭、效率低,除了不熟练、没有紧迫感等原因之外,还有一个易被忽视的原因,就是专注力不够。接下来,我们就来谈谈如何帮助家长培养孩子专注力的问题。

二、应对策略

（一）进行限时训练,增强孩子时间观念

教师可以建议家长从限时阅读、限时作业、限时完成日常事务三个方面入手。

限时阅读训练。第一,限定时间,完成规定的阅读量。如现代文6分钟读完300字,10分钟读完一篇短文;古文可以读得稍慢。第二,帮助孩子掌握有效的阅读方法。如孩子识字侧重从词开始(跨越刻意认"字"的初级阶段,培养孩子一眼就找到词语的习惯);阅读时找句子主干(主谓宾),尤其谓语动词,通过主干把握句子意思,发现关键句;通过找每段的关键句,了解整篇文章大意。第三,通过复述,检查阅读效果、锻炼孩子表达能力。限时阅读训练要尊重孩子认知规律,培养孩子阅读兴趣,围绕设定目标及时鼓励。

限时作业。限时作业可先从一句话、一道题训练开始,逐步推广至一篇文章、一张试卷。如10分钟必须完成10道选择题,且每道题都要找出题干的关键字词句。又如初中生应用50～60分钟完成一篇800字左右的作文。这些都与考试的要求是差不多的。只要家长和孩子持之以恒,孩子专注力必将大大提高。

限时完成日常事务。生活中的琐事会影响一个人做事的风格和习惯,设定目标、限定时间完成某事,并长期坚持,就可养成习惯,进而这种习惯也会在学习中体现。如吃饭,家长可从小规定孩子在饭点按时吃饭，一顿饭在 20 分钟内吃完，如果吃不完，家长也立即收碗，且早、中、晚饭之间不给零食吃，只要这样坚持下去，孩子是不会再拖延的。

（二）树立事情意识，一心一意做事

培养孩子专注力，一方面要求孩子做某事时要集中精力，一心不能二用，想一事、做一事、完成一事，不心猿意马、不三心二意；另一方面要减少外物对孩子的干扰，如孩子正在做作业时，家长不能在旁边不停指导、大声说话，也不能在一旁布置另外的事，要保持相对安静的环境。

（三）培养兴趣，突出孩子特长

保护好奇心，培养兴趣，教师要提醒家长注意以下几点。

第一，辨别好奇心。好奇心分好坏，如孩子对别人吸烟好奇，想尝试。这时，家长要制止并引导。第二，培养符合孩子特点或现实中必须要有的兴趣。孩子可以培养阅读、音乐、舞蹈、书法、美术、体育等兴趣，对孩子不喜欢而生活中又最好培养出的兴趣，家长要想方设法让孩子喜欢。例如，有的孩子不喜欢数学，但数学是培养人的思维能力的学科，家长可通过买趣味数学书，举生活中的数学案例，请教师指导学习数学的方法等途径，让孩子喜欢数学，提升数学学习能力。第三，强化兴趣，发展特长。好奇心、兴趣都是面向自己的，特长才是可以拿来展示的、能增强人的自信的东西。家长要根据孩子实际情况分析并确定培养孩子某方面的特长。

三、 实施建议

（一）鼓励孩子自我激励，自我约束

来自外部的管教、压力、鼓励都是外因，是培养孩子专注力的外部条件，孩子的自我激励和自我约束才是提高孩子专注力的内部原因，是根本。具体可参考以下方法。

第一，教育孩子树立崇高远大理想，并为之努力奋斗。伟大的理想产生伟大的动力，这种动力又会约束孩子的行为，提高孩子的专注力。培养孩子树立理想并为之奋斗的最好方法是向榜样学习。例如，看名人传记，用名人的理想和奋斗经历激励自己，树立崇

高远大理想，并努力追求。

第二，教育孩子立足现实又敢于竞争。无论自己在与同伴对比中处于优势、劣势还是同等水平，都要正视现实，脚踏实地，寻找方法，超越自我。例如，孩子进入高中，学习难度增大，物理学习在班里有些落后，这时家长就要先引导孩子正视现状，再帮助孩子分析原因，根据原因寻找对策。这期间，家长一定要告诉孩子要相信自己行。

第三，教育孩子从小事做起，循序渐进，学会反思。自我激励、自我约束都是从一点一滴的小事开始的，要告诉孩子，今天遇到一道难题，告诉自己："我一定要把它做出来，我一定能把它做出来。"并约束自己看书复习、专心听课。小事做好了，一步一步，离大目标就更近了。同时，还要教会孩子反思自己的行为，总结经验、吸取教训。

（二）通过同伴影响，培养孩子专注力

孩子的成长，离不开同伴。同伴的影响，会产生示范效应、模仿效应，家长要为孩子选择优秀的同伴、强化同伴的正向影响。孩子各个成长时期的同伴特点不同，带给孩子自身的影响也不同。幼儿时期的同伴，主要是在游戏玩耍中结识的。因此，针对幼儿期的孩子，教师要指导家长，引导孩子在与同伴的游戏玩耍中培养孩子的专注力。例如，冬天，几个孩子一起堆雪人，完成这样一个集体项目，每个人都得搬雪块、想造型、垒高等，这能锻炼所有孩子的专注力。

其次，孩子在交往过程中，会在语言上相互评价，行为上相互影响。通过他人的眼睛看自己，可以使孩子改变自己的不良行为。同时，他人的行为又会促使孩子模仿。这样，在同伴的影响下，就能收到不教而教、不学而学的效果。当然，家长要为孩子创设条件，让他们多结识优秀的同伴。

最后，指导家长让孩子在学校学习中培养专注力。孩子的主要任务是学习，无论校内还是校外的学习，孩子们都既有竞争又有合作，你追我赶，提高成绩。教师要指导家长，教育孩子正确认识学习和学习压力，变压力为动力。适度的学习压力之下，孩子必然会专注于学习。

聚精会神是一种良好的学习习惯，也是提高孩子学习成绩的必要保证。以上三个小

技巧仅供教师参考，愿教师、家长都能勤于思考，灵活把握，切实践行，提高孩子的专注力。

随讲随练

【判断】孩子做事磨蹭、效率低，除了不熟练、没有紧迫感等问题之外，另一个重要原因，就是专注力不够。（　　）

【单选】下面哪一个不是指导家长培养孩子专注力的应对策略？（　　）

A.进行限时训练，增强孩子时间观念

B.树立事情意识，一心一意做事

C.不进行专门指导，放任不管

【多选】指导家长培养孩子专注力技巧的实施建议有哪些？（　　）

A.鼓励孩子自我激励，自我约束

B.通过同伴影响，培养孩子专注力

拓展阅读

1.刘慧：《家园共育 提升幼儿的专注力》，载《幸福家庭》，2021（21）。

2.王晶：《幼儿专注力培养影响因素与对策分析》，载《当代家庭教育》，2021（27）。

3.李钻勤：《在家庭教育中如何培养孩子自律品质》，载《中学课程辅导（教师教育）》，2020（15）。

4.张浩：《聚焦家庭教育 提升专注能力——浅谈如何培养学生的专注力》，载《教师》，2019（33）。

▶▶ 第四节　有效时间管理的方法有哪些 ◀

知识构图▶

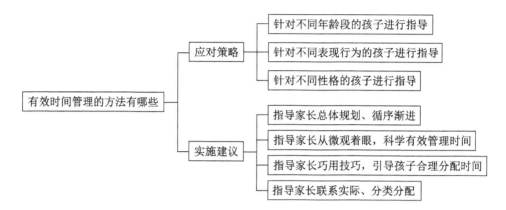

学习目标▶

1. 掌握针对不同孩子的有效时间管理方法。

2. 学习如何指导家长帮助孩子进行有效时间管理。

读前反思▶

1. 当孩子总是不能按时完成学习任务，你会怎么帮助他?

2. 当发现制定时间规划表不能帮助孩子有效管理时间的时候，你会采取什么行动?

一、问题聚焦

在学校生活中，有很大一部分孩子不善于进行时间管理，具体表现为学习时容易受外物影响而分心，从而不能按时完成学习任务；总觉得事情多，分不清事情的轻重缓急、先后顺序；每天得过且过，胸无大志……不能有效进行时间管理，带来的结果是：做事速度慢、效率低，学习成绩难以拔尖，一生难有大的成就。教师如何帮助家长引导孩子科学有效地管理时间呢?

二、应对策略

应根据不同孩子的需求，给出针对性的指导方案。如表9-5所示。

表 9-5　针对不同孩子的指导方案

不同类别	孩子类型	指导方案
不同 年龄段	小学生	指导家长加强监督，帮助孩子计算时间，介绍提高学习和做事效率的方法（如做时间计划表、善用时间进度条等），培养有效管理时间的习惯。
	初中生	侧重于时间紧迫性和重要性的教育，培养孩子的责任意识，增强其有效时间管理的自觉性。
	高中生	侧重于长期规划，树立远大理想，磨砺坚强意志，严格执行学习计划的教育。
不同行为 表现	做事拖拉、磨蹭的孩子	家长要对孩子进行严格的限时训练，使孩子做事适度紧张，集中注意力。
	容易受外物影响、注意力易分散的孩子	家长要帮助孩子减少外界影响，创设安静、干净的学习生活环境。如孩子在学习时，家中不放电视、家庭成员不大声喧哗等。
	贪图玩耍、享受、没有时间意识的孩子	指导家长要加强管理、严格规范孩子行为，再辅之以适当的激励措施。如规定孩子固定每天学习、锻炼的时间、内容，表现优秀可延长每日户外活动的时间。
不同性格 特征	内向型性格的孩子	指导家长，平时多从积极的一面去看待孩子的行为，既要教育孩子增强时间观念、提高工作效率，更要鼓励孩子与人交往、开放自我。
	外向型性格的孩子	指导家长，要加强对孩子行为的规范、对其顽劣的行为进行适当的批评。
	自卑的孩子	家长要多关注孩子身上的闪光点，帮助孩子增强自信心，提高时间管理的效率。
	自负的孩子	指导家长，要求孩子学会全面认识自己，多看别人的优点和自己的不足，发现自己的弱点，反思自己对时间的利用效率。
	自信的孩子	指导家长，认识到孩子不能有效管理时间，可能只是利用时间的方法不当，要加强正面教育，向孩子提出管理时间的合理化建议。

三、实施建议

孩子的时间如何利用，如何管理更有效？教师可以这样做。

（一）指导家长总体规划、循序渐进

首先，规划一生的时间。明确孩子希望自己长大要成为什么样的人。干什么工作。如小学教师可指导家长，让孩子展开想象的翅膀，梦想自己有一天成了物理学家、数学家、天文学家、外交家等，从而让孩子一生为梦想奋斗。其次，规划某一阶段的时间。如小学阶段重点培养良好的学习习惯，初中阶段重点在于掌握一定的学习方法和技巧，拥有健康的心理和身体，磨砺坚强意志；高中阶段重点在立志，并为追求实现志向而奋斗终身。最后，规划当前的时间。制订详细的时间计划，并提前做好准备。如孩子周日早上6点起床，运动半小时，洗漱10分钟，再进书房阅读半小时，早餐之后在书房做作业至11：30。有明确的时间、地点、任务、具体落实措施，同时第一天晚上把做运动的服装、课外阅读的书籍、需完成的作业提前准备好。这样，当前的时间就规划落实好了。

（二）指导家长从微观着眼，科学有效管理时间

因为每一天的时间是固定的，所以管理时间重在科学分配。做此事的时间多了，做彼事的时间就必然减少。因此，教师要指导家长引导孩子计算每天用在学习上的时间总量，把总量分配到每一个学科，再把每一个学科应得的时间分到每一道题的解答上去。这样，何时该干什么、以什么速度完成就一目了然了，时间管理也就变得精准了。精确计算时间时要做到：明确一定时期自己拥有时间的总量，明确这一时期事情的总量、种类，还要考虑吃饭、休息、娱乐的时间因素。

（三）指导家长巧用技巧，引导孩子合理分配时间

首先，善用时间进度条。对某件任务，先限定完成的时间，然后将总任务拆分成一个个小任务，各个击破。如果在第一个任务上花费时间很长，仍没有结果的时候，则跳过它先去完成第二个任务，等第二个任务完成后，人的心情会放松很多，带着成功的喜悦再来完成第一个任务。其次，加强碎片时间管理。利用碎片时间，可进行耗时较短的内容的学习。如在散步、排队、等公交或地铁时，可背英语单词，背简短的古诗词，记某学科的概念、公式等。最后，利用时间管理四象限法。教师可以指导家长，让孩子在每天临睡前把第二天要做的事情写出来，并分类在各个象限里。重要又紧急的事情立刻去做，重要但非紧急的事情有计划去做。如图9-1。

（四）指导家长联系实际、分类分配

从实际出发分配时间需遵循如下原则。

一是不同时期做事的侧重点不同，在各种事情上应分得的时间也不同，如青少年时期学习锻炼的时间要占一天中的主要部分；二是学习的内容、方向、侧重点不同，分配的时间就不同。如文科学生在文史哲的学习研究中要多花时间，理工类的学生在自然科学的学习研

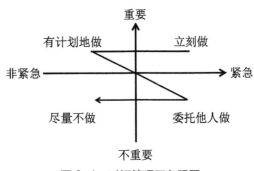

图9-1 时间管理四象限图

究中要多付出精力；三是实际情况不同，分配时间有差异。例如，某高中生数理化成绩拔尖，语文成绩落后，则该同学在语文的学习上应多分配时间；四是根据大脑在不同时间的活动特点分配时间。一年之计在于春，一天之计在于晨。青少年时期要多花时间学习；一天中早晨头脑最清醒，记忆力好，这个时间应多背诵。

科学有效管理时间能充分合理地利用个人的时间资源，提高工作效率。教会孩子科学有效管理时间是家长的责任，也是教师的分内之事。我们要静下心来，多实践多研究，帮助孩子提高时间利用率，做好时间规划。

随讲随练

【多选】以下哪些属于不善于进行时间管理的孩子的表现？（　　）

A. 学习时容易受外物影响而分心，从而不能按时完成学习任务

B. 总觉得事情多，分不清事情的轻重缓急、先后顺序

C. 每天得过且过，胸无大志

D. 学习成绩差，缺乏逻辑思维

【单选】以下哪个指导方案是针对小学生的？（　　）

A. 指导家长加强监督，帮助孩子计算时间，介绍提高学习和做事效率的方法，培养有效管理时间的习惯

B. 侧重于时间紧迫性和重要性的教育，培养孩子的责任意识，增强其有效时间管理的自觉性

C. 侧重于长期规划，树立远大理想，磨砺坚强意志，严格执行学习计划的教育

D. 尊重孩子的意愿，自己分配自己的时间

【多选】对孩子来说，以下哪项属于重要非紧急的事情？（　　　）

A. 完成作业　　　　　B. 锻炼身体　　　　　　　C. 上网

D. 阅读一本名著　　　E. 回复同学信息

拓展阅读

崔馨：《儿童时间管理：21天习惯养成训练营》，北京，中国铁道出版社有限公司，2019。

▶ 第五节　如何将规则教育渗透在学习生活中 ◀

知识构图

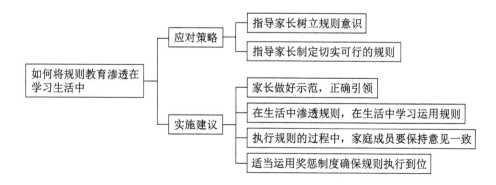

1.掌握指导家长开展规则教育的策略。

2.了解指导家长开展规则教育的实施建议。

读前反思

1.根据你的经验，孩子的哪些表现是因缺乏规则意识所导致的？

2.你会如何通过家校合作培养孩子的规则意识？

一、问题聚焦

在现实生活中，常见到这样一些现象。有的孩子边吃东西边学习；有的孩子边看电视边学习；有的孩子做一会儿作业又跑开玩耍几分钟再回来；有的孩子写作业时不看题，随便写、随便涂、随便改；有的孩子深夜不睡觉，早晨赖床不起；有的孩子即使到了中学自己的衣服也是扔给家长洗……这些看似简单的现象，其实是因为家长、孩子缺乏规则意识造成的。那么，教师该如何指导家长在学习生活中渗透规则教育呢？

二、应对策略

（一）指导家长树立规则意识

教师可以引导家长从社会现象入手，让孩子明白规则的重要性，从而树立规则意识。如社会安定是因为有警察维护社会规则，交通不混乱是因为车辆遵守交通规则。首先让孩子了解规则，然后守住自己的界限，遵守规则的生活会保证孩子在秩序中成长，让孩子能自己判断是非善恶，自发地建立良好的秩序与和谐的氛围，即教育家们倡导的"规则内化"。从生活常识着眼，从自身实践体验中感受规则重要性，让孩子树立规则意识。

（二）指导家长制定切实可行的规则

1.在尊重孩子、充分协商的基础上制定规则

怎样的规则才既符合孩子特点，又尊重家长意愿和社会普遍的价值要求？那就是了解孩子思想和行为实际、家长与孩子充分沟通交流后"跳一跳能摘到果子"的规则，而不是家长强加给孩子的，孩子觉得永远无法达到的规则。由于这些家庭规则是孩子与家长共同制定的，从孩子们的实际出发又遵循了他们的意愿，所以容易被孩子们认同并乐意遵守、执行。规则制定好后，家庭成员要注意保持家庭规则的一致性与相对稳定性，才能避免孩子无所适从。如说好要早睡早起的，那么家里每个成员都要自觉遵守这一规则，不开夜车、不睡懒觉。

2. 在孩子可选择的范围内制定规则

教师要帮助家长认识到：如果家长仅凭自己主观意愿而剥夺孩子选择权制定规则，就会把孩子推到无法控制的规则之外。要在孩子学习、生活的不同方面确定方向、划定范围，不管孩子选择什么，他的行为都将在规则之中，并且要给孩子一定的选择权，否则可能会让孩子缺少自我意识，只会听从别人的意见。例如，把"早餐你想吃什么"改为"明天早餐有馒头、面条、稀饭，你想吃什么"；去书店前告诉孩子："我们今天去书店买一本语文课外辅导书，选你喜欢的就好"。这样就避免了孩子漫无边际地在书店寻找、浪费时间。

3. 制定简明扼要的规则

有些家长制定的规则过于笼统，且篇幅过长，比如"学习知识不能要求过急，要循序渐进，一点一滴地积累""爱干净，每天做家务，不偷懒"。教师要引导家长制定简单、好操作的规则，例如，规定孩子做作业的相关事项时，涉及时间（何时开始，何时完成）、质量（尽量做对，保持整洁）、数量（不漏题）即可，但注意也不要把"作业要到书房做""做作业时不能跟他人讨论，不准吃东西"等过于细节的内容写进去，从而便于孩子记忆和执行。

三、实施建议

（一）家长做好示范，正确引领

孩子是在家长的抚育下长大的，家长的言行举止，孩子都会学习和模仿。教师要提醒家长，在生活起居、兴趣爱好、饮食习惯、待人接物等方面都时时注意、处处留心，只有家长严格要求自己，才会给孩子更多的正面教育。如家长不乱扔垃圾，孩子才会保护环境；家长不闯红灯，孩子才会遵守交通规则。

（二）在生活中渗透规则，在生活中学习运用规则

"千里之堤，溃于蚁穴""九层之台，始于垒土"。对孩子的规则教育也一样，教师要指导家长从细小之事开始立规则，从细微之处教孩子学习执行规则。孩子从出生到上学，首先接触的是生活，日常起居、吃饭穿衣、待人接物，看似是小事，实际上都有一定的规则，这些都是对孩子进行规则教育的起点，也是培养孩子规则意识的基础。教师要提醒家长，孩子开始上幼儿园、小学后，家长不仅要延续生活中的规则，而且要增加学习中的规则，如当天的学习任务当天完成，上学不迟到，课堂要专心等。如果从小就规范孩子从这些小事做起遵守规则，持之以恒，将来孩子才会有规则意识、规则习惯、规则行动。

（三）执行规则的过程中，家庭成员要保持意见一致

家庭成员对目标的要求是有差异的。如之前大家约定好，孩子每天早晨六点起床，但某个星期天早晨六点孩子还没睡醒。这时如果父亲叫孩子起床，母亲却说："今天是星期天，让孩子多睡会儿。"家长意见不一，孩子会不清楚究竟该不该遵守规则，同时也会觉得不遵守规则还有靠山。如果家长因观点不一发生争执，孩子还会感到家里不安宁，心烦。因此，孩子在执行规则的过程中，教师要提醒家长，一定要在孩子面前保持意见的高度一致，绝不能因为心疼孩子而临时改变或破坏规则。如果家长确实觉得原有规则不合理，也应在事后与孩子一起商量改正，遵照执行。

（四）适当运用奖惩制度确保规则执行到位

教师要提醒家长，采用形式多样的奖惩制度，适当表扬、鼓励与惩罚，既注重物质上的，也注重精神上的，如孩子遵守规则做得好时，竖起大拇指为他点赞、对他微笑点头、使用赞美的语言等。对孩子违反规则的行为，要视情况给予惩罚，如减少玩耍时间等。同时，家长要合理运用自然惩罚法，当孩子固执、任性，甚至对家长的教育无动于衷时，适当地让孩子接受一些自然后果惩罚。让孩子从自身所受挫折中慢慢

感悟、领会遵守规则的重要性。如孩子不遵守课堂规则，在课上讲小话、开小差后，学习成绩下降了。家长让孩子看到后果，并配合教师与孩子一同分析原因，从而令孩子明白不遵守课堂规则导致的结果。孩子只有知道问题的严重性，才能回到遵守规则的轨道上。

孩子从小依规行事，才能使社会、国家文明有序。教师要引导家长重视规则教育，研究落实规则教育的方法，让规则教育更有效地陪伴孩子健康成长。

随讲随练

【单选】以下哪种方式比较适合帮助孩子树立规则意识？（　　）

A.从社会现象入手，让孩子明白规则的重要性

B.家长反复对孩子强调规则的重要性

C.让孩子背诵社会中的各种规则

D.对孩子违反规则的行为进行惩罚

【多选】家长如何制定切实可行的规则？（　　）

A.在尊重孩子、充分协商的基础上制定规则

B.在孩子可选择的范围内制定规则

C.制定简明扼要的规则

D.尽可能多地制定规则，让孩子事事有遵循

【多选】在实施规则教育中，家长应做到以下哪些要求？（　　）

A.家长做好示范，正确引领

B.在生活中渗透规则，在生活中学习运用规则

C.执行规则的过程中，家庭成员要保持意见一致

D.适当运用奖惩制度确保规则执行到位

拓展阅读

1.黄珊珊：《中小学生规则意识教育现状及培育路径探析》，载《宁夏大学学报（人文社会科学版）》，2019（C1）。

2.郑三元：《规则的意义与儿童规则教育新思维》，载《湖南师范大学教育科学学报》，2006（5）。

▶▶ 第十讲
▶ 学业焦虑

进入学校后，有越来越多的家长对孩子的学业感到焦虑，许多家长拼了命地给孩子报各种辅导班；放学以后，又专门负责辅导作业。"不让孩子输在起跑线""别人家的孩子"这些概念都刺激着家长的神经。焦虑的家长们也常常向教师寻求帮助。通过本讲的学习，教师能够更好地指导家长保持正确的"陪写作业姿态"，指导家长调整期望、减轻焦虑，指导家长应对孩子的学业焦虑，指导家长培养孩子的耐挫力，指导家长调试考前焦虑。教师会对如何缓解家长的教育焦虑和孩子的学业焦虑有更好的了解。

·
·
·
·

▶▶ 第一节　如何指导家长保持正确的"陪写作业姿态" ◀

知识构图

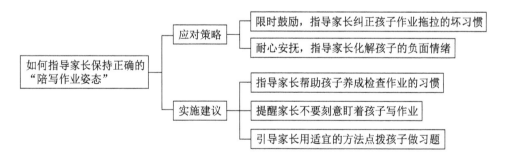

学习目标

1. 掌握指导家长保持正确的"陪写作业姿态"的应对策略。

2. 了解指导家长保持正确的"陪写作业姿态"的实施建议。

读前反思

1. 你的班上家长陪写作业的现象常见吗？你是怎么处理的？

2. 你知道让孩子养成独立、高效完成作业的习惯的方法吗？

一、 问题聚焦

家长陪孩子写作业的段子频出，甚至有人把陪孩子写作业列入影响健康的"高危职业"，不少人表示感同身受。每一位教师尤其是班主任都接到过家长陪孩子写作业的问题求助。有的家长反映孩子写作业拖拖拉拉，有的家长因为孩子作业错误率太高向教师求助。这一切不禁让人思索：陪写作业的"正确姿态"是什么？教师应该如何指导家长科学地陪写作业呢？

二、应对策略

一般来说，家长陪写作业的困惑可以总结为两点：孩子作业拖拉，不能按时完成作业；孩子写作业总出错，效率低。针对这两种问题，教师可以分别采取"限时鼓励"和"耐心安抚"的方法解决问题。

（一）限时鼓励，指导家长纠正孩子作业拖拉的坏习惯

首先，教师可以制作一张"月度作业完成表"交给每位家长，每日放学后，教师记录孩子当天的作业量，结合他们在校期间做课后练习的平均用时，预估所需时间。这样，在班级微信群中发布作业时，教师可以在结尾处做一个时间小贴士，如"语文30分钟""数学20分钟"等，帮助家长对孩子的作业量有大致的了解。

家长在陪写作业时，便可以利用闹钟、手机的计时功能对孩子的作业过程进行监督，如果孩子在规定时间做完，就在"月度作业完成表"上画一个小星星。教师每个月向家长收填好的"月度作业完成表"，对拿到20及20颗以上小星星的孩子进行表扬。

同时，教师要提醒家长："限时鼓励法"主要是为了纠正孩子做作业拖拉的坏习惯，孩子在规定时间内完成作业就达到了目的。只要孩子有进步就要称赞，即使孩子在写作

业时有错题现象，也不要急躁，先解决孩子写作业拖拉的问题，再慢慢提升作业的整体质量。

比如，今天的语文作业不算多，难度也不高，用 15 分钟就完全可以做完。教师便可以在班级群中向家长提出建议：要求孩子的语文作业控制在 30 分钟内做完，且准确率达到 90% 以上。

（二）耐心安抚，指导家长化解孩子的负面情绪

有时孩子在写作业的过程中会遇到一些困难，从而对作业产生抗拒心理。对待做作业拖拉、爱玩的孩子，教师要提醒家长，越是责骂孩子，越会加重孩子的焦虑情绪。面对不情愿写作业的孩子，教师对家长进行家庭教育指导，一定要从负面情绪的化解入手。

首先，帮助家长建立亲子间的良性沟通。教师可以给家长提供一些提问的方法，比如"是不是遇到了什么困难，能告诉我吗"。随着孩子的年龄增长他们有自己的思想，也有决定要不要分享的权利，如果家长强硬地去让孩子分享，只会加快亲子关系的恶化，最终还会起到负面的影响。

其次，引导家长清除孩子内心的不安。当孩子述说负面情绪的产生原因之后，教师需要指导家长站在孩子的角度去安抚情绪。若孩子学习遇到了困难，要告诉孩子："别担心，做错了再改。"发现孩子做作业拖拉时，教师可以建议家长走到孩子身边说："是不是遇到了难题，要不要老师帮你一下？"把孩子的注意力拉回到学习上。沟通和理解既是尊重，也是家庭和亲子教育的捷径。

三、实施建议

（一）指导家长帮助孩子养成检查作业的习惯

教师要指导家长重点检查孩子做题的过程，比如，算式的列法是否正确，而不检查计算的结果。并提醒家长如果发现作业有不正确的地方，不要马上指出具体错误，而是说出大体范围，如"做得不错，但这个题有些不对的地方，你再看看。"具体结果由孩子自己确认，自己承担教师批改时发现错题的责任，从中培养孩子对自己负责，认真仔细的学习品质。

（二）提醒家长不要刻意盯着孩子写作业

有的家长喜欢盯着孩子做作业，一旦发现有小问题，如字写错、写歪了，就马上帮孩子涂擦，并批评孩子："怎么又做错了，总是改不掉。"孩子在这种紧张的氛围中，家长再怎么教，他也听不进去，也改不过来。

教师要指导家长让孩子自己做作业，不打扰孩子，等他做完了再检查，才能达到较好的效果。

（三）引导家长用适宜的方法点拨孩子做习题

孩子的学习能力有限，需要大人的引导和启发。遇到孩子不会做的问题时，家长可以从以下几个方面入手。

反复读题，让孩子自己理解问题。许多题目并不难，只是孩子缺乏耐心，没有仔细阅读原题，看了一遍就感到很难，想要放弃，这是一种消极的心理暗示。教师要提示家长：这个时候不要立即告诉他如何做，孩子不会做的题，坚持让他再读一遍，用鼓励式的读题法提高孩子主动学习的兴趣，从而获得自信。

只讲关键点，让孩子自己寻找思路。对有些难题，教师可以定期将孩子不会做的题目进行梳理，根据原题编一些相似的例题，让家长与孩子一起分析、讨论，找出解题的关键点，训练孩子举一反三的迁移能力。否则，孩子被局限在就题解题的思维定式中，很难建立学习的思维迁移模式。教师要指导家长在陪写作业的过程中培养孩子学会"活读书"，而不是"死读书"。

孩子的成长是一个长期过程，学习是一件伴随孩子终生的事情，所以孩子写作业要陪伴，更要培养其好的写作业习惯。在这一过程中，教师要引导家长帮助孩子养成良好的学习习惯，重在引导孩子如何学习，有计划地提升孩子的学习兴趣和学习信心，尽可能让孩子独立完成作业，培养孩子独立思考的能力。

随讲随练

【判断】在孩子写作业遇到困难时，家长不应该直接告诉孩子答案，而是要鼓励孩子反复审题，积极思考。（　　　）

【多选】面对孩子作业拖延的问题，以下哪些举措可以借鉴？（　　　）

A. 找出孩子不能顺利完成作业的原因

B. 设定时间，培养先完成功课再玩的习惯

C. 放任不管

D. 严厉批评

拓展阅读

1. [美国] 詹姆斯·克利尔：《掌控习惯》，北京，北京联合出版公司，2019。

2. 李泽国，姜虹娟：《学生学习习惯培养的方法》，合肥，安徽人民出版社，2012。

3. 申仁洪：《学习习惯：概念、构成与生成》，载《重庆师范大学学报（哲学社会科学版）》，2007（2）。

4. 韩军、赵红霞、张蕾等：《让孩子做好作业的6大策略——推荐〈怎样辅导孩子做作业〉》，载《少年儿童研究》，2003（12）。

↦ 第二节　如何指导家长调整期望，减轻焦虑 ◂

知识构图

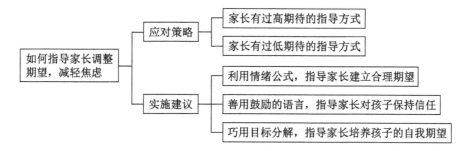

学习目标

1. 掌握指导家长调整期望，减轻焦虑的应对策略。

2. 了解指导家长调整期望，减轻焦虑的实施建议。

读前反思

1. 你遇到的家长中有多少人会因为孩子的学业焦虑？

2. 面对家长的焦虑，你通常是怎么处理的？

一、问题聚焦

期望效应是一种具有普遍意义的心理学规律。家长的期望在很大程度上影响着孩子，渗透在孩子的整个成长过程之中。家长在教育子女的过程中，期望效应常常可以发挥它的威力。然而，有些家长急功近利，没有根据孩子的实际情况给予期望，对孩子要求苛刻，结果给孩子带来巨大的心理负担，适得其反。那么，过高的期望值，对孩子的成长还会产生哪些影响？教师又该如何指导家长，调整其对孩子的教育期望值呢？

二、应对策略

在家庭教育过程中，每个家长有着子女成才的期望。孩子在成长过程中，也会产生符合自己心理需要的期望。如果家长与孩子的期望相符合，亲子关系就会融洽；如果家长与孩子的期望有较大距离，亲子之间就会产生矛盾。在家庭教育中，引导家长认识并把握好这种期望效应，是一项重要的家庭教育指导内容。

一般来说，家庭教育的"期望效应"中常见的极端期待问题有以下两种：过高期待和过低期待。

（一）家长有过高期待时的指导方式

家长对孩子期望过高，而具体措施又不符合其智力水平和个性特点，长此以往便会有严重后果。过高期待往往来自家长的虚荣心和对孩子的控制欲，如果家长意识不到孩子承受能力的节点在哪里，只是一味地加压，孩子一定会变得和家长的理想状态越来越远。

对此，教师可以帮助家长采取以下两种措施进行指导。

1. 言语应比期望低 30%

为了让孩子减少或者避免产生自卑感，教师应建议家长试着降低对孩子的期待，不要给孩子那么大的压力，在言语上降低对孩子的期盼性，如果家长内心的期望为100%，那言语表达出来的期望有70%就足够了。这样在和孩子表达的时候，孩子也能够更好地接受，并且能顺势激发出自己更多的能量，然后主动去完成剩下的30%。

2. 分解目标

面对期望过高的家长，教师可以帮助他们把远大的目标分解为一个个阶段目标，阶段目标会更匹配孩子不同时期的水平，更容易实现。这样既不会让孩子厌学，还会激发孩子学习的动力。

（二）家长有过低期待时的指导方式

有些家长常常会将自己的孩子与别人家的孩子进行比较，觉得自家孩子在很多方面都不如别人家的孩子。还有些家长因为之前对孩子抱有过高的不合理期望，孩子没达到后，家长产生了过多的负面情绪，便不再对孩子抱有期待，更有甚者让孩子放任自流。

对此，教师可以指导家长采取以下三种措施。

1. 少拿孩子进行对比

家长的过低期待会使孩子的自我价值感降低，影响其自信心。教师要举例说出孩子的一些优点，让家长知道每个人都是不一样的，要看到自家孩子身上的天赋，减少不合理的比较，帮助孩子建立自信。

2. 不吝啬赞美的语言

当孩子有所进步的时候，教师要指导家长给予一定的鼓励，同时与孩子一起探讨下一步的努力方向。如在孩子帮家长提东西的时候认同他的勤劳和体贴；在孩子整理自己的房间时，夸奖他良好的卫生习惯……让孩子逐渐发现自己的闪光点。

3. 鼓励孩子多交朋友

在孩子的成长过程中，家人之外能够常常接触的人，便是同学和朋友了。教师可以建议家长多带孩子出入公共场合，鼓励孩子广泛交友，通过拓展和建立良好人际关系帮助孩子提高自我认同感和价值感。

三、实施建议

（一）利用情绪公式，指导家长建立合理期望

心理学上有一个情绪指数公式：情绪指数＝实现值÷期望值。当实现值超过期望值时，情绪指数大于1，人的内心满足，情绪高涨；反之，实现值比期望值小，情绪指数小于1，人的情绪呈现压抑状态，情绪低落。因此，教师要帮助家长了解孩子的实际情况，让家长有一个适度的期望值。家长对孩子发展的期望应该是孩子在现有水平上适当提高，要孩子通过努力就能达到家长的期望，也就是要为孩子制定一个"跳一跳可以摘到的果子"的水平的标准。如果过高，孩子可望而不可即，就会因心理压力过大而出现行为退缩。如在学习中，一些孩子表现出的逃避、说谎、厌倦等，就与家长的期望过高，孩子难以实现其期望有关。

教师也要与家长经常保持联系，及时反馈孩子的学习状况，了解孩子的在家表现，根据实际情况调整家长的期望值。

（二）善用鼓励的语言，指导家长对孩子保持信任

家人的信任可以让孩子逐渐成长为自己所期待的人，在温馨的家庭环境中成长，孩子才会对自己越来越有信心，敢于迎接更大的挑战。

教师要提醒家长善用鼓励的语言，经常对孩子说："尽力就是最好。""我们相信，你能行，你还有潜力，还能取得更好的成绩！"孩子会从家长的教育态度中感受到家长的心理预期，若感受得到家长的尊重，孩子就会保持向上的力量。家长要让孩子明白，家人总是会支持和信任他，他可以自信、大胆地发展。

（三）巧用目标分解，指导家长培养孩子的自我期望

孩子的自我期待是建立在自我意识的基础上的，所以教师要指导家长培养孩子的自我意识。例如，家长一开始给孩子定一些能快速完成的小目标，孩子因完成目标获得成就感后，会逐渐对自己有较为清晰的认知，然后孩子就能尝试着自己给自己定目标。长久下来，孩子就会产生自我期望，并学会正确归因，提高自身的学习能力，正确对待成败。

成长是一个长期过程，学习也将伴随孩子的一生。家长只有从孩子的实际出发，因材施教，提出恰当的期望，才会产生积极效果。

随讲随练

【判断】家长对孩子的期望越高，孩子表现得越好。（　　　）

【判断】家长只要不管孩子的学习就不会焦虑。（　　　）

【多选】当家长对孩子产生过低期待时，教师可以提供哪些建议？（　　　）

A. 少拿孩子进行对比　　　　　　B. 不吝啬赞美的语言

C. 鼓励孩子多交朋友　　　　　　D. 多和孩子沟通交流

拓展阅读

1. 盖笑松：《积极心理学》，上海，上海教育出版社，2020。

2.［英国］阿兰·德波顿:《身份的焦虑》,上海:上海译文出版社,2020。

3.王姝舒:《让"陪读妈妈"不再"咆哮"——减轻一年级新生家长焦虑情绪的思考》,载《中小学心理健康教育》,2019(20)。

▸ 第三节　如何指导家长应对孩子的学业焦虑 ◂

知识构图

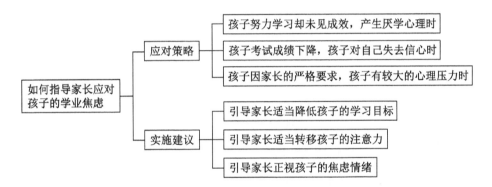

学习目标

1.了解孩子学业压力的具体成因。

2.掌握学业焦虑的不同成因及应对策略。

3.了解指导家长应对孩子学业焦虑的对策。

读前反思

1.你之前是否了解过孩子的学业压力?

2.反思自己是否了解孩子学业焦虑的不同原因?

一、问题聚焦

《教育蓝皮书：中国教育发展报告（2018）》中指出，学业压力成了中小学生自杀的首要原因。[1] 随着学习任务的不断加重，学习气氛变得紧张，部分孩子出现考试焦虑、学习不在状态等问题。

教师在日常教学中会经常听到孩子说"我担心这次考不好""这道题我肯定做不对""这次测验我不可能及格了"……若孩子也经常烦躁不安，消极看待自己，遇事临阵退缩，那就表明他们"焦虑"了。

学业压力往往会带来许多问题，教师应该如何帮助家长缓解孩子的学业焦虑呢？

二、应对策略

焦虑情绪的诱发因素很多，孩子在成长过程中，由于学习压力过大，生活环境变化，家长、教师的批评等因素，都可能会导致焦虑情绪的产生。对形成学业焦虑的不同原因，教师可以采取不同的策略帮助家长对孩子进行引导。

（一）孩子努力学习却未见成效，产生厌学心理时

有的孩子在学习上付出了非常多的努力，成绩却迟迟不能得到提高；有的孩子在某一阶段成绩一落千丈，却又不知原因，对自己产生怀疑，焦虑情绪日趋激化。

应使用的策略：首先，家校携手，帮助孩子掌握适合的学习方法。"苦学无效"困扰着很多孩子，学得累又考不好，使孩子对学习产生厌恶感。这一类孩子大多是没找对适合自己的学习方法，学习上缺乏技巧，导致学习效率较低。教师可以结合该生在校表现、薄弱学科和自身性格等因素，与家长进行细致的沟通，从而找出孩子学习效率低下的原因所在，制定个性化学习方法，指导家长辅导孩子掌握适合自己的学习方式，调高学习效率。

其次，加强沟通，激发孩子的学习兴趣。教师可以指导家长从孩子喜欢的学科入手，激发孩子学习的积极性。如喜欢语文的孩子，可以推荐一些课外书目请家长与孩子共读，

---

[1] 尚阳：《别和叛逆期的孩子较劲 .2，有效管教孩子的 42 招》，19 页，武汉，长江文艺出版社，2021。

并进行适当的写作练习。同时，要提醒家长肯定孩子在弱势科目上的点滴进步，如课堂发言积极，读书笔记认真等，即使进步很小，也要对孩子表现出赞赏的态度，以引导孩子主动去接触弱势学科，加强学习弱势学科的积极性。

（二）孩子考试成绩下降，孩子对自己失去信心时

小学生处于快速发育期，中学生进入青春期，这两个阶段，孩子的心理和生理变化均可能对学习带来一定影响，成绩出现波动属于正常现象。

应使用的策略是。首先，教师应与家长及时沟通，转移孩子的注意力。考试后，教师首先要与家长进行及时沟通，帮助家长平复孩子的情绪和心态，然后根据孩子的情绪状态调整沟通策略。如果孩子表现出较严重的焦虑，教师可以引导家长将关注重点转移到孩子的饮食起居上，多和孩子交流沟通，一旦发现孩子有焦虑情绪，要鼓励孩子说出来。

其次，教师可策划亲子交流会，帮助孩子保持平常心。对部分心理承受能力较差的孩子，教师可以设计一次亲子交流会，邀请成绩下降幅度较大的孩子和家长共同出席。让亲子间、同伴间了解彼此的心理感受，达到情绪宣泄的效果。在交流会结束时，教师可以鼓励家长与孩子适当增加体育锻炼，科学安排休息时间，最重要的是保持一颗平常心。

（三）孩子因家长严格要求，孩子有较大的心理压力时

一些孩子刚刚入学，家长就把注意力放在孩子是不是能考第一上。一旦成绩不理想，他们就会严厉地批评孩子，给孩子造成巨大的心理压力。

应使用的策略是。教师要提醒家长，发现孩子成绩有下降，不要过度紧张，应该更理解、关心孩子，适当调整不切实际的期待。在谈到最近的成绩时，家长不要过于严厉，要多鼓励孩子。这样，孩子学习成绩反而会提高。

三、实施建议

（一）引导家长适当降低孩子的学习目标

教师可以指导家长和孩子一起对当下的学习目标进行调整，调低家长对考试分数或排

名的预期。同时教师要帮助家长稳住心态，提醒家长切忌在学校作业之外给孩子布置大量的家庭作业，增加孩子的负担，否则繁重的学业负担会使孩子的学业焦虑进一步加重。

（二）引导家长适当转移孩子的注意力

如果孩子一直处于封闭的学习环境，会很难让自己焦虑的大脑得到休息。教师可以引导家长在放学后和孩子在校园里转转，或在回家的路上散散步。也可以通过适当的体育活动，或远足或爬山，让自己在大自然中放松身心，忘却烦恼。也可以带孩子看一场精彩的电影，让孩子将注意力从繁重的学业中转移出来，摆脱焦虑情绪。

（三）引导家长正视孩子的焦虑情绪

克服焦虑，绝不意味着要戒除焦虑。因为焦虑除了增加心理压力以外，还有一些积极的作用，能够激发孩子的危机意识，让孩子认识到什么才是对自己最有价值的。因此教师需要引导家长，使其意识到帮助孩子"接受焦虑存在"的重要性。教师可以引导家长帮助孩子分析问题，家长的倾听可以帮孩子缓解焦虑，孩子在倾诉时也能更客观、理性地思考自己的困惑，重新找到安全感。

减轻孩子焦虑情绪需要学校、家庭一起努力营造良好的环境。教师要和家长积极沟通，加强心理培养和疏导工作，提高学生的心理素质，使其正确面对学业焦虑，将自己的精力和时间更好地投入生活和学习中去。

随讲随练

【判断】减少孩子焦虑症的发生，需要学校、家庭的关心，共同营造一个良好的环境。（　　）

【多选】教师应该怎样引导家长应对孩子的学业焦虑？（　　）

A.引导家长适当降低孩子的学习目标

B.引导家长适当转移孩子的注意力

C.引导家长正视孩子的焦虑情绪

拓展阅读

1. 陈华仔、肖维：《中国家长"教育焦虑症"现象解读》，载《国家教育行政学院学报》，2014（2）。

2. 杨宏飞、李晓讴、袁路：《高中生的入世出世心理与学习压力》，载《中国心理卫生杂志》，2011（4）。

3. 宋征霞：《初中生病理性网络使用与学业成绩——学业焦虑的中介作用及团体辅导研究》，华中师范大学，2020。

4. 黄杰、曹旻、朱丹等：《学业焦虑在亲密同伴之间相互影响的纵向研究》，载《心理科学》，2018（6）。

▶ 第四节 如何指导家长培养孩子的耐挫力 ◀

知识构图

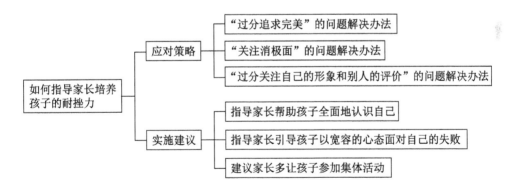

学习目标

1. 了解孩子的耐挫力。

2. 掌握孩子耐挫力较差的几种现象。

3. 了解指导家长对孩子进行心理干预的措施。

1.你之前是否了解耐挫力?

2.反思自己是否能够对孩子进行有效的心理干预?

一、问题聚焦

教师和家长都会关注孩子的学习成绩和状态，积极帮助他们解决学习上的问题。但除此之外，教师和家长往往会忽略孩子的心理问题。但实际上，有些孩子耐挫力较弱，一旦遭遇学业挫折或是生活上的失意，非常容易受打击。从而对自己产生怀疑，变得不自信，也丧失了学习的动力。因此，遭遇挫折的孩子都非常需要教师和家长进行心理辅导。

二、应对策略

如果孩子出现以下几类问题，教师要及时指导家长进行心理干预。

（一）"过分追求完美"的问题解决办法

有些家长追求完美，对孩子的要求和期望极高，导致孩子稍有一点事情做得不够好，便会感到不安，严重的甚至出现强迫症症状。教师要引导家长，允许孩子"不完美"，认同孩子因为过于追求完美而不得的情绪，少一些刻薄的要求，耐心开导孩子。例如，孩子因为考试考了95分而感到沮丧，要对此表示理解和包容："这个成绩其实是一个不错的成绩。""虽然没考到一百分，你也做得很棒了。"

教师要提醒家长：切忌一味地要求孩子完美，在这种教育下孩子也容易过度追求完美。对自身的期望过高，会让孩子缺少幸福感和快乐感。不要一味追求满分，即使孩子考了七十分，只要孩子有进步，教师就要引导家长鼓励孩子，而不是训斥孩子。只有家长不过分看重结果，孩子才能正视挫折，接受挫折，从中找到战胜挫折的信心。

（二）"关注消极面"的问题解决办法

有些家长非常吝啬自己对孩子的欣赏和鼓励，只有在成绩好的时候才会说几句表扬孩子的话，其他时候基本上不会用语言关爱、鼓励；但一旦孩子犯了错、表现得不够好，家长们就会带着情绪批评和指责孩子，如"脑子没别人转得快""总是马马虎虎"等。这样的情况，只能导致孩子对自我的认识和评价不足，对自己的长处和优点视而不见，常常担心自己成绩不如别人而再受责备，久而久之，便不能容忍自己的失败。

这样的孩子以家长的评价为行为标准，内心会变得敏感而脆弱，患得患失，过多的负面消极的评价，甚至会影响到孩子的一生。对这部分家长，教师要指导他们，少一点批评、指责，多一点关爱和理解，人无完人，要能够包容孩子的缺点，允许他们的犯错，让孩子在遇到挫折时，首先想到的不是被训斥、被打击，而是有人关心，有人鼓励。

（三）"过分关注自己的形象和别人的评价"的问题解决办法

有些成绩较好的孩子对自己的要求非常高，不许自己出现任何失败，一旦受挫，便认为辜负了家长和教师的期望，进而对自己的能力产生怀疑。这是由于孩子还在成长期，思维能力有限，缺乏分析和判断对错的能力，所以他们往往以他人的标准评判自己的行为，还处于"他律"阶段。

因此，教师要帮助家长认识到，如果家长能经常对孩子表达自己的支持、理解和赞赏，就能够帮孩子建立起对自己的良好认识。对特别在乎自我形象的孩子，教师要指导其家长，引导孩子学会辩证地看待他人的评价，通过正向的自我认同增加自信。

教师要提醒家长，不要随意给孩子的性格和行为特点下结论、贴标签："他从小就这样，慢慢吞吞地""他就爱调皮捣蛋""他没什么主见"……这些可能产生负面影响的评价会干扰孩子的自我认同。教师可以向家长定期反馈孩子的情况，将其作为孩子这一阶段的评价参考，同时进行探讨交流，给出合理的教育引导。

三、实施建议

（一）指导家长帮助孩子全面地认识自己

人不可能十全十美，无论多优秀的人，都会有自己不擅长的。人要时刻保持清醒的头脑、谦虚的心态，才会让自己获得更大的进步。教师要指导家长端正自己的心态，定期进行亲子沟通，让孩子意识到自己是优秀的，但是还可以做到更好，不要让孩子被别人的夸赞冲昏头脑，也不必因为他人的批评和建议灰心丧气。

当孩子认识到自己并非完美无缺，才能以更平和的心态面对学业，而不会在遭受学业、考试上的挫折时一蹶不振。重点是要指导家长帮助孩子摆正自身的位置，客观、全面地帮助孩子认识自己的优点和不足，不断提升、完善自己。

（二）指导家长引导孩子以宽容的心态面对自己的失败

教师可以搜集一些名人案例，指导家长以他们曾遭遇过的挫折对孩子进行启示，帮助孩子了解一次的失败并不可怕，因为没有人可以永远处于高处，人生难免会出现低点，所以要给自己缓冲的时间。一旦出现自己所不愿面对的失败，要及时反思自己，让自己有更大的进步。

（三）建议家长多让孩子参加集体活动

除了在日常学习中指导家长帮助孩子与其他同学多交流、多接触，教师还可以引导家长多带孩子参加社会实践等集体活动，可以是不同的运动游戏和知识性游戏，或是举办诗词大会和简单的数学竞赛。类似的游戏竞赛可以让孩子在与同龄人相处的过程中，发现自己的长处和不足，在各种情况（成功或挫折）下把握自己的位置，形成良性竞争，从成功中收获喜悦，在失败时磨炼意志，寻找遇到挫折时的心理调适方法。

在人的一生当中，遇到挫折在所难免，挫折可以使人沉沦，也可以铸造人的坚强意志。挫折与机遇并存，教师和家长要精心引导孩子，让他们在挫折中把握每一个成功的机遇，以积极的心态迎接挫折的挑战，勇敢地参与竞争。

随讲随练

【判断】不管成绩好坏，遭遇挫折的孩子都非常需要教师和家长进行心理辅导。（　　）

【多选】孩子出现哪些问题，教师要及时指导家长进行心理干预？（　　）

A. 过分追求完美

B. 关注消极面

C. 过分关注自己的形象和别人的评价

拓展阅读

　　胡琪：《小学高年级学生耐挫力现状及提升策略研究——以重庆市 S 区为例》，硕士学位论文，重庆师范大学，2021。

⇥ 第五节　如何指导家长调试考前焦虑 ◂

知识构图

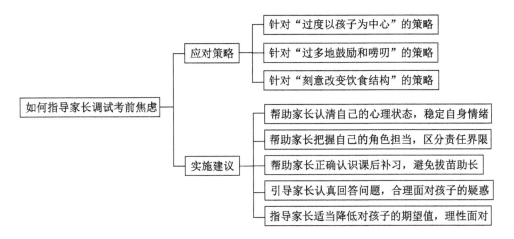

学习目标

　　1. 了解家长考前焦虑的表现。

　　2. 掌握引导家长缓解考前焦虑的方法。

读前反思

　　1. 家长的考前焦虑一般有何种表现？

　　2. 家长的考前焦虑会如何影响孩子？

　　3. 如何缓解家长的考前焦虑？

一、问题聚焦

考试之后，很多孩子会向教师反映：每当临近考试的那几天，最紧张的不是即将上考场的自己，而是自己的家长。"我怕孩子这次考不好""现在家里不能发出太大的声音，担心影响孩子"，家长的这些话语充斥在孩子的耳边。

有的孩子会提到，有时他复习到很晚，准备先睡一会儿，妈妈就会定好几个闹钟，以防孩子睡过了头耽误学习，有时甚至自己不睡等着闹钟响。等孩子起来看书了，又开始担心他晚上学习会不会累，明天早上能不能及时起床，考试能不能稳定发挥⋯⋯

二、应对策略

有考前焦虑的不只是孩子，部分家长也有着严重的考前焦虑，他们总是在考前对孩子格外殷勤和小心，唯恐因为某些小事影响孩子学习考试。殊不知家长的这种反常表现给孩子带来了更大的压力。针对家长不同的焦虑表现形式，教师可以采取针对性的措施加以指导。

（一）针对"过度以孩子为中心"的策略

家长总是询问孩子"复习得怎么样了"。在孩子未要求的情况下，刻意关掉手机、电视，甚至家人之间避免交谈说话，导致整个家异常安静。

这些言行无疑是在告诉孩子：考试是最大的事情，其他事情都需要为此让路，全家人都在为你做出努力和牺牲，你得对得起大家的付出。孩子会因此感到更多的压力，也会更加紧张。

策略：教师要及时引导家长，在孩子准备考试的期间，家长不需在生活中做出过多的改变。变化的环境反而会影响到孩子，最好的办法就是保持以前的生活习惯，不要表现得特别紧张，也无须给予孩子过多的关注。

（二）针对"过多地鼓励和唠叨"的策略

"爸妈相信你不比人家差""仔细看题，你肯定没有问题的""不要太紧张，这样不好。""考不好也没关系，没什么大不了的"⋯⋯

很多家长能够意识到家庭成员的反常行为会带给孩子很大压力，所以尽量采取"鼓励和关心"的策略，但实际上，过多的鼓励和关心也会增加孩子的压力。

策略：首先，丰富亲子沟通的内容。教师要提醒家长，他们的鼓励和关心看似是帮助孩子放松的好办法，实际上这种鼓励和关心一直围绕着"考试""复习"，这类鼓励是带有目的性的，孩子完全能感受到家长看似关心的鼓励其实是想让自己考得更好。教师要提醒家长，如果想要帮孩子保持平常心，最好不要过多地提及考试、复习等话题，在亲子沟通时保持和以前一样的聊天方式。

其次，亲子沟通以倾听为主。有些家长在与孩子的沟通交流中占据绝对的主导地位，认为一味地对孩子表达关心就是爱的表现，这实际上会成为一种无效的沟通。教师要引导家长少说多听，这样才能了解孩子近期的心理变化。

（三）针对"刻意改变饮食结构"的策略

备考期间，孩子们是很辛苦的，很多家长都会担心孩子的营养跟不上，会刻意改变孩子的饮食结构，加强营养。还有的家长会强迫孩子进食更多的营养品，在无形中加大了孩子的身心压力。

策略：有研究表明，熟悉的环境、熟悉的食物更容易让人放心，使人心情放松。教师可以和家长共同制定"考前食谱"，增加一些富含蛋白质和维生素的肉类、水果即可，切忌在考试前大鱼大肉，考后清汤寡水，更会让孩子有落差感。

三、实施建议

（一）帮助家长认清自己的心理状态，稳定自身情绪

在日常生活中，我们往往会有这样的体验：有些事情，本来自己是知道如何处理的，但被情绪影响后，反而不知道该如何是好了。所以，面对孩子的考试，教师要帮助家长认清自己的心理状态，做一些可以调节情绪的事情，读书、运动或是听音乐，和朋友聊聊天，转移注意力，让自己从对孩子的考前焦虑中脱离出来。

（二）帮助家长把握自己的角色担当，区分责任界限

教师要帮助家长认识到：在考试面前，自己只是配角，孩子才是真正的主角。过度焦虑实际上是由于界限不清造成的。考试和学习是孩子在成长路上必须经历和面对的事情，家长不能越俎代庖，总想着替孩子发力，替孩子安排一切。教师要指导家长做好"后勤"工作，孩子需要的时候，便陪伴左右；不需要的时候，就隐身其后。

（三）帮助家长正确认识课后补习，避免拔苗助长

有些家长们笃信"临阵磨枪，不快也光"，在考试前不惜下血本给孩子"开小灶"。但很多时候，没有节制地请家教、报补习班，不仅浪费了大量的金钱，也挤占了孩子自由消化知识的时间，反而会起到反作用。

教师要帮助家长认识到对大多数孩子来说，在课堂上跟上教师的步伐，努力打好基础是第一重要的，家长不能在考前给孩子增加过多的学习任务，如果调控不好，有可能会导致孩子心理失衡，影响考试正常发挥。

（四）引导家长认真回答问题，合理面对孩子的疑惑

面对考试，孩子有时会有很多疑问："如果我考不好怎么办？""如果考试题目很难很偏怎么办？""我睡不着，明天会犯困，这该怎么办？"

有的家长一听到类似的问题，就会烦躁、焦虑，质疑孩子没有认真学习。这个时候，教师要引导家长认真地回答孩子的问题，与孩子一起面对。教师可以指导家长用一些能让孩子产生共鸣的话语来沟通，如"你好像有些害怕和不安，能跟我讲讲吗""原来你是这样想的啊"，家长应在和谐的亲子沟通中缓解双方的考前压力。

（五）指导家长适当降低对孩子的期望值，理性面对

有的家长情绪起伏波动较大。孩子成绩好，家长就会开心不已，孩子成绩一掉，家长就会焦虑、烦闷，还会时不时摆脸色给孩子看。

家长的焦虑源于对孩子未来的担忧，教师要帮助家长在内心适当降低对孩子的期望值，不要纠结于考试的名次，要着眼于孩子的每一次进步，避免将自己孩子与其他孩子进行过多的比较，对成绩波动报以平稳的心态，理性地去面对。就算孩子真的没有发挥

好，家长也不要过多指责，要心平气和地和孩子分析错误原因，在失败中总结经验与教训，为下一次的考试做好准备。

帮助家长调试考前焦虑，也是减缓学生学业压力的有效途径。因此，教师不只要关注学生的考前焦虑，家长的考前焦虑问题也需要得到教师更多的关注。

随讲随练

【多选】家长的考前焦虑有何表现？（　　　）

A.过度以孩子为中心　　　B.过多地鼓励和唠叨　　　C.刻意改变饮食结构

拓展阅读

1.周晓阳、刘雁：《慧思融心——班主任的辅导室》，苏州，苏州大学出版社，2018。

2.魏耀发：《家庭教育100问》，上海，上海教育出版社，2015。

第五部分
学段衔接

· · · · · · · · ·

　　"不让孩子输在起跑线上"，这一句话越来越成为贩卖教育焦虑的宣传语，也越来越成为许多家长"鸡娃"的口号。家长为了孩子能考出好成绩，不断给孩子安排学习和其他活动，不停让孩子拼搏的错误行为，在学段衔接时发展得更加严重。我们不禁要问："'抢跑式'的学习是升学准备的全部吗？"答案自然是否定的。孩子在升入新学段、进入新学校时，除了学业准备，还需要调整作息、调整学习方式和适应新学校规则等，这些对孩子都是很大的考验。

　　此部分关注"幼小衔接"和"小初衔接"两个方面，指导教师帮助家长注意培养孩子的生活技能和行为习惯，做好新学段的入学准备，帮助孩子消除恐惧、惊慌和不安，做好成长引导，让孩子满怀信心地迎接新环境，从容面对崭新的学习环境。

▶ 知识构图

-
-
-
-

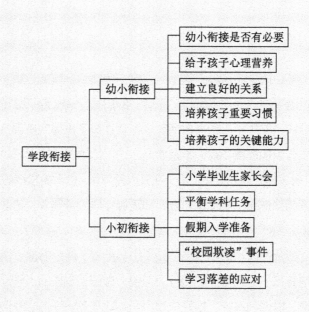

▶▶ 第十一讲
▶ 幼小衔接

　　孩子从幼儿园进入小学时，家长和孩子都会面临许多不适应的新情况。本讲我们将集中探讨幼小衔接中的种种新问题，介绍幼儿园和小学的区别，帮教师学会引导家长为孩子提供心理支持，使在孩子在进入小学后能够处理各种关系、形成良好习惯和能力，最终希望让教师可指导家庭顺利完成幼小衔接。

·
·
·
·
·

▶ 第一节　"老师，我的孩子要读幼小衔接班吗？" ◀

知识构图

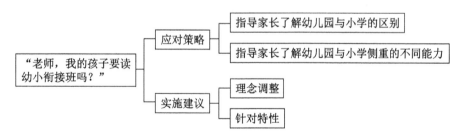

学习目标

1.了解幼儿园和小学的区别。

2.掌握帮助家庭适应幼小衔接的基本方法。

读前反思

1.幼儿园和小学的区别是什么？

2.从幼儿园升上小学，孩子需要适应什么？

一、问题聚焦

教师经常会遇到家长的十万个为什么。"老师，看到别人家孩子都报了幼小衔接班，我要不要给我的孩子也报？""老师，我的孩子以前没学过认字、算数等，是不是从现在开始就要恶补拼音、识字和算术了呢？""老师，幼小衔接到底衔接什么？"要回应这些零零碎碎的问题，首先教师要从幼儿园与小学的区别和它们侧重的能力、素质来介绍，从而帮助家长们认识和梳理幼小衔接。

二、应对策略

"幼小衔接"是指在幼儿即将进入小学前的一个阶段，孩子为提前熟悉、适应小学的学习、生活环境，而上的一种特殊教学内容。一般来说，其内容包括数学思维、观察力、汉语拼音的学习等。家长首先要明确幼小衔接能给孩子带来什么。

（一）指导家长了解幼儿园与小学的区别

幼儿园"教养并重"，小学则"以教为主"。幼儿园教育强调的是幼儿知识、技能、情感方面的教育，是让孩子在玩乐中学，在游戏中学，在活动中体验。而小学教育则是规则性的学习，以学习为主要目的，学习如何理解和运用知识。小学的学科课程目标较为明确，以教为主，以孩子掌握一定的知识为主。具体罗列以下几点。

区别1：教育形式不同。

幼儿园活动生动有趣，孩子们不会感到枯燥，而小学主要通过课堂授课的形式进行学习，教学虽然也力求直观、趣味，但较少采用游戏等形式，而以谈话法、读书指导法、练习法等为主。如果授课教师不加强互动、增添趣味性，孩子容易走神。即使都运用游戏形式，幼儿园对孩子心理活动的无意性和具象性要求占较大比重，而小学对孩子心理活动的有意性和抽象概括性要求较高。

基于此，教师可以建议家长平时多训练孩子的专注力和思考力，对事物增加有意识的关注，比如，关注生活中不同造型的事物，加以区分，并且能够从不同方面对事物进行归类，比如，食物类、厨房用品类、体育用品类等。

区别 2：教育内容不同。

幼儿园主要从五大领域（健康、科学、社会、语言、艺术）来培养孩子各方面兴趣爱好和良好的生活学习习惯，教学活动主要是教孩子认知，辨别事物。小学开设的课程主要有语文、数学、品德与生活、音乐等课程，有严格的大纲，教师要按教育教学计划严格实施，小学就是理解和运用知识，对孩子进行系统的文化知识的教育。

基于此，教师可以建议家长多与任课教师沟通，对学科知识的学习方法、巩固方式做好引导，让孩子尽早适应系统学科的学习方式。

区别 3：教师角色不同。

幼儿园教师像母亲一样照顾幼儿的饮食、睡眠等，与幼儿有相当多的个别交流。小学教师固然也会照顾孩子的生活，也与他们个别交流，但其主要精力放在课堂教学、批改作业和班级管理上。另外教师的配备也不一样，常常一位教师兼顾多个班的教学。

基于此，教师可以建议家长及早告诉孩子：小学教师不是"保姆式"的，要理解他们的管理方式。同时预先提升孩子的独立能力，慢慢引导孩子学会沟通表达。

区别 4：自我管理要求不同。

幼儿园虽然也很重视幼儿行为规范的要求，但纪律的约束度没有小学那么高，教师把一切活动安排得井井有条，孩子们在游戏活动中可以自由轻松地学习和生活。小学就不同了，孩子需要有条理地做好课前准备，自我管理能力要求更高，有严格的课上与课下时间区分。上课时，孩子思维要跟着教师的教学节奏，而且孩子需要严格遵守学校的作息制度和课堂纪律，跟上小学的节奏。

基于此，教师可以建议家长及早与孩子沟通，让孩子有充分的思想准备，一定要有上下课的概念。特别是课堂纪律方面，要做到上课不随意跑动，不说闲话影响上课，专注听讲，提问时举手，等等。家长可以从生活入手，培养孩子的规则意识，到了小学孩子自然就能顺利过渡和适应了。

区别 5：对孩子的期望不同。

幼儿园对孩子的学习知识和技能没有制定严格的任务要求，只要孩子们能吃饱穿暖、配合教师、安心在校就可以了；上小学后，学习知识和技能是他们必须完成的，教师有具体的课堂要求、作业要求、考试要求，家长也常常会提出"作业要写好，考试要高分"等要求。

基于此，教师可以建议家长在孩子入学一年级后，除了全力配合好教师的要求，也根据孩子的个性找出适合孩子的学习方法。可以先带孩子了解如何预习、如何复习、如何作业等，让孩子顺利且快乐地学习。孩子获得较高学业评价，才能产生学习自信与兴趣。

（二）指导家长了解幼儿园与小学侧重的不同能力

幼儿园阶段主要围绕孩子身体素质会展开一系列培养，如身体健康、不挑食、不依恋父母、按时睡觉、自己大小便、善于表达、愿意交往、乐意分享等。概括来说，幼儿园的孩子具备的基本能力素质就是"三良好"：良好的饮食习惯、良好的运动习惯、良好的作息习惯。拥有这些良好习惯，他就具备了良好的适应能力，基本能做到开开心心入园，快快乐乐离园。

孩子一上小学就会接受有目的、有计划、有系统的正规学校教育，在教师的专门指导下进行学习。学习是他们的基本活动，上课是他们获得知识、技能和培养品德的主要途径。所以进入小学的孩子，除了必备"身体健康、精力充沛"的硬素质外，软素质也变得重要起来。优秀的小学生必须具备自我管理能力（生活自理、时间管理、自我省察、自我监控、自我评价）、人际交往能力（理解包容、团结合作、协调沟通）、学习钻研能力（专注力、理解力、创新力、钻研力、想象力）等素质。

三、实施建议

（一）理念调整

很多家长会把幼小衔接狭义地理解成"幼小衔接班"，这是不对的。幼小衔接不代表片面的知识教育，它强调的是孩子的可持续发展能力培养，比如，专注力、思维力、创造力的训练，而不是以知识灌输的方式实施小学课程内容。所以教师应该首先让每一位家长明确这个概念，才能做到真正的有效衔接，让孩子顺顺利利上小学。

（二）针对特性

孩子的培养不能靠"幼小衔接"一蹴而就，教师要引导家长认识自己孩子的优势与短板，在平时观察、注意孩子的兴趣点，并有意识地引导，同时进行有针对性的练习，有的放矢地去做好幼小衔接准备。幼儿园大班和小学一年级教师应该承担幼小衔接的能力培养，尽量不要把衔接任务交给社会机构。

随讲随练

【多选】幼儿园和小学有何区别？（　　）

A. 教育形式、内容要求不同　　　　B. 教师角色不同

C. 学生自我要求不同　　　　　　　D. 应试标准不同

【判断】通过幼小衔接班预先教授学生小学即可顺利完成幼小衔接。（　　）

拓展阅读

1. 柴生华：《和孩子共同成长》，长春，吉林人民出版社，2019。

2. 王莉：《奇妙的5岁孩子》，北京，朝华出版社，2019。

3. 李召存：《论基于儿童视角的幼小衔接研究》，载《全球教育展望》，2012（11）。

▶▶ 第二节　如何指导家长给予孩子充分的心理营养 ◀

知识构图

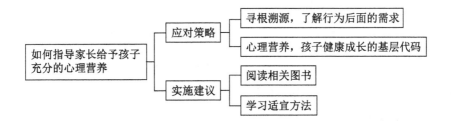

学习目标

1.了解孩子所缺乏的心理营养类型。

2.能科学地补充孩子的心理营养。

读前反思

1.为什么孩子会出现自信心缺乏、专注力不够、自我价值感不足等问题?

2.教师应该如何从孩子内心层面解决这些问题?

一、问题聚焦

教师们应该经常看到这样的场景:校门口或者教室门口,孩子哭闹着不肯上学,还会拉着家长的衣角不肯进去。这让家长与教师头痛不已。有些家长干脆做起了"陪读生",坐在教室后面跟孩子一起上学。

同时,教师还会经常遇到家长的困惑和求助:"老师,我家孩子为什么做什么事都害怕失败,一点自信都没有呀?""老师,我家孩子上课总是不专心,小学知识那么简单,他都听不懂,怎么办呢?""老师,我的孩子怎么不会拒绝别人,总是受同学欺负?"

二、应对策略

(一)寻根溯源,了解行为后面的需求

当孩子出现以上状况,首先教师要让家长知道孩子行为后面的核心问题,上面场景是典型的孩子缺少安全感、适应能力差的表现,从上述家长们的提问中可以发现他们的孩子出现了自信心缺乏、专注力不够、自我价值感不足等问题。

如果孩子的内在力量、内在动力、自我评价出现了问题,家长只针对行为去调整,是不能根本解决问题的。现列出幼小衔接段孩子具体行为与内心需求归纳示例(表11-1),教师可以引导家长根据孩子的行为,了解孩子背后的内心需求,从而进行有针对性的教养。

表 11-1　孩子具体行为与内心需求归纳示例

具体行为	内心需求
不敢拒绝同学的不恰当行为，容易忧虑紧张。	希望得到家长的肯定接纳，从而产生内在力量。
总觉得自己不如别人好，对学习得过且过，没有追求。	希望得到家长正向的评价与高质量陪伴，从而产生较高的自我价值感。
不能很好地适应新环境，或者容易产生分离焦虑。	希望得到和谐家庭的滋润：比如，感情恩爱的父母、平和情绪的父母，从而产生足够的安全感。
害怕失败、害怕挑战，容易自我否定。	渴望得到父母描述性的肯定赞美认同，从而拥有自信的源头。
做事混乱、缺乏条理，迷茫、缺乏目标，动手能力弱。	寻找内心的榜样、渴望得到更多的实践机会，从而提高综合能力的建立。

（二）心理营养，孩子健康成长的基层代码[1]

就像身体发育需要物质营养一样，孩子在不同的年龄阶段，也需要不同的心理营养。如被接纳、重视、肯定、赞美、认同等。只有心理营养得到充分满足，孩子才能体验到自己的价值感，内在才会有力量。

"心理营养"由马来西亚心理辅导学博士林文采女士于 2008 年正式提出。林博士从一万多个个案中发现，当孩子出现偏差行为时，根本之道是要改善亲子关系。一旦孩子和他的"重要他人"的关系得到改善，孩子就会渐渐好起来，变得更有阳光朝气，更开朗快乐，目标也更明确。林文采提出的五种心理营养及它们的重要性体现如下。

1. 无条件接纳——力量的源泉

一年级的教师一定要引导家长建立以下的认知：孩子进入学龄阶段，接受能力、思维能力大大提升，会有很多自己的想法和做法，从而产生自己没有完全掌控自己事情的感觉，这可能会是亲子冲突的开始。这时，很多家长为了孩子听话乖巧，会对孩子提出要求："如果你……爸爸妈妈就……"这不是无条件接纳，因为孩子永远不知道自己的表现是否会令家长满意，而他所有探索行为的目的只是为了取悦家长，内在的力量会受到牵扯。正确的做法是对孩子的要求和评价进行分割，即把人和行为分开。教师可以问家长："当孩子犯错误时（或失败时、没达到你的需求时、和你有情绪时），您能否让

[1]　[马来西亚]林文采、伍娜：《心理营养》，3～10 页，上海，上海社会科学出版社，2016。

孩子感受到爸爸妈妈还在爱你！" 也就是说，家长不接纳的只是他的行为，但是无论孩子做得怎么样，家长永远爱他、支持他、帮助他！

2. 我很重要——自我价值的萌芽

每个孩子都希望成为家长生命里最重要的人，如果他从小没获得这样的感觉，他就会在接下来的人生中在他人身上去寻找、弥补。比如，在交友、婚姻当中，他会不断寻找这个答案：我是你最好的朋友吗？你最爱我吗？这就是留守儿童普遍自我价值偏低的原因，他们会从内心发问："爸爸妈妈，难道我对你们不重要吗？为什么不把我带在你们身边呢？"所以教师一定要请家长们做到以下两点。

一是高质量的陪伴。大家所熟知的恒河猴的实验，让我们知道亲子关系的建立需要体验和行为，亲子相处需要温度、质感、存在感、快乐感。只有当亲子相处有愉悦的体验时，才能称这种陪伴为有质量的。

二是不比较的成长。"老王家的孩子多好啊，每次考试成绩都那么好！""你打碎我的花瓶，淘气鬼，看我不揍你！""你又踩脏了家里沙发，花了几万块买的沙发呀！"当孩子感觉自己总是不如别人家孩子，甚至不如一只花瓶、一个沙发，他又何来价值感？

3. 安全感——专注力的基石

我们都知道，亲子之爱与别的爱的最大不同是：它要为"分离"作准备。孩子能成功走向独立和分离才是育儿的最终目标，给予孩子充分的安全感，他们才能专注于自己的学习成长，才能变得独立自主。教师引导父母需要做的是以下两点。

一是家长情绪平和稳定。家长应情绪保持"平和且稳定"，放手让孩子自己去大胆探索，给予足够的关注却不过多干涉，对孩子不合适或产生危险的行为能够"温和而坚持"地说"不"。"坚持"是指行为上坚决制止孩子不当或不安全的举动，"温和"是指制止孩子时，态度上不带有评判、指责的情绪。

二是夫妻关系和谐。夫妻关系和谐，是送给孩子最重要的礼物。普天下所有的孩子都希望父母恩爱，当父母关系出了问题，孩子会非常缺乏安全感。

4. 肯定赞美认同——自信的开端

父母是孩子最强的"催眠师"。越小的孩子，越认可父母的评价，当孩子进入四五岁这个阶段，有了"我"这个意识，非常需要的心理营养是：肯定、赞美、认同，因此他会充满自信，孩子有自信，认为自己有价值，就有信心去面对人生中的各种难题。

帮孩子形成自我评价体系。孩子拥有客观的自我评价体系对他的可持续发展非常重要，人的成长必然伴随着自我认知的成长。家长对孩子的行为进行肯定欣赏认同，是非常有利于帮助建立孩子自我评价体系，但要强调的是肯定赞美的方式，尽量用真实的客观描述代替空洞的总结性评价。

5. 学习认知模范——能力的构建

父母要做言行一致的模范。孩子生命中的第一个模范就是父母。当生活中遇到一些具体问题时，爸爸妈妈用什么态度来面对问题，用怎样的方法来解决问题，这就是孩子走向社会后处理问题的示范。特别需要强调的是，父母的言行一致十分重要，否则孩子思维与行动会产生混乱。

让孩子自己解决问题。除了好的榜样，孩子自身的能力构建也很重要。他们需要从无数次的经历、体验、感受中来积累获得经验，同时思考、梳理，形成自己的能力架构。包办型的家长绝对培养不出能力强的孩子，所以教师要指导家长放手，尽可能让孩子多自己实践。

三、实施建议

（一）阅读相关图书

教师可以建议家长细读林文采的《心理营养》和美国学者鲁道夫·德雷克斯等人所著的《孩子：挑战》这两本书。它们从心理学和家庭教育相结合的角度出发，结合育儿的具体案例，给出的见解非常独到，实操方面也很有借鉴意义。

（二）学习适宜方法

虽然7岁前是给予孩子心理营养的关键期，但并不意味着7岁之后的孩子就无法再获取心灵养分，只要教师帮助家长意识到这一内容的重要性，多大年龄的孩子都能获取足够的心灵养分，只是给予的方式要根据年龄段进行调整，以他们喜爱、能接受的方式去给予。

随讲随练

【判断】孩子们的具体行为是他的性格而不是内心需求。（　　）

【单选】当孩子出现偏差行为时，根本之道是要（　　）。

A. 批评孩子，让他的行为回到正轨

B. 放任不管，让其自由发展

C. 改善孩子和家长的关系

D. 用"如果你……我们就……"的言语规定

【多选】下列选项中属于心理营养的是：（　　）。

A. 无条件接纳　　　　　　B. 我很重要　　　　　　C. 安全感

D. 肯定赞美认同　　　　　E. 学习认知模范

拓展阅读

1. 彭解华、王华君：《用"心理营养"支撑幼儿任务意识的培养》，载《早期教育（家教版）》，2018（12）。

2. 刘璚：《你其实不懂儿童心理学：升级版》，海口，南方出版社，2012。

▶ 第三节　如何指导家长建立良好的五种关系 ◀

知识构图

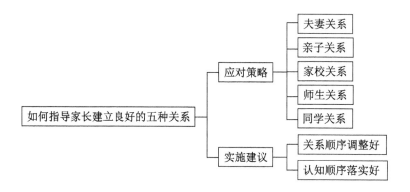

学习目标

1.了解与孩子有关的五种关系。

2.帮助孩子建立良好的五种关系。

读前反思

1.哪些类型的陪伴是孩子需要的?

2.何种程度的陪伴是最稳定的?

3.教师和家长要怎么做才能让孩子拥有良好的五种关系?

一、问题聚焦

家长的困惑:"老师,您不是说要多陪伴孩子吗?我和他爸一有空就陪着他,我们自己都没有私人时间,可他似乎不买账,还嫌烦。""老师,为什么不管我们说什么,我的孩子都会回怼我们?""为什么我家小孩越来越不爱上学了?"

家长的表现:饭桌上,家长吐槽小孩的学校乱收费、管理混乱,怀疑教师的教学能力,甚至质疑教师的为人。有的家长不接纳孩子的朋友,乱干涉孩子的交往。从这些现象中可以发现,这些家长很多关系都没有处理好。长此以往,这一定会影响孩子的正常学习和生活。

二、应对策略

教师们应该清楚,进入小学的孩子需要面对更多的关系,只有处理好这些关系,孩子才能无障碍轻松入学。所有的小学教师都有责任让家长知道以下五种关系的重要性,同时用各种方式引导家长处理好这些关系。

(一)夫妻关系

父母对孩子的影响,不仅作用于孩子的人格发展,还会作用于孩子的情绪情感及对社会的适应性方面,夫妻关系就是孩子健康成长的土壤。孩子对父母的关系都很敏感,他们希望父母一直恩爱。当父母关系出了问题,孩子不但缺乏安全感,还会出现负罪感和自卑情绪，甚至要当"拯救者"。他们将精力花在思索如何"帮助"父母上，无法安心于当下，试想这样的孩子怎么可能全身心投入地学习、成长？

在良好的家庭模型中，有个"铁三角"模型，父亲、母亲、孩子就像等边三角形上的三个点，是等距离的，这样的关系最稳定（图11-1）。如果一个家庭当中，妈妈过于依赖爸爸，或者爸爸过于依赖妈妈，组成一个纤细的三角形，孩子就没有力量（图11-2）；如果一个家庭当中，爸爸妈

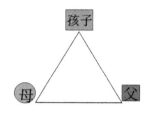

父母与孩子的"铁三角"关系。

图11-1　稳定的"铁三角"关系模型

妈关系非常疏远，三角形是扁平的，孩子就没有高度（图11-3）；如果父母中只有一方和孩子关系亲近，三角形不等腰，代表家庭关系不牢固（图11-4、图11-5）。

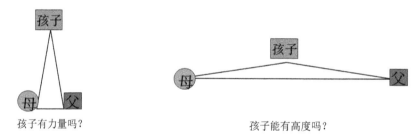

孩子有力量吗？　　　　　　　　　　　孩子能有高度吗？

图11-2　夫妻依赖的"铁三角"关系模型　图11-3　夫妻疏离的"铁三角"关系模型

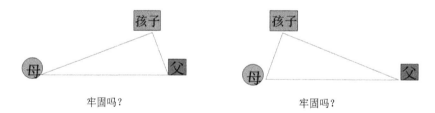

牢固吗？　　　　　　　　　　　　　牢固吗？

图11-4　母子疏离的"铁三角"关系模型　图11-5　父子疏离的"铁三角"关系模型

（二）亲子关系

亲子关系是社会关系的雏形。美国心理学家哈利·哈洛曾做过一个恒河猴"代母"实验。哈洛和他的同事们把刚出生的幼猴放进一个隔离的笼子中养育，并用两个假猴子替代真母猴。这两个代母猴分别是用铁丝和绒布做的，实验者在"铁丝母猴"胸前特别安置了一个可以提供奶水的橡皮奶头。按哈洛的说法就是，"一个是柔软、温暖的母亲；一个是有着无限耐心、可以24小时提供奶水的母亲"。刚开始，幼猴多围着"铁丝母猴"，

但没过几天，令人惊讶的事情就发生了：幼猴只在饥饿的时候才到"铁丝母猴"那里喝几口奶水，其他更多的时候都是与"绒布母猴"待在一起；幼猴在遭到不熟悉的物体，如一只木制的大蜘蛛的威胁时，会跑到"绒布母猴"身边并紧紧抱住它，似乎"绒布母猴"会给幼猴更多的安全感。[1]从实验可以看出：体验好才能感觉好，感觉好才能关系好。这里提醒所有父母：陪伴孩子需要温度、质感、存在感、快乐感！

20世纪40年代，儿童精神病学家约翰·鲍尔比指出，保证心理健康最基本的东西是婴幼儿应当有一个与母亲（或一个稳定的代理母亲）温暖的、亲密的、连续不断的关系。在这里，儿童既可找到满足，又可找到愉快。儿童是社会化的关键期，可塑性很大，因而必须十分重视早期依恋的形成。[2]

（三）家校关系

教师可以问问家长平时是夸赞学校多，还是抨击学校多。如果对学校有建议或者意见，是用什么方式进行诉求的。相信教师的提问会让家长明白：家长对学校的认可度直接影响孩子对学校的热爱度，当然也影响刚入学的孩子的适应度。

学校教育与家庭教育需要相辅相成，加强它们之间的沟通和互动就显得尤为重要。所以教师们要灵活运用各种方式，引导家长了解和理解学校教育的方式、内容和要求，积极配合学校各项工作。

（四）师生关系

首先，教师要做到"教书育己"。每位教师应把"教书育人"与"教书育己"统一起来，以自己高尚的人格给孩子感染和启迪。学高为师，德高为范，桃李不言，下自成蹊。

其次，教师要指导家长引导孩子建立良好师生关系。教师在开学初一定要让家长明确：教师与孩子建立起亲密无间的关系，是使教育达到最佳效果的关键条件之一。孩子会因为喜欢某位教师而对某学科产生兴趣，进而在学习中表现出更高的热情、更浓厚的兴趣、更坚忍的毅力。但教师也不是完人，所以如何面对各种特点、不同教育方式的教师，

---

[1]　北京师范大学家庭教育课题组：《4岁孩子 4岁父母》，190页，北京，现代教育出版社，2017。

[2]　余斐：《婴儿的依恋类型对后期行为的影响》，载《科技信息（学术研究）》，2008（08）。

引导孩子去适应并喜爱教师是非常重要的。

（五）同学关系

首先，教师要营造和谐的班级氛围。孩子上小学之后，每天和同学待在一起的时间最长，可谓朝夕相处、形影不离。和同学的关系如何直接影响孩子的情绪和上学热情。基于此，教师要在班级之间、同学之间营造团结和谐的氛围，引导友爱互助的行为。

其次，教师要引导家长创设和谐的生生关系。在引导一年级家长意识到同伴关系和谐的重要性后，教师要进一步引导家长帮助孩子和同学友好相处，共同进步。比如，创造机会，让孩子在课余多玩耍，接纳每一位孩子认可的同学，千万不能贬低孩子结交的朋友；还可以和孩子一起欣赏和发现班级每位同学的优点、长处，让孩子感觉和如此优秀的一班同学学习、生活是件开心的事情。

三、实施建议

（一）关系顺序调整好

在五层关系中，夫妻关系为首，其次是亲子关系，然后是家校、师生、同学关系。幼小衔接时，也考验着夫妻关系、家庭关系等的和谐程度。很多时候只为行为去培养行为，或纠正行为，可能效果甚微，把深层次的东西处理好了，孩子的行为自然就好了。所以夫妻关系好比是孩子人生的底色，要想孩子人生色彩越绚丽多彩，底色一定要厚重、坚实。

（二）认知顺序落实好

首先，教师要对五层关系的重要性谙熟于心，在能做到的范围内尽量做好；其次，教师们要耐心引导家长将这五层关系明确于心，只有家长认同了且增强意识了，才能真正有效地处理好这五层关系；最后，家长要让孩子能处理好他们范围内的关系，从引导孩子的被动行为成为孩子的自主行为，这样，幼小衔接的过渡就水到渠成了，会自然而然地发生了。

随讲随练

【判断】孩子们的发展只受父母和学校两种关系影响。（　　　）

【单选】五层关系中最重要的关系是：（　　　）。

A. 夫妻关系　　　　　　　　　B. 亲子关系

C. 家校关系　　　　　　　　　D. 师生关系

【多选】下列选项中属于五层关系的是：（　　　）。

A. 亲子关系　　　　　　　　　B. 家校关系

C. 师生关系　　　　　　　　　D. 同学关系

E. 长幼关系

拓展阅读

刘丽：《家庭关系对儿童心理发展的影响》，载《教育教学论坛》，2018（46）。

▶▶ 第四节　如何指导家长培养孩子重要习惯 ◀

知识构图

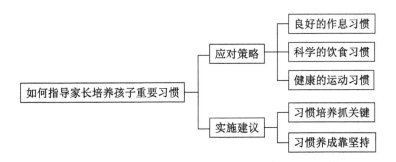

　　1.理解和掌握与孩子重要习惯相关的科学知识。

　　2.掌握家校共助孩子养成重要习惯的方法。

读前反思

　　1.你对孩子的健康作息、健康膳食和健康运动知识了解多少？

　　2.你想通过哪些方式来向家长传达健康作息、健康膳食和健康运动的科学理念？

一、问题聚焦

　　小学教师常常吐槽："最让我们头疼的不是缺少知识和技能的孩子，而是那些天天迟到、上课无精打采、对学习没有兴趣和热情的孩子！他们怎么小小年纪就厌学了呢？"教师提到的这些孩子是真的不爱学习、不愿配合教师吗？我们认为孩子天生就充满好奇心与好学精神，探索精神是孩子与生俱来的，那么，教师提出的问题原因在哪里呢？

二、应对策略

　　从以上描述中我们可以看出，出问题的不是孩子的"学习态度"，而是"学习精力"。进入小学的孩子需要具备两个素质：一个是"硬素质"，一个是"软素质"。"硬素质"就是孩子身体、精力方面的素质。小学的学习强度、时间长度比幼儿园阶段增加很多，这就对孩子的大脑、关注力提出了更高的要求。而很多孩子由于睡眠不足、营养摄入不均衡或缺乏运动，精力与思维无法应对学习任务。提高孩子的"硬素质"，有三个好习惯至关重要，它们就是良好的作息习惯、科学的饮食习惯和健康的运动习惯。

（一）良好的作息习惯

　　教师可以引导家长通过以下方式帮助孩子建立良好的作息。

　　制定家庭作息表。家长拿出钟表和孩子一起规划晚上的时间。需要注意的是，此时孩子对时间的长度把握还比较模糊，所以要和孩子强调"睡眠时间"之前要预留准备上床的时间，还有收拾书包的时间、准备第二天穿的衣服的时间、刷牙的时间等，这样孩子才能从容进入睡眠时间。

坚持严格执行。教师和家长要互相配合，经常提醒、督促孩子，切不可以"特殊情况"为由，随便打乱作息时间。比如，本来安排孩子8点睡觉，因为有好看的电视节目或其他事情，就同意孩子晚些再睡；本来规定孩子6点起床，因为家长有事就让孩子迟起床。这样孩子很难养成良好的作息习惯。

营造睡眠氛围。一家人的作息是会互相影响的，所以早睡不是孩子一个人的事，需要全家配合，说话轻声细语、灯光调暗等都有助孩子早睡。家庭最好制定一个睡前仪式，比如，阅读10分钟、睡前亲子聊天10分钟、拥抱道晚安等。让孩子在这个睡前仪式中慢慢身心平静，过渡到安静入睡，养成好习惯。

（二）科学的饮食习惯

养成良好的饮食习惯是儿童健康生活与学习的前提和基础，教师一定要指导家长去帮助孩子建立良好饮食习惯：

1. 饮食金字塔

家长们绘制或打印（彩色为佳，吸引孩子注意力）健康饮食金字塔，它包括四大类，第一层是吃得最多的五谷类，包括大米、白面、玉米、薯类及其制品；第二层是瓜菜水果类、水果类；第三层的奶品类、肉鱼蛋及豆类我们也要适量地吃；第四层油糖盐类要尽量少吃。通过饮食金字塔，让孩子形象地知道健康饮食的比例分配，进而引导孩子一天当中早中晚餐量的分配，进一步完善孩子对健康饮食的种类和数量的认知。

2. 饮食卫生

培养孩子养成"卫生科学地吃"的习惯，家长可以在日常生活中去渗透：吃饭时不能太快也不能过饱；不挑食、不偏食、不随便吃零食、不暴饮暴食；注意饮食卫生，不吃三无食品；饭前便后洗手、不喝生水、不生吃未洗的瓜果蔬菜、不吃变质的食品等。

3. 小小营养师

布置家庭作业："我是小小营养师"，让孩子在家动手设计一日三餐的科学食谱，对全家的饮食进行科学合理的规划，还可以买菜、烹饪一条龙进行，从"知"到"行"培养孩子合理安排膳食的良好品质。在此实践中，还可以培养孩子勤俭节约、勤于动手、勇于实践的能力与素质。

（三）健康的运动习惯

1. 兴趣为先

好动是孩子的天性，家长应爱护孩子的这种积极的天性，并把它发展为体育兴趣。平时家长可以跟孩子讲讲体育明星的逸闻；与孩子一起观看电视和现场的体育比赛；带孩子到琳琅满目的体育用品店，用运动器材吸引他。指导孩子锻炼身体时，还可以把体育锻炼同游戏娱乐结合起来，如教孩子一边唱儿歌一边拍皮球、跳绳接力跑、投篮晋级游戏等。运动时，孩子可能会遇到困难和因为辛苦坚持不下去，所以家长们可以邀请多几位孩子一起学习某项运动，这样也有利于孩子的坚持。

2. 以身作则

处在幼小衔接段的孩子，喜欢模仿大人的行为，大人带头锻炼，尤其是同孩子进行比赛，更能引起他的兴趣，有利于养成习惯。相反，家长只是宅在家或袖手旁观，像"监工"一样在旁边监督孩子，时间一长孩子就会产生逆反心理，把体育锻炼看成是负担和惩罚。

3. 运动科学

运动会引起身体机能的变化，过少的运动量对身体机能无刺激作用，超负荷的运动则会对身体造成损害。所以家长要寻找适合自己孩子的运动项目、运动强度，既要警惕超负荷运动，伤害孩子身体或使孩子失去锻炼的信心，又要提供合适的运动负荷，帮助孩子对自己承受负荷的能力建立信心。

三、实施建议

（一）习惯培养抓关键

对幼小衔接段的孩子来说，有许多重要的习惯需要养成。面对茫茫繁多的习惯，家长常常感到无所适从，也"压力山大"。教养孩子首先是要"知其道"，再去"寻其术"，懂得孩子个性特点、孩子成长规律，去繁取精、抓要点，才有效果。所以在众多的习惯培养中，先抓住孩子的关键习惯——良好的作息习惯、科学的饮食习惯、健康的运动习惯，再加上家长给予的充分的心理营养，孩子自己就会滋长新的能力，去调整其他的行为习惯，去应对各种问题、困难与挑战。

（二）习惯养成靠坚持

学校和家庭两方面都要重视习惯培养，只有家校配合一致，才能收到更好的效果。所以，教师和家长要有坚定的信念、持久的执行力，帮助孩子建立良好的生活习惯。就如"水滴石穿"不是水的力量，而是时间和坚持的力量。

随讲随练

【判断】制定家庭作息表时，因为孩子对时间概念比较模糊，所以一定要多强调睡眠时间。（　　）

【排序】健康饮食金字塔由上到下的排列顺序是：（　　　　）。

A 五谷类　　　　　　B 油糖盐类　　　　　　C 奶品类、肉鱼蛋及豆类

D 瓜果类、水果类

【多选】培养孩子健康的运动状态需要做到（　　　　）。

A 兴趣为先　　　　　B 以身作则　　　　　C 运动科学

拓展阅读

1. 中国营养学会：《中国居民膳食指南 2016：科普版》，北京，人民卫生出版社，2016。

2. 国家体育总局：《全民健身指南》，北京，北京体育大学出版社，2018。

3. [美国]博克、[美国]袁：《拖延心理学》，北京，中国人民大学出版社，2009。

➥ 第五节　如何指导家长培养孩子的关键能力 ◂

知识构图

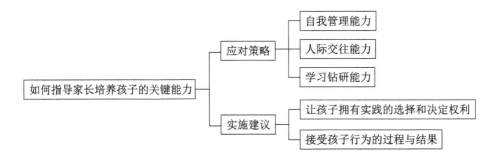

学习目标

1. 了解幼小衔接时孩子所需的"软素质"含义。

2. 掌握培养孩子的"软素质"的方法。

读前反思

1. 幼小衔接时期的"软素质"培养包含哪些部分？它们各自有什么特点？

2. 教师在指导家长进行幼小衔接时期的"软素质"培养时，需要提醒家长什么？

一、问题聚焦

我们经常能在网上看到"不写作业，母慈子孝；一写作业，鸡飞狗跳"的段子，辅导作业似乎成了一些家长的"老大难"问题。这些在辅导作业上心力交瘁的家长往往是没能培养好孩子的"软素质"——自我管理能力（生活自理、时间管理、自我省控、自我评价能力等）、人际交往能力（理解包容、沟通协调、团结协作能力等）、学习钻研能力（专注力、记忆力、理解力、钻研力、创造力等）。只有孩子拥有了这三大能力，家长才能轻松，孩子才能快乐。

二、应对策略

（一）自我管理能力

自我管理是指个体依靠主观能动性对自己的目标、思想、心理和行为等表现进行的管理。具体包括。

生活自理能力：孩子独立吃饭、穿衣、上洗手间是必须的自理能力。还有就是房间整理、上学物品管理（书包、衣服、物品等），家长指导后让孩子独立完成。

时间管理能力：让孩子挑选一个喜爱的小闹钟，既可以帮助孩子认识时间，合理分配作业、玩耍、吃饭、睡觉的时间，也可以利用闹钟来倒计时，督促完成一门功课的时间，训练孩子与时间赛跑的意识。

自我评价能力：在心理营养篇我们也说到了孩子自我评价能力的重要性，一个心理健康的人能作出恰当的自我评价，能接受自己，对自己抱有正确的态度。家长需要做的是对孩子做的事作出客观的评价，比如，当看到孩子作业完成得很好，不是用："宝贝，你真棒，你真聪明"之类的总结性语言，而是"我看见宝贝端正地坐在书桌前，半个小时都在认真地做作业，你写字非常端正，做的题也没有错误，妈妈很欣赏你专注认真地做作业！"描述孩子的行为，让孩子意识到怎样是专注认真，进而学会在做每件事时对自己作出客观评价，及时调整不当行为，及时肯定、激励好的行为。

（二）人际交往能力

幼小衔接期，孩子的亲子关系、师生关系、同学关系的紧张与疏离，都会直接影响到孩子性格的发展和品质的形成。具体包括培养孩子的理解包容、沟通协调、团结合作等方面能力。

理解包容——民主的家庭环境。一个家庭以父母或孩子为中心都是不妥的。教师要引导家长建立一个民主平等的家庭，让孩子敢想、敢说。让孩子多参与到家中的大小事务，理解家长的不易。

沟通协调——广泛的交往机会。指导家长给孩子提供更多的交往机会，在观察中做好引导：比如，怎样分享玩具或用品、怎样表达自己的诉求、怎样解决冲突等，在实际生活中强化孩子的协调沟通能力。

团结合作——良好的规则意识。家长应教会孩子在人际交往中遵守规则。规则从遵守家规开始，所以，每个家庭需要制定适宜的家规，并在平时的生活中坚持执行。家长要引导孩子树立这样的观念：只有遵守规则才能利益最大化；只有团结合作才能获得共赢。

（三）学习钻研能力

主要包括专注力、理解力、钻研力、创造力。必须强调的是，家长要在给予孩子充分的心理营养的前提下，再来谈如何培养学习能力。

专注力：教师要让家长理解孩子的生理特点，越小的孩子专注的时间越短。一般来说，6岁的孩子专注的最长时间在40分钟左右，但很多孩子可能做不到40分钟都很专注。家长不能对孩子有过高要求，以免让孩子受挫。其次，家长在家庭中要提供良好的学习气氛，如不看电视、不大声说笑，选择安静的活动，如看报纸、看书等，让孩子在潜移默化中学会专心致志地学习。

理解力：丰富的知识是提高理解能力的基础。所以，教师要引导家长多给孩子阅读好书，储备知识量，并对孩子感兴趣的事物进行耐心解答。其次，丰富的体验是提高理解能力的方法，听见是瞬间记忆，看到是短期记忆，做过是加深记忆。所以家长不必禁锢于课本中，还需要利用实际体验感受去加强孩子的理解力。

钻研力：学习是一件长期和需要付出耐心的事情，所以培养孩子的持续力、钻研力是提升学习成绩必不可少的。家长可以根据孩子的特点有规划地学习一些特长，不能包罗万象。其次，在确定学习某项技能后要持续坚定，家长要持续跟踪、支持、帮扶，而非监督。比如，利用"偶像效应""同伴效应""游戏化练习"等多种方法陪伴孩子化解困难，让孩子在获得阶段成就感的过程中逐步提升持续力、钻研力。

创造力：舞蹈、音乐、绘画是培养孩子创造力的有效途径，家长们不一定把它们分开来进行正规的学习，建议随时随地去运用这些元素，来提升孩子的连接力、创造力。比如"闻音起舞""听音绘画"，不管孩子的天赋如何，只管让孩子听到音乐尽情起舞，听一首曲子凭感觉挥洒画笔。对幼儿绘画的评价，主要不是以像不像来衡量，而是要看他是否能发挥想象，大胆去表现。

另外，利用大自然的鲜活教育开发孩子的创造力。大自然中的各种景物充满魅力，是最令儿童神往的地方，是培养幼儿观察力、想象力与探索兴趣最理想的大课堂。比如，树叶画创造就是一项经典的活动，首先带孩子到小区、公园等处观察，进而引导他进行描述或改造。

三、实施建议

（一）让孩子拥有实践的选择和决定权利

一定要提醒家长，孩子以上所有"软素质"的形成过程不可能凭空而成、一蹴而就，必须经过长时间的实践体验运用。孩子的自我管理能力、人际交往能力和学习钻研能力不是家长"教"出来的，而是孩子"做"出来的。正如蒙台梭利所言："我听到的会忘记，我看到的能记住，我做过的才真正理解明白！"

另外，引导家长学会放手，让孩子在每件事情上拥有选择和决定权。请家长"做90分自己和60分的家长"，把关注点多放在自己的成长上面，放下控制担忧，给孩子以信任协助，相信孩子的潜能，相信孩子强大的创造力与生命力。

（二）接受孩子行为的过程与结果

当家长真正交给孩子去做一件事时，教师要引导家长真正去支持，而不是干预、怀疑否定，家长还要学会接受孩子的行为的过程与结果。要了解，孩子一开始的选择不可能都是最合适的、过程是最圆满的。但是既然让他去做了，就放权、放心。孩子在不停试错中，才能变得明白事理、人格完善。

随讲随练

【判断】我们在对孩子的行为进行评价时，应该描述孩子的行为而不是笼统地用"你真棒"这样的话语。（　　　）

【多选】在提升儿童理解力方面，（　　　）是提高理解能力的方法。

A. 丰富的知识　　　　B. 丰富的体验　　　　C. 刻苦地钻研

D. 安静的环境

【多选】幼小衔接阶段，家长需要培养孩子的"软素质"包括（　　）。

A. 自我管理能力　　　　B. 人际交往能力　　　　C. 学习钻研能力

拓展阅读

1. [意大利] 蒙台梭利：《发现孩子》，北京，中国发展出版社，2006。

2. [美国] 斯波克、[美国] 尼德尔曼：[美国]《斯波克育儿经》，海口，南海出版公司，2007。

3. [美国] 尼尔森：《正面管教》，北京，京华出版社，2009。

4. [意大利] 蒙台梭利：《童年的秘密》，哈尔滨，黑龙江科学技术出版社，2012。

▶▶ 第十二讲
▶ 小初衔接

"小升初"是指孩子小学升初中，这是孩子的学习生涯中继"幼升小"之后第二个重要的时间点。很多教师和家长对这个词都不陌生，对它的感情也很复杂。

本讲从指导教师召开毕业生家长会入手，系统为教师指导家长帮助孩子平衡各学科学业，帮助孩子在假期做好小升初的准备，处理"校园欺凌"事件等工作，给予全方位、多角度地指导。

·
·
·
·

▶▶ 第一节　如何开展一次别开生面的小学毕业生家长会 ◀

知识构图

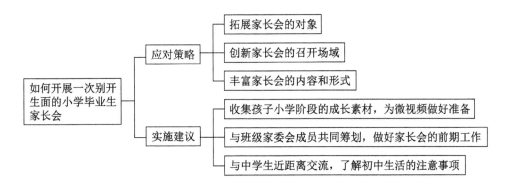

学习目标

1. 能够根据不同的情况，选择开展一次别开生面的小学毕业生家长会的策略。

2. 了解开展一次别开生面的小学毕业生家长会的实施建议。

读前反思

1. 在之前的教学中，你是否开展过别开生面的小学毕业生家长会？

2. 反思自己在开展一次别开生面的小学毕业生家长会时，是否采用了科学的应对策略？

一、问题聚焦

小学生到初中生的转变，对孩子而言是新鲜、神秘和好奇的，孩子在期待的同时，对未知的初中学习与生活也充满了胆怯和恐惧。此时的家长对"已经成为小大人"的孩子有着太多的"看不懂""猜不透""弄不明白"。在小升初过渡的暑假，家长会充满无助和忙乱，小学教师不妨利用最后一次家长会，帮助家长解决这些困惑，带家长"读懂"即将小升初的孩子，做好"小升初"的衔接工作。

二、应对策略

这是孩子小学阶段的最后一个家长会，更是孩子步入初中的起始。涉及小初衔接这个特殊而重要的时段，只有打破传统，才能在创新的家长会中给予家长有效的指导，为孩子拉开初中生活的良好序幕。

如何召开一场别开生面的小升初家长会？教师可以从三个维度切入，做到三个创新。

（一）拓展家长会的对象

以往的家长会参与对象很固定，就是班级孩子的家长。作为告别小学的家长会，所起的作用不仅是对小学做一个总结，更要对孩子的暑假生活进行指导。考虑到家长会的最终受益者是"孩子"，可以在最后一次家长会中让班级的孩子和家长一同参会。另外，还可以邀请初中的语文、数学、英语教师参与，再邀请几位初中生参与，分享他们进入初中生活后的成长感悟。

（二）创新家长会的召开场域

以往的家长会大多都在教室召开，教师在讲台上讲，家长在下面听。为了取得最佳的效果，教师可以借助学校的大会议室、实验室或者小型报告厅、阶梯教室等场地开展。

如果场地的座位可以移动，建议以圆桌会议的形式召开，改变以往教师与家长一对多的固化模式，这样更便于情感的切入，让家长更舒心、更放松。

（三）丰富家长会的内容和形式

以往的家长会内容相对集中，涉及孩子的在校表现、学习等方面，采取的形式也比较单一：教师讲家长听。这次的家长会要从对暑假生活的指导、对初中生活的认识、对初中学习的规划这三方面内容来切入。打破教师说、家长听的固定形式，做到五点：有看的、有听的、有讲的、有想的、有做的。

有看的。教师可以将班级孩子们从一年级到六年级的校园生活点滴提前做成视频，并配上适当的音乐，加上教师的画外音，作为给孩子们的特殊毕业礼物，也作为家长会的开端。制作视频时，注意尽量做到有集体活动的展示，更有每个孩子特定镜头的成长记录，当家长看到自己孩子的镜头时内心一定是暖暖的。这些镜头是珍贵的，记录的不仅仅是孩子的校园生活，更是孩子成长的足迹，这是家长会的暖场环节。

有听的。毕业在即，孩子们应该有很多话想说，小学的最后一场家长会，教师应该将"说"的机会让给孩子，设计"孩子说，我来听"环节。这是引导孩子独立总结的一个机会，也是锻炼孩子表达的契机。创造机会让孩子大声地和爸爸妈妈说说心里话，教师与家长共同倾听孩子们成长的故事，听孩子们对初中生活的憧憬、对母校的留恋、对家长的感恩等，这样的倾听，远比教师单方面讲更有实效。

有讲的。对家长与孩子而言，一下子由小学进入初中可能都还没有做好充足的准备。班主任可以邀请初中的教师来讲一讲初中和小学的不同，初中的学习方法与小学相比有哪些需要调整的，暑假需要做怎样的小初衔接等话题；也可以让刚刚结束七年级的孩子来谈谈，他们是怎么度过这个特殊的假期，又是如何适应新环境的，这样更能让家长和孩子认识一个完整的初中，为孩子接触初中新的环境、新的同学和教师充分做好充分心理准备。

有想的。当家长看了教师做的孩子成长微视频，听了孩子们的感受和设想后，一定会若有所思。此时，教师可以引导家长科学地看待孩子的发展，孩子的每一次努力都是一次最好的成长。借此教师可以就"青春期的那些事""和孩子沟通的艺术""帮助孩子掌握优势科目""情商"等话题与家长进行分析，也可以根据家长的需求推荐一些适当的文章和书籍，让家长会的辐射效果不止于家长会这几十分钟，让家长在阅读和思考中对家庭教育产生更深刻的体会和感悟。

有做的。家长会的最后一个环节，教师可以建议家长带着孩子一起做好暑假的生活规划，包括读书，参加社会实践，参加力所能及的公益活动，小初衔接等，引导家长和孩子一起来做这些事，既尊重了孩子，又可以让家长指导孩子。

三、实施建议

（一）收集孩子小学阶段的成长素材，为微视频做好准备

教师在平时尽可能多地收集孩子成长的照片、视频等相关资料，并且和家长取得联系，让家长提供孩子成长的家庭生活照片，让微视频的内容更丰富，更加个性化。

（二）与班级家委会成员共同筹划，做好家长会的前期工作

家长会召开前，教师可以听听家长和孩子的意见，并和班级家委会成员一起讨论，这样既可以洞悉家长的困惑和所需，也给予家长足够的参与权，家校携手，合作共赢。

（三）与中学生近距离交流，了解初中生活的注意事项

在家长会快结束的时候，教师可以让家长和孩子对邀请来的初中学生进行咨询，聊一聊他们的学习，熟悉初中教师的要求和各学科的特点，请那些成绩和习惯好的同学介绍经验，说说刚上七年级要注意的事项、会遇到的情况，让孩子有个心理准备。并引导家长和孩子谈一谈即将到来的初中生活，帮助他们确定自己在新环境中的起点和通过努力要达到的目标，提前做好心理预期和设想。

家长会家长常常开，如何发挥好这"小学最后一次家长会"的特殊意义和价值，需要教师跳出去思考，创新尝试，通过教师与众不同的设计发挥家长会最大的教育功效，有效促进教师与家长、家长与家长、家长与孩子之间的联系，相互交流，共同进步，最终形成教育的合力，为孩子的初中的生活创造一个良好的开端。

随讲随练

【判断】小学生到初中生的转变，对孩子而言不仅仅带着新鲜、神秘和好奇，更充满了对新的学习生活无限未知的胆怯与期待。（　　）

【单选】下面哪一个不是开展一次别开生面的小学毕业生家长会的应对策略？（　　）

A. 拓展家长会的对象

B. 创新家长会的召开场域

C. 随意开展小学毕业生家长会，放任不管

【多选】教师开展一次别开生面的小学毕业生家长会的实施建议有哪些？（　　）

A. 收集学生小学阶段的成长素材，为微视频做好准备

B. 与班级家委会成员共同筹划，做好家长会的前期工作

C. 与中学生近距离交流，了解初中生活的注意事项

拓展阅读

1. 马东平、柳立明：《从家长"汇"到家长"慧"——基于家校育人层面家长会的实施路径探析》，载《小学教学参考》，2021（33）。

2. 高志娟：《新教师组织家长会策略浅析》，载《幼儿100（教师版）》，2021（11）。

3. 周莲、徐亚燕：《毕业前，为家长会"变脸"——班主任话细节》，载《班主任之友（小学版）》，2009（11）。

➡ 第二节　如何指导家长帮助孩子平衡各学科任务 ◀

知识构图

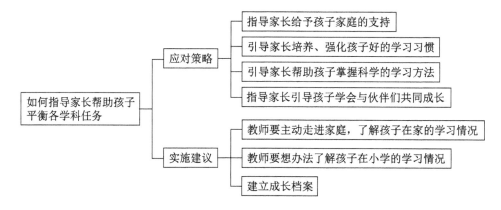

学习目标

1. 能够根据不同的情况，选择指导家长帮助孩子平衡各学科任务的应对策略。

2. 了解指导家长帮助孩子平衡各学科任务的实施建议。

读前反思

1. 在之前的教学中，你是否指导过家长帮助孩子平衡各学科任务？

2. 在指导家长帮助孩子平衡各学科任务的过程中，你是否采用了科学的应对策略？

一、问题聚焦

随着学习内容的日益加深，初中的学习较小学的相比，对孩子逻辑思维能力的要求越来越高，此时非智力因素的作用也表现得越来越突出。步入初中后，学习科目增多，成绩优异的孩子表现得越来越好，而成绩不理想的孩子与之的差距则越拉越大。七年级孩子学习成绩波动大，分化日趋明显。指导家长帮助孩子平衡各学科任务，是改变孩子学习现状的突破口，既可以减轻孩子的学习压力，更能让孩子尽早适应初中的学习生活。

二、应对策略

教师可以从以下几个方面指导家长，帮助孩子树立自信，提升学习力。

（一）指导家长给予孩子家庭的支持

当孩子的学习遇到问题，出现学习状态不佳、方法不当时，教师要提醒父母，不做高高在上的指导者和指责者，首先要肯定孩子为学习所表现出的努力，其次要及时地激励，让他们鼓起再一次挑战的勇气。还可以通过教师和同学侧面了解一下孩子的情况，尽量帮孩子寻找失分的原因，共同找到提高成绩的方法。

（二）引导家长培养、强化孩子好的学习习惯

孩子良好学习习惯的形成要靠家长及时指导和监督。虽然初中课业量增加，知识深度也增加了，但孩子大脑的发展也逐渐趋于成熟，如果能找到属于自己的学习方法，并把方法培养成自己的学习习惯，更有利于孩子掌握初中知识。教师要指导家长在家庭教育中培养孩子讲究效率的习惯：一是办事有计划，会安排，养成珍惜时间的好习惯；二是培养今日事，今日毕的习惯；三是培养孩子专心致志的习惯。所以，教师除了在校注重对孩子学习习惯的培养之外，也要指导家长在家帮助孩子，让他们能顺利地适应初中的学习。

（三）引导家长帮助孩子掌握科学的学习方法

从小学升入初中，学习上孩子会遇到很多方面的改变。如课程增多、内容加深，教师的教学方法改变等。学习是需要智慧的，要在总结中反思，如果孩子不能尽快调整学习状态，找到适合自己的学习方法，那么他在初中的学习就会变得更加困难。这些困难如若不能很好地解决，不但会影响今后的学习成绩，而且可能影响其今后人际交往能力和心理的健康发展。

教师可以建议家长，帮助孩子养成学会学习的四大习惯：主动学习的习惯、善于思考的习惯、探究学习的习惯、总结反思的习惯。教师要引导七年级孩子的家长，对孩子的学习情况进行一次彻底的自我大盘点，先找到孩子学习中是否存在不足，如学习有没有计划，有没有形成知识结构，能不能科学利用时间等。在充分认识初中学习的特点及孩子的学习情况后，教师要引导家长帮助孩子进行自我调整和科学规划，如学会预习和复习，带着问题听讲，抓住学习的重点和难点等。

（四）指导家长引导孩子学会与伙伴们共同成长

一个人的能力是有限的，再聪明的人也会有不懂的问题，学会与伙伴们共同成长，对七年级的孩子尤其重要。在学习中遇到自己不能解决的难题时，教师可以引导家长，鼓励孩子勤学善问，不能解决的问题要勤于向教师和同学请教。在与同学和教师的交流过程中，帮助孩子发现自己的学习误区，学习他人良好的学习方法、思考方式，助力自己今后的学习和进步。

三、实施建议

（一）教师要主动走进家庭，了解孩子在家的学习情况

孩子刚刚进入初中生活时，家长和教师不要只关注学习成绩，而要全方位地了解孩子，教师可以在刚开学两周之后和孩子的家长联系，主动家访，和家长交流孩子在学校的表现。同时了解孩子在家里的学习情况，这样才能更科学而合理地给孩子定位，并给出合理的预判，帮助家长科学地指导孩子完成学习任务。

（二）教师要想办法了解孩子在小学的学习情况

孩子的学习是一个前后衔接、融会贯通的过程，初中的教师要主动与孩子交流小学的学习情况，对一些学习基础薄弱的孩子，要走进孩子的小学，与小学教师对接，全面了解孩子的知识基础，这有利于后续的因材施教。教师可以指导家长帮助孩子掌握一门优势科目，用学习这门优势学科的方法来带动其他的学科，调整学习方法，以足够的自信面对学习中的问题，达到所有学科齐头并进的效果。孩子可以从自己优势的学科中获得自我认可和激励、教师的肯定和鼓励，这些都能极大影响他的成长，慢慢地他会感觉到事情没有想象的那么难。既然自己可以有一方面突出于其他人，那么从中寻找经验，其他方面都会得到提升，这不仅仅是学习方法的问题，更是心理上对自我的积极暗示。如果孩子门门学科都成绩平平，可能会对自己逐渐丧失信心。教师要根据孩子的学习特点，针对性地指导家长，帮助孩子建立一门优势学科，重拾学习的信心。

（三）建立成长档案

在掌握了孩子的小学基础、在家表现、学习愿景等情况后，教师要对孩子的信息进行梳理，建立成长档案，听听家长的教育夙愿，听听孩子的成长心语，给出教师的成长期待，并针对不同的个体量身定制成长方案。

初中是丰富孩子知识储备的一个重要阶段，也是提升孩子综合素养的关键时期，注重学生学习兴趣的培养，通过学校教育与家庭教育的有效融合，真正实现让孩子在快乐中学习，在学习中感受快乐。在这个阶段，教师要引导家长有意识地培养孩子的自主学习能力，主动思考，学会创新，让孩子养成主动学习、勤于思考的好习惯，为以后的学习打下坚实的基础。

随讲随练

【多选】教师指导家长帮助孩子平衡各学科任务的实施建议有哪些？（　　　）

A. 教师要主动走进家庭，了解孩子在家的学习情况

B. 教师要想办法了解孩子在小学的学习情况

C. 建立成长档案

拓展阅读

1. 温惠燕：《偏科学习者的心力委顿及应对策略》，载《中小学心理健康教育》，2021（14）。

2.《求学》编辑部：《偏科生逆袭指南》，载《求学》，2018（38）。

3. 李星明：《学生偏科怎么办？》，载《安徽教育》，1999（6）。

4. 吴其祥：《学生偏科的成因及对策》，载《教育管理》，1995（2）。

▶▶ 第三节 如何指导家长帮助孩子在假期做好小升初准备 ◀

知识构图

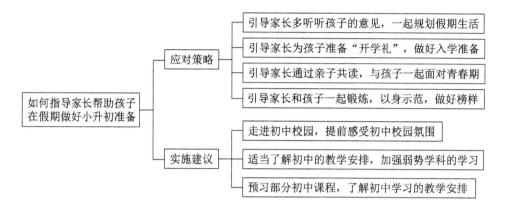

学习目标

　　1.学会合理安排孩子在小升初假期的学习和生活。

　　2.掌握小升初假期与孩子沟通的基本方法。

读前反思

　　1.从小学升到初中，孩子的心理变化会有怎样的表现?

　　2.小升初假期的安排与其他假期的安排在哪些方面有不同?

一、问题聚焦

　　小学毕业后的暑假时间较长，很多家长认识到了"中小衔接"对孩子初中学习的重要性，于是给孩子安排了各种复习班、培优班、衔接班，希望孩子能通过假期学习尽快适应初中的学习。但刚毕业的孩子更希望好好放松一下，或者安排自己想做的事，不愿意整个假期都被学习占据。面对这种情况，教师如何引导家长合理安排孩子的假期生活呢?

二、应对策略

　　除了学科知识的衔接，教师更要引导家长帮助孩子为升入七年级做好充分的准备，包括心理的引导、学习的衔接、知识的拓展、学业的规划等，要指导家长做好以下四件事。

（一）引导家长多听听孩子的意见，一起规划假期生活

暑假时长将近两个月，过长的休息会让孩子变得松懈。教师要引导家长和孩子一起规划暑假生活，包括生活、学习、社会实践等各方面，并具体到每件事情的时间节点。做规划时，家长要和孩子一起完成，多听听孩子的想法，比如，孩子想看哪些书籍？想参加哪些体验活动？想报哪个特长班？将孩子需要做的事一件一件列出。做好暑期计划后，家长要及时提醒、时刻监督，以保证计划的实效性。

教师还要引导家长在规划中做一些必要的规则和约束，比如，起床的具体时间，允许使用电子产品的时间、看电视的时间等。明确的规划能让孩子保持良好的作息习惯，防止孩子网络成瘾、生活没有规律等，帮助孩子提前适应初中的学习生活。

（二）引导家长为孩子准备"开学礼"，做好入学准备

良好的开端是成功的一半，在暑期开学前，教师要提醒家长给孩子准备好"开学礼"。包括物质上的礼物和精神上的礼物。

临近开学，物品准备很重要。首先教师要提醒家长了解初中的学科，为孩子准备相应的书皮、练习本、英语字典、汉语字典等初中适用的文具。考虑到孩子的学段因素，准备的文具要简洁大方，不要太稚气。更重要的是，教师要引导家长帮助孩子做好升入初中的精神准备。比如，告知开学第一天要注意文明礼仪，设计好自己的自我介绍，如何快速地融入班集体，如何与新同学相处等。对即将发生的事件进行预设，也是对孩子能力提升的一种锻炼。

（三）引导家长通过亲子共读，与孩子一起面对青春期

小学毕业的孩子大多进入了青春期，他们更渴望长大，心理上更追求独立，但身心发展还不够成熟，这个时候更需要家长的关心，这种关心不仅仅是身体上、学习上的，还有心理和情感上的。为此，小升初的暑假，教师可以建议家长选择心理学和青春期相关的书籍进行阅读，了解孩子成长中重要的转折变化，根据不同孩子的成长特点调整陪

伴方式，通过读书交流促进亲子感情，并形成积极健康的家庭文化，这是孩子健康成长的有力保障。

（四）引导家长和孩子一起锻炼，以身示范，做好榜样

进入初中后，体育是直接纳入孩子的升学考核的，对孩子体能的要求也越来越高。为了不让孩子在暑假期间过于懒散，教师要提醒家长注重孩子体能的提升，多和孩子一起走出户外参加体育锻炼。教师要指导家长以身示范做好榜样，为孩子制订一份暑期体育锻炼计划，包括跳绳、50米跑，中长跑等。做好每天的锻炼计划，由家长陪伴并监督孩子完成，既是为初中的体能增长做准备，也是为体育中考做准备。

三、实施建议

（一）走进初中校园，提前感受初中校园氛围

初中不同于小学，突出表现为"三多"——课多、书多、教师多。有些孩子不能很快适应小学生到初中生的身份转变，会对今后的学习生活充满担忧。教师可以建议家长在暑假时，提前带孩子到初中校园去感受一下初中校园的学习氛围，让孩子以"准初中生"的身份进入状态，提前适应，缓解焦虑情绪。

（二）适当了解初中的教学安排，加强弱势学科的学习

小升初的暑假，教师可以建议家长帮助孩子初步了解初中的学科设置、教学安排，做好心理准备，拓宽学习面。对小学阶段知识漏洞较多的孩子，要建议家长适当"培优补弱"，帮助孩子对自身弱势学科进行针对性弥补，以免进入初中后跟不上课程进度。

（三）预习部分初中课程，了解初中学习的教学安排

教师要引导家长，有计划性地和孩子一起预习初中课程。相比小学，初中不仅仅科目增多，难度增大，还有兴趣性与专业性的差别，由单纯的书本知识转向包括课外知识在内的综合性学习。教师要提醒家长，利用暑假提前预习相应课程，让孩子提前适应这种节奏，为即将到来的初中生活做准备。同时要建议家长，帮助孩子淘汰一些小学时旧

的学习方法，探索一些新的学习技巧。这样可以避免开学很久，孩子依然不能进入状态的情况发生。

小升初的暑假对孩子的成长十分重要，不仅要做好孩子学习的衔接，还要在精神层面丰富孩子，从情感层面温暖孩子，从心理引导上润泽孩子，使其劳逸结合，调动他们成长的积极性，为初中生活做好身体和心理的双重准备，从而开启孩子轻松快乐的初中生活。

随讲随练

【多选】为帮助孩子更好地适应初中学习节奏，家长可以采取以下哪些策略？（　　）

A. 带学生参观学校，感受初中氛围

B. 对小学阶段的学习疏漏适当补弱

C. 开学前要求学完七年级的教学内容

D. 有计划地预习部分孩子感兴趣的学习内容

【判断】家长应了解孩子成长中重要的转折变化，并根据不同孩子的成长特点调整陪伴方式。（　　）

拓展阅读

1. 张向葵、曲葳：《小学生升学准备不足：现状调查及原因分析》，载《东北师大学报（哲学社会科学版）》，2010（2）。

2. 王亚蓉：《未雨绸缪，促进学生幸福成长——小升初衔接工作初探》，载《中国教育学刊》，2017（A1）。

▶ 第四节　如何指导家长处理"校园欺凌"事件 ◀

知识构图

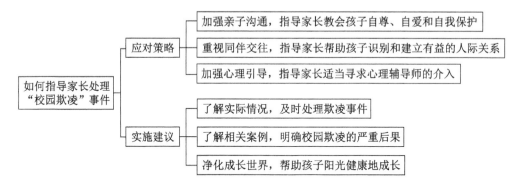

学习目标

　　1.掌握如何做好校园欺凌中欺凌者与被欺凌者的心理辅导工作。

　　2.掌握处理校园欺凌事件的基本策略。

读前反思

　　1.怎样的原因会使个别孩子成为校园欺凌的欺凌者？

　　2.杜绝校园欺凌仅仅依靠学校和教师吗？

一、问题聚焦

　　2016 年，针对我国 29 个县 104 825 名中小学生的抽样调查发现，校园欺凌发生率高达33.36%。[1]校园欺凌主要包括学生之间一方实施的语言侮辱、肢体暴力、网络暴力等。校园欺凌破坏了安全的学习环境，侵犯了孩子基本的受教育权，会对孩子的身体和心理成长造成巨大的伤害。在孩子遇到校园欺凌时，教师应该如何指导家长正确处理这些突发事件，帮助孩子解决困境呢？

---

[1]　杨华：《教育主体缺失视角下农村校园欺凌成因及治理》，载《吉首大学学报（社会科学版）》，2019（6）。

二、应对策略

促进孩子的生命健康，提升孩子的生命质量，需要全社会的共同努力。教师和家长既要让孩子学会自我保护，避免成为校园欺凌的受害者，也要帮其建立积极的心态、养成阳光的个性，避免成为校园欺凌的制造者。发生此类事件时，教师要关注欺凌者与被欺凌者双方，并对他们的家庭进行以下几方面的指导。

（一）加强亲子沟通，指导家长教会孩子自尊、自爱和自我保护

校园欺凌尤其容易发生在一些性格软弱、缺少自信、不敢反抗的孩子身上。这些孩子的家长在家中经常打压孩子的自尊，要求孩子一味顺从。所以当他们遭受校园欺凌时，第一时间不敢与别人诉说，只会隐藏在心里，甚至自我怀疑，让校园欺凌持续存在。

对此，教师首先要指导家长，教会孩子勇敢面对校园欺凌，学会保护自己。引导家长加强亲子沟通，了解孩子的在校情况，以便在孩子被欺负的第一时间了解事情的原委、采取行动。当教师接到家长的求助时，更要表明态度，配合欺凌者家长教育孩子，决不能听之任之，甚至责怪孩子与同学发生矛盾是"一个巴掌拍不响"，任由孩子遭受伤害。

（二）重视同伴交往，指导家长帮助孩子识别和建立有益的人际关系

还有一类容易遭受校园欺凌的孩子，他们平时较为孤僻、不合群、人际交往能力差。因此在受到校园欺凌时，也没有办法获得同伴的有效帮助。对此，教师可以引导家长和孩子一起认识和了解校园欺凌，分析校园欺凌发生的原因，是否存在孤立、排挤、嫉妒或歧视等情况，指导家长培养孩子的社交能力，引导孩子与同伴建立相互尊重、相互理解、相互支持的伙伴关系。教师可以建议家长，多带孩子参加一些亲友间的社交活动，提供机会让孩子参与同伴社交。如果察觉孩子性格有些孤僻，缺少积极的同伴关系，甚至结识社会不良人员，一定要及时干预，让孩子建立正向、有意义的同伴关系。

（三）加强心理引导，指导家长适当寻求心理辅导师的介入

孩子作为未成年人，心智不成熟，抗挫能力较弱，遇事缺乏理智，新闻中可以看到许多因为遭遇严重的校园欺凌而冲动、走极端的案例。及时的心理调适是帮助孩子走出校园欺凌阴影的最佳途径。当校园欺凌发生在孩子身上时，教师要引导家长首先观察孩

子的情绪变化，如果发现孩子的情绪不稳、状态不佳，就要及时让学校心理辅导师介入，让孩子打开心扉，说出心结，帮助孩子走出校园欺凌的阴影，开启新的生活。

三、实施建议

（一）了解实际情况，及时处理欺凌事件

鉴于校园欺凌多因同学之间的琐事而引起，教师要引导家长善于捕捉、发现孩子的反常情绪并及时沟通。如果发现同学之间存在矛盾、小摩擦、欺凌、霸道行为，教师要同家长一起及时处理化解，尽早避免事态激化，杜绝欺凌升级、发生恶性事件。

如果矛盾已经升级为一定程度的暴力冲突，教师要及时跟受欺凌孩子的家长进行有效的沟通解释："这件事我一定调查清楚，尽最大可能帮助您的孩子，保护您的孩子。"同时与家长保持密切联系，实时反馈事件处理结果。而对欺凌者一方，教师要就事论事，明确地告知家长孩子的错误行为，尽早让孩子认识错误，真诚地向受欺凌的孩子道歉。如果情节严重，教师应同家长一起向公安机关报案，通过司法介入做出公平公正的处理，以便对这类事件形成积极正面的警示作用。

（二）了解相关案例，明确校园欺凌的严重后果

教师在发现班级内出现欺凌现象后，除了要对当事孩子进行及时的教育和合理惩戒，还要和家长做好沟通交流工作，引导家长重视青少年犯罪问题的预防。教师可以开展"反校园欺凌"主题班会，让家长和孩子一同参加，观看校园欺凌相关的案例视频、纪录片，让孩子深刻认识到校园欺凌可能造成的严重后果。同时，还可以邀请警察、法官等人员走进学校现身说法，普及相关法律知识，共同维护青少年的成长环境。

（三）净化成长世界，帮助孩子阳光健康地成长

对校园欺凌来说，不能忽视原生家庭对他们的影响。因此，教师要指导家长以身作则，遇事不偏激，做事不过激，以积极平和的方式处理家庭关系、人际关系，避免以暴力、羞辱、指责等方式解决问题。倡导在家庭生活中互敬互爱，彼此尊重，让孩

子懂得尊重别人，不会因为情绪发泄而成为校园欺凌的制造者。构建良好的家庭氛围，优化孩子的成长环境，让每一个孩子都能阳光向上，才能从源头上减少校园欺凌的发生。

校园欺凌对被欺凌者的身体和心理都会造成伤害，对于霸凌者，如果不及时帮他纠正不良行为，对他进行教育疏导，严重的话，他甚至会走上犯罪的道路。因此，教师要引导家长参与到反校园欺凌中来，让每个孩子在健康向上的氛围中平安、幸福地长大。

随讲随练

【多选】从家长的角度，以下哪些措施能够有助于避免校园欺凌事件发生在自己孩子身上？（   ）

A.培养孩子的社交能力

B.在家庭交往中，为了树立家长权威而全方位打压孩子

C.鼓励孩子表达自我，培养孩子的自信和自尊

D.引导孩子与同伴建立相互尊重、相互支持的伙伴关系

【判断】只要学校和教师做好日常管理和教育，就能避免校园欺凌的发生。（   ）

【判断】自尊心、嫉妒心强的孩子一定会成为校园欺凌的制造者。（   ）

拓展阅读

1.章恩友、陈胜：《中小学校园欺凌现象的心理学思考》，载《中国教育学刊》，2016（11）。

2.刘艳丽、陆桂芝：《校园欺凌行为中受欺凌者的心理适应与问题行为及干预策略》，载《教育科学研究》，2017（5）。

▶▶ 第五节　如何指导家长正确看待与应对孩子的学习落差 ◀

知识构图

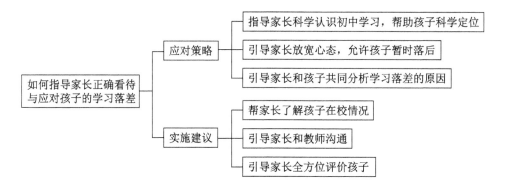

学习目标

　　1.了解孩子在小初衔接时期的学业压力。

　　2.了解引导家长正确看待与应对孩子学习落差的策略。

读前反思

　　1.你了解孩子在小初衔接时期的学业压力吗？

　　2.在平时的教育中，你会如何看待与应对孩子的学习落差？

一、问题聚焦

　　孩子进入初中，首先面临的就是角色的转变，这种改变不仅仅是走进新校园、认识新同学、接触新教师那么简单，更让家长、孩子头疼的问题就是学业压力。由于初中学习内容的丰富、知识难度的提升、学习方式的转变乃至考试要求的变化，不仅让孩子在学习上会有明显的不适应，更会让家长因为孩子考试分数的高低而或喜或悲。如何正确地看待孩子的学习落差就成了摆在家长面前第一道难关，也成为家长需要教师指导的重点、难点问题之一。

二、应对策略

随着初中学习内容的日益加深，课程内容对孩子逻辑思维能力的要求也越来越高，而且非智力因素（如刻苦、专注、执着等）的作用也表现得越来越突出，于是成绩好的孩子越来越好，成绩落后的孩子无法有效提升，孩子间成绩的差距越拉越大。教师要积极引导家长做好以下几件事。

（一）指导家长科学认识初中学习，帮助孩子科学定位

小学课程内容相对简单，大部分孩子通过课上认真听讲，就能掌握教师所讲的内容。初中课程内容加深，每节课的知识容量也比小学时增加很多，学科更加系统化、结构化、序列化。教师要积极地帮助家庭教育发挥作用，充分进行家校合作，指导家长根据初中课程的特点帮助孩子调整学习方法。

教师要明确告知家长初中与小学学习的不同，告诉家长不能仅仅依靠分数来判断孩子的学习态度，而是要综合对比近阶段的成绩波动，帮助孩子一起检查学习方法是否得当、学习状态是否高效。指导家长全面合理地分析孩子的学科优劣势，尤其要关注孩子进入初中后的学习习惯和思维方式的转换，以帮助孩子进行科学定位。

（二）引导家长放宽心态，允许孩子暂时落后

面对忽然增加的考试科目及考核周检测、月考核、各种达标竞赛等考试，大部分孩子需要一个适应期，当七年级孩子的学习状态不佳时，教师要引导家长放宽心态，不必过于焦虑。教师可以建议家长首先对孩子表明态度，告诉孩子"允许你暂时落后，这只是一个开端，只要找对方法，一定可以学得好，要相信有付出就有收获"。然后引导家长接受这个事实，并心平气和地让孩子也接受事实，这是帮助孩子减轻压力的第一步。

（三）引导家长和孩子共同分析学习落差的原因

首先，指导家长寻找分数背后的原因。很多家长只看到试卷上直观的一分两分之差，但忽略了分数背后隐藏着的孩子的学习状态。教师要指导家长，拿到试卷时，要和孩子一起分析失分原因是知识点掌握不牢，还是对知识运用不够灵活变通，还是临场发挥不佳；除了看自己孩子的成绩，还要综合比对班级乃至年级整体的成绩，教师可以利用家

校沟通平台，告知家长试卷的难易程度及预测的平均分，帮助家长找到对孩子成绩最科学的定位；找到孩子的优势科目和相对薄弱的科目加以分析，让孩子自己思考优势科目的学习方法，暂时落后的科目需要如何改进。

其次，指导家长关注分数背后孩子的听课状态。在对孩子卷面有了客观的分析后，接下来就要关注孩子的学习状态。教师要及时与家长沟通孩子的课堂表现，提醒家长关注孩子的课堂学习效率。小学以形象思维为主，而初中更注重思维的延伸和拓展。好的学习状态是充分调动孩子多重器官的综合学习，带着问题思考，带着困惑实践，并通过提高自己的学习兴趣来提升学习的幸福感，这是最佳的学习状态。教师要指导家长让孩子做到"听课四要"：一要用心用脑来听讲，注意知识发生的过程；二要边听边想，不断思考；三要知之为知之，不知为不知，不懂的问题及时向教师求助；四要能够举一反三，将学习到的技巧和方法应用到其他学科中，灵活运用。

最后，指导家长关注分数背后孩子的学习习惯。帮助孩子形成良好的学习习惯，有助于学习能力的发展，综合素养的提升。引导孩子养成课前预习的习惯，带着疑惑积极动脑、聚精会神地听讲；课下养成及时复习巩固、独立完成作业的习惯。有的孩子喜欢遇到问题就不假思索地找家长，或者边看教材、课堂笔记，边解决作业问题，教师要提醒家长，让孩子先复习再做作业，温故而知新；遇到不会做的题目，应开动脑筋，积极思考，力求独立解决问题；养成预习的好习惯，为下面的学习做好准备。

三、实施建议

（一）帮家长了解孩子在校情况

教师要与家长进行一次深入的谈话，必要时可进行期初家访。通过和家长的对接，了解孩子在家庭时的情况，同时让家长充分了解自己的孩子，尤其是孩子对学习科目的喜爱度，激发孩子的学习兴趣。

（二）引导家长和教师沟通

当孩子的成绩有很大的落差后，教师应提醒家长不要第一时间生气、找孩子责问，或是抱怨孩子不努力。而要主动联系教师，在了解孩子在学校的学习状态，和教师交换意见之后，再去和孩子交流。

（三）引导家长全方位评价孩子

当孩子的学习成绩不如愿的时候，教师要告诉家长"方法比知识更重要"， 找到适合孩子的学习方法是走进优势学科的第一步。要指导家长关注孩子的习惯养成、人际交往、兴趣爱好等各个方面的发展，不囿于分数，不给孩子过重的心理负担，促进孩子德智体美劳全面发展。

孩子升入初中，本身就带着沉重的心理负担，他们自己也在为将来的中考积极准备，在每天的学习中很多孩子内心承受着我们无法想象的压力。作为教师，首先要熟悉班里的孩子，同时帮助家长合理定位孩子的成长。制定合理的规划目标，家校携手，共同带孩子走进幸福的初中生活。

随讲随练

【判断】非智力因素（如刻苦、专注、执着等）会影响孩子的学习成绩。（   ）

【单选】教师要指导家长让孩子做到听课四要，不包括（   ）。

A. 要用心用脑来听讲，注意知识发生的过程

B. 要边听边想，不断思考

C. 要靠自己琢磨，不懂装懂

D. 要能够举一反三

【多选】以下哪些是家长和孩子共同分析学习落差的原因是：（   ）。

A. 指导家长寻找分数背后的原因

B. 指导家长关注分数背后孩子的听课状态

C. 指导家长关注分数背后孩子的学习习惯

拓展阅读

刘志华、郭占基：《初中生的学业成就动机、学习策略与学业成绩关系研究》，载《心理科学》，1993（4）。

第六部分
心理健康指导

目前，孩子出现了越来越多的心理健康问题，迫切需要开展和加强心理健康教育。在这些出现心理问题的孩子中，既有"问题"儿童青少年，也有"学校处境不利"儿童青少年。前者，通常指品格上存在着问题且经常表现出来的青少年。这里，一是指品德发展上的缺点；二是指性格发展上有偏差。这类孩子在学校里，较多地表现出纪律松弛、情绪消沉、焦虑紧张，甚至闹学、混学、逃学和辍学等行为。后者通常指智能潜能正常，但在学校中处于低下地位，实际上被剥夺了学习权利和学习可能的孩子，也包括本身能力发展迟滞、学习成绩落后、行为不良等不能适应学校学习的学生，和从较低水平学校转到较高水平学校时不能很快适应新条件的孩子。

心理健康包括两个方面的含义，其一是没有心理疾病；其二是具有一种积极向上发展的心理状态。林崇德指出，心理健康标准的核心是：凡对一切有益于心理健康的事件或活动作出积极反应的人，其心理便是健康的。应该把孩子存在的问题作为制定心理健康标准的前提。

学习是孩子的主要活动。心理健康的孩子能够在学习方面敬业，从中获得智力与能力，并将习得的智力与能力用于进一步的学习中。在学习中充分发挥智力与能力，就会产生成就感；由成就感不断产生乐学，进而会学和活学，如此形成一个良性循环。具体地说，孩子学习的心理健康，表现在如下6点：成为学习的主体；从学习中获得满足感；从学习中增进体脑发展；在学习中保持与现实环境的接触；在学习中排除不必要的忧惧；形成良好的学习习惯。[1] 本部分我们将从"心理健康"和"挫折教育"两讲对教师开展家庭教育指导进行阐释。

[1] 林崇德：《积极而科学地开展心理健康教育》，载《北京师范大学学报（人文社科版）》，2003（1）。

▶ 知识构图

-
-
-
-

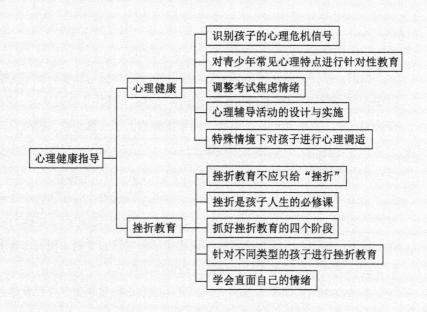

心理健康指导

心理健康
- 识别孩子的心理危机信号
- 对青少年常见心理特点进行针对性教育
- 调整考试焦虑情绪
- 心理辅导活动的设计与实施
- 特殊情境下对孩子进行心理调适

挫折教育
- 挫折教育不应只给"挫折"
- 挫折是孩子人生的必修课
- 抓好挫折教育的四个阶段
- 针对不同类型的孩子进行挫折教育
- 学会直面自己的情绪

▶▶ 第十三讲
▶ 心理健康

　　每个人在成长的过程中都会遇到烦恼与挫折，尤其是处于青春期的孩子。他们的成人感不断增强，但生活经验不足，且缺乏心理调适能力。青春期的孩子往往面临升学压力，在成长与学业的双重压力下，他们的心理很容易出现问题。

　　本讲从心理危机识别、心理健康教育、考试焦虑、心理调适等方面，着重分析孩子心理发展特点与家庭教育的关键问题，引导教师认识父母对孩子情绪的影响。并指导家长学会关注孩子的身体状况、行为变化，从而营造出和谐、稳定的家庭氛围。

·
·
·
·

▶▶ 第一节　如何指导家长识别孩子的心理危机信号 ◀

知识构图

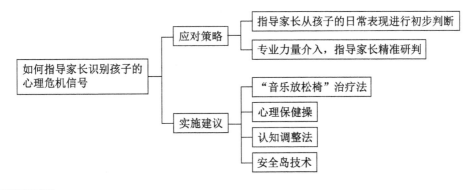

学习目标

　　1.了解孩子出现心理危机的信号。

　　2.掌握常见的心理治疗方法。

1. 你知道的心理危机信号有哪些？

2. 你了解常见的心理治疗方法吗？

一、问题聚焦

"烦死了""好无聊啊""真没劲"这些带有负面情绪的语言，成为当下很多孩子的口头禅。家长听多了也就习惯了，总以为孩子只是说说而已，甚至孩子说出"我不想活了"，有些家长仍然无动于衷。即使有些家长有担忧，但由于没有掌握识别孩子心理危机信号的方法和处理技巧，也无法恰当处理，就造成了亲子关系的破裂甚至悲剧的发生。那么，教师该如何指导家长识别孩子的心理危机信号呢？

二、应对策略

（一）指导家长从孩子的日常表现进行初步判断

家长跟孩子朝夕相处，是他们身心健康的第一责任人，教师要提醒家长，平时应注意关注孩子的心理健康和情绪变化，发现孩子举止有异常，一定要引起重视。当孩子出现心理危机时，会发出一些"求救信号"。作为教师，可以指导家长通过孩子的日常表现进行初步判断，见表 13-1。

表 13-1　孩子各类表现与相应心理危机归类

行为表现	情绪表现	可能存在的原因	初步判定
思想不集中，作业偷工减料甚至不完成；经常迟到、旷课，跟社会人员混在一起；经常以各种理由不去学校上学，不想待在教室，不想面对教师。	对学习表现出冷淡、无兴趣、怠慢、厌倦等情绪。	在学业遇到挫折和失败时，孩子产生了消极情绪；家庭环境的不良影响，教师的批评，同学的嘲笑，学习环境的改变等。	厌学情绪
经常头晕、胃不舒服、心慌气短、感觉浑身没有力气；晚上难以入睡，容易惊醒；喜欢独处，有时会莫名流泪。	出现烦躁、紧张、恐惧、焦虑等情绪。	过于追求完美导致情绪绷得太紧，悲观主义者，生活、学习压力过大，身体出现疾病等。	焦虑情绪

续表

行为表现	情绪表现	可能存在的原因	初步判定
一周内出现三次以上失眠，无缘无故在凌晨醒来后再也无法入睡；反应迟钝，对什么都不感兴趣，经常窝在房间里发呆。	情绪低落，高兴不起来，悲观、厌世。	环境：亲人离去，家庭变故，反复受到挫折。性格：遇事悲观，自信心不足，对事情把握能力差。遗传：家庭成员中有抑郁症患者。	抑郁情绪
突然把自己最喜欢的东西送给了别人，突然跟从来不联系的亲人联系，与有矛盾的同学主动道歉，悄悄退出QQ群、微信群。有自残行为，过度饮酒等。	感到沮丧、孤独、痛苦，情绪易激动。	心理素质差，自尊心强，受不了刺激，考试没考好，背负太大压力；与父母沟通不畅，想用极端方式惩罚父母；孤独，情绪无法排泄。	自杀情绪

（二）专业力量介入，指导家长精准研判

当孩子行为表现异常或情绪出现波动时，教师可联系学校心理教师介入，必要时求助医院，共同分析研判，给家长恰当的指导。具体的常见危机判定及指导意见见表13-2所示。

表 13-2　常见危机判定及指导意见

危机类型	精准判定	指导意见
厌学情绪	轻度：不做作业，被动学习。中度：迟到、旷课、恨老师。重度：一提到学校就发脾气，头晕、歇斯底里。	家长要降低期望值，不强迫孩子学习，多鼓励和赞美孩子，让孩子多参加课外活动，增强孩子的自信心。
焦虑情绪	轻度：轻微视力模糊，无法专注于学习，有时会坐立不安。中度：胸闷，呼吸有些困难，心跳加快，莫名紧张。重度：恐惧，有时会情绪失控，晚上无法入睡，有自杀念头。	心理治疗方面，通过认知行为治疗、支持性心理治疗、放松训练帮助孩子，或可求助医院精神科医生。
抑郁情绪	轻度：近期食欲暴增或下降，反应慢，记忆力减退，悲观。中度：对所有活动失去兴趣，失眠超过两周，乏力，有负罪感。重度：长期精神恍惚，坐立不安，感觉度日如年、生不如死，有自杀倾向。	通过自我精神暗示法，多交朋友。多吃富含维生素b的食物，如：粗粮、鱼等，加强体育锻炼。在医生的指导下服用抗抑郁药。

续表

危机类型	精准判定	指导意见
自杀情绪	轻度：情绪悲伤、烦躁、无助甚至绝望，喜欢独处。 中度：情绪突然好转，行为怪异，企图避开亲朋好友。 重度：患有严重的强迫症、焦虑症、抑郁症的孩子。	陪孩子每天早上沐浴在阳光下散步 30～60 分钟；转移注意力，体验成功的快乐；调整饮食，在医生的指导下服用抑制药物；清除身边可能造成孩子伤害的器械。

三、实施建议

通常程度较轻的心理危机经过一段时间的调整会自行消失，教师和家长不必过于担心。中度或重度的心理危机则建议教师带家长和孩子找专业的心理咨询师或医生进行调整。常见的心理治疗方法如下。

（一）"音乐放松椅"治疗法

它是很多心理咨询室必备的用品，它可在孩子聆听音乐与冥想时，同步帮孩子进行按摩放松，按摩节奏随音乐旋律而变化，达到身心同步放松。椅子背部、臀部、脚底有贴心的加热功能，促进血液循环，缓解紧张，疲劳的情绪。如果家长发现孩子患有中度的心理危机情绪，可以带孩子到专业的心理咨询室进行放松治疗，教师要指导家长给予孩子积极的心理暗示：别难过，世上没有过不去的坎，爸爸妈妈陪着你。通过放松治疗和心理引导，可以缓解孩子的紧张情绪。

（二）心理保健操

它是根据美国心理学家雅各布森的渐进式肌肉放松技术改编而成，对消除孩子心理疲劳、缓解精神压力和紧张情绪有显著的效果。它操作灵活，不受时间、地点的限制，每天只要做一两次，一次 5～8 分钟，连续做一个月即可有效改善孩子的心理健康。家长如果发现孩子近段时间压力很大，出现烦躁、焦虑等心理问题，而自身受经济、时间的限制时，可以向教师求助，教师可以指导家长陪孩子一起做心理保健操，通过放松训练，孩子的心理问题就会得到缓解。

（三）认知调整法

有些孩子遇到问题时，会习惯性地往糟糕的方面去想，不会用辩证的思维去考虑问题，这样，他们就容易进入死胡同，然后就把自己封闭起来。家长如果发现孩子有封闭自我的倾向，要及时告诉教师。教师可以指导家长通过睡前日记来调整孩子的认知。让孩子每天睡觉之前还原白天困扰自己的一件事，并思考：我当时的想法是什么样的（A）？再跳出自己的角色，以旁观者的角度去看待这个事情（B），思考有其他可能吗？然后，A和B进行对话，持续做两个月，就会改变原来的思维，出现一个新的思维。

（四）安全岛技术

家长如果发现孩子出现强迫、抑郁、自杀等重度心理危机时，一定要及时求助教师，教师可以指导家长采用安全岛技术来提高孩子的安全感。具体方式是播放舒缓的音乐，放上孩子最喜欢的玩具，让孩子闭上眼睛躺在床上，想象自己来到一个海滩上，海鸥在上方盘旋，世界很安静，只能听到海水的声音……这是属于孩子自己的安全岛。也可以让孩子坐在舒适的椅子上，双手交叉放两边肩膀上，自己拍自己的肩膀，一秒钟拍一下，像哄小宝宝睡觉那样，慢慢地孩子就会进入自己的安全岛。

总之，心理危机需要家长及早识别。一旦危机程度转入重度，家长一定要重视，要在专业心理教师和医生的指导下，通过心理调适和药物进行调整。

随讲随练

【判断】程度较轻的心理危机经过一段时间的调整，通常会自行消失，教师和家长不必过于担心。（　　　）

【单选】以下哪个行为不属于抑郁症的表现？（　　　）

A. 心跳加快，莫名紧张　　　　B. 反应慢，记忆力减退

C. 对所有活动失去兴趣　　　　D. 长期精神恍惚，坐立不安

【多选】以下哪些是常见的心理治疗方法？（　　　）

A. "音乐放松椅"治疗法　　　　B. 心理保健操

C. 认知调整法　　　　D. 安全岛技术

拓展阅读

　　林崇德、李虹、冯瑞琴：《科学地理解心理健康与心理健康教育》，载《陕西师范大学学报（哲学社会科学版）》，2003（5）。

▶▶ 第二节　如何对青少年常见心理特点进行有针对性的教育 ◀

知识构图

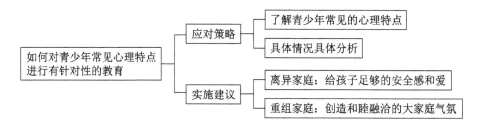

学习目标

　　1.了解青少年的心理特点。

　　2.学习根据青少年的心理特点进行有针对性的家庭教育指导。

读前反思

　　1.面对各种各样的青少年问题，你有没有发现一些相同之处？

　　2.面对离异家庭或重组家庭的青少年问题，你会如何进行指导？

一、问题聚焦

　　"老师，我的孩子特别喜欢玩电子游戏，没收他的手机后，他竟然威胁我要去跳楼，我真是左右为难。""老师，我的孩子性格非常暴躁，比较冲动，这个学期已经跟同学发生了三次冲突，我都不好意思见老师了。""老师，我的孩子这个学期跟本班的一个女生走得很近，影响了学习，成绩下降得很厉害，我说的话他又不听，我该怎么办？"

　　孩子身上出现问题，背后折射的是家庭教育出了问题。如打着呵护关爱旗号的家长，把自己的子女培养成长不大的"巨婴";为了维护权威,家长要求孩子绝对服从,使孩子变得胆小懦弱;或是以工作繁忙为理由,对孩子置之不理,使孩子缺少关爱,误入歧途等。要避免这些问题,关键是家长要了解新时代孩子在青少年时期的心理特点。那么,青少年常见的心理特点有哪些?教师该如何指导家长进行教育呢?

二、应对策略

(一)了解青少年常见的心理特点

第一,普遍存在逆反心理,对家长的批评和教育有强烈的抵触情绪。遇到烦恼不愿意说给父母听,而愿意向同学倾诉。

第二,对异性充满好奇,喜欢在异性面前表现自己,一旦受挫,心理会受到很大的影响。

第三,渴望同伴的认可,但缺乏正确处理同学之间关系的方法,易冲动,喜欢简单粗暴地解决问题。

第四,依赖电子产品,喜欢玩手机、上网,部分孩子易出现网络成瘾,影响学习。

青少年是个体从童年向成年发展的过渡期,通常被称为"第二反抗期"或"心理断乳期"。这个阶段的孩子是最令家长头疼的,想放手却放不下心,想参与却不得其门而入。

(二)具体情况具体分析

如针对"问题聚焦中"孩子喜欢玩电子游戏的案例,了解了孩子该时期的心理特点,教师可以指导家长这样做。首先,寻找到孩子出现网瘾背后的原因,是家长太关注孩子成绩,导致孩子压力太大无处排解;还是家长没有做好榜样,在家手机不离手,不知不觉成了孩子模仿的对象;还是家长不懂得合理利用网络,一味"谈网色变",导致孩子"越压制、越反叛"。其次,指导家长以平常心和孩子进行沟通,也可以和孩子一起玩,在玩的过程中了解孩子的真实想法。最后,商讨家庭网上冲浪规则,规定时间和频率,家长和孩子共同遵守。家长以身作则效果会更好。

针对案例中孩子与同学发生冲突的问题,教师可以指导家长这样做。首先,认识到孩子是家长的一面镜子，孩子出现的问题背后折射的可能是家长的问题。家长先要反思自己的日常行为，正确管理自己的情绪，不在孩子面前争吵，做好孩子的榜样。其次，引导孩子不看"暴力片"，不看"暴力书"，不玩"暴力游戏"，注重培养孩子的语言表达能力，塑造良好的性格特点。面对愤怒的孩子，不能以暴制暴，可以等孩子发泄完之后再跟孩子沟通，家长沟通时语气要温柔，要有耐心。

三、实施建议

当然，青少年时期孩子出现的心理问题远没有那么简单，尤其是特殊家庭的孩子，心理更加敏感和脆弱，需要家长给予更多的关心和照顾。我们以离异家庭和重组家庭为例进行阐述（表13-3），教师可以此为例，从自己班级孩子出发，研究并总结其心理特点和实施建议。

表 13-3　特殊家庭孩子可能有的心理特点及家教实施建议

特殊家庭	心理特点	实施建议
离异家庭	1. 缺乏安全感，感觉自己被最亲近的人抛弃了，不知道该怎么办，于是把自己封闭起来。 2. 自卑，在同学面前抬不起头。 3. 焦虑，容易生气，具有攻击性，对父母产生怨恨心理。	1. 真诚地和孩子沟通一次，调适孩子的自闭心理。讲清楚爸爸妈妈分开的原因，并坚定地告诉孩子，父母虽然不能在一起生活了，但对他的爱不会变。 2. 和另一方商定好每月照看孩子的时间和频率，给孩子足够的安全感和爱，打消孩子的顾虑。 3. 鼓励孩子多与同伴交往，积极参加各种集体活动，使孩子的情绪得到释放，帮助孩子慢慢走出阴霾，恢复往日的自信。
重组家庭	1. 情感脆弱，对失去父亲或母亲感到痛苦，自卑、忧郁交织。 2. 逆反，对继父或继母产生抵触情绪，不服从管教，甚至对继父母产生怨恨心理。	1. 减轻孩子的痛苦。孩子的痛苦主要源于失去了父亲或母亲某一方的爱，如果继父母能弥补孩子这方面的爱，则可以减轻孩子的痛苦。继父母可以多创造些和睦融洽的大家庭气氛，如晚上一起去散步，双休日出去郊游，一起去看画展，一起听音乐等，这样不知不觉就增强了家庭的凝聚力，起到消除隔阂、加深感情的效果。 2. 调适孩子的怨恨心理。孩子的怨恨主要来自对重组家庭的不适应，认为继父母破坏了原先的家庭，导致家庭的破碎。亲生父母可以找机会跟孩子解释清楚，使孩子放下偏见。继父母对

续表

特殊家庭	心理特点	实施建议
	3.多愁善感，经常触景生情，比较在乎同学们的言论，猜疑、不合群。	继子女的教育要一碗水端平，既要防止"亲疏有别"，又要防止"大小有别"。当继子女犯错误时，不要轻易责备，而是夫妻取得统一意见，让孩子感受到继父母的公平公正，从而放下敌意。 3.缓解孩子的忧伤情绪。孩子的忧伤主要来自对亲生父母的思念。继父母可以跟孩子的亲生父母约定见面的时间，让孩子定期见到亲生父母。也可以跟孩子的同学及教师进行有效沟通，防止孩子受到"二次伤害"，帮助孩子融入丰富多彩的集体生活，让孩子体会到集体的温暖，感受到他人的爱，重新快乐起来。

总之，家长要结合自身家庭的实际情况，选择恰当的教育方式，才能帮助孩子顺利度过青少年时期。

随讲随练

【多选】青少年常见的心理特点有哪些？（　　　）

A.普遍存在逆反心理，对家长的压制和说教有强烈的抵触情绪

B.对异性充满好奇，喜欢在异性面前表现自己

C.渴望同伴的认可，但缺乏处理同学之间关系的方式方法

D.依赖电子产品，喜欢玩手机、上网，甚至网络成瘾

【多选】离异家庭的孩子的心理特点有哪些？（　　　）

A.缺乏安全感　　　　　　　　B.自卑

C.焦虑　　　　　　　　　　　D.容易生气，具有攻击性

【多选】面对离异家庭的孩子，以下哪些是恰当的教育方式？（　　　）

A.真诚地和孩子沟通一次，调适孩子的自闭心理

B.和另一方商定好每月照看孩子的时间和频率，给孩子足够的安全感和爱，让孩子理解自己的苦衷，打消孩子的顾虑

C.鼓励孩子多与同伴交往，积极参加各种集体活动

D.更多地关注孩子成绩，防止孩子成绩下滑

【多选】重组家庭的孩子的心理特点有哪些? (　　　)

A. 情感脆弱，对失去父亲或母亲感到痛苦，自卑、忧郁交织

B. 逆反，对继父或继母产生抵触情绪，不服从管教，甚至对继父母产生怨恨心理

C. 多愁善感，经常触景生情

D. 比较在乎同学们的言论，猜疑、不合群

【多选】面对重组家庭的孩子，以下哪些是恰当的教育方式? (　　　)

A. 指导继父母弥补孩子失去了父亲或母亲某一方的爱的痛苦

B. 调适孩子的怨恨心理，使孩子放下"继父母破坏了原先的家庭"偏见

C. 让孩子定期见到亲生父母，缓解孩子的忧伤情绪

D. 帮助孩子融入丰富多彩的集体生活，让孩子体会到集体的温暖

拓展阅读

［美国］劳伦斯·斯坦伯格：《与青春期和解：理解青少年思想行为的心理学指南》，北京，人民邮电出版社，2019。

▶ 第三节　如何调整孩子的考试焦虑情绪 ◀

知识构图

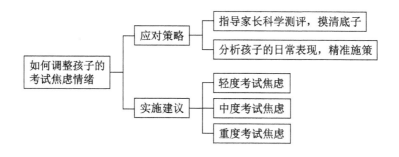

1.掌握考试焦虑水平测评工具并灵活运用。

2.能够针对孩子不同的考试焦虑程度和原因，选择家庭指导方式。

读前反思

1.你班上的孩子是否出现过考试焦虑情绪？你还记得他的表现是什么样的吗？

2.当考试焦虑情绪影响了孩子的正常发挥，你会如何提供帮助？

一、问题聚焦

"老师，我平常学得挺好，做题也都会，可一到考试就紧张，总是发挥失常。该会的题也不会了，怎么办？"这句话相信很多教师都听过，很多孩子也都经历过。为什么会这样？那是因为考试焦虑情绪影响了孩子的正常发挥。

但凡做过学生都会经历考试焦虑，轻度的考试焦虑不仅不会给考试带来负面影响，在难度较大的考试中还会考出好的成绩。只要把焦虑感控制在一定的水平和时间内，是不会影响心理健康的。但若焦虑水平处于中度或重度，就要引起重视。那么，作为教师，如何指导家长把孩子的考试焦虑水平调整到适度的水平？

二、应对策略

（一）指导家长科学测评，摸清底子

孩子的考试焦虑水平如何？教师可以发放北京师范大学心理学院心理测评所设计的《考试焦虑自陈量表》[1]（见本书附录1），指导家长对孩子进行测试。根据测试总分查评价表，家长即可了解到孩子的考试焦虑水平。

凡属"镇定"和"轻度焦虑"水平的孩子，是没有问题的。若焦虑水平处于中度或重度，教师就要指导家长及时帮助孩子调整。此类孩子身体会出现一些异常现象。譬如：腹泻、头痛、盗汗、口干、脸热、胸闷、入睡困难、睡眠质量不好、大脑出现短时失忆

---

[1] 纪微：《在集体中健全人格：中学班级管理经典活动案例》，143页，长春，东北师范大学出版社，2010。

等诸多平时未曾出现的症状。这些"病症"多数是由于考生对考试"恐惧"引发的自主神经系统紊乱，从而造成的器质性或非器质性疾病，俗称考试焦虑综合征。教师要提醒家长密切关注孩子的身体状况，一旦发现孩子身体存在异常，要及时告知教师。

（二）分析孩子的日常表现，精准施策

由于个体的不同，引发焦虑的原因也不尽相同，既有内部因素，也有外部因素。下面，就比较普遍的孩子的考试心理做个分析。

考试心理1："我担心其他同学在这次考试中都比自己强，总是无法静下心来复习。"

这是属于信心不足导致的心理问题，孩子表现为情绪低落，注意力不集中。教师可以指导家长和孩子进行真诚的沟通。首先，明确考试积极的作用。考试看起来是同他人的竞争，但归根结底是同自己的竞争，即通过考试检查自己掌握知识的情况，以便根据存在的问题加以改进。考试的作用更重要的不是证明什么，而是看看你还需要提升什么。其次，提醒家长对孩子进行积极引导，不要施加太多压力，培养孩子的兴趣爱好，增强孩子的自信心。

考试心理2："我讨厌考试，考试使我紧张，甚至失眠，烦死了。"

这是属于准备不足导致的心理紧张。孩子可能担负着太多来自学校、家庭甚至自身的过高期望，使内心不堪重负，身体出现异常。教师可以指导家长让孩子调整期望，家长也不要过于关注孩子的排名，要注重过程，淡化结果，帮助孩子调节消极情绪，放松心情参加考试。同时，可以适当给孩子进行挫折教育，磨炼孩子的意志。

考试心理3："要是这次考试考砸了，我以后的前途就完了，所有的努力都白费了，我也不想活了。"

这是属于夸大失败而导致的心理恐慌。教师可以指导家长让孩子积极备考，不提前预设结果。假设考试过不了关，就像一名拳击手还没有走上拳击台，就假设自己已经失败了，这种消极的心理暗示会直接影响事物的走向。家长用温情陪伴，缓解孩子的焦虑情绪。家长可以通过陪孩子散步、听舒缓的音乐，睡前泡脚、喝一杯温牛奶等方式，帮助孩子放松下来，从容应考。

三、实施建议

找准孩子出现考试焦虑情绪的原因，精准施策，把孩子的焦虑水平调整到适度水平。面对不同程度的考试焦虑情绪，教师可以指导家长这样做。

（一）轻度考试焦虑

宣泄情绪。引导孩子通过写日记、大声地哭泣、向朋友倾诉、运动等方式进行宣泄，会起到一定的放松效果。

转移情绪。引导孩子通过音乐疗法，听一些柔和明快的音乐，或环境调整法，到大自然中去散步，来转移自己的坏心情。

换位思考。家长可以把自己跟孩子的位置调换一下，想想要是考试考砸了，心情会怎么样？这个时候如果家长还来指责，自己心情是不是会很糟？家长也可以坦诚地告诉孩子：指责孩子是自己的不对，但也要理解家长对子女的关爱是一种本能，是亲人间亲情的自然流露。

（二）中度考试焦虑

保持平和的心态。引导孩子不要把考试看得太重，它只是最近一段时间学习成果的检测。

给自己积极的心理暗示。引导孩子通过适当的训练克服考试怯场，如告诉自己一定能考好，紧张时做深呼吸等。

掌握入睡技巧。引导孩子临睡前喝一杯牛奶，或者用热水泡脚，这些都有助于尽快进入睡眠。如确实睡不着，也别着急，可以想象一些轻松、安逸的景象，如大海、沙滩、阳光、海鸥、蓝天、白云、草原、羊群等。想象自己很舒服地躺在草地上或海边，很快就可以入睡了。同时，饮食以易消化、清淡为主。

（三）重度考试焦虑

掌握放松技术。如冥想放松法。让孩子在安静的考场中，回忆过去一件愉快的事情，想得越具体，越生动，越形象越好。又如呼吸放松法。让孩子坐在椅子上，双眼微闭，两脚着地，双手自然放在膝上。随后集中注意进行腹部深呼吸 3 ～ 4 次。吸气时用鼻慢慢地吸,先扩张腹部,再扩张肺部,吸足气后屏气,然后同时用鼻与嘴将气慢慢吐出去,同时使腹壁下陷。

会用"系统脱敏法"治疗。即家长把孩子重要的考试场景用手机录下来,利用条件反射的原理,在放松的基础上,由弱到强对孩子进行刺激,使孩子对考试的过敏反应逐渐减弱,直至消除。

考试焦虑是孩子成长过程中比较常见的一种心理现象,缓解孩子的考试焦虑,不仅需要教师的耐心指导,还需要家长掌握一定的缓解策略,调整好自己的期望值,多鼓励,少指责,给孩子营造宽松的成长环境。

随讲随练

【单选】以下哪句表达属于学生夸大失败因素导致的心理恐慌?(　　)

A."老师,我平常学得挺好,做题也都会,可一到考试就紧张,总是发挥失常。该会的题也不会了,怎么办?"

B."我担心其他同学在这次考试中都比自己强,总是无法静下心来复习。"

C."我讨厌考试,考试使我紧张,甚至失眠,烦死了。"

D."要是这次考试考砸了,我以后的前途就完了,所有的努力都白费了,我也不想活了。"

【单选】以下哪项描述属于"系统脱敏法"治疗?(　　)

A.引导孩子通过音乐疗法,听一些柔和明快的音乐

B.给自己积极的心理暗示,如告诉自己一定能考好

C.在安静的考场中,回忆过去一件愉快的事情,想得越具体、越生动、越形象越好

D.家长把孩子重要的考试场景用手机录下来,利用条件反射的原理,在放松的基础上,由弱到强对孩子进行刺激,使孩子对考试的过敏反应逐渐减弱,直至消除

拓展阅读

阎加民、高胜云：《青少年学生考试焦虑的应对》，山东，山东人民出版社，2016。

▸ 第四节　如何进行心理辅导活动课程的设计与实施 ◂

知识构图

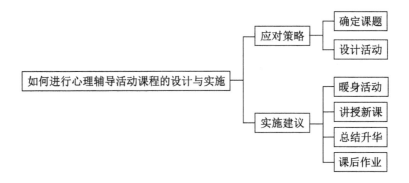

学习目标

1.掌握进行心理辅导活动课程的设计与实施的应对策略。

2.掌握心理辅导活动课程的设计与实施的方式。

读前反思

1.你曾经做过心理辅导活动课程吗？

2.你认为做心理辅导活动课程的关键在哪里？

一、问题聚焦

随着社会的发展，青少年心理健康问题已越来越受到关注。尤其是当学生选择草率结束自己的生命时，家长及学校均会十分痛心。家长在问："孩子为什么要这样做？"学校也在不断反思："如何才能避免悲剧的发生？"那么，我们如何依托活动课程，及早对孩子进行心理辅导，防患于未然呢？

另外，目前很多教师和家长对心理辅导活动课程并不重视，认为该课程跟提高学习成绩没有多大关系，纯属浪费时间。即使教师和家长有开展这方面课程的想法，由于对课程的设计与实施不甚了解，也容易把它与一般意义上的学科课程混为一谈，形成心理辅导活动课程的学科化，造成活动课程的实效大打折扣。如何把这门新兴的活动课程设计与实施好，有效发挥它的教育功能呢？

二、应对策略

要想避免心理辅导活动课程的学科化，教师在设计活动的时候就要明确课程的定义：它是在教师的引导下，以活动为载体，让孩子在活动中感受、体验、感悟而获得心理成长，形成健全的人格和良好心理品质的一门课程。由于孩子的心理健康跟家庭教育有着千丝万缕的关系，要让活动的效果最大化，教师最好邀请家长参与，让家长和孩子一起在活动中促进了解、自我反思，可进行如下设计。

（一）确定课题

心理辅导活动课程的内容要按照不同年级孩子的心理规律和年龄特点，以及当前学生遇到的焦点问题，从学生学习、生活、适应社会三个方面着眼。如高三学生即将面临高考，学习任务繁重，加上家长期望值过高，往往会造成考前焦虑。这时，就可以以"帮助孩子调整心态，克服考试焦虑"为主题。

（二）设计活动

下面以初中阶段课程主题"追求与挫折"为例，介绍课程的设计步骤。

一是，制定活动目标。帮助孩子理解追求与挫折的辩证关系，从而树立正确的挫折观；指导家长了解孩子的心理特征，掌握科学的挫折教育方式。

二是，分析教学对象。本课教学对象为八年级的孩子，年龄一般在13～14岁之间，正处于青春期，自我意识迅速增强。他们对挫折的认识和应对挫折的能力正处于发展阶段，希望得到家长的指导，又不愿意接受家长结论式的教诲，总是希望用自己的眼光去观察、分析现实，得出结论。而家长认为孩子还小，什么都不懂，听家长的话准没错。

所以，孩子在接受家长教育的过程中，往往有较强的抵触情绪。对此，家长无法理解。由此，造成两代人之间的心理隔阂及沟通不畅。

三是，设计课程开展方式及内容。课前发出邀请函，邀请家长参加，若人数较多，可以选择在讲学厅开展活动。课中通过课件、视频的展示，让孩子自己感悟其在追求的道路上遇到挫折时，家人为什么会这样对"我"？通过分享看法、破冰之旅、小组讨论、角色扮演、家长发言，使孩子获得更多的心理碰撞，从彼此的经验中获得成长。同时，也使家长更加深入地了解孩子的内心需求，反思自己跟孩子的沟通方法，学习更多有效的沟通技巧。课后可以让孩子或家长写一些感悟，并分享到家长微信群，教师组织大家总结和反思。

三、实施建议

课程设计好之后，接下来的问题就是如何组织好该课程，使之取得应有的教育效果，达到课程规定的目标。

继续承接上文"追求与挫折"主题活动课程为例，介绍教师在课程中的实施。

（一）暖身活动

为减少孩子紧张焦虑情绪，让孩子身心得到放松，教师可以播放歌曲，并邀请家长跟孩子一起跳简单的舞蹈拉近彼此距离。

（二）讲授新课

1. 课程导入

教师介绍课程背景，然后播放《命运交响曲》，简介贝多芬坎坷的一生。

2. 谈谈自己有哪些追求

教师跟孩子以聊天的形式谈谈自己的追求。

教师采访家长："孩子这些追求，您支持吗？你对孩子还有哪些期望？"

3. 谈谈在追求的过程中遇到过哪些挫折

观看录像：《我们的桑兰》。

组织孩子分组讨论：桑兰在追求理想的路上遇到过哪些挫折？

孩子自由畅谈自己在追求的道路上遇到过哪些挫折，家长可以补充发言。

4.引导家长和孩子深度思考：遇到挫折很正常，我们应如何正确对待挫折

孩子扮演记者分别向同学及家长进行采访：同学们说说在生活中你是怎样面对挫折的？当孩子遇到挫折时，如考试考砸了，比赛输了等，家长如何面对这些问题？

游戏——破冰之旅，每个小组围成一个圈，邀请一个家长参加，通过信任背摔这个游戏，让孩子和家长重新建立信任，打破心理壁垒。

教师介绍海伦·凯勒的一生，让大家感受她面对挫折的勇气，鼓励孩子跟家长一起勇敢面对挫折。

课件出示面对挫折的方法和技巧。

（三）总结升华

先邀请孩子谈谈活动的收获。再邀请家长代表发言：通过这节课的学习，以后当孩子遇到挫折时，我们应该怎么做？

（四）课后作业

一为写一篇日记：《"心灵的撞击"——记自己追求中遇到的挫折》。

二为把活动课件发到家长微信群，让没有参加活动的家长自主学习，争取在家长群中做到培训全覆盖。平时，教师看到有关"孩子遇到挫折，家长该怎么办"的相关文章、视频也应转到家长微信群及QQ群，提供给家长学习，从而不断提高家长跟孩子沟通的技巧。

总之，要把心理辅导活动课程上好，建议教师课堂上要创设良好的氛围，内容要符合学生实际，活动要丰富多彩，要重视学生的内心体验。同时，要尽可能引导家长积极参与，发挥家校合作的力量。只有这样，活动才会发挥其最大的教育实效。

随讲随练

【判断】在进行心理辅导活动之前，我们需要和家长及孩子的沟通。（对）

【判断】学校心理辅导主要有学习辅导、人格辅导和生涯辅导三个领域。
（对）

【多选】心理辅导活动的设计和实施需要考虑多方面因素，以下哪些因素是需要考虑的？（　　　）

A. 班级氛围因素　　　　　　　　B. 社会因素

C. 个体因素　　　　　　　　　　D. 学校因素

拓展阅读

1. 刘宣文：《心理辅导活动课的设计与评价》，载《教育研究》，2002（5）。

2. 叶一舵：《中小学团体心理辅导活动350例》，福州，福建教育出版社，2018。

3. 何宁：《中学生心理辅导》，西安，陕西师范大学出版总社有限公司，2016。

▸ 第五节　如何进行特殊情境下的儿童心理调适 ◂

知识构图

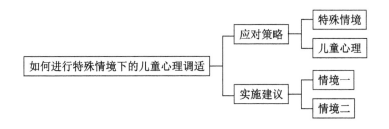

学习目标

1. 掌握特殊情境下的儿童心理调适的策略。

2. 了解特殊情境下的儿童心理调适的实施方式。

　　1.你遇到过或遭遇过经历了特殊变故的孩子吗？你一般是怎么处理的？

　　2.面对校园欺凌时，你一般是怎么处理的？

一、问题聚焦

　　小军生活在一个幸福的家庭里，父母恩爱，对小军也特别好。可是，一场车祸使小军和爸爸永远分开了，小军无法接受这个事实，整天茶饭不思，都快得抑郁症了；小美生病时整天窝在家里上网课，见不到同学，加上父母常常唠叨，她心里特别烦躁；上个月，小丽在宿舍被几个别班的同学欺凌，还被拍下照片传到了网上，小丽不知道该怎么见人，想死的心都有了……孩子尚小，心理承受能力比较差，面对突如其来的事件容易出现心理崩溃，导致恐惧、烦躁、焦虑、抑郁等心理问题。作为教师，应如何指导家长在这些特殊情境下对孩子进行心理调适？

二、应对策略

　　面对案例中所展现的几种特殊情境，我们分类进行描述，见表13-4。

表13-4　特殊情境下的儿童心理及应对策略示例

特殊情境	儿童心理	应对策略
亲人离世	1.易产生丢失感，觉得被亲人抛弃了。 2.有负罪感，觉得亲人的死亡是因为自己造成的。 3.担心以后没人疼爱或照顾。 4.出现反常举动：特别乖、特别顽皮或故作坚强。	1.指导家长先处理好自己的情绪，要坚强并坦诚地告诉孩子"告慰逝者最好的方式就是生者坚强"。孩子疗伤需要一个过程，家长要保持耐心，可以帮助孩子找到抒发悲伤情绪的渠道，如画画、唱歌、运动等，以尽快帮助孩子走出心理阴影。 2.孩子有时会把亲人的死亡原因归咎到自己身上，家长应帮助孩子纠正这个错误的观点，明确告诉孩子不需要为亲人的离世而自责。平时孩子想念亲人，家长不要阻止，可以引导孩子为逝去的亲人写信、做手工，一起回忆曾经的美好片段等，来寄托自己的哀思，缓解悲伤情绪。 3.亲人离世后，孩子可能需要换到新的生活环境，与新的人建立依赖关系，他们可能会不适应，产生心理困扰，家长一定要付出更多的爱和照顾，发现孩子有反常举动，要及时带孩子看心理医生。

续表

特殊情境	儿童心理	应对策略
校园欺凌	1. 郁郁寡欢，变得自卑和敏感。 2. 产生心理阴影，害怕被报复，不敢独处。 3. 没有及时被开导的话，会患上孤独症和抑郁症。	得知孩子在学校被欺凌，有很多家长情绪激动，第一反应是要找欺凌者算账。家长此时的心情可以理解，但这样做不利于问题的解决。 家长应第一时间给予孩子心理疏导，告诉孩子："不必为自己受到欺凌而感到耻辱，这不是你的错，你不必为此感到自卑"。如果孩子害怕报复，把自己在学校受欺凌的事情藏在心里，家长可以根据孩子近段时间的精神状况、情绪变化作出判断，若发现开朗的孩子突然变得沉默寡言，或者孩子身上出现伤痕，突然不愿意去上学等，那么孩子很有可能已经遭受了校园欺凌。这时家长就要主动跟孩子沟通，了解情况，告诉孩子要勇敢面对，爸爸、妈妈和老师会做你坚强的后盾。 同时，教师也应引导家长帮助孩子远离校园矛盾。如不去挑衅比较暴躁或者脾气不好的同学，在回家的路上尽量不要独自行走，就算没有家长来接，也要和同学一起走等。

三、实施建议

当然，特殊情境下儿童的心理调适不能一概而论，需按实际情况，就不同孩子心理影响程度的不同，进行精准调适。我们举例来分析。

（一）情境一

孩子在中学门口目击一名男子持刀行凶的恶性事件，且有多名同伴被歹徒所伤。

1. 目击儿童的心理调适

事件发生时，孩子看到如此血腥的场面，心里肯定会出现阴影或者缺乏安全感，这并不是靠家长安慰就可以过去的，语言不当可能会给孩子带来二次伤害。如果孩子症状较轻，家长可以放下工作，多陪陪孩子，带孩子去旅行，到大自然中去走一走，换一个环境，换一种心情；鼓励孩子把自己的恐惧倾诉出来，或者写出来。也可以在家里放一些舒缓的音乐，床头放孩子喜欢的玩偶，及时关注孩子的心理需求，用时间去修复孩子的恐惧心理。

2.受伤儿童的心理调适

被歹徒袭击过的孩子是情绪反应和心理冲击最大的群体，虽然他们的情绪反应会随着时间的推移慢慢变淡，但这并不代表心理伤害已经过去了，相反，这些伤害会隐藏起来，会一直对孩子的心理产生影响。因此，受伤孩子的心理阴影，越早解决效果越好。总之，如果孩子症状较重，如头脑中经常会出现当时的画面，有时会梦中惊醒等，家长要带孩子到心理诊所就诊，按医生给出的方案修复孩子的心理创伤。同时，家长也可学习一些心理疏导方面的技巧，如认知行为疗法、眼动疗法、心理救治等，帮助孩子慢慢走出心理阴影。

（二）情境二

在寒暑假结束的时候，有部分孩子会表现出对新学期学习生活的不适应，这被人们称为"开学恐惧症"或者"开学综合征"。其实这种不适应是孩子的一种心理防御机制，生理上会表现出失眠、嗜睡、疲倦、食欲不振等现象，甚至出现头晕、恶心等情况；心理上会出现记忆力减退、注意力下降、情绪不稳定、焦虑等现象；部分孩子还会有厌学、害怕上学的表现。

面对开学心理的调适，教师可以指导家长这样做。

1.调整作息时间

教师可以通过班级群告诉家长要平静对待开学，让家长帮助孩子建立规律的作息时间，督促他们按时睡觉、起床，不睡懒觉，养成合理的生物钟。

2.做好准备和规划

教师可以引导家长检查孩子的开学准备情况，如文具是否齐全、作业是否完成等，让孩子给自己的假期做个小结，预习新的课程，对新学年做详细规划，激发他们对新知识的兴趣和好奇，消除孩子对新学期的畏惧情绪。

3.培养孩子独立自主能力

对幼儿园、小学低年级的孩子，教师应指导家长注意锻炼孩子的生活自立能力，如自己吃饭、自己上厕所等。尽可能减少孩子的依恋心理，多带孩子到社区和其他小朋友玩耍，增强孩子的自信心，以便更好地适应集体生活。

4. 新环境的适应

新生来到陌生环境，心里难免会出现不安和紧张。教师可以引导父母培养孩子的沟通能力和适应环境的能力。同时，学校应充分重视新生的适应性问题，积极开展多种形式的学生活动和心理健康教育。

5. 调整饮食和心态

教师要提醒家长，开学前首先要调整孩子的饮食，多吃蔬菜、水果和杂粮，适当摄取蛋白质，避免营养不良或营养过剩；其次要适当锻炼身体，让生理、心理尽快回归到适合学校生活的轨道上；最后要提醒家长保持乐观平和，家长紧张、焦虑等负面情绪是极容易传给孩子的。

总之，特殊情境下儿童的心理问题错综复杂，需要教师和家长高度重视，教师要根据实际情况指导家长选择正确的应对策略，才能打开孩子的"心锁"，抚平孩子的"创伤"。

随讲随练

【判断】当孩子遇到亲人离世的时候，教师应当与其家长进行沟通，共同帮助孩子走出悲伤。（　　）

【判断】面对校园欺凌问题，教师可以通过视频观摩、角色扮演、课堂讨论等多种形式，帮助孩子体验欺凌对被欺凌者造成的心理创伤，提升孩子的感知力和同理心。（　　）

【多选】面对网络欺凌，教师可以建议孩子怎样去处理？（　　）

A. 停止回复　　　B. 保存证据　　　C. 阻止信息　　　D. 告知成年人

拓展阅读

1. 周福盛、靳泽宇：《校园欺凌中教师角色失当的思维逻辑》，载《当代教育与文化》，2017（6）。

2.孙蓓、秦飞：《美国中小学教师干预校园欺凌计划的分析与启示》，载《教师教育研究》，2020（2）。

3.卢家楣：《青少年心理与辅导：理论和实践》，上海，上海教育出版社，2016。

4.刘思硕、刘文秀：《防治校园欺凌：教师视角的五步解读 ——基于国外多项研究的思考》，载《现代中小学教育》，2019（1）。

▶▶ 第十四讲
▶ 挫折教育

挫折教育主要是指让受教育者在受教育的过程中遭受挫折，从而激发受教育者的潜能，以达到使受教育者切实掌握知识并增强抗挫折能力的目的。

本讲将阐述挫折教育的误区和指导家长进行挫折教育的方法，掌握挫折教育的意义与开展它的四个阶段，并针对不同类型的孩子具体介绍家庭挫折教育方法，最后将讲解家校合作共同开展挫折教育的方法。

- ·
- ·
- ·
- ·

▶ 第一节　为什么说挫折教育不应只给"挫折" ◀

知识构图

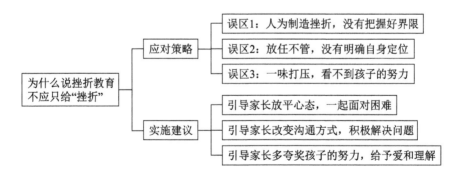

学习目标

1. 了解挫折教育的误区。

2. 掌握指导家长合理利用挫折开展教育的方式。

1. "挫折教育"指什么？

2. 挫折教育有用吗？有什么用处？

3. 你有见过滥用挫折教育的案例吗？

一、问题聚焦

湖南卫视推出的青少年健康成长节目《少年说》中，有一个女孩在校园的天台向自己的妈妈喊话："你老是这样子打击我，我知道别人很厉害，可是为什么我一直以来的努力，你从来没有看到过？"女孩的妈妈说："因为我认为在你性格有点'飘'。""打击孩子才会让孩子进步"，这可能是大多数家长共同的认知。许多家长坚信"吃得苦中苦，方为人上人。"但也有一些家长将其简单粗暴地理解成给孩子增加挫折，就能使其受到良好的教育。久而久之，挫折教育变成了打击教育、棍棒教育。教师应该如何指导家长认识到挫折教育不应只给"挫折"，从而远离这种错误的教育方式呢？

二、应对策略

孩子软弱爱哭，是"受到挫折不够"；孩子胆小、怕生，也是"受到挫折不够"。很多家长喜欢给孩子挑刺，希望让孩子感受到挫败的教训，然后再通过贬损、训斥，让孩子在逆境中成长。面对不同的"挫折误区"，教师应该如何进行针对性的指导呢？

（一）误区 1：人为制造挫折，没有把握好界限

一些家长看到孩子没有遭遇过挫折，不管孩子的性格特质，就开始人为给孩子制造挫折，比如，将书本悄悄藏起来，让孩子误以为是自己弄丢了；故意给孩子布置一些完不成的作业，或是给孩子出一份难度较高的试卷，让孩子感受挫败感。然而家长这种做法很有可能会挫伤孩子的积极性，让孩子越来越消沉。

策略：教师要提醒家长，切勿人为地制造挫折，顺其自然即可。针对不同性格和不同成长背景的孩子，要给予不同的挫折教育指导。如有的孩子性格内向，上课时少言寡语，不敢在同学面前讲话，教师可以先让家长在家和孩子进行情景模拟，鼓励孩子踊跃

发言, 增强孩子的自信心; 有的孩子自尊心强, 样样都想做到最好, 一有不如意便生闷气, 惩罚自己。面对这样的孩子, 教师可以提醒家长发展孩子其他的兴趣爱好, 不能紧盯着成绩, 要让孩子看到生命的广阔, 用一颗平常心对待每件事物。

（二）误区 2: 放任不管, 没有明确自身定位

很多家长有一个误区, 认为挫折就是让孩子们多去经历困难, 自己不应该给孩子帮助, 认为家长要成为一个严厉的监督者, 去监督和评价孩子面对困难时的所有举动。

策略: 挫折式教育旨在"教育", 而不是"挫折"。教师要帮助家长认识到: 挫折式教育带给孩子的应该是"下一次我可以做得更好"的自信, 而不是"我什么都做不好"的自卑。家长所扮演的角色应该是去帮助和支持孩子, 而不是成为孩子的对立面, 变成类似于敌人的关系, 这样的关系不仅不利于亲子关系的建立, 同时也会对孩子们面对挫折时的态度和能力造成不好的影响。

（三）误区 3: 一味打压, 看不到孩子的努力

当孩子获得好成绩的时候, 一些家长认为说"反话"会让孩子越挫越勇, 变得越来越有动力, 比如, 孩子期末考了 95 分, 这类家长就会严肃地质问孩子: "为什么没有考 100 分?"孩子参加比赛得了第三名, 他们就会对孩子说: "你看看别人得了第一名, 多厉害。"这样一味地否定孩子, 会给孩子造成很大的心理伤害。

策略: 对此, 教师要引导家长认识到每一个孩子有着不同的性格, 承受压力的限度也不一样。较自卑的孩子对自己的能力缺乏信心, 家长切忌过多指责, 而要多加鼓励, 要善于发现每个孩子的长处, 为其创造成功的机会, 增强其自信心; 能力较强的孩子遇到挫折时, 家长应重在启发, 让他们了解自己受挫的原因, 自己解决问题; 对能力较弱的孩子, 要帮助他们确立切合实际的目标, 制订由低到高、由易到难的计划, 使孩子看到自己的进步, 逐步养成克服困难和挫折的能力。

三、实施建议

（一）引导家长放平心态, 一起面对困难

家长总是对孩子的失败很介意, 害怕孩子犯错, 不接受孩子的失败, 如果孩子犯错

了，得到的只是一顿责骂，所以很多孩子会畏惧失败，畏惧犯错，畏惧困难。

人变得强大的助力，不是外界的挫折和苦头，而是其内心的坚强力量。如果在外面失败了，还要受到家长的第二重打击，会让孩子更加害怕失败，不敢尝试新事物。所以，教师要引导家长放平心态，不要担心孩子失败，如果孩子这一次失败了，请鼓励他："不要灰心气馁，争取下一次成功。"家长要跟孩子站在一起面对困难。

（二）引导家长改变沟通方式，积极解决问题

真正的挫折教育，重在引导孩子用积极的策略解决问题。教师要提醒家长，在孩子遇到挫折的时候，家长要表达的不是"你怎么连这么简单的事都做不好"，而是"你或许可以尝试其他的方式"。比如，孩子考试失利，A妈妈说："你这是什么学习态度呀？"孩子会陷入自我否定，灰心丧气。而B妈妈换了一种方式来表达："最近几次考试，你的成绩都不太理想，但我知道你努力了，我们坐下来一起分析一下？"这样家长要表达的意思就更清楚了也更有温度，家长平时对孩子说话，语言越准确越好，这样可以大大提升亲子沟通的有效性。只有以爱和鼓励为前提的挫折教育，才能让孩子在挫折中越挫越勇，坚强成长。

（三）引导家长多夸奖孩子的努力，给予爱和理解

在家庭教育中，教师要让家长认识到，不能只关注孩子最后成功与否，同样要关注在过程中孩子付出的努力，积极解决问题的态度，以及所达成的效果等。教师要提醒家长多多关注和认可这些特质，并具体地跟孩子描述出来："你刚才做事的时候，那认真的样子真帅！""虽然中间你有点累，但你还是坚持下来了！""这次作业虽然没做好，但是你这个解答思路是正确的，我们还可以继续努力！"

真正的挫折教育，就是我们给孩子足够的爱、理解与鼓励，引导孩子用积极的策略来面对挫折，并最终战胜挫折。我们应认清挫折教育的重点是挫折后的教育，应减少错误的挫折教育。

随讲随练

【多选】以下哪些选项是"挫折教育"的误区?（　　）

A. 人为制造挫折，没有把握好界限

B. 放任不管，没有明确自身定位

C. 一味打压，看不到孩子的努力

D. 引导归因，让孩子自主克服挫折

【判断】引导家长多夸奖孩子的努力违背了"挫折教育"的原则。（　　）

拓展阅读

1. 陈选华：《挫折教育引论》，合肥，中国科学技术大学出版社，2006。

2. 边和平：《挫折教育新论》，徐州，中国矿业大学出版社，2005。

3. 雷霞：《挫折教育探析》，载《聊城大学学报（社会科学版）》，2002（6）。

4. 吴铁鸣：《试论挫折教育在素质教育中的战略地位》，载《教育探索》，2001（2）。

▶ 第二节　为什么说挫折是孩子人生的必修课 ◀

知识构图

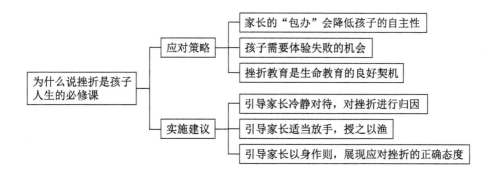

1.了解挫折教育的功能与意义。

2.掌握引导家长开展挫折教育的方法。

读前反思

1.孩子的成长为什么需要经历挫折?

2.如果家长"包办"了孩子的挫折,会有什么后果?

一、问题聚焦

近年来,青少年轻生事件屡见不鲜。和父母争执,被教师训斥,成绩不理想,犯错怕遭责骂,甚至是"不让看电视""被没收手机"这样看上去很小的事,竟都能成最主要的缘由。在孩子的众多能力当中,"抗挫折能力"经常被家长所忽略,但实际上,这项能力却对孩子的发展有着至关重要的作用,与生命教育息息相关。教师应该如何指导家长提高孩子的抗挫折能力呢?

二、应对策略

抗挫折能力就是心理承受能力,也称为"逆商",是指一个人面对逆境时的挫折承受能力与反逆境的能力。如何提高孩子的抗挫折能力,已经成为家庭教育指导中的重要一环。在倡导"快乐教育""减负学习"的当下,教师为什么要提倡家长对孩子进行挫折教育?

(一)家长的"包办"会降低孩子的自主性

一些家长担心孩子无法很好地面对挫折,索性就自己动手帮助孩子扫清眼前的困难和挫折。例如,家长陪写作业的时候,孩子一遇到不会的问题时,家长便直接给孩子讲答案。同时,当孩子遇到生活上的困难,如不会洗衣服、整理房间等,家长也是挺身而出。久而久之,孩子体会不到挫折,也无法掌握解决问题的方法,就会逐渐降低自己在学校、社会中的竞争力。

教师需要跟家长说明包办代替的危害，并引导家长，在教授某种技能时，家长可以先示范一遍，然后让孩子模仿一遍。如果孩子不能完全独立地模仿，家长可以先做一部分，剩下的再交给孩子自己完成，使孩子处于半独立模仿的状态。教师要引导家长积极地为孩子营造一个从依赖到半独立，再到完全独立的过渡空间，以促进孩子心智的健康成长。

（二）孩子需要体验失败的机会

孩子生活在一个充满未知的社会，他们将要面对竞争激烈的职场、复杂的人际关系、学业不顺、事业瓶颈等种种困难，他的心理承受能力如何，会对自身的发展产生很大影响。因此，教师要指导家长，每当孩子遭遇失败时，家长都要抓住这一教育契机，帮助孩子掌握对待失败的能力。例如，孩子在某次比赛失利时，教师要引导家长和孩子说清楚，比赛有很多种可能性，有人赢，也会有人输，但这些都只是暂时的，未来还会有更多的挑战。输并不可怕，怕输才可怕。成长中的孩子必须经历挫折的教育，必须让他经历失败后的痛苦、克制、忍耐，才能接受人生更多的挑战。

（三）挫折教育是生命教育的良好契机

开展挫折教育，是为了让孩子懂得"失败是生活的一部分"这个道理。经受过挫折并从挫折中成长的人，会具备在困境中生存的能力，会更加热爱生活，珍视生命。所以，教师在指导中要提醒家长：在培养孩子面对各种挫折的同时，一定要进行生命的教育。

教师可以和家长共同搜集一些经典的名人案例，并定期指导家长对孩子进行生命教育。也可以开展"生命中的挫折"系列主题班会，邀请家长和孩子共同参与，分享身边那些经历过挫折仍能乐观面对生活的真实案例，让孩子在讲述和倾听的过程中，进一步加强珍爱生命的意识，增强抗压能力，培养积极向上的心态。

三、实施建议

（一）引导家长冷静对待，对挫折进行归因

为了安慰受挫的孩子，一些家长会把原因往外推："都怪这块石头，把我们孩子绊

倒了。""考官没眼光，我觉得你就是第一！"还有些家长一看到孩子挫败就开始责备孩子："这么简单都能搞错。"结果孩子要么变得自负，要么变得胆小怕事。

教师要帮助家长意识到：越是在这个时候，家长越要保持冷静，及时和孩子一起对这次所遭遇的挫折进行问题归因。如果是学习上的挫折，教师可以指导家长帮助孩子分析近阶段的学习情况，检查学习习惯、学习方法，查漏补缺；面对人际交往方面的挫折，教师可以建议家长，留意孩子最近的沟通方式、言谈举止，反思自身的不足。

（二）引导家长适当放手，授之以渔

教师要帮助家长认识到：家长要明确自身的定位，可以是同行者、啦啦队，陪伴孩子，为孩子加油打气，但不能为孩子包办所有的事情。正确的做法应该是教给孩子方法，放手让孩子自己来，家长则在一旁适时予以帮助。

生活中的每一次挫折，对孩子来说都是一次锻炼，教师要指导家长改变以往的教养态度，让孩子走出大人的保护圈，比如，摔倒了自己爬起来，东西丢了自己想办法弥补等，适当地让孩子得到一点批评、失败，借机培养孩子克服困难的勇气。

（三）引导家长以身作则，展现应对挫折的正确态度

孩子常常不自觉地模仿家长的言行，很多时候，孩子承受不了挫折，原因在于家长日常生活中的行为导向。如果孩子一遇到困难就情绪化，那么家长就要反思一下，有没有给孩子做出正确的示范。

家长的情绪必然会影响到孩子，所以生活中，家长本身也要有抗挫折的能力。教师要指导家长以身作则，给孩子展现应对挫折、解决问题的态度和决心。而且，要让孩子明白：努力不是为了一定要赢，而是为了比昨天的自己做得更好。比起要求孩子事事争第一，家长更要教给孩子应对挫折的方法，以及面对遗憾的平常心。

孩子越早尝过挫败之苦，就能越早练就强大的心态，在之后的人生中就能更好地抵御生活的大风大浪。挫折教育是孩子人生的必修课，在家庭教育指导的过程中，教师要引导家长认识到挫折教育的重要性，共同为孩子上好这一课。

随讲随练

【多选】为什么要引导家长进行挫折教育？（　　）

A. 家长的"包办"会降低孩子的自主性

B. 孩子需要体验失败的机会

C. 挫折教育是生命教育的良好契机

【多选】以下哪些策略可以引导家长进行挫折教育？（　　）

A. 引导家长冷静对待，对挫折进行归因

B. 引导家长适当放手，授之以渔

C. 引导家长以身作则，展现应对挫折的正确态度

拓展阅读

1. 武鹏程：《幸福的孩子"苦"着教——美丽的挫折教育》，北京，科学出版社，2010。

2. 童雪婷：《挫折教育——挫折孕育着成长的智慧经验，让孩子未来成功的阻碍减至最低》，新北，大智文化有限公司，2018。

▶ 第三节　如何抓好挫折教育的四个阶段 ◀

知识构图

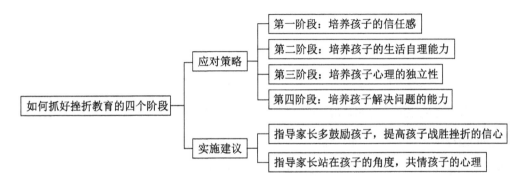

1.了解和掌握挫折教育四个阶段。

2.掌握抓好挫折教育各阶段的方法和注意事项。

读前反思

当孩子经历挫折的时候，我们应该如何做，才能让孩子在遇到挫折后有积极的情绪体验？

一、问题聚焦

近年来，未成年人在遇到挫折和突发事件时，采取极端方式解决问题的事例层出不穷，让我们扼腕叹息的同时也不禁为孩子们的心理状况而担忧。挫折教育对孩子的发展有着至关重要的作用，教师应指导家长分别抓好挫折教育的四个阶段。

二、应对策略

（一）第一阶段：培养孩子的信任感

失败、受挫的经历往往带给孩子消极的情绪，但如果家长能够给予其关怀和爱护，并帮助孩子找到失败的原因，给予心灵上的陪伴，有助于孩子更好地完善自己并获得成长。家长对自己的信任，就是孩子最大的安全感，与家长建立良好信任关系的孩子，做事情会更加独立负责。教师要指导家长积极与孩子建立健康的亲子关系，引导家长与孩子及时进行沟通交流，了解孩子的内心想法；鼓励孩子学会向自己信赖的人倾诉和求助，如考试失利后难以从挫败感中走出时，可以向家长倾诉内心的苦闷。

（二）第二阶段：培养孩子的生活自理能力

教师可以引导家长，尽量让孩子自己独立完成一部分家务，孩子稍大后，可以让他试着料理自己的生活。比如，每天自己叠被子，穿衣服，整理书包，做好一日计划。在自理的过程中能够培养孩子的自信心，并迁移到以后的生活和交往中去。教师可以引导家长主动示弱，让孩子帮自己做一些小事，"这里有只虫子，你能不能帮我弄走它？""东西好多，能帮我提一下吗？"让孩子感受到家长对自己的信任和需要。教师还可以整理一份家务活动表，指导家长对孩子进行一定的生活锻炼，可以让他试着料理自己的生活，让他自己独立去完成各项家务，在自理的过程中能够培养孩子的自信心，并迁移到以后的生活和交往中去。

（三）第三阶段：培养孩子心理的独立性

有时候需要孩子独立完成的事情，家长给予过多帮助的话，会让孩子产生依赖心理。教师要引导家长，只要是孩子有兴趣的事情，就鼓励他独立去做，即使失败，也要让孩子独立体验。教师可以建议家长，鼓励孩子多参加实践活动，在实践中寻找最适合自己的解决方法，学会自我调控情绪。如手工活动中自行探索完成作品，在户外的集体游戏活动中自己尝试理解不懂的游戏规则，而不是第一时间求助于成人。让孩子在逆境中体验积极情绪，发现挫折带来的积极意义，具有积极的情绪反应，拥有更强的能力战胜挫折。

（四）第四阶段：培养孩子解决问题的能力

孩子步入课堂后，很多家长受传统教育影响，认为培养孩子的学习能力就是考出好分数，能够掌握试题中的数理逻辑、提高书面表达能力。但这仅仅是学习的一部分，更重要的是培养孩子的求知欲，帮助孩子养成独立思考和解决问题的能力。这是挫折教育的关键，培养孩子解决问题的能力，能使孩子更有信心面对困难。孩子有时会提出各种各样的疑问，这就是他在思考问题的表现，此时，教师应指导家长耐心解答，即使是自己回答不出来的问题，家长也可以和孩子一起查阅书籍，进行探讨。

教师也可以利用新媒体技术即时高效、无时间空间限制的优势，挑选一些励志人物的事迹，在班级群中定时推送一些抗挫折的励志故事、案例分析及调整情绪的常识等，也可以推送一些关于家庭教育、心理学的知识及育儿经验，与家长借助微信、QQ 等平台进行交流与探讨。也可以搜集一些辩论赛的主题，指导家长在空余时间与孩子进行家庭辩论赛，在讨论的过程中培养孩子的解决问题的能力。

三、实施建议

挫折教育不能一蹴而就，教师可以指导家长从以上四个阶段循序渐进地对孩子进行教育，打好在家庭中进行挫折教育的基础，但也要注意。

（一）指导家长多鼓励孩子，提高孩子战胜挫折的信心

当孩子面对挫折时，很多家长知道这是个教育的机会，但却不知道教育的方法，时常用批评、否定等"打击式"的语言"激励"孩子，殊不知这样只能加速孩子内心的崩溃。教师应指导家长就事论事，多在问题的解决方法上给出孩子帮助，即使一时想不到办法，也要多鼓励孩子，给孩子精神上的支持，让孩子体会到家庭的关怀。

（二）指导家长站在孩子的角度，共情孩子的心理

当孩子遇到挫折时，会变得不开心、不说话，甚至抱头痛哭，教师要指导家长认识到哭闹不是件坏事，而是孩子情绪的自然宣泄，不要横加阻止，让孩子憋在心里；也不要为了安慰孩子，告诉他"输了就输了，没关系"。教师要指导家长改变自己的观念，不要把成人的思维强加于孩子，多与孩子共情，倾听孩子，宽慰孩子，从内心激发出孩子抗挫的精神力量，让孩子自己来解决问题，克服困难。

学龄期是孩子性格形成的关键时期，也是他们逐渐学会独自面对挫折、解决问题的过渡期。当孩子面临挫折情境时，关键在于引导家长在家庭中为孩子提供及时、恰当的指导，使孩子经历在挫败后收获积极情绪体验的完整过程，从而达到提高抗挫折能力的教育目的。

随讲随练

【判断】培养孩子的学习能力不仅仅是考出好分数，更重要的是培养他们的求知欲。（　　）

【多选】挫折教育过程中有哪些应对策略。（　　）

A. 培养孩子的信任感　　　　　　　　B. 培养孩子的生活自理能力

C. 培养孩子心理的独立性　　　　　　D. 培养孩子解决问题的能力

【单选】（　　）是孩子最大的安全感。

A.家长的信任　　　　B.强大的物质基础　　　　C.同龄人之间的和谐共处

拓展阅读

1.张振鹏：《挫折教育：孩子成长不可或缺的爱》，青岛，青岛出版社，2009。

2.［澳大利亚］史蒂芬妮·阿兹里：《复原力：应对压力与挫折的心理学》，北京，中国友谊出版公司，2021。

▶▶ 第四节　面对不同类型的孩子，如何进行针对性的挫折教育 ◀

知识构图

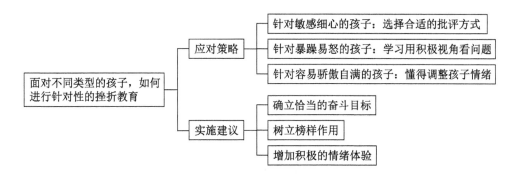

学习目标

1.理解和掌握面对不同类型孩子需要采用的不同挫折教育方法。

2.掌握教师指导家长实施挫折教育的方法。

读前反思

1.面对不同类型的孩子，你如何进行有针对性的挫折教育？

2.作为教师，你掌握了哪些引导家长进行挫折教育的方法？

一、问题聚焦

日常生活中，面对同一件事，不同人的反应也有所不同。每个孩子都有自己的气质特点，教师需要了解不同孩子面对挫折时应采取的策略和方法，给家长科学的指导。

二、应对策略

（一）针对敏感细心的孩子：选择合适的批评方式

这类孩子能敏锐地感知周围变化，细心敏感，观察能力很强。他们通常很善解人意，关心别人，但心理较脆弱敏感、缺乏安全感，也更容易受挫折的影响而一蹶不振。因此，教师要指导家长在严格要求这类孩子的同时，应给予孩子关爱与鼓励，教师要注意引导家长把握"严"的度，如孩子考试失利，家长不能一味指责，要指出孩子哪里做得不够好，但同时也要表达出对孩子的体谅和期望，培养他的自信。家长可以这样表述："这次考试准备不是很充足，所以没有取得很好的成绩，我相信经过充分的准备，你下次一定能做好。"

（二）针对暴躁易怒的孩子：学习用积极视角看问题

对待这一类孩子，教师要提醒家长，在和孩子交流时声音一定要平和，了解孩子为什么不愿意面对失败，并坚定表明自己的看法："这次比赛我们失败了，这是事实，一次失败没有什么大不了的，不过我们必须面对它，让我们一起来想想都有哪些地方没做好。"教师要引导家长通过亲子交流，赋予挫折和失败积极的意义，让孩子主动从挫折中学习，把每一次挫折当作增长个人抗挫力的机会，多为孩子调动积极情绪。

（三）针对容易骄傲自满的孩子：懂得调整孩子情绪

在生活中，越是好胜的孩子越不能经受失败和挫折的打击，这从一定程度上制约了孩子的健康发展。对待这一类孩子，教师要指导家长对孩子进行正确引导，比如，在语言、体育游戏中让孩子不断挑战困难，甚至可以让孩子通过游戏中的失败进行抗逆境能力的训练，让孩子在失败的过程中认识自己的不足。另外，当孩子在竞争中受挫时，教师要提醒家长及时跟进，适时安慰，加强引导，让孩子明白"有强烈的竞争意识不是什么坏事，但胜败乃兵家常事"，树立起正确的竞争观。

三、实施建议

（一）确立恰当的奋斗目标

很多孩子的挫折感都源于其不能正确地认识自我，或不能很好地接纳自我。教师要帮助家长引导孩子全面、客观地分析，并愉快地接纳自我，避免因盲目模仿别人或者因目标过高而出现挫折感。同时指导家长多鼓励孩子与他人交往，从他人身上看到自己的不足，在别人的印象中重新认识自己。有些性格孤僻的孩子是很胆小的，想跟他人交往，但不敢付诸行动，家长要帮助孩子消除这种内心的孤僻，慢慢引导他去跟外界相处。

（二）树立榜样作用

孩子的直接挫折经验相对较少，而且往往以创伤为代价。榜样的经历则可以让孩子在不受伤害的同时获取受挫体验，从而丰富内心世界，提高抗挫能力。教师可以选取古今中外的历史人物，也可以让孩子学习当代模范人物的励志事迹，利用身边的感人事例对孩子进行引导教育。此外，教师还应该引导家长以身作则，让家长讲一讲自己遇到的挫折，以故事引入，对孩子进行感染和教育，引导孩子战胜自我。

（三）增加积极的情绪体验

著名的情绪 ABC 理论认为，A（事件）和 B（看法）共同影响着 C（结果）。正面积极的看法能支持人们继续努力尝试，积极寻找解决方法和他人的支持；负面消极的看法则会磨灭斗志。

对此，教师可以引导家长从以下几个方面入手。

首先，给予孩子安全的情绪出口。在挫折面前，孩子情绪低落是正常的，要鼓励孩子接受情绪，让孩子做一些喜欢的事也是安全的情绪宣泄方式，如说、读、看、写、户外运动等，同时教师要提醒家长，做孩子的倾听者，让孩子有合理的途径宣泄内心的苦闷。

其次，增加积极情绪体验。积极心理学研究表明，积极情绪能增强人们应对挫折的韧性和心理弹性。教师要指导家长学习一些简单的调节情绪的心理方法，如通过游戏转移孩子的注意力等，让家长教会孩子辨别负面观念，提升自我情绪调节能力。

最后，加强行为训练。教师要引导家长帮助孩子建立稳定的生活节奏，日常生活中，能保持规律生活的人，内心通常也是稳定有序的。教师可以指导家长根据家庭情况制定一份日常作息表，帮助孩子养成稳定的生活节奏，让孩子遭遇挫折后迅速恢复自己对生活的掌控感，以增强应对挫折的信心。

人生的路上挫折是不可避免的，对不同类型的孩子，教师要注意引导家长对孩子进行有针对性的挫折教育，在家庭教育指导的过程中要引导家长正视挫折教育在家庭教育中的重要性，对其正确引导与教育，让挫折成为孩子前进的加速器。

随讲随练

【判断】在生活中，越是好胜的孩子越不能经受失败和挫折的打击，这从一定程度上制约了孩子的健康发展。（　　　）

【单选】为提高孩子的抗挫能力，家长可以（　　　）。

A. 给孩子树立较高的价值目标　　　　B. 创造挫折事件训练孩子

C. 树立榜样　　　　　　　　　　　　D. 严厉教育孩子

【匹配】在挫折教育上，对敏感细心的孩子（　　　）；对暴躁易怒的孩子（　　　）；容易骄傲自满的孩子（　　　）。

A. 学习用积极的视角看问题　　　　B. 懂得调整孩子情绪

C. 选择合适的批评方式

拓展阅读

1. [美国]埃利斯、[美国]兰格：《我的情绪为何总被他人左右》，北京，机械工业出版社，2015。

2.［英国］彼得森：《积极心理学》，北京，群言出版社，2010。

3.［美国］施塔、［美国］卡拉特：《情绪心理学：第2版》，北京，中国轻工业出版社，2015。

▶▶ 第五节　如何让孩子学会直面自己的情绪 ◀

知识构图

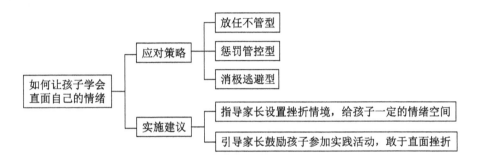

学习目标

1. 准确分辨孩子情绪的类型。

2. 科学疏导并解决孩子的情绪化。

读前反思

1. 孩子情绪化究竟是什么原因？

2. 如何科学解决不同类型孩子的情绪化问题，让孩子健康成长？

一、问题聚焦

在遇到挫折与困难时，很多孩子会陷入自我怀疑中："我为什么总是做不好？""我怎么这样笨呢？"自责、懊恼的消极情绪困扰着他们。这种消极情绪会严重影响孩子战胜挫折的勇气和信心。如果处理不好的话，很有可能导致孩子心理受到损伤，此时，孩子特别需要来自别人，尤其是自己父母的支持与鼓励。那么，教师应该如何指导家长，帮助孩子在遇到挫折时直面自己的情绪呢？

二、应对策略

不同类型的家长会有不一样的处理方式，而处理方式的不同也将在很大程度上决定孩子的发展。当孩子遇到挫折时，部分家长的做法存在明显的误区，教师只有了解误区，才能对症下药，进行针对性的指导。常见的误区有以下三种。

（一）放任不管型

这类家长过于理智冷静，对孩子遭遇挫折的事情不管不问，认为孩子具有自我调适能力，不需要给予过多的关注和安慰，希望孩子能够在自我反省中得到成长。长此以往，孩子会觉得家人不爱自己，心灵受到伤害，亲子关系也会变得冷漠。

教师要提示家长：锻炼孩子的坚强意志，并不是对孩子的受挫情绪置之不理。孩子需要独立，需要自我成长，但并不意味着不需要精神的抚慰与支持。在孩子不安时，家长要冷静耐心地安抚孩子的情绪，可以轻轻拍拍孩子的背部以表安慰，然后用温和的语言和孩子进行交流，并给予鼓励。这样的方式不仅能够让孩子感受到家人的理解，也可以让孩子慢慢释放压力，给孩子勇气与信心，帮助孩子战胜困难。

（二）惩罚管控型

这部分家长在面对孩子情绪崩溃甚至自我伤害的时候，会用批评、惩罚甚至威胁的话语命令孩子，如"这么点小事儿，哭什么哭""再哭我就不要你了"。这虽然能让孩子止住哭泣，但是却会对孩子造成极大的心理创伤。

批评和惩罚容易让孩子陷入自我怀疑、自我否定的情绪，教师要及时引导家长对孩子进行积极的心理暗示，如"这次只是个意外，下次我们努力了一定能做得更好"。家长要询问事情的起因和过程，给孩子的情绪一个宣泄的场所，使其逐渐学会自我激励和自我调控，进而调整好面对挫折的心态，学会以积极的态度来应对消极的心理状态，提高抗挫折能力。

（三）消极逃避型

这部分家长较为溺爱孩子，当孩子受挫时，往往会将孩子遭遇的困难、失败归因于其他方面，而不是帮助孩子从自身处理问题的方式出发寻找原因。如"这次考试题出得不好，所以我们孩子考试成绩差了些""家里离学校太远了，孩子才会经常迟到"等。长此以往，孩子就会习惯逃避责任，一旦遭遇失败，就会将问题的原因归结于外物，不能正视自己的错误，不能虚心听取他人的批评。

教师要引导家长用正面管教取代消极逃避，做到严格中又有关爱。帮助家长意识到适当的批评教育并不会导致孩子心理失衡。家长只要在言语和态度上多一些尊重和体谅，就可以让孩子感受到背后的善意与关爱，如此才能够增加孩子直面挫折的勇气和力量。

三、实施建议

（一）指导家长设置挫折情境，给孩子一定的情绪空间

在挫折事件发生之前，教师可以指导家长给孩子预先设置一些挫折情境，通过语言、文字、图片、视频等方式让孩子感受挫折，引导孩子积极思考，寻找克服挫折的有效方法。如"这次考试我可能要考砸了，该怎么办""这场比赛我没有发挥好，之后我要怎么做"……在家庭中塑造出一种安全、温馨、平和的心理情境，引导孩子与家长交流自己的想法，共同寻找出可具体操作的方法。通过不断创设学习、生活中的挫折情境，让身处其中的孩子产生积极的自我认同，获得安全感，让其能自由、开放地感受和表达自己的情绪，提高孩子的抗挫折能力。

（二）引导家长鼓励孩子参加实践活动，敢于直面挫折

教师可以引导家长带领孩子多多参与社会实践活动，在实践中寻找最适合自己认知方式和行为特点的解决方法，学会自我调控情绪。如"划船的时候别人都前进很快，我却还在原地不动，是不是用桨的方式不对"。同时，要指导家长在活动中找出孩子负面情绪的来源，用"你是什么感觉""妈妈感觉你很难过，能告诉我发生了什么事吗"等话语，引导孩子表达自己的情绪，从而发现情绪的原因，提高孩子的情绪敏感度。由此，促进孩子在逆境中体验积极情绪，使其具有积极情绪反应，拥有更强的能力以战胜挫折。

通过多种途径，以逐渐渗透、循序渐进的方式进行挫折教育，使孩子掌握解决问题的可行方法，以提高挫折教育的有效性，帮助孩子将内在的潜力挖掘出来，合理面对自己失败后的负面情绪，进而发展成敢于直面挫折的能力。

在家庭教育指导中，家校配合及时干预是进行挫折教育的有效途径，教师要促进学校与家庭的紧密配合，充分挖掘家庭的积极教育功能，指导家长用高效率的手段对孩子展开一系列挫折教育，培养其面对挫折积极乐观的心态，共同帮助孩子健康成长，提高抗挫折能力。

随讲随练

【判断】孩子们出现自责懊恼时，家长们要让孩子自己内心消化问题，不去过问。（　　）

【单选】下列描述中属于消极逃避型的是：（　　　）。

A. 孩子受挫折时，将孩子遭遇的困难归因于其他方面

B. 对孩子不管不问，认为孩子有自调能力

C. 在孩子情绪化时用批评的口吻教育孩子

D. 将孩子的问题交给学校处理

【多选】下列选项属于教师在家庭教育指导的是：（　　　）。

A. 指导家长设置挫折处境，给孩子一定的情绪空间

B. 引导家长鼓励孩子参与实践活动，敢于面对挫折

C. 保护孩子，让其避开挫折，安稳成长

D. 全面放开，让孩子凭自己自由成长

拓展阅读

麦小雪：《儿童抗挫折能力培养研究》，硕士学位论文，华中师范大学，2008。

第七部分
青春期指导

青春期，是人们从孩童过渡到成人的时期，也是一段充满着困惑和冲突的时期，德国儿童心理学家夏洛特·彪勒把青春期称为"消极反抗期"。如果青少年在这一特殊时期得不到正确的教育和引导，就容易引起一些不利于他们将来适应社会的心理问题，为今后的生活埋下不良的隐患。

在青少年的教育中，性教育在近几年虽然受到了广泛的关注，但国内近年来多次流行病学调查的结果表明我国青少年的性健康现状仍令人担心。处于性活跃年龄的青少年道德观念、生活方式、交往范围和性行为等方面都发生着巨大的变化。生理需求、观念转变、经济考虑和知识缺乏等因素使他们更容易发生不安全性行为[1]。因此，了解青少年的性教育的特点，引导家长与学校携手开展性教育也成普及性教育，引导学生树立正确的性观念的有效途径。

而除了性教育之外，青春期的孩子也容易对未来产生迷茫和困惑，因此，我们也亟须对青少年展开生涯教育，和家长一同携手帮助孩子找到自己的兴趣，制定适宜的升学规划及未来的职业选择，助力孩子更好地成长。

---

[1] 吴静、熊光练、石淑华：《青少年性知识、性态度和性行为现状研究》，载《中国儿童保健杂志》，2017（2）。

▶ 知识构图

-
-
-
-

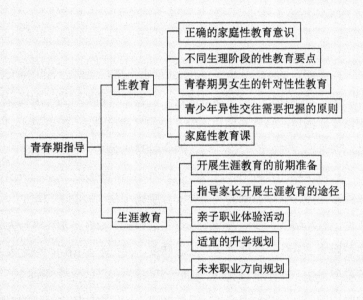

▶▶ 第十五讲
▶ 性教育

受传统观念的影响，我国很多家庭存在谈"性"色变的情况，家长进行性教育时常常遮遮掩掩，甚至有避而不谈的现象。不健全的性教育，会让孩子对自己的身体产生不正确的认识。因此，家长不能把"性"当作禁忌，只有积极应对，才能教会孩子保护自己的身体隐私，尊重他人的身体，进行合适的异性交往，避免孩子产生与"性"有关的错误行为。

本讲从家庭性教育意识、家庭性教育要点、青春期异性交往等方面，指导教师引导家长帮助孩子应对青春期身体变化，指导家长依情况设计恰当的家庭性健康教育内容，帮助孩子学会相关知识，健康成长。

·
·
·
·

▶▶ 第一节 如何指导家长树立正确的家庭性教育意识 ◀

知识构图

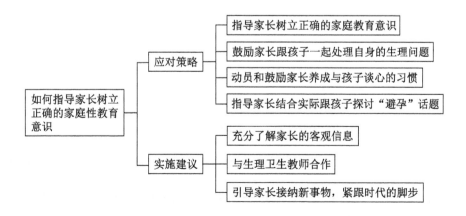

1.了解性教育对孩子未来成长的重要性。

2.科学进行性教育，让孩子健康成长。

1.性教育知识是否值得家长学习？

2.如何科学、正确地对孩子进行性教育？

一、问题聚焦

一份关于家庭性教育的问卷调查显示，家长对"性侵害的应对""性侵害的预防"的关注比例比较高，均超过五成；但是他们对成长过程中的"男性和女性特有健康问题方面的处理""性别的概念和性别的角色""与家人方面的交往和对亲情的认知""与家人以外的人的交往和对友情的指导"这些方面的关注占20.0%左右；在性教育场所的调查中，57.7%左右的家长更希望孩子在学校上性教育课，39.8%左右的家长表示孩子在学校上性教育课的同时自己也会在家教，仅有2.5%左右的家长表示自己会在家跟孩子开展性教育。而对孩子恋爱、婚育、安全性行为的关注则较少。[1]

从以上信息中我们不难发现，家长对家庭性教育的认识是不够的，缺乏对孩子在恋爱、婚育、安全性行为等相关性知识的教育；不清楚家庭教育在孩子性教育中的重要性，不明白如何进行居家开展家庭性教育。

二、应对策略

（一）指导家长树立正确的家庭教育意识

家庭是孩子最早受教育的地方，父母是孩子的第一任教师。教师要指导家长，在孩子最开始有性别意识时，就应该客观、自然地跟孩子讲讲男女的区别：家里爸爸、爷爷、外公、兄弟是男的，妈妈、奶奶、外婆、姐妹是女的；男孩是站着小便、女孩是蹲着小便。

---

[1] 陈海苑、万莉莉：《知"性"教师这样做——智障学生性教育实用手册：教师用书》，24～25页，广州，暨南大学出版社，2017。

科学帮助孩子认识自己的身体，尤其是隐私部位，并了解其保护措施。

此外，针对不同年龄段的孩子，家长教的侧重点也不同。学龄前的孩子，家长只讲到"孩子是爸爸把种子放到妈妈的肚子，然后长大了由妈妈生出来的"就可以了；年龄稍大一点的孩子，教师可以指导家长通过跟孩子一起种植花草、瓜果，将生命教育的"胎儿—婴儿—儿童—青少年—成年人—老年人—死亡"蕴含在其中。注意不要把"性交"具体化，以免诱发孩子更多好奇。针对青春期的孩子，教师可以指导家长采取转移注意力的方式，积极参与有异性在场的文体活动，引导孩子学会"洁身自爱"，懂得承担责任，为将来的美好生活打下基础。

（二）鼓励家长跟孩子一起处理自身的生理问题

在一些卫生知识问题上，教师可以鼓励同性家长主动教孩子，比如，爸爸可以在自己刮胡子的时候，告诉儿子怎样刮胡子；当妈妈发现女儿身体发生变化的时候，可以把自己的经历客观地告诉孩子，如如何管理个人卫生，如何进行生理期的情绪调整等。家长也要以身作则，在孩子面前树立"洁身自爱"的榜样，引导孩子注意个人清洁，保护身体隐私，尊重别人的身体隐私。

（三）动员和鼓励家长养成与孩子谈心的习惯

鼓励、引导家长通过谈心的方式及时了解孩子的心理动向，听听孩子发自内心的诉求，帮孩子解答如何走出正在面临的困惑，缓解他们当前的心理压力。通过亲子沟通有效帮助孩子应对青春期的生理变化，建立健康的交往方式。家长也要在双方认同的基础上建立一些约定，例如，参加同学聚会时应该告知家长时间、地点、人数等；不可以尝试酒类、毒品等；不可以晚上单独会见异性朋友，特殊情况下可由家长陪同。

（四）指导家长结合实际跟孩子探讨"避孕"话题

面对当前社会存在的越来越多青少年自控能力差发生"翻墙而过"的情况，家长不能回避性方面的教育问题，尤其是初高中的孩子，教授孩子避孕的知识很有必要性。教师可以指导家长借用新闻故事进行探讨，或者通过一些青春期电影等给孩子合理的指导。青春期的孩子比较冲动，有时可能因为一时冲动铸成大错，在孩子需要引导的时候，家长要摒弃偏见，给孩子科学的指导。

三、实施建议

（一）充分了解家长的客观信息

教师要充分了解家长的客观信息，包括学历、家庭结构、家里的生活条件、家长对孩子的教育理念、教育方式、平日与孩子沟通的方式、谈心的频率、对性教育的态度等，以便采取对应的方法，确保指导的方式有效。

（二）与生理卫生教师合作

在指导家长跟孩子探讨具体性知识的时候，教师可以联合生理卫生教师讲授一些好的方法分享给家长，也可以通过家长会等形式让家长进行集中交流，也可以通过一些具体的案例供家长学习探讨，从中获取更好的经验。

（三）引导家长接纳新事物，紧跟时代的脚步

教师可以为家长提供一些素材案例，案例可以是网上的，也可以是身边的，让家长抛开偏见，跟孩子一同讨论自己的看法和见解，以平和的、孩子乐于接受的方式和孩子交流性话题。

成长中的孩子对成人世界充满了好奇与探索，与其让他们自己接受外界不良信息的诱导，不如家长和教师给予正确的引导。只有指导家长树立正确的性教育意识，授予孩子正确的性知识，才能帮他们度过人生中的关键时期，给孩子以后的生活正向和积极的影响。

随讲随练 ▶

【判断】小孩子不需要进行性教育，等孩子长大自然会明白。（   ）

【多选】教师如何进行性教育？（   ）

A. 动员鼓励家长养成与孩子谈心的习惯

B. 指导家长结合实际跟孩子探讨"避孕话题"

C. 指导家长树立正确的性教育意识

D. 鼓励家长跟孩子一起处理生理问题

【多选】下列选项中属于性教育方法的是：（   ）。

A. 充分了解家长信息、以便采取对应方法并保证效果

B. 指导家长跟孩子探讨性知识时，联合生理卫生教师

C. 引导家长接纳新事物，紧跟时代的脚步

D. 让孩子自由成长，自己探索

拓展阅读

吴薇：《中美两国青少年性教育比较研究》，硕士学位论文，东北师范大学，2006。

▶ 第二节　不同阶段的性教育要点有哪些 ◀

知识构图

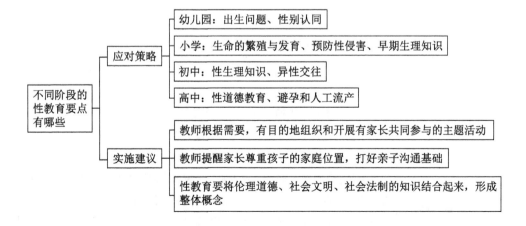

学习目标 ▶

1. 掌握不同阶段孩子性教育的侧重点。

2. 尊重孩子的家庭地位，对孩子进行性知识教育，将伦理道德、社会文明、社会法制的一些知识结合起来，形成整体概念。

读前反思 ▶

1. 自己是否在帮助家长解决性教育问题时有困惑？

2. 自己是否了解不同阶段孩子所对应的性教育侧重点？

一、问题聚焦

随着社会的发展，互联网的发达使得越来越多的家长已经不再"谈性色变"，渐渐对性教育的重要性有了新认识，但由于经验不足，加上受传统观念的影响，部分家长担心自己专业知识不多，不能很好地教孩子，于是指望学校教师教孩子，或者干脆让孩子自己看书籍学习。父母是孩子的第一任教师，性教育自然也不例外。因此，教师更应该帮助父母及其他家长，加深对不同生理阶段的性教育要点的认识，解决家长在性教育中的疑惑。

二、应对策略

教师可以根据不同阶段对应的性教育侧重点指导家长（表15-1）。

表 15-1　不同阶段的性教育重点及指导

阶段	主要问题	指导内容	注意事项
幼儿园	出生问题	指导父母直接告诉孩子是从妈妈肚子里生出来的，而不是垃圾桶捡来的，或者别人送来的。否则，孩子会觉得自己与父母没有直接联系，造成孩子内心失落、沮丧甚至自卑。	在这个阶段，不要给孩子讲过于深奥的性知识，可以采取孩子问什么就回答什么的原则。
	性别认同	指导家长利用洗澡、睡前、穿衣服、上厕所等机会，告诉孩子你是男孩/女孩，自然地让孩子认识自己的身体；让孩子知道自己身体的隐私部位，形成初步的自我保护意识。	

续表

阶段	主要问题	指导内容	注意事项
小学	生命的繁殖与发育	借助绘本、童话，认识生命的繁殖、发育过程，帮助孩子理解性知识。	注意不要直接、详细地介绍人类的性行为，避免给这个年龄的孩子带来不良影响。
	预防性侵害	指导家长告诉孩子哪些行为属于性侵害行为，隐私部位保护怎么做，遇到这些行为该怎样处理。	
	早期生理知识	提醒家长关注孩子的生理变化，适时地给孩子讲授身体形态变化的知识，以及个人卫生清洁方面的知识；家里的女性成员应该及早教会女孩子如何应对生理期的到来。	
初中	性生理知识	引导家长帮助孩子了解有关男女生殖器官的形态学和生理学知识，月经（痛经）、遗精现象及其生理意义和保健知识。	引导家长学会观察孩子的心理变化、行为变化情况，聆听孩子的心声，让孩子享有自己的位置，尊重其参与权。
	异性交往	了解两性交往应注意的原则，应对传媒当中的性信息，发展自己的兴趣爱好，培养"洁身自爱"的意识；提防"早恋"的发生，甚至"意外"事件的发生。	
高中	性道德教育	帮助家长进行有关恋爱观、择偶观、婚姻家庭观的教育，培养孩子妥善处理两性交往中的复杂问题的能力，正确认识恋爱、婚姻的责任与义务。	此时段的孩子叛逆行为比较严重，相比更加需要家长主动与他们进行沟通，聆听孩子的心声，了解孩子内心真实的想法，再通过身边真实的案例和言传身教影响、教育孩子。
	避孕和人工流产	指导家长向孩子传授避孕和人工流产的知识，让孩子明白避孕对个人、家庭和社会的意义，清楚地认识到婚前性行为的后果。	

三、实施建议

（一）教师根据需要，有目的地组织和开展家长共同参与的主题活动

活动可以全班家长参与，也可以按性别划分举办家长课堂或者亲子活动。通过不同的方式引导家长观察孩子的表现，了解孩子的心理想法，尤其是学会如何与青春期的孩子共同探讨传媒当中性信息的危害性。

（二）教师提醒家长尊重孩子的家庭地位，打好亲子沟通基础

孩子也是家里的一员，家长要学会聆听孩子，相信孩子，不要将大人的想法强加于孩子身上，也不要强迫孩子去做他们不想做的事。家长要学会蹲下来或者坐下来跟孩子谈话、聆听、分享、讨论，温和有爱地帮助孩子解决心中的困惑。

（三）性教育要将伦理道德、社会文明、社会法制的知识结合起来，形成整体概念

这点对初高中学生来讲更加有意义，因为他们已经具有一定的行为能力，须掌握基本的法律常识。比如，讲到隐私保护时，可能会涉及"猥亵"这种性侵害。这时，教师要引导家长，既要告诉孩子我们每一个人都是受法律保护的，也要说明我们的行为是受法律约束的；在处理青春期男女交友的复杂关系时，可以把择偶与一夫一妻制的家庭观念结合在一起；或者可以结合"网恋诈骗""传销""套路贷"等社会事件，参观"少年军校"等具有教育意义的场所，参加"志愿者服务"等社会活动引导青少年树立正确的青春观、恋爱观和家庭观。

帮助家长及孩子树立科学的性观念，既不能避而不谈，也不应庸俗化，应以科学的态度进行健康的性教育，这样才能更好地帮助孩子顺利度过青春期，拥有健康、和谐的生活方式。

随讲随练

【单选】下列哪个选项不属于小学阶段性教育侧重点的主要问题？（　　　）

A. 生命的繁殖与发育　　　　　　　　B. 早期生理知识

C. 性生理知识　　　　　　　　　　　D. 预防性侵害

【单选】下列哪个选项属于高中阶段性教育侧重点的主要问题？（　　　）

A. 避孕与人工流产　　　　　　　　　B. 异性交往

C. 性教育知识　　　　　　　　　　　D. 预防性侵害

【多选】属于性教育问题中家校合作可以采取的措施包括：（　　　）。

A. 教师可以根据需要有目的地组织开展一些有家长共同参与的主题活动

B. 教师应当提醒家长尊重孩子的家庭位置，打好亲子沟通基础

C.对孩子进行性知识教育，要将伦理道德、社会文明、社会法制的一些知识结合起来，形成整体概念

拓展阅读

张红梅、尹霞、刘永存：《中小学生家庭性教育的现状调查及启示》，载《教育研究与实验》，2019（6）。

▸▸ 第三节　如何对青春期男女生进行针对性性教育 ◂

知识构图

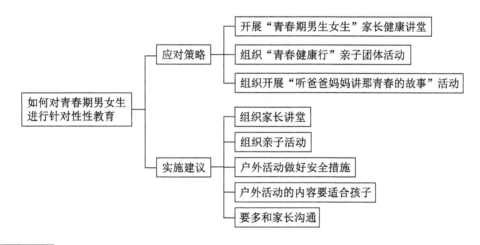

学习目标

1.了解如何让家长参与到孩子的青春期性教育中来。

2.通过家校联手的策略帮助孩子平稳度过青春期。

读前反思

1.你了解青春期中孩子们的生理变化与心理变化吗？

2.在平时的教育中，你知道如何让家长协助参与青春期的性教育指导吗？

一、问题聚焦

受营养、环境等因素的影响，现在很多孩子在 12 岁左右就开始进入青春期。男生进入青春期，长个子的速度明显变快，肌肉开始增多，体重迅速增加，喉结会变得明显，随着变声期的到来，声音不再像小时候那样洪亮，逐渐变得成熟嘶哑，下巴上还会长胡子。女孩子的变化首先是性特征的出现，月经初潮来临。同时，在激素水平的影响下，女生的乳房会逐渐隆起，身材也会变得逐渐丰满圆润，有了女性的体态。女生也会有一定程度的变声，声调变高。

鉴于男孩女孩之间不同的生理特征及心理特点，在青春期性教育中，需要教师和家长加深认识，区别对待。教师该怎样做，才能让家长参与到孩子的青春期性教育中来，帮助孩子平稳度过这个敏感时期呢？

二、应对策略

（一）开展"青春期男生女生"家长健康讲堂

通过组织年级或者班级的家长健康讲堂，让生理健康教师给家长"补补课"，让家长更加科学地认识青春期生理现象。例如，女孩性成熟的标志一般是"月经"的到来，家长该如何帮助孩子处理这一时期的卫生问题；男孩的性成熟期比女孩晚一些，一般在 14 岁左右，许多男孩事先对性一无所知，梦遗会吓到一些男孩，如何帮助他们克服羞涩和自卑，怎样做好事后清洗等。也可在讲堂上指导家长帮助孩子建立积极正向的同伴关系。还可以让家长参与进来，及早告诉孩子出现这些身体变化意味着他们正在向成年人过渡，每一个孩子都会经历这些。指导家长充分发挥家庭教育"爱"的功能，合理调动家长参与孩子的青春期性教育，更有利于孩子心理的健康发展。

（二）组织"青春健康行"亲子团体活动

进入青春期，男生和女生对异性的关注和好奇会变得更加强烈。家长会跟教师反映：自己的孩子进入青春期后沉迷于偶像剧与言情小说，产生了性幻想，渴望谈恋爱。教师应使家长明白这是因为他们大脑中枢神经激发性激素的缘故，是正常表现。对此教师可以开展相应的亲子活动，例如，组织"青春健康行"亲子团体活动，在活动中设置一些具有教育引导意义的娱乐游戏，把孩子敏感、疑惑、幻想、好奇的问题设置为活动环节，调动男生、女生通过身体互动、语言表述等形式释放心理压力，通过在共同合作中完成任务，让孩子们学会怎样与异性相处，建立正确的、自然的异性友谊。

（三）组织开展"听爸爸妈妈讲那青春的故事"活动

青春期是引导孩子正确认识与看待"性"的最好时机，教师如何更好地引导孩子树立正确的性观念和两性意识？通常的性教育课以健康课、班会课等形式为主，告诉孩子们要自尊自爱，懂得保护自己；男生要尊重女性，保护女性。实际上孩子们却未必能够理解当中的实际意义，因此难以达到理想的效果。因此教师可以通过"听爸爸妈妈讲那青春的故事"活动，发挥家长的作用，在融洽和谐的氛围中让孩子通过聆听父母的青春故事，建立科学的恋爱观和性价值观，学会珍爱自己，避免发生不必要的身心伤害。

三、实施建议

（一）组织家长讲堂

家长讲堂可以采用单方面向家长"补课"的形式，也可以开展家长跟孩子一同参与的讲堂。尤其是关于孩子叛逆行为、心理辅导、家庭关爱、恋爱观、青春观等方面的主题，更需要调动家长参与进来，通过家长与孩子共成长的学习形式，拉近亲子之间的关系，丰富沟通的话题，化解当中存在的内在矛盾。

（二）组织亲子活动

要尽量邀请班里的每位家长参加，最好是爸爸或妈妈，有些活动还可以爸爸妈妈一起参加，不建议祖辈参加，因为很多祖辈年龄较大、观念陈旧，未必能达到理想的效果。人员组织范围以"班级"为单位更加合适，也可以"年级"为单位。

（三）户外活动做好安全措施

户外活动应提前选好场地，不宜到偏僻危险的场地开展，也不宜选择危险性较高的游戏项目。活动中教师要做好考勤登记，统一服装，或者佩戴统一标识，方便识别。外出时，要事先调查，了解家长和孩子的身体情况，提醒有先天性疾病或者不适合参与剧烈运动的家长和孩子注意身体。

（四）户外活动的内容要适合孩子

户外游戏的内容要符合孩子的心理需求，要有实际意义，并且要以启发解决相应的问题为目的。活动可以设定单独完成、双人完成、小组多人完成等多样化的形式，难度系数可以是"热身—试探—克服"，逐层递进。最后，应进行活动总结和评选、嘉奖。

（五）要多和家长沟通

在家长做故事分享时，建议教师先对其稿件进行审阅，提出指导意见，多与家长交流看法，避免家长的内容有误导现象。

随讲随练

【单选】组织青春期的亲子活动最好邀请同学们的哪类家长：（　　）。

A. 爸爸妈妈　　　　　B. 爷爷奶奶　　　　　C. 姥姥姥爷

【多选】下列属于青春期性教育应对策略的是：（　　）。

A. 联合生理健康教师开展"青春期男生女生"家长健康讲堂

B. 组织"青春健康行"亲子团体活动

C. 组织开展"听爸爸妈妈讲那青春的故事"

【多选】户外亲子活动应该注意：（　　）。

A. 提前选择好场地，做好安全措施

B. 不宜到偏僻危险的场地开展，也不宜选择危险性较高的游戏项目

C. 做好考勤登记，统一服装，或者佩戴统一标识，方便识别

D. 了解家长和孩子的身体情况，提醒有先天性疾病或者不适合参与剧烈运动的家长和孩子注意身体

拓展阅读

1. 曾燕波：《青春期性教育问题与探讨》，载《当代青年研究》，2016（2）。

2. 魏彦红：《论我国青春期性教育策略体系》，载《中国学校卫生》，2006（8）。

▸▸ 第四节　青少年异性交往需要把握哪些原则 ◂

知识构图

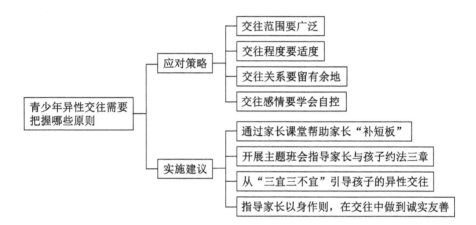

学习目标

1. 掌握青少年异性交往的应对策略。

2. 了解青少年异性交往指导的实施建议。

读前反思

1. 你如何看待青春期的异性交往？

2. 当青少年与异性交往过密的时候你会怎么处理？

一、问题聚焦

青少年通过与异性相处，可以了解不同性别之间行为处世的差异，学习与异性同龄人相处的技巧，能为孩子将来组建幸福家庭提供基础。但在这个阶段，他们也会产生许多困惑。例如，为什么有时候自己看到有些异性同学会有脸红、心跳加快的感觉，而对另一些异性却会特别反感、厌恶？与异性交往应该把握什么样的度？应该保持现在的交往，还是不再联系？对异性的关注与好奇是青春期孩子正常的表现，但也要遵循一定的原则，教师该如何指导家长正确引导孩子把握这些原则呢？

二、应对策略

（一）交往范围要广泛

爱情具有排他性，友谊则具有包容性。教师如果发现孩子对某一异性同学确实过于关注，甚至有些异常，此时一定要及时与家长进行沟通，了解孩子在家的情况。或者跟其他学科教师了解其在学校其他环境中的学习生活。如果真的有异常情况可以直接找该同学及其家长，三方一同协商、处理。

（二）交往程度要适度

教师让家长明白，孩子之间正常的异性交往是有益身心健康的。可以以身示范他们怎样做到言行举止大方得体、情感流露真诚自然，不过分夸张，不闪烁其词，不盲目冲动，不矫揉造作。女孩子应讲究仪表端庄、性格坦荡，不使对方产生误解或非分之想；男孩子要做到大方、沉稳、庄重，尊重对方。男女生尽可能避免单独外出，以免造成不必要的误解。同时孩子也要学会不必太过在意别人的误解和非议，毕竟纯洁的友谊会经得起时间和事实的考验。

（三）交往关系要留有余地

出于礼貌和尊重考虑，异性的交往要保持一定距离感，虽然男女同学可以结交为好朋友，但是在异性交往中，所言所行要有顾忌。毕竟男女有别，要把握好度，不可以在异性面前乱开玩笑，务求做到自然、落落大方。

（四）交往感情要学会自控

异性间的交往确实具有吸引力，同时也非常敏感，男女生需要建立健康、平等、互相尊重的友谊，而不是对"恋人"的痴情投入。我们要指导家长引导孩子学会控制自己的感情和行为，避免一时冲动。要将男女生交往看成是共同成长、相互鼓励、一起进步，把对彼此的欣赏化为自己积极前进的动力。同时，要让孩子扩大自己的兴趣爱好范围，多参加体育锻炼，多看书，多参加有意义的集体活动，分散自己过于关注异性的注意力。

三、实施建议

（一）通过家长课堂帮助家长"补短板"

我们可以发挥学校心理教育治疗师的作用，以家长课堂的形式给家长进行关于青春期孩子心理特点相关知识的讲座，让家长知晓由于"成人感"的出现，青春期的孩子们处在一个"暴风骤雨"式的发展时期，他们内心极渴望得到尊重和自我独立，不喜欢教师和家长的约束和管教。虽说表面看上去一副什么都不在乎的样子，而实际从众心又很重，既想自己标新立异，又担心会脱离集体，还更渴望获得和成人一样的标准和评价。由于青春期的孩子心理发展与生理发展正处于一个严重不平衡的阶段，导致他们容易产生程度不同的对抗情绪，甚至伴有逃避、说谎、破坏、暴力等不良行为出现。通过这些补短板的形式，加深家长对青春期孩子身心特点的认识和理解，化解家长心中的疑虑，避免将孩子正常的异性交往"早恋化"，提高家长处理问题的技巧。

（二）开展主题班会指导家长与孩子约法三章

班主任可以通过主题班会的形式营造宽松的环境，邀请家长与孩子一同参与座谈，然后大家围绕"交往"中的某个问题展开讨论，最后达成共识，形成约定。讨论的目的在于给孩子提供建议，制定一些彼此可以接受的规矩。同时要让孩子建立"责任意识"，如果因为不遵守约定产生不良的后果，要自己承担责任并妥善处理。

（三）以"三宜三不宜"引导孩子的异性交往

一是，宜泛不宜专。家长必须明白青少年异性同学或者伙伴之间的广泛性交往，对他们的学习、思想都有积极的促进和帮助，还有利于情绪的振奋、心情的舒畅。因为长期的专一交往会容易让友谊"变质"，从而让孩子陷入早恋的误区。

二是，宜短不宜长。教师要建议家长引导孩子在与异性同学和伙伴的交往中控制好时间，每日接触时间应短些，交往范围应广些，了解各种禀赋、气质的异性同学的交往风格，这会使孩子受益良多。

三是，宜疏不宜密。青少年异性同学之间的交往要保持"君子之交"，不要钻在"好朋友"的漩涡里。应引导孩子理性看待与异性的交往，与异性保持合适的交流频率。

（四）指导家长以身作则，在交往中做到诚实友善

家长的榜样行为其实就是最好的教科书，教师可以指导家长通过日常的行为举止让青少年了解：在异性的交往中要秉承诚实友善的态度，尊重对方，说话要文明，切忌讲粗话、脏话，不可有轻浮的举动；不可以任何欺诈的形式实现某种目的，不可拿对方开心取乐，或者捏造一些有害他人形象的故事伤害他人。

孟子说："爱人者，人恒爱之；敬人者，人恒敬之。"只要我们的孩子能怀抱坦诚与尊重之心与异性交往，一定有益于孩子的心理健康，有利于双方取长补短，全面发展。

随讲随练

【判断】我们应该阻止青少年进行异性交往以防早恋。（　　）

【多选】青少年在与异性相处时应该注意：（　　）。

A. 交往范围要广泛 　　　　　　B. 交往程度要适度

C. 交往关系要留有余地 　　　　D. 交往感情要学会自控

拓展阅读

1. 李鹰：中学生异性交往的现状及心理特点，载《教育研究》，2006（9）。

2. 姚佩宽、杨雄：《当代青春期教育研究》，郑州，河南人民出版社，1994。

3. ［日本］荫山庄司、［日本］田中国夫、［日本］仓盛一郎：《现代青年心理学》，上海，上海翻译出版公司，1985。

▶▶ 第五节　如何指导家长开展家庭性教育课 ◀

知识构图

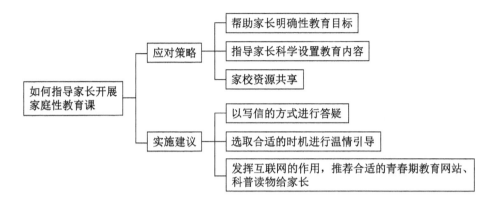

学习目标

1. 掌握指导家长开展家庭性教育课的应对策略。

2. 了解指导家长开展家庭性教育课的实施建议。

读前反思

1. 你平时对孩子进行过性教育吗?

2. 你知道如何开展一堂家庭性教育课吗?

一、问题聚焦

性教育对孩子的健康成长是非常重要的。然而,传统观念较强的家长容易将性与道德品质直接绑在一起,回避此类问题,不帮助孩子形成正确的性价值观。家长是孩子关系最紧密的人,在家庭中进行性教育,环境更加适宜,既能够把握尺度,又可以保护隐私。那么,教师该如何指导家长给孩子上一堂别开生面,又富有意义的性教育课呢?

二、应对策略

(一)帮助家长明确性教育目标

开展青春期性教育的目标是帮助青少年正确认识自己,了解自己,学习掌握科学的性方面的知识，了解性器官的结构、功能及发育过程，正视青春期的生理变化；学会如何保护自己，如何养成良好的性卫生习惯，了解预防性病的知识，知道如何预防各种性疾病的传播，保护性生理健康。除此之外，还要帮助孩子树立正确的性观念，了解性心理特点，了解我们国家的性文化，传授如何正确处理异性交往，促进性心理的健康发展，培养良好的性道德和性意识，预防发生不良性行为。

（二）指导家长科学设置教育内容

家庭的性教育课应包含性生理教育、性心理教育和性道德教育三个方面。性生理教育要指导家长让孩子了解青春期男孩和女孩身体器官、生理结构与生理功能的发育特点，科学地了解精子和卵子的形态结构、产生及成熟过程，了解人体的构造与各器官的功能、分娩过程及染色体对遗传特征的决定作用，初步了解避孕的方法，以消除他们对性的神秘和好奇心，并加深对有关问题的理解。

在性心理教育方面，教师可以指导家长先学习青春期相关的心理学知识，然后传授给孩子，或与孩子一同阅读，或推荐合适的书籍给孩子，消除因性生理变化、成熟而产生的各种性心理困惑和烦恼，包括：解除女孩对月经的恐惧与敌视，分清友谊与爱情的界限，学会妥善处理和认识两性关系中的情绪问题和价值问题，克服性冲动的困扰等。这些知识能使孩子有效地进行自我心理保健，科学而自觉地排除心理障碍，促进身心健康发展。

青春期性道德的教育，可以通过讲授我们国家的性文化，帮助孩子树立正确的性道德观念，认识和遵守异性交往的道德规范；学会用恰当的方法保护自己，坚定地拒绝别人的性要求，正确应对性侵犯；科学了解生育过程和避孕方法，正确认识到人工流产对当事人身心的伤害及其严重后果。让孩子知晓友谊与爱情的界限，学会正确对待异性同学。

（三）家校资源共享

教师可以推荐合适的读物给家长，引导家长与孩子共读，更好地满足双方的需求，搭建沟通的桥梁；也可以推荐合适的青年健康教育网站、科普知识给家长。同时，保持必要的沟通与联系，收集整理做得比较好的家庭性教育案例，在班级中进行经验分享与成果推广。

三、实施建议

（一）以写信的方式进行答疑

当孩子因羞涩或家长觉得难以开口，而无法面对面直接沟通时，教师可以指导家长采取书信的方式进行性教育。这种做法既能起到教育的作用，又避免了诸多的尴尬。并且书面语是经过深思，且在平和的状态写的，会比口头讲解更为详细、正确。教师可以指导家长，留意青春期孩子的生理与心理的变化，有针对性地搜集相关性教育内容，简单扼要地写在纸上让孩子看。每周一次，家长轮流写，注意书写要工整、规范，日积月累后，书信不光会成为很有效的性教育方式，也会成为具有纪念价值的亲子沟通财富。

（二）选取合适的时机进行温情引导

青春期的孩子刚刚意识到性别与性关系，与他们交流此类话题时，他们会显得异常敏感，比较羞涩，会有回避、转移话题等表现。因此，教师要提前指导家长在日常生活中去开展渗透性教育。家长要表现出对孩子那种半成熟阶段的敏感心理足够的理解和尊重。寻找适当的时机对孩子进行性教育，如孩子第一次意识到自己的生理变化时，身体某些部位不舒服时，听到了某些与性话题相关的新闻时，主动想与家长交流相关的话题时……这些都是对孩子进行性教育的最好契机，家长要用温和、尊重的话语跟孩子进行沟通，正面解答孩子的疑惑，还可以加入家长自己青春期时的故事来拉近距离，自然地融入性知识、性道德教育。

（三）发挥互联网的作用，推荐合适的青春期教育网站、科普读物给家长

除了一般的性知识教育，教师要提醒家长千万不要忽视对孩子身体发育期间的观察及具体问题的指导。有些家长由于自身原因很难和孩子讨论性的话题，或者觉得自己在这方面的知识认识太少难以跟孩子实施性教育，这时，教师不妨推荐一些合适的教育书籍给家长，并放在家里显眼的地方让孩子主动去阅读。现在网络比较发达，资源比较丰

富，适合对青少年进行性教育的电影、电视、光盘、各种慕课很多，教师也可以推荐给家长，让家长陪同孩子一同观看、学习，在观看过程中查找解答问题的答案。如遇到自己的经验无法判断的问题时，就要及时带孩子到医院去检查，以免影响孩子的健康发育。

随讲随练

【判断】教师可以指导家长先学习青春期相关的心理学知识，然后传授给孩子，消除因性生理变化、成熟而产生的各种性心理困惑和烦恼。（　　）

【判断】教师也可以推荐给家长一些适合对青少年进行性教育的电影、电视、光盘，来帮助孩子解答性生理等方面的问题。（　　）

【多选】教师可以在哪几个方面指导家长进行家庭性教育？（　　）

A.以写信的方式进行答疑

B.选取合适的时机进行温情引导

C.指导家长科学设置教育内容

D.推荐合适的青年健康教育网站、科普知识给家长

拓展阅读

1.雷忠哲：《有关青少年性教育和性别教育的几个话题》，载《标准生活》，2019（5）。

2.贾杜晶：《给孩子讲的性教育课》，哈尔滨，哈尔滨出版社，2020。

3.胡馨馨、刘湘国：《中国儿童性教育发展现状及对策研究》，载《教育现代化》，2018（2）。

▶▶ 第十六讲
▶ 生涯教育

生涯教育能够帮助孩子将在校学习与未来职业和生活建立联系；将社会价值纳入个人的价值体系，并应用到自身的发展中；在追求个人价值实现的过程中，促进社会的繁荣与发展。生涯教育的指导意义就是通过生涯教育，让孩子对自己的兴趣和长处有清晰的认识，让他们的人生的目标更明确，视野更开阔；让他们的潜能被激发，自觉进行自我管理。

本讲将聚焦于开展生涯教育的前期准备、开展生涯教育的途径、组织亲子职业体验活动、帮助孩子制定适宜的升学规划和选择未来的职业方向。

●
●
●
●

▶▶ 第一节　开展生涯教育的前期准备有哪些 ◀

知识构图▶

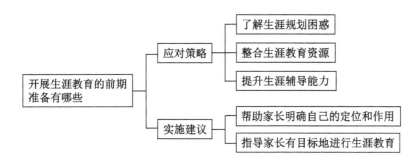

学习目标▶

1.能够根据不同的情况，选择开展生涯教育的策略。

2.了解开展生涯教育的实施建议。

读前反思

1. 在之前的教学中，你是否开展过生涯教育？

2. 反思在开展生涯教育的过程中，自己是否采用了科学的应对策略？

一、问题聚焦

进入高中，在经过了一定的适应期后，部分孩子出现了学习兴趣不高、学习动力不足的情况。有些孩子缺少明确的学习目标和学习计划，不知道要学些什么，怎样去学，对自己是否需要学习产生怀疑；还有的孩子缺失求知欲和紧迫感，上课不认真听讲，课后不复习，抄他人作业，以此消极应付课业。久而久之，他们出现了厌学情绪，开始逃学，情况严重的甚至直接辍学。

有人说："每天叫醒自己的不是闹钟，而是梦想。"失去了目标，也就失去了前进的动力，会让自己越来越消沉，越来越懒散。对高中生来说，一个他们感兴趣且热爱职业无疑是高中阶段应树立的目标。因此，家校携手开展职业生涯教育十分重要。那么，教师该进行哪些前期准备，才能让生涯教育达到事半功倍的效果呢？

二、应对策略

（一）了解生涯规划困惑

随着教育改革的不断深化，初高中的课程体系愈加完备，教育内容更加灵活，对孩子的能力要求也越来越广泛。在繁重的学业与升学的压力之下，心理适应能力较弱的同学很容易因为一些小挫折对未来感到迷茫，甚至出现否定自己、消极学习的情况。因此，在开展生涯教育之前，教师要充分了解孩子的自我认知与生涯困惑，以及家庭环境和父母教育观念。教师可以通过问卷调查的方式，了解孩子兴趣特长、情绪体验、生涯发展困惑、对生涯规划的认知水平及实践经历。而面对班级中较为特殊的，比如，富裕家庭、贫困家庭的孩子等，可以通过会谈、咨询等方式与家长沟通，了解家庭社会资源、父母对孩子生涯发展的期望、生涯教育中的困难等，以具体问题与实际需求为实施目的，有重点、有针对性地开展生涯教育，促进孩子自我意识觉醒，逐步迈向生理与心理的双重成熟。

（二）整合生涯教育资源

教师可以利用家长进课堂的方式，充分利用家长的资源，让家长分享职业、生涯经历和社会经验，形成教师主导、家长主讲、孩子主动参与的生涯教育模式。还可以通过家委会，组织孩子参加志愿服务、社区实践等活动，让孩子进一步走近社会、了解社会各行各业；发挥校友的作用，制作杰出校友丛书，邀请校友宣讲，参观校友实践场所与工作内容，让孩子从前人的经验中加深对职业方向的认识。学校还可以与政府机关、体验基地等建立合作关系，拓宽孩子了解、探索社会的机会，开阔他们的视野，从而产生更加深刻的体会与思考。

（三）提升生涯辅导能力

生涯教育的专业性、复杂性和动态性要求教师必须具备教育、心理、社会、管理等学科的综合知识与能力，指导孩子进行生涯规划。"打铁还需自身硬"，首先教师自己要做好行为示范，具有一定的生涯辅导能力。教师可以通过自学或培训等方式，熟悉生涯辅导理论、技术与方法，学习使用相关生涯测评工具，了解教育改革的新动向，做好思想引导、选课指导、行为教导、学业辅导、生涯向导等指引性工作。例如，高中阶段的教师，可以就新高考改革政策和方向，高校的专业选考要求、职业分类、就业现状等内容展开深入学习；初中阶段的教师也不能只关注本身的教学内容，不妨就自身学科涉及的相关职业选择、发展前景等问题，做好孩子的升学规划，根据自身特长展开个性化指导。只有教师不断提升自己，才能发挥学校教育的特色与优势，促进孩子的健康发展。

三、实施建议

（一）帮助家长明确自己的定位和作用

经过调查发现，家长的文化水平、教育能力各不相同，这种教育条件的不均衡不能局限生涯教育，学校教师应该通过各种途径，向家长普及生涯教育的重要意义，让家长们形成提前为孩子做职业规划的意识。

可以通过入学仪式、成人仪式、年级家长会等形式，从宏观上指导家长，让他们意识到孩子学习动力与生涯规划之间直接的、密切的关系，加强对生涯教育重要性的认识。还可以通过个案辅导、家长论坛等小范围指导形式，对部分家长进行重点宣传，端正家长生涯教育的观念，共同达到帮助孩子规划人生的目的。

（二）指导家长有目标地进行生涯教育

生涯教育是一种有目的、有计划、有组织地对未来发展方向、职业选择做出具体规划的教育，涉及对象广、持续时间长，并不是一朝一夕就可以起到明显效果的，必须常抓不懈。高中的升学压力不仅影响着每一位孩子和家长，也让教师们备感沉重，不自觉地将工作重点放在了孩子学业提升方面。因此，更需要教师立足长远，帮助家长做好孩子的生涯教育，从而激发出孩子的学习内动力，让其受益终身！

随讲随练

【判断】进入高中，在经过了一定的适应期后，部分孩子出现了学习兴趣不高、学习动力不足的情况。（　　　）

【单选】下面哪一个不是开展生涯教育的应对策略？（　　　）

A. 了解生涯规划困惑

B. 整合生涯教育资源

C. 随意开展生涯教育，放任不管

【多选】教师开展生涯教育的实施建议有哪些？（　　　）

A. 帮助家长明确自己的定位和作用

B. 分级目标

拓展阅读

1. 魏丽苹：《"梦想＋"生涯教育课程照亮孩子美好未来》，载《河南教育（教师教育）》，2022（4）。

2. 苏娟：《心理微系列作品应用于生涯教育的意义与策略》，载《江苏教育》，2022（24）。

3. 王新波：《智能时代生涯教育的“幸福定位”取向》，载《教学与管理》，2022（7）。

▸▸ 第二节　指导家长开展生涯教育的途径有哪些 ◂

知识构图

- 指导家长开展生涯教育的途径有哪些
  - 应对策略
    - 普及生涯教育知识，引导家长积极参与
    - 开展家长主题班会，了解职业故事，增进社会理解
    - 职业体验，了解社会分工，认识职业角色
    - 榜样激励，激发内动力，寻找学习支点与方向
  - 实施建议
    - 做好家长进课堂的辅助工作
    - 注意职业体验中的职业道德教育
    - 制订实务计划，科学参与职业选择

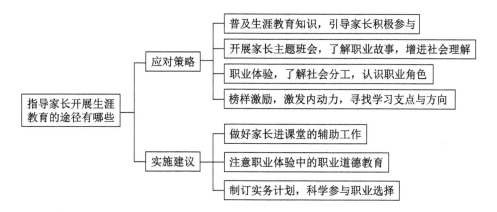

学习目标

1. 能够根据不同的情况，明确指导家长开展生涯教育的应对策略。

2. 了解指导家长开展生涯教育的实施建议。

读前反思

1. 在之前的教学中，你是否指导过家长开展生涯教育?

2. 反思在指导家长开展生涯教育的过程中，自己是否采用了科学的应对策略?

一、问题聚焦

对孩子未来的职业选择，越来越多的家长开始包办代替。他们认为孩子的想法不够

成熟，梦想都是幼稚的，所以大包大揽，越俎代庖，却不知这样单一而集中的职业方向选择，不仅是对孩子兴趣爱好的忽视，更是对孩子生存发展权的不尊重；另一方面，孩子长期在"父母之命"下学习，很难养成主动学习的习惯，会对自己的未来感到迷茫，不知如何规划自己的人生，甚至产生抵触情绪，导致学习动机不强，成绩下滑。压力之下，内心的焦虑、烦躁又得不到排解，更容易引发心理问题。

二、应对策略

（一）普及生涯教育知识，引导家长积极参与

学校可以就家庭生涯教育的思路和方法、职业规划与发展策略、高考政策解读、选科与填报专业等方面，通过家长学校、专家讲座等形式，为家长提供专业的指导和培训，向家长们普及生涯指导方面的相关知识。教师还可以通过线上会议、书籍推荐、相关讯息推送等形式指导家长进行生涯教育，在班级群中耐心地解答家长、孩子遇到的问题。

（二）开展家长主题班会，了解职业故事，增进社会理解

教师可以邀请不同职业的家长进学校，把他们的经历讲给班级其他同学听，以他们的人生经历为素材，用故事实例讲述自己青年时代如何产生从事该职业的意向，又怎样一步步进入该行业。讲述自己努力奋斗在成长发展过程中的作用，得到哪些，失去哪些……

教师可以通过这一环节，以家长的分享与感悟触动孩子，切实地对孩子进行引导，使之对兴趣发展、才能培养、目标确定、社会需求、人生评价等方面形成自己的认识，以此加深对自我世界、职业世界和社会发展的理解，逐步实现个人奋斗与价值实现的合二为一。

（三）职业体验，了解社会分工，认识职业角色

教师可以将班级的孩子分成若干个"假日活动小队"，组织进入某一家长的工作单位进行体验；或者以假期作业的形式，要求孩子抽出一至两天到父母的工作单位"实

习"；还可以创设某种职业体验情境，通过模拟情节体验职业分工。在参与体验之后，都必须要求整理成体验或实习报告。在体验与实习过程中，观察某一职业或工种具体内容、职业前景及所需技能，培养职业兴趣；从不同的视角收集、整理该职业的相关信息，分析、思考职业所需的知识、技能，培养初步自我职业规划意识和能力。

在丰富的职业体验活动中，孩子置身于真实的情境之中，全身心参与、浸入式体验，使其获得真切的认知与情感体悟，从而为自己的生涯发展积淀厚重的力量。

（四）榜样激励，激发内动力，寻找学习支点与方向

榜样激励法是一种传统的教育手段，教师可以选择革命英雄、航天英雄、白衣天使、奥运冠军等楷模，组织家长引导孩子讲述他们的人生履历、光辉事迹，绘制榜样生涯故事漫画。榜样人物的选择要广泛，教师也可以邀请杰出校友到校，开展讲学或讲座，帮助学弟学妹们了解人生规划、成功体验，以此激励他们奋发努力。当然，我们在指导家长的时候，也要建议他们多关注身边的普通人，那些在平凡岗位上做出不平凡的成绩的人，更应该值得尊敬。

三、实施建议

（一）做好家长进课堂的辅助工作

在设计家长主讲的班会课程时，教师注意将步骤具体化如按下列步骤依次进行。

设计正式的邀请函，邀请家长；

对讲课提出明确的目的与要求，为家长的讲稿提供方向；

注意收集孩子的问题，让家长准备更充分；

与家长、班会主持人核对班会流程，编写相应的主持词和引导词；

维护班级秩序，保障班会顺利进行；

注意把握时间，提问、讨论等环节，适时启发、鼓励孩子参与，保持班会氛围；

收集整理"班会记录"与孩子的心得，及时反馈家长。

（二）注意职业体验中的职业道德教育

职业道德是指从事一定职业的人员在职业活动中应遵循的行为规范的总和，包括职

业品德、职业纪律、专业胜任能力及职业责任等，是从事该职业活动必须遵守的道德准则、道德情操与道德品质。因此，在职业体验过程中，教师与家长要引导孩子，不要仅仅关注该职业的工作流程、职权范围，更不能以收入、地位等衡量该职业的价值，而是应该关注他们如何在待人接物、行为处世等工作内容中履行职业道德。这样，才能让"爱岗敬业、诚实守信、办事公道、服务群众、奉献社会"这5项职业道德规范，在孩子的心中扎根。

（三）制订实务计划，科学参与职业选择

千里之行，始于足下。教师需要指导家长与孩子合作制订具体的行动计划，来实现目标。首先，关注孩子的兴趣与性格，每个人的兴趣与性格是不一样的，但都与职业的适应性有着密切的关系；其次，了解孩子的潜能与优势，孩子进入青春期，个体潜能已经初现端倪，有人空间思维强，有人语言表达好，有人运动天赋高，这些潜能与优势如果因势利导，必将事半功倍。家长与孩子一起综合分析自身优势与外部环境，初步制订目标和行动计划，完成生涯规划书，在家长的鼓励与监督下，孩子必将信心满满，动力十足。

随讲随练

【判断】孩子长期在"父母之命"下学习，很难养成主动学习的习惯，会对自己的未来感到迷茫，不知如何规划自己的人生。（　　　）

【单选】下面哪一个不是指导家长开展生涯教育的应对策略？（　　　）

A.普及生涯教育知识，引导家长积极参与

B.家长主题班会，了解职业故事，增进社会理解

C.随意开展生涯教育指导，放任不管

【多选】教师开展指导家长开展生涯教育的实施建议有哪些？（　　　）

A.做好家长进课堂的辅助工作

B.注意职业体验中的职业道德教育

C.制订实务计划，科学参与职业选择

拓展阅读

1. 黄金才：《生涯教育在高中阶段的实践与思考》，载《中小学校长》，2022（2）。

2. 李攀：《中小学一体化生涯教育》，载《江苏教育》，2021（93）。

▶▶ 第三节　如何组织一场亲子职业体验活动 ◀

知识构图

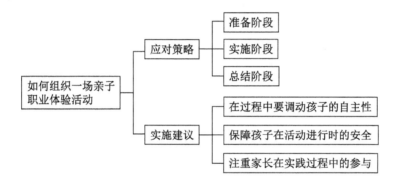

学习目标

1. 了解亲子职业体验活动的意义和作用。

2. 了解如何组织一场亲子职业体验活动。

读前反思

1. 你了解亲子职业体验活动的意义吗？

2. 在平时的教育中，你会与孩子交流他们的职业规划吗？

一、问题聚焦

根据《中小学综合实践活动课程指导纲要》内容，践行"教育必须与生产劳动相结合"的教育原则，上海市某小学计划组织全校师生进行一次亲子职业体验活动，以此加强孩子与社会的联系，增进他们对职业的认知，为培养孩子职业兴趣、明确职业意向、规划职业生涯奠定基础。

然而，当各班主任把亲子职业体验活动的《告家长书》发下去的时候，却听到了家长的另一种声音："孩子天天待在学校，也该出去透透气了，出去玩儿一圈也挺好，多买些吃的带上。""社会实践活动不就是以前的秋游嘛，让导游带着逛一逛、看一看、玩一玩就行了，我们家长每天都特别忙，就不用去了。"听到这些言论，班主任陷入了沉思。

二、应对策略

亲子职业体验活动，既是一次综合性实践活动，又是一次劳动教育，更是一次职业生涯教育，同时还可以增进亲子关系。如果只是简单"走过场"，不仅有些"劳民伤财"，还有可能达不到预期的效果。那么，教师们该如何策划与组织一场亲子职业体验活动呢？

（一）准备阶段

1. 选择适宜的体验内容与活动方式

不同年级孩子的身心发展水平不同，决定了职业体验领域、岗位选择与活动形式的差异。如果让低年级的孩子进入大型的工厂、企业，体验复杂、陌生的职业岗位，不仅不会帮助孩子形成正确的职业认知，反而会因为听不懂、看不明白，打消他们的积极性。

因此，班主任可以通过调查问卷的形式，收集孩子与家长的活动意向与实施建议，突出活动设计的职业性、实践性与教育性。出于孩子接受能力与安全问题的考虑，小学低年级及幼儿园的孩子可以选择在班级教室进行各种职业的模拟扮演活动，或者在专门的职业体验场馆开展活动，在教师、家长、工作人员的帮助引导下创设职业情境，体验职业分工；小学高年级以上的孩子可以走出学校，进入社区、公司、厂房等社会职业场所参观、学习，在体验的过程中，增进职业了解，体验岗位实践，感悟体验过程，培养职业兴趣。

2. 对接校外资源，做好万全准备

根据收集到的意向与建议，班主任可以联系所在地区合作的企事业单位，提供场地、物资及设施等资源；或者充分调动家长参与，与其所在单位联系，获取职业体验资源，拉近孩子与社会的距离。

出于安全考虑，建议由校外旅行社或研学机构承办，确定活动时间、活动人数限制、注意事项、用车情况。在校进行职业情境模拟的，可以与家长协商，准备活动物料、布置模拟环境。

（二）实施阶段

1. 善于启发孩子

为了增强职业体验的有效性，在活动的实施阶段，教师与家长要一起关注对孩子的引导与启发。教师不应该只维护班级秩序，不能用传统的"讲授式""命令式"指导方法；家长也不应该只是照顾孩子，应该与工作人员配合，根据孩子在职业情境中的问题调整活动环节，对孩子进行指导、启发、激励。

2. 带着任务去学习

为了避免孩子"走马观花"，教师可以借助一些工具，比如，提问、量表、任务卡、调查问卷等，让孩子带着学习任务参观实习、走访调查，引导孩子对体验职业的思考与感悟，以此进行提炼、分析，以此实现亲子职业体验的活动目标。

（三）总结阶段

职业体验活动设计组织得如何，关键是要看孩子能否在其中有所收获，因此，一定要重视活动之后的总结与反思。

1. 孩子的总结

教师要引导孩子对体验职业的认知、个人的职业体会进行总结，对体验职业的历史发展、现状及前景的了解，对从事某领域、岗位需要的知识、工作技能储备，以及相应资格（包括学识、品性、才能、经验、身体要求等）的明晰，对个体的职业兴趣与职业发展方向一个较为清晰的认知，总结整理出研究性学习报告，从而形成一份完整的职业生涯规划书。

2.教师的反思

教师自身要注意活动经验的提炼与反思，组织教师研讨，对活动中的不足进行整理反思，探讨应对策略，优化课程设计，在不断改善的过程中形成学校的特色系列课程，在每一届孩子中沿用。

三、实施建议

（一）在过程中要调动孩子的自主性

综合实践活动课程强调孩子的自主性，在课程内容组织和选择上"要重视孩子自身发展需求，尊重孩子的自主选择"，职业体验类综合实践活动课程在职业领域、岗位的选择和模拟中，必须充分考虑孩子对职业领域、岗位的意见，要根据孩子的职业兴趣，来选择和模拟职业体验的领域、岗位。

（二）保障孩子在活动进行时的安全

要加强对活动的组织和管理，做到定人定班，班班有领队，对活动过程进行全方位的管理，包括：清点人数、乘车安全、活动组织、秩序维持等。每到一处，都要向孩子强调活动纪律，听从工作人员安排，不单独活动。在做好安全教育和管理工作的基础上，保障孩子安全，确保活动顺利进行。

（三）注重家长在实践过程中的参与

为了避免出现传统春、秋游当中，家长跟在孩子后面背包提水等"保姆"式行为，积极发挥家长自身优势，为体验活动提供更多的思路与方法，带给亲子双方共同的乐趣，教师可以放宽心，放开手，让家长制定职业模拟的规则，创设角色扮演的不同场景。在实地参观的活动中，可以选择家长所在的工作单位，由家长担当讲解员，分享工作岗位上的相关知识。

随讲随练

【判断】职业体验活动设计组织得如何，关键是要看孩子能否在其中有所收获。（　　）

【单选】下列关于亲子职业体验活动说法不正确的是：（　　）。

A. 是一次综合性实践活动

B. 是一次劳动教育

C. 是一次职业生涯教育

D. 对增进亲子关系没什么帮助

【多选】在组织亲子职业体验活动时应该注意的是：（　　）。

A. 在过程中要调动学生的自主性

B. 保障孩子在活动进行时的安全

C. 注重家长在实践过程中的参与

拓展阅读

1. 刘晓萍：《国际核心素养背景下日本中小学生涯教育研究》，硕士学位论文，华东师范大学，2017。

2. 索桂芳：《核心素养背景下普通中学生涯教育的几点思考》，载《课程·教材·教法》，2018（5）。

3. 袁欣宇：《国内普通高中生涯教育研究述评与展望——基于 CiteSpace 的可视化分析》，载《生涯发展教育研究》，2020（1）。

4. 朱仲敏：《教育转型背景下普通高中生涯教育内容设计与实施路径研究》，载《教育发展研究》，2017（6）。

▸ 第四节　如何帮助孩子制定适宜的升学规划 ◂

知识构图

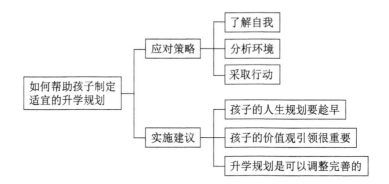

学习目标

　　1.了解升学规划的重要性。

　　2.掌握如何帮助孩子制定适宜的升学规划。

读前反思

　　1.你帮助孩子制定过升学规划吗？

　　2.你会如何帮助孩子制定适宜的升学规划？

一、问题聚焦

　　在新一轮的高考政策下，多学科、全方位的育人计划，对孩子的综合能力要求越来越高，"早规划，早准备"，已成为广大家长的共识。然而，青春期的孩子对自我与社会的认知尚不健全，懵懵懂懂，很难厘清自己的人生方向。许多家长也总是以"你还小，别管那么多，只管好好读书就行"等借口避而不谈，或者直接替孩子做决定。无论孩子当下的成绩是好是坏，都有必要让他们清晰地认知自我，去激发他们的动力源泉，让他们自主学习。那么，教师该如何指导家长帮助孩子制定一份适合孩子的升学规划呢？

二、应对策略

（一）了解自我

"知己知彼，百战不殆。"这句话在人生发展中同样适用，帮助孩子制订升学计划的第一步就是"知己"，即认识自己的性格、兴趣、能力及人格特质。

关于能力特长，教师可以向家长介绍一下美国教育学家和心理学家加德纳的多元智力理论（表16-1），"最终表现的可能性"为孩子该项能力的"终极状态"的表现[1]。家长可以联系孩子日常的行为，进行分析比对。教师也可以指导家长为孩子进行一些性格、职业兴趣等的测评，作为升学的参考，帮助家长在孩子的个人兴趣与家庭的期待之间找到平衡点。

表 16-1 加德纳的多元智力理论 [2]

智力	加工操作	最终表现的可能性
语言	对语音、节奏、单词意义、语言功能的敏感性。	诗人、记者
逻辑—数学	发现逻辑或数字模式的敏感性和能力；处理一长串逻辑推理的能力。	数学家
音乐	产生和欣赏音调、节奏（韵律），对音乐表达形式的审美感。	器乐家、作曲家
空间	正确感受视觉—空间世界的能力。对这些感受进行转变，并且在相关刺激缺乏的时候重新创造视觉体验的某些方面。	雕刻家、驾驶员
身体—动觉	熟练运用躯体进行表达性和目标向导性行为的能力；熟练处理物体的能力。	舞蹈家、运动员
自然	认识和给各种动物、矿物、植物分类的能力。	生物学家
人际的	对他人的情绪、性格、动机和意图进行觉察和正确反应的能力。	艺术、销售员
内心的	区别复杂内部情感，以及使用它们来指导自己行为的能力；知道自己的长处、缺点、愿望、智力。	有着详细、准确自我知识的个人

---

[1][2][美国]贝克：《婴儿、儿童和青少年：第5版》，桑标等译，574页，上海，上海人民出版社，2014。

（二）分析环境

第二步要做的是"知彼"，即重点从家庭环境、学校环境、社会环境去分析发展优势、行业现状。

家庭环境。有的孩子坚持走艺术特长，有的孩子看周围同学出国了，自己也想出国。家庭经济条件是其中重要的因素，条件确实不允许的，教师应该及时与家长沟通，对孩子进行心理辅导，避免孩子情绪低落，失去学习动力。同时要宽慰父母不必因此内疚，实现自我成就的路径很多，不管遇到什么挫折，父母要和孩子一起面对，把生活、学习处理好。

学校环境。教师可以为家长提供学校的招考政策信息，帮助家长与孩子一起选择。还可以适当考虑一下，为孩子未来发展提供拓展和实践机会。

社会环境。教师要指导家长站在一定的高度，帮助家长收集、了解社会经济发展趋势、行业就业状况、未来就业机会等信息，从长远发展的角度选择一条适合孩子的升学道路。当然，在选择专业的时候，一定要结合孩子的兴趣，尊重孩子的意愿。

（三）采取行动

教师在分析孩子自身条件与外在环境之后，可以在学校和家庭相互配合的基础上，帮助孩子从职业方向倒推，把目标一步步分解为人生目标、阶段目标、学年目标、学期目标，指导家长与孩子落实有效的升学计划。

研读高考政策，合理选择学习科目。新的高考政策最大的变化是取消了文理分科，采取"3+3"的新模式，即除了语数英三门之外，孩子可以在物理、化学、生物、历史、政治、地理，部分地区还包括技术，这些学科中自主选择其中三门。教师要指导家长研读高考新政，在全面掌握招考信息的基础上，为家长普及选科知识，为孩子的升学乃至未来职业选择做好铺垫。

分析孩子的学科优劣，为孩子未来发展导航。升学问题的关键，是处理好家长与孩子对未来职业选择的分歧，家庭教育指导应以孩子需要为宗旨，收集孩子的学习情况、个性特长，教师要帮助家长深入了解自己的孩子，通过学科优势分析、个性特长匹配等指标，引导家长进行合理评估，促成适合孩子发展的合理定位。

三、实施建议

（一）孩子的人生规划要趁早

升学规划是一个不断探索、循环的过程，需要在探索的过程中进行调试，如果感觉不适合，及时调整、适应，才能找到符合自身发展的学业目标。因此，从小学开始，教师就应该指导家长帮助孩子制定升学规划，越早探索，就能越早地锻炼家长和孩子的各方面能力，进行多种探索，有更多的依据、时间、机会供孩子选择喜欢的、适合的专业乃至职业。如果到了高中甚至高考结束后才想起来，由于学业压力、时间紧迫，决策很容易出现偏颇。

而且，现在有些孩子从小不爱学习，一部分的原因就是升学规划不明确，孩子不知道自己能做什么、该做什么，失去了方向也就丧失了学习的动力。

（二）孩子的价值观引领很重要

升学规划中不能一味关注孩子的学习成绩、能力培养，对一个孩子来说，要成为一个什么样的人，人生意义是什么，学习的意义是什么，这些比个人能力的培养更重要。随着物质生活水平的提高，未成年儿童身心健康极易受到影响，教师在指导家长进行升学规划时，一定要向父母强调价值观引领的重要性，如善良、责任与担当等，毕竟德才兼备、品学兼优，才是一切教育的最终目的。

（三）升学规划是可以调整完善的

孩子成长的过程就是一个探索自我的阶段，在不同的阶段因为好奇、喜欢去探索不同的领域，这种改变都是正常的。社会在不断变化，升学规划也不是一成不变的，是需要不断复盘、审核和调整的。教师要指导家长，重视每一次重要的考试，每一次学校、学科的选择，根据孩子每一个学段的学习成果与自己的目标方向，在变化发展中调整、完善孩子的升学规划，才能使之适合、适用孩子的人生。

随讲随练

【判断】教师也可以指导家长进行一些职业性格、职业兴趣等测评，作为升学计划的数据参考，帮助家长在孩子的个人兴趣与父母的期待之间找到平衡点。（　　）

【多选】在组织亲子职业体验活动时应该注意：（　　）。

A.孩子的人生规划要趁早

B.孩子的价值观引领很重要

C.升学规划是可以调整完善的

拓展阅读

1.温亚、顾雪英：《升学就业辅导到生涯规划教育的转型——香港中学的经验及启示》，载《中国教育学刊》，2019（7）。

2.冯翠典、张雨强：《苏格兰促进学习的评价模式述评》，载《全球教育展望》，2009（11）。

3.刘静：《高考改革背景下高中生涯规划教育的重新审视》，载《教育发展研究》，2015（10）。

4.曾晓洁：《多元智能理论的教学新视野》，载《比较教育研究》，2001（12）。

➻ 第五节　如何帮助孩子选择未来的职业方向 ◄

知识构图

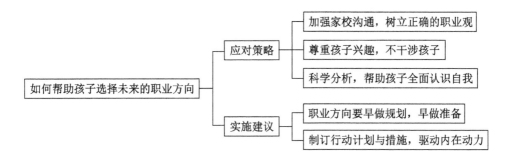

学习目标

1. 掌握指导家长帮助孩子做职业规划的策略。

2. 了解指导家长帮助孩子做职业规划的实施建议。

读前反思

1. 你是否参加过或组织过有关职业规划的活动?

2. 你认为职业规划对孩子有什么作用?

一、问题聚焦

湖南耒阳留守女生钟芳蓉高考考出了 676 的高分,却选择了北京大学考古专业引发热议。网友们在赞叹与祝福的同时,也出现了另一种声音,不少网友表示该专业没"钱"途,认为农村女孩应选高薪专业。"好不容易上了北京大学,为什么不选个热门的行业呢?"对此,钟芳蓉本人回应称:"我从小喜欢历史和文物,受到樊锦诗先生的影响,所以报考了北京大学考古专业。"

正是出于对兴趣的热爱及梦想的坚持,钟芳蓉的笃定赢得了中国考古圈的一致肯定,纷纷赠送礼物表示祝福。但在事件背后,我们不禁反思,选择职业时,何为热门?何为冷门? "钱途"能作为第一或者唯一的标准吗?

二、应对策略

在现实生活中,孩子的职业生涯规划大多是从填报高考志愿开始的,而且是"被开始"的,我们从小就被灌输着"好好学习,考上大学"的思想,但很少有人会往下接着想"要考上什么样的大学,上哪所大学,学什么"。对兴趣、志向的模糊不清,直接导致了大学生毕业之后岗位选择无所适从,甚至对就业产生了抵触心理。

因此,生涯规划、职业方向并非要等到高考结束、填报志愿时才思考,教师该认真学习并指导家长帮助孩子选择未来职业的方向。

(一)加强家校沟通,树立正确的职业观

职业无贵贱之分,只有分工的差别。然而,现在依然有部分家长认为,只有"坐办公室"才是好的、体面的工作,这种观念一旦强行灌输给孩子,将会影响孩子的职业观。因此,教师应首先与家长沟通,引导家长树立正确的职业观、就业观。同时,还要提醒家长将生活与工作分开,尽量不要在孩子面前抱怨工作的不愉快,将负能量传给孩子;要注意对孩子进行正面引导,让孩子认识到劳动的尊严与美好,认识到任何职业都有其价值所在,让孩子能够信心满满地为实现自己的人生价值而奋斗。

(二)尊重孩子兴趣,不干涉孩子

兴趣是最好的教师,孩子对感兴趣的事情是愿意多做的,他们做得越多,这方面的能力就越强,能力增强了,凭借能力获得的价值就会变高,而后价值感高,兴趣又更浓烈,从而进入下一轮三叶草模型的正循环(图16-1)。反之,孩子会进入"无兴趣—不愿投入—低能力—低价值感"的循环,不仅会厌恶学习,甚至可能由此认为自己天生比别人差,对自己失去信心。

因此,教师与家长应该更加多元、包容地评价孩子,在孩子职业方向的选择上,教师应该指导家长不能用自己的主观意愿压制孩子的兴趣,用自己的主观判断干涉孩子的选择。孩子的天赋应当被发掘,兴趣也应当被呵护。教师需要帮助家长分析自己的孩子适合什么,喜欢什么,培养孩子的兴趣,积极地引导孩子发展兴趣。案例中钟芳蓉的父亲在听到女儿选择北大考古专业后,便表达了对女儿的尊重与支持。

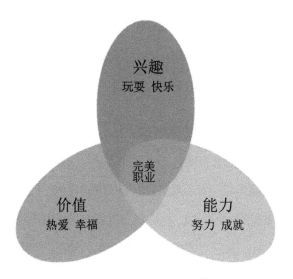

图 16-1　三叶草模型 [1]

（三）科学分析，帮助孩子全面认识自我

随着科学技术的不断发展，未来的职业分工将会越来越细致，专业性也会越来越强，将会产生不计其数的新职业、新专业。面对这么多职业选择，父母和孩子之间难免会产生意见分歧。这个时候，教师需指导家长结合自己的工作经历，帮助孩子做出综合的分析、判断和选择，与孩子一起平等地去研究、探讨，并利用社会实践活动引导孩子有意识地反思，让孩子对自己的兴趣爱好、就业方向有个初步的了解。同时，教师可以为家长和孩子提供职业倾向相关测评，帮助他们认识自己，选择适合的职业方向，通过测评判断孩子的学习、生活中的一些问题，并分析、评估兴趣爱好，给出科学的指导建议，从而帮助孩子清晰认识自己，为自己的将来做出正确的决定。

三、实施建议

（一）职业方向要早做规划，早做准备

一个观念的转变，可以改变孩子的一生。当今社会，大部分父母更关注的是孩子的分数，认为只要分数高，将来就可以有好的工作。然而，这是本末倒置的，孩子不知道

---

[1]　谢江梅、古典、李春雨：《大学生职业发展与就业执导：浙江大学》，68页，成都，电子科技大学出版社，2016。

自己喜欢什么，将来想成为什么，怎么能有学习的目标和方向呢？因此，教师要指导家长从小开始，为孩子制定一套贯穿小学、初中、高中、大学的职业方向规划，让孩子从小为自己长大后将要从事的职业做准备。

（二）制订行动计划与措施，驱动内在动力

孩子确定了自己选择的职业方向，要将其视为学习生涯的终极目标，因此，制订行动计划与措施就成了关键环节。为了落实目标所采取的具体措施，教师与家长可以一起帮助孩子，根据孩子本身的学习阶段、个人能力对职业目标进行分解，即短期目标、中期目标、长期目标。例如，孩子立志想成为一名医生，那么在初中的时候就应该关注自然科学知识的学习，尤其是生物、化学等学科，了解需要学习哪些专业知识，掌握哪些实验技能。细致的计划与措施便于进行定时检查与及时调整，更能不断提醒与鞭策孩子，充分调动内驱力。在落实目标的具体措施上，教师与家长也可以根据行动计划对孩子进行有效的监督与反馈。

家庭不仅是孩子的第一所学校，更是孩子职业体验的起点，他们从父母那里认识职业、了解职业，在潜移默化中形成了自己的喜好与选择。因此，家长与教师应该各司其职，通力配合，才能制定出一套符合孩子身心发展的职业规划。

随讲随练

【单选】以下哪种职业观念是正确的？（　　　）

A. 只有"坐办公室"才是好的、体面的工作

B. 应该选择热门、高薪的职业

C. 工作非常辛苦且不愉快

D. 任何职业都有其价值所在

【多选】在三叶草模型中，完美职业应包含以下哪些元素？（　　　）

A. 兴趣　　　　B. 价值　　　　C. 能力　　　　D. 健康

【多选】以下哪些方式可以帮助孩子全面认识自我？（　　　）

A. 家长结合自己的工作经历，帮助孩子做出综合的分析、判断和选择

B. 与孩子一起平等地去研究、探讨，并利用社会实践活动引导孩子有意识地反思

C. 利用专业的心理测评，帮助他们认识自己

D. 为孩子制定一套衔接初中、高中，直至大学的职业方向规划

【多选】如何利用职业规划来调动孩子的内驱力？（　　　　）

A. 根据孩子本身的学习阶段、个人能力对职业目标进行分解

B. 教师与家长应该更加多元、包容地评价孩子

C. 不能为了成绩、学业，用自己的主观意愿压制孩子的兴趣，用自己的主观判断干涉孩子的选择

D. 在落实职业目标的具体措施上，教师与家长也可以根据行动计划对孩子进行有效的监督与反馈

拓展阅读

杨忠健：《家长是孩子的人生规划师》，北京，电子工业出版社，2011。

第八部分
特殊指导

· · · · · · · · · ·

在教育教学过程中遇到特殊儿童和特殊家庭时，如何针对性地进行特殊家庭、特殊儿童的家庭教育指导，一直是教师比较关注的问题。

第十七讲关注"隔代教育"问题，在父母忙于工作，委托祖辈代为照顾的情况下，教师应指导家长明确各自角色定位，既不能让父母"缺位"，也不能让祖辈"越位"，强化沟通，化解教育冲突，才能共同促进孩子成长。

第十八讲聚焦"二孩家庭指导"，指导教师引导家长树立正确育儿观念，对孩子一视同仁，重视孩子的心理状况，让两个孩子在和睦的家庭氛围中健康成长。

最后两讲分别围绕贫困家庭、留守儿童、离异家庭、流动家庭、富裕家庭五类特殊家庭，以及厌学心理、学困生、肢残儿童、智力障碍儿童、"多动症"儿童五类特殊儿童展开，帮助教师针对不同情况有效开展家庭教育指导。

▶ 知识构图

- ·
- ·
- ·
- ·

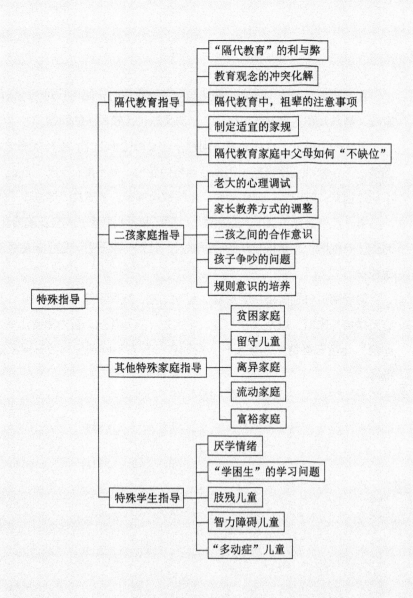

特殊指导
- 隔代教育指导
  - "隔代教育"的利与弊
  - 教育观念的冲突化解
  - 隔代教育中，祖辈的注意事项
  - 制定适宜的家规
  - 隔代教育家庭中父母如何"不缺位"
- 二孩家庭指导
  - 老大的心理调试
  - 家长教养方式的调整
  - 二孩之间的合作意识
  - 孩子争吵的问题
  - 规则意识的培养
- 其他特殊家庭指导
  - 贫困家庭
  - 留守儿童
  - 离异家庭
  - 流动家庭
  - 富裕家庭
- 特殊学生指导
  - 厌学情绪
  - "学困生"的学习问题
  - 肢残儿童
  - 智力障碍儿童
  - "多动症"儿童

▶▶ 第十七讲
▶ 隔代教育指导

目前，许多年轻父母因为生活压力、工作压力，以及其他种种原因，将教育孩子的重任交给了隔代教育者。孩子长时间和隔代教育者生活，形成了隔代教育家庭，而这类家庭具有很明显的特点。一方面，隔代教育者经验丰富，且时间充裕，隔代教育者能全方位地照料孩子；另一方面，隔代教育者的思想观念较为落后和陈旧，容易出现溺爱孩子的现象，难以在教育上给予孩子最正确的引导和培养。教师有责任引导家长认识到隔代教育的利与弊，指导其适当调整家庭教育方式，进而发挥隔代教育的积极作用，克服不利影响。

本讲将聚焦"隔代教育"的利与弊、教育观念冲突时父母应该掌握的沟通技巧、隔代教育中祖辈的注意事项、隔代教育家庭中家规的制定、如何保持父母的爱"在场"，这些内容。

$$\vdots$$

▶▶ 第一节　"隔代教育"的利与弊有哪些 ◀

知识构图

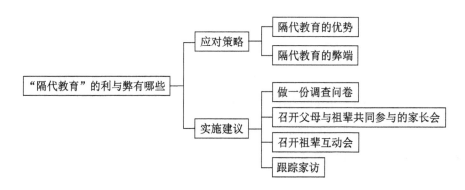

1.了解隔代教育的优势和弊端。

2.掌握隔代教育家庭指导的方式。

读前反思

1.你有听说过或遇见过隔代教育家庭中的教育问题吗?

2.当前,你会如何指导隔代教育家庭中的不同成员来帮助孩子更好地成长?

一、问题聚焦

生活中,家长会发现一些孩子在刚升入小学时会非常不适应,出现自理能力差,书包、文具不会整理,甚至一入学就有严重的恐惧情绪,有的孩子会一直吵闹着要爷爷奶奶陪伴才肯上学。了解后教师会发现,这些孩子大部分是由祖辈带大的,虽然身体各个方面被祖辈照顾得很好,但生活习惯和行为习惯的养成却出现了明显的滞后。隔代教育作为一种普遍存在的现象,已经成了家庭教育中的一个聚焦点,它在发挥着重要作用的同时,又存在着一些明显的弊端。

二、应对策略

由于家庭结构和经济条件等客观原因,隔代教育是目前普遍存在的现象,这引起了社会的广泛关注。作为教师,必须非常明确地告知父母,即使由于工作或其他原因不能全身心地养育孩子,父母也必须深刻认识到隔代教育的利与弊,重视孩子的成长过程,并进行适当的教育调整,进而发挥隔代教育的积极作用,克服不利影响。

(一)隔代教育的优势

父母在生活和工作中受到的压力都很大,隔代教育可以帮父母从繁重的生活压力中解脱出来,全身心地投入紧张的工作,更好地发展自己的事业。祖辈不工作后无所事事,和孙辈在一起是他们最好的精神寄托,在享受到天伦之乐的同时,也实现着自己的价值,为家庭发挥余热,会让其心情愉悦。

对孩子而言，由于老人时间更自由，可以形影不离地和孙辈在一起，全方位地照料，孩子的生命健康更有保障。父母面对孩子生活中出现的问题可能束手无策，而祖辈有着丰富的生活经验和养育实践，可以很好地照料孩子的生活起居。

（二）隔代教育的弊端

1.产生"隔代亲"的现象，祖辈溺爱孩子

隔代亲在中国的家庭中是十分普遍的现象，祖辈对孙辈一般都会溺爱，孩子错了不舍得批评，孩子想要什么都不假思索地给予。很多的祖辈都用比较落后的观念来教育孩子，认为孩子现在还小，长大以后就会变好，孩子犯了错误也不加管教。祖辈对孩子无条件的爱容易让孩子变得以自我为中心，他们会觉得别人为自己付出都是应该的，会不懂感恩，也不懂得为他人着想。

2.祖辈事必躬亲，孩子没有自由的成长空间

祖辈带孩子，要么舍不得孩子做事，要么认为孩子做不好，很容易自己一手包办，这易让孩子从小就形成依赖心理，衣来伸手、饭来张口，无法锻炼孩子的自立能力，培养孩子独立的精神。

3.祖辈教养知识守旧，不重视早教启蒙

0～6岁是早期教育的初始阶段，也是最佳阶段，在这一阶段进行科学的早教，有助于孩子大脑的开发及今后的成长。隔代教育中的祖辈大多已经是年过半百的人，他们的受教育程度参差不齐，且观念较为传统保守。而现在的孩子很早就接触新鲜事物，想象力丰富，并且具有强大的创造力。年长的祖辈如果不能与时俱进，将无法给予孩子最正确的引导和培养，在一定程度上会束缚孩子的早期发展。

三、实施建议

隔代教育有利有弊，因此教师要引导家长辩证地去看待，尽量避免隔代教育当中的弊端，发扬隔代教育的优势。为了让孩子在祖辈的关怀下也能够健康和谐地发展，教师可以这样做。

（一）做一份调查问卷

教师可以针对自己班级孩子的隔代教育情况制定一份问卷,包含隔代教育的参与者、教育方式、祖辈对孩子教育引导的看法,家长育人的困惑和有待解决的问题等。并做好问卷分析,为下一步开展工作做好充分的准备。

（二）召开父母与祖辈共同参与的家长会

针对问卷中呈现出的隔代教育的问题,教师可以召开一次主题家长会,邀请父母和祖辈共同参加,为其分析利弊,对父母与祖辈育人中的矛盾冲突,要给出具体、妥善、可行的解决办法。

（三）召开祖辈互动会

育人离不开教育者的文化、理念和技能,祖辈的文化程度已经定型,但教师可以通过祖辈互动会、祖辈座谈会,以及祖辈沙龙等的召开,引导祖辈统一观念、调整心态,掌握更多的科学育人的方法,也可以通过相互分享、借鉴育人经验,在交流与碰撞中,树立榜样,更新理念。

（四）跟踪家访

对一些具有典型特征的祖辈教养家庭,教师要常和父母互动沟通,并建立反馈模式,建立个案跟踪档案,并定期走进家庭进行访问,在相互信任的基础上多沟通、勤交流,拆除围墙,走进家庭,贴近家长,提升家庭教育的开放性,从而提高祖辈家长教育的水平和技能。

隔代教育作为一种家庭教育模式,弊利共存,这种教育模式会对孩子的身心发展、个性形成、品行修养等产生重要的影响。教师一定要充分意识到其中利害,指导父母与老人有效沟通,引导祖辈不断更新育人理念,并通过学习丰富教育手段,与时俱进,共同助力孩子的成长。

随讲随练

【多选】祖辈带大的孩子可能会出现哪些问题？（　　）

A. 生活习惯和行为习惯的养成出现明显的滞后

B. 缺乏感恩心，也不太懂得为他人着想

C. 形成依赖心理，自理能力差

D. 身体各个方面发展良好

【多选】隔代教育有哪些优势？（　　）

A. 孩子的生命健康更有保障

B. 祖辈能给予孩子最正确的引导和培养

C. 帮助年轻父母从繁重的生活压力中解脱出来

D. 祖辈享受到天伦之乐的同时，也实现着自己的价值

【多选】教师如何指导家庭避免隔代教育当中的弊端，发扬隔代教育的优势？（　　）

A. 针对自己班级学生的隔代教育情况制定一份问卷，了解具体情况

B. 召开父母与祖辈共同参与的家长会，为其分析利弊

C. 召开祖辈互动会，引导祖辈统一观念

D. 常和家长互动沟通，定期进行跟踪反馈

拓展阅读

勾红娟：《隔代教育：隔代不隔心》，陕西，陕西师范大学出版总社有限公司，2011。

▸▸ 第二节　教育观念冲突时，父母应该掌握哪些沟通技巧 ◂

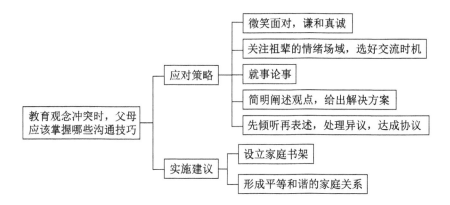

学习目标 ▶

1. 了解和掌握隔代教育中祖辈与父辈沟通的方式和策略。

2. 掌握构建祖辈与父辈和谐沟通的家庭氛围的方法。

读前反思 ▶

1. 作为教师，你应当如何指导父辈与祖辈进行沟通？

2. 面对祖辈与父辈教育观念的冲突，你是如何解决的？

一、问题聚焦

十一期间，涵涵的父母特意多请了几天假与孩子团聚，可是发现孩子对父母总是爱理不理。餐桌上，因为涵涵趴着吃饭，妈妈明确提出了"要把饭碗端起来吃"的要求，可是却遭到爷爷奶奶的强烈反对。老人觉得"不就是吃个饭，干吗给孩子提那么多的要求，搞得孩子心情不好"。在与孩子亲密接触的几天内，妈妈发现了孩子身上更多的不良习惯。可是在和爷爷奶奶交换教育意见的过程中，妈妈总是和祖辈意见不统一。想着涵涵身上的不足，想着无法沟通的祖辈，涵涵的父母看在眼里，愁在心里。

二、应对策略

父母希望孩子好，祖辈同样希望孩子好，在教育目标上大家是一致的，但如果沟通无效，两者观念的不一致就会爆发家庭矛盾。为了化解这些矛盾，教师可以向家长传授五个沟通小技巧。

（一）微笑面对，谦和真诚

在人与人交往的过程中，真诚的笑容会让你变得更加容易接近。孩子、父母、祖辈，这三代人之间虽然有着密不可分的血缘关系，但父母与祖辈交流孩子成长的话题时，也要特别注意沟通的态度，要通过微笑的表情、谦和真诚的语气与祖辈展开交流。这样能让祖辈感受到被尊重与被理解，能更加心平气和地与父母沟通。即使遇到意见不一致的时候，微笑也能化解尴尬，让沟通可以继续。

（二）关注祖辈的情绪场域，选好交流时机

人的情绪是有波动的，祖辈如此、家长也如此，要指导家长选好与祖辈沟通的时机。交流的时间和地点都很重要，切不可在孩子吃饭、睡觉、哭泣时去沟通，这个时候祖辈的特殊身份会让他们更关注孩子的心理感受，对父母的教育引导毫不在意，甚至会拿出祖辈的权威来施压，这样的交流是无效的。

（三）就事论事

教师要提醒父母，与祖辈沟通时切记只就当前事情表述自己的见解。不能采取唠叨、责怪、命令的方式与老人对话，这样会让老人的内心得不到认同感，会让他们觉得自己辛辛苦苦帮着带孩子，最后换来的却是不被理解。全家就一件事讨论，解决一件事，不带情绪交流，才不会激发矛盾，祖辈才会乐意接受父母的建议。

（四）简明阐述观点，给出解决方案

祖辈由于经验相对比较丰富，内心可能更乐意坚持自己的想法，基于此，父母发现祖辈养育方式的"问题"时，不要急于直接判定，而要在简明阐述自己育儿观点的基础上，态度温和、语气平和地和祖辈交流孩子的问题，并给出祖辈具体的解决办法，这样更便

于祖辈接受和操作。

（五）先倾听再表述，处理异议，达成协议

父辈与祖辈沟通，切忌一言堂，要做到先倾听，再表态，平等交换意见。良好的沟通不是一个人夸夸其谈，而是在相互换位思考的基础上，听听对方的想法，再给出自己的观点，这样的交流更容易让对方接受自己的观点，形成良好的代际沟通。当沟通中出现意见不一致时，教师要引导父辈摆正态度，不要用强迫和命令的方式让祖辈接受，而要关注孩子成长问题本身，耐心沟通；在达成协议时，要表现出对参与者的赞美和肯定。

三、实施建议

（一）设立家庭书架

书籍是人生最宝贵的财富，人一辈子都应该不断地学习。部分老人缺乏主动学习的态度，没有学习意识，父母要为他们创造学习的环境和书香的氛围，家庭书架是必不可少的。父母需关注最近出版的家庭教育的书籍，自己先学习，再推荐给祖辈学，全家齐动员，共创家庭读书文化，这样的耳濡目染也能令孩子养成读书的好习惯。

（二）形成平等和谐的家庭关系

老人是家庭这所学校里宝贵的财富，他们丰富的人生阅历，宝贵的成长经验，对孩子、父母来说都是一本生活的百科全书，值得学习借鉴。年轻父母要主动向祖辈学习这些宝贵的经验。这种交流要在家庭生活中成为一种习惯和自觉，互敬互爱，提升家庭生活的和谐度，开启育子沟通的有效环节。

父母是孩子的第一抚养者，即使由于不可抗因素采用隔代教育的模式，也需要注意加强家庭成员内部的沟通，要对祖辈心怀感恩，尊重祖辈，以确保双方达成教育观念的协调统一，从而为孩子健康成长提供保障。

随讲随练

【判断】家长可以选择在孩子吃饭、睡觉、哭泣时去和祖辈沟通交流育儿的问题。（　　　）

【多选】与祖辈交流育儿问题要注意：（　　　）。

A. 微笑面对，谦和真诚

B. 简明阐述观点，重点给出解决方案

C. 就事论事，切不可由此及彼

D. 先倾听再表述，处理异议，达成协议

【单选】在进行隔代教育时，要做到：（　　　）。

A. 一言堂

B. 家庭成员内部的良好沟通

C. 直接给祖辈教育方案

拓展阅读

1. 蔡颖卿：《教养在生活的细节里　隔代不隔爱》，北京，北京时代华文书局，2021。

2. ［澳大利亚］苏珊·佩罗：《故事从来有魔法：苏珊奶奶写给孩子们的疗愈故事》，杭州，浙江文艺出版社，2018。

3. ［美国］罗纳德·B·阿德勒、［美国］拉塞尔·F·普罗科特：《沟通的艺术：看入人里，看出人外（插图修订第15版）》，北京，北京联合出版公司，2017。

4. 许蓝予：《家庭教育中隔代教育存在的问题及成因分析》，载《长春教育学院学报》，2019（6）。

▸ 第三节　隔代教育中，祖辈应注意哪些事 ◂

知识构图

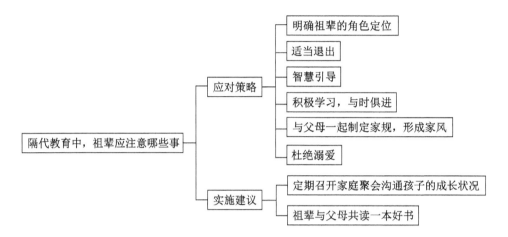

学习目标

1.理解和掌握隔代教育中祖辈需要注意的事项。

2.掌握教师指导祖辈参与教育的方法。

读前反思

1.你发现目前的隔代教育存在哪些问题?

2.作为教师，你该如何更好地引导家长进行隔代教育?

一、问题聚焦

在现实的隔代教育家庭中，因为祖辈和父母观念不一致、沟通不到位等因素，父母和祖辈之间发生冲突的现象时有发生，严重的会导致家庭矛盾爆发，这些都会导致孩子身上出现一定的成长问题、成长障碍。为此，隔代教育中祖辈应该做些什么、如何去做，已经成为教师指导家庭教育中一个必须正视和解决的问题。

二、应对策略

为了让每个祖辈都能开心引导、开明沟通，教师需要指导祖辈在隔代教育中做好以下六件事。

（一）明确祖辈的角色定位

隔代教育家庭中涉及三个角色——祖辈、父母和孩子。作为教育者，祖辈和父母有着完全不同的自我角色。祖辈首先要明确，爷爷奶奶、外公外婆可以辅助父母，但不能主宰家庭教育。教师要指导祖辈对一些有待争议的教育问题，采取适当的方式和父母进行沟通，合理定位祖辈和家长的教育权责，确立父母在家庭教育中的主导地位。

（二）适当退出

隔代教育最大的优势是代与代之间的时间互补，父母忙于工作没有办法全身心照料孩子，而祖辈不工作后有更多的时间与孙辈一起享受天伦之乐。父母在家时，祖辈应适当退出，给父母和孩子相处的空间和机会，让父母尽可能多地参与到孩子的成长和教育中去。祖辈要多和父母聊聊孩子白天时参与的活动及活动中的一些表现，让父母更好地了解孩子在家、在外的行为和性格，两代人在其乐融融的氛围中友好交流孩子成长的点滴。

（三）智慧引导

父母因忙于工作，只有下班或休息日才有空陪伴孩子。有些孩子因年纪小或理解力不够，会埋怨父母的"缺席"。这时，祖辈要用孩子听得懂的语言给孩子解释工作的含义，让孩子理解父母工作就像孩子上学一样，会在一个集体中充实自我、获得更好的成长，工作更会为家庭成员的幸福生活提供保障。在孩子有埋怨和不理解的情绪时，祖辈切不可敷衍或用不合时宜的玩笑回应孩子，如千万不能说："他们嫌你讨厌，所以要远离你。"

（四）积极学习，与时俱进

部分祖辈对当下的教育形式，以及社会对人才的需求都存在着较为明显的信息脱节情况，他们学习辅导乏力、情感教育缺失、思想教育无力。还有的祖辈仍然根据自己曾经的育儿经验来教育孙辈。社会在发展，教育的内容、理念和方法也在更新，教师要引导祖辈不断学习，与时俱进，提高自身的素质，丰富自己的育儿手段，可以通过推荐教育视频、书籍等帮助祖辈接受当下先进的教育理念和方法，对孙辈的教养做到因材施教。

（五）与父母一起制定家规，形成家风

祖辈教育有着许多优点，但弊端也很典型，比如"重养轻教""重智轻德""重满足轻管束"等。教师要引导父母与祖辈一起制定家规，形成家风。严格遵守家规，共同遵守育人的准则，在家庭教育中传递正向的能量，形成向上的家庭文化。

（六）杜绝溺爱

在中国的大多数家庭里，存在祖辈对孙辈过度关怀、过度保护的现象，这极易导致对孙辈的"宠溺"过度，使教育走向片面化，不利于孙辈的健康发展。教师要引导祖辈跳出自己的生物学角色，将孙辈看成"生命成长中的重要他人"，客观地对待孙辈的成长，切不可对孙辈百依百顺、有求必应，这会严重阻碍孙辈的健康成长。

三、实施建议

（一）定期召开家庭聚会沟通孩子的成长状况

父母平时工作忙，与祖辈沟通时间少，与孩子交流时间少，教师可以建议家庭每周召开一次家庭聚会，聚会地点可以选择不同的场域。可以在家中，祖孙三代同做一桌丰盛的饭菜；可以在环境比较舒适的餐厅中，大家聊一聊生活、工作中的成长和收获；可以选择一些离家较近的，有教育意义的景点中，做一些家庭拓展活动，带孩子到户外去感受生活。家庭集体活动更便于形成和谐的家庭教育氛围，让教育在祖辈、父母、孩子之间有效进行。

（二）祖辈与父母共读一本好书

孩子的成长不是一成不变的，很多时候并不一定按照大人的预设轨迹走，当孩子的成长遇到问题，仅凭家庭自身的力量解决起来会有一定的困难，这时就要通过不断提升祖辈和父母的教育力来实现。教师可以定期推送家庭阅读书单，指导父母和祖辈共读一本好书，比如《傅雷家书》等家庭教育方面的书籍。两代家长通过家庭共读的方式学习，展开交流和讨论，这样不仅可以增进彼此的情感，还能在交流中丰富彼此的教育手段，

为智慧育人提供有力的支撑。

　　隔代教育是对父母亲子教育的一种补充教育力量，也是我国教育的特色，教师在指导祖辈养育的家庭的过程中，可以不断反思总结，形成案例，在实践与理论知识的丰富过程中，提升自己的家庭教育指导能力。

随讲随练

　　【判断】当父辈有事不能长期陪伴孩子时，祖辈可以"开玩笑"和孩子说："他们嫌你讨厌，所以要远离你。"（　　　）

　　【单选】（　　　）应主宰家庭教育。

　　A. 祖辈　　　　　　　　　　B. 父辈亲戚

　　C. 父母　　　　　　　　　　D. 年长的孩子

　　【多选】在隔代教育中，祖辈要做到：（　　　）。

　　A. 适时退出　　　　　　　　B. 拒绝溺爱

　　C. 不断学习新的教育方式　　D. 与父辈定时沟通孩子情况

拓展阅读

　　1. 蔡颖卿：《在爱里相遇：让我们持续为做一个好大人而努力》，北京，时代华文书局，2021。

　　2. 张宏杰：《曾国藩的正面与侧面.2》，长沙，岳麓书社，2017。

　　3. ［德国］卡尔·雅斯贝尔斯：《什么是教育》，北京，生活·读书·新知三联书店，2021。

　　4. 黄祥祥：《论隔代教育与儿童心理的发展》，载《经济与社会发展》，2006（4）。

▶▶ 第四节　隔代教育家庭中，如何制定适宜的家规 ◀

知识构图

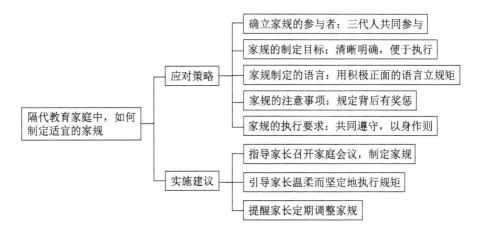

学习目标

1. 了解隔代教育家庭的家规制定基本原则。

2. 掌握引导家长制定、执行家规的具体方法。

读前反思

1. 隔代教育家庭的家规制定与执行有怎样的困难？

2. 怎样引导隔代教育家庭的家长制定、执行家规？

一、问题聚焦

一个女孩因为妈妈上错了地铁，对身负重荷的妈妈（妈妈拖着箱子，手里拿着东西）连踢数脚。围观者一方面评判这个孩子做得太过分，另一方面认为这是妈妈平时教育不当导致的结果。在这个没有"规矩"的孩子背后，是"家规"的严重缺失。

二、应对策略

家规是一个家庭每个成员都必须遵守的，在立家规前，祖辈、父母、孩子要一起交流协商，要多听听祖辈的建议，要考虑到孩子的感受，这样才能够达成大家的共识。教师在指导家长制定家规时可以从以下几点入手。

（一）确立家规的参与者：三代人共同参与

家庭是大家的，不是父母的，也不是祖辈的，教师要帮助家长意识到，对制定家规这样的"重大事情"，需要三代人一起参与。如果孩子年龄尚小，以祖辈和父母参与为主，做到规定透明、交流顺畅、达成共识。如果孩子能够和成人进行正常的语言交流，就需要让孩子参与进来。即使孩子不能很准确地表述自己的内心想法，也要给孩子在场的机会，让孩子感觉到被重视、被尊重。尤其对孩子制定的文明礼仪、习惯养成方面的家规，只有让其参与其中，才能让孩子有意识地主动执行。

（二）家规的制定目标：清晰明确，便于执行

孩子的接受力、理解力及自控力都很有限，教师要帮助家长意识到，给孩子树立的规矩一定要简单明了，让孩子一听就明白，一看就都知道怎么做，这也便于引导监督。同时要给出具体的操作样本，比如，认真吃饭这个规定就很笼统，对孩子的规定一条一条地列清楚，才容易让孩子接受。

（三）家规制定的语言：用积极正面的语言立规矩

孩子接受事情的精力有限，理解事情的能力有限，制定家规的前提必须以"合理"为出发点，家规尽量用"要怎样……"的表达方式，切忌用"不可以……"的语言来表述。用正面肯定的语言告诉孩子什么是正确的做法，简单、清晰、明了地引导家长将希望孩子做到的教给他们。

（四）家规的注意事项：规定背后有奖惩

教师要提醒家长，制定家规要注意对孩子有一定的制约，起到积极正面的引导，并奖惩分明，让孩子深切认识到守规矩和不守规矩的后果。但对孩子的惩罚要适度，惩戒要合理，不能过于严苛。执行过程中也不能敷衍了事，做到有错必究，并用合理的方式让他付出"代价"，以便后面更好地执行家规，养成良好的品德和修养。

（五）家规的执行要求：共同遵守，以身作则

教师要帮助家长意识到，在执行家规时，不能有"我是父母我做主、万事都得听我的"的心态。家规面前，人人平等。要求孩子做到的，两代家长首先要以身作则，带头遵守，给孩子树立正向的榜样。如果祖辈或父母哪一方做不到，也要受到惩罚，这样孩子才能心悦诚服，立规则于心中，并心服口服地执行。家规一旦制定，就必须严格遵守，祖辈切不可因为"孩子尚小"，或者是"孩子第一次犯错，没有关系"等淡化规则，破坏规则。用理性的心态守住底线，是祖辈必须做到的，这样才能在孩子的内心建立起规则意识。

三、实施建议

（一）指导家长召开家庭会议，制定家规

家规是家庭共同遵守的准则，一家人需坐在一起来协商。教师要提醒家长，家规的制定之所以需要三代到场，就是因为这个规矩是要由家庭中的所有人共同参与制定，并遵守的。祖辈不能以长辈的身份命令晚辈，也要听取孩子的意见。

（二）引导家长温柔而坚定地执行规矩

家规一旦制定，就要长久地执行下来，如果孩子不能长久地坚持，就需要家长晓之以理、动之以情，示范引领，监督执行。当孩子不守家规时需要给孩子时间修正，这样才能让家规起到应有的教育作用。当小孩觉得某些规则自己难以做到，采取哭闹或者任性等方式抵抗时，教师一定要提醒祖辈，要摆正自己的立场，始终如一地将规则坚持下去。

（三）提醒家长定期调整家规

孩子的成长具有一定的周期性和阶段性，因此，教师要提醒家长，制定好的家规也要随着孩子的成长适时调整。比如：孩子上小学，就要做出关于学习习惯、人际交往等方面的家规；孩子到了初高中，就要制定关于青春期交往、学习效率提升等方面的家规。教师要提醒祖辈和父辈，从外在到内心，从身体到心理关注孩子的成长状态，提前预判

孩子成长过程中可能出现的问题，制定出符合孩子成长规律的家规，并根据孩子的发展及时修整完善。

好家规是形成好家风的基础，好家风是造就好家庭的保障，好家庭是培养好儿女的摇篮。建立公平适宜的家规，是孩子品德形成的基础，也是孩子未来人生的奠基石。

随讲随练

【多选】以下哪些策略可以引导家长制定家规？（　　）

A. 用积极正面的语言立规矩

B. 规定背后有奖惩

C. 三代人共同参与

【多选】以下哪些措施可以帮助家长制定、执行家规？（　　）

A. 指导家长召开家庭会议，制定家规

B. 引导家长温柔而坚定地执行规矩

C. 提醒家长定期修整家规

拓展阅读

1. 王治芳：《幼儿家长手册》，济南，山东教育出版社，2019。

2. 邓伟志、张钟汝：《老圃育新苗——与老年人谈隔代教育》，长春，吉林大学出版社，2000。

▶ 第五节　隔代教育家庭中，如何让父母的爱"在场" ◀

知识构图 ▶

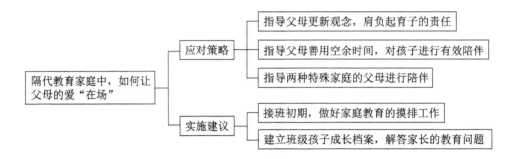

学习目标 ▶

　　1. 了解隔代教育家庭中父母应如何维护亲子关系。

　　2. 掌握指导在不同家庭关系下解决教育问题的方法。

读前反思 ▶

　　1. 隔代教育家庭的父母的爱该如何展现？

　　2. 隔代教育家庭中父母的爱能被替换吗？

一、问题聚焦

　　我国隔代教育家庭中的"缺席"父母大致有这样几种。第一类父母认为自己还没有长大，只顾着自己"潇洒快活"，将抚养孩子的主要责任丢给祖辈；第二类父母事业心很强，他们正处在工作的上升期，将更多的精力用在工作上，故没有更多时间照顾孩子；第三类父母为了缓解生活的经济压力，外出打工，没有条件将孩子带在身边，迫不得已交由祖辈养育。在家庭生活中，父母的作用是祖辈无法替代的，保持父母的爱"在场"，是非常需要教师引导家长做到的事情。

二、应对策略

　　不管孩子在不在身边，教师都要指导父母以合适的方式时时刻刻关注孩子的成长，这是任何父母都必须做到的，只有这样才能让孩子享受到完整的父爱、母爱。教师可以这样做。

（一）指导父母更新观念，肩负起育子的责任

孩子出生以后，会面临各种各样的成长难题，家长只有跟紧脚步不断学习，才有可能不掉队。教师要指导家长更新自己的教育理念、丰富理论认知。"好父母才能培养出好孩子"，既然做了父母，就要肩负起育子的责任和使命，不可做"甩手掌柜"，什么事情都交给长辈。教师要引导家长切实肩负起主要的教子责任和义务，提高自己的育人智慧，不仅仅在物质生活上给孩子保障，更要给孩子爱的倾注、心灵的抚慰、精神上的勉励和行为上的示范与督促。

（二）指导父母善用空余时间，对孩子进行有效陪伴

父母工作、学习再忙，也要利用工作之余或者休息时间来全身心地陪伴孩子。有些父母在陪伴孩子的时候，虽然密切关注着孩子，但总是对孩子指手画脚，充满了控制欲；有些父母虽然陪着孩子，但自己玩着手机，心不在焉。这些陪伴都是无效的陪伴，父母并没有与孩子建立起良好的亲子互动关系。有效的陪伴不只是身体陪在孩子身边，还要心在孩子身上，有观察、互动、交流。教师要提醒父母，陪伴要做到"身在、心在"，给孩子正确的示范和引领，给予孩子适当的空间，多交流、多互动。

（三）指导两种特殊家庭的父母进行陪伴

对父母长期在外工作无力陪伴的隔代教育家庭，教师不能放任不管。要建议家长通过电话、视频或者书信等方式经常与孩子沟通交流，让孩子听到父母的声音。父母关注孩子的身心发展，不仅仅是关注孩子的学习问题，更应该关注孩子的心理变化、交友情况、精神成长。寒暑假时，要提醒父母尽量将孩子接到自己身边，让孩子感觉到父母对自己的关爱，增进彼此间的亲情。对小学高年级和初中的孩子，特别是进入叛逆期的孩子，教师更应该及时反馈，做好父母与孩子之间的"中间人"，帮助他们缓和亲子矛盾。

对单亲家庭中父母无心陪伴孩子的情况，教师要引导祖辈和父辈两代人根据实际情况，放下恩怨，好好商量，为了孩子的未来发展多多交流。家庭可以不圆满，但孩子的

爱不能残缺。教师要引导父母多找机会与孩子待在一起，即使不能生活在一个屋檐下，也必须保持和孩子的联系，加强与孩子的接触，让孩子收获到父母双方的爱。

三、实施建议

（一）接班初期，做好家庭教育的摸排工作

接手一个班级的初期，教师可以通过问卷和对特殊孩子进行走访等方式，先对孩子的成长情况等做一个普查，以便更好地了解每个孩子的成长状况。问卷中包括孩子与父母待在一起的时间，教育问题谁负责，方式如何，对孩子成长之路的困惑等。教师在问卷的数据统计中可以比较翔实地了解孩子的养育方式、家庭教育的手段、孩子的成长需求等。然后，根据问卷中的数据，找出一些典型的、需要帮扶的隔代教育的孩子进行家访，了解孩子真实的成长状况。

（二）建立班级孩子成长档案，解答家长的教育问题

根据问卷、家访、线上沟通得到的第一手数据，教师可以给孩子建立成长档案，记录孩子的成长。然后，将班级的孩子分组，对不同组的家长进行有针对性的交流，倾听家长对孩子成长的烦恼与期望，了解他们的困惑、苦恼和诉求。接着，可以根据学生的身心发育特点，选定一些适合自己所带年级家长阅读的家庭教育的书籍，定期推荐给家长，帮助他们解决问题。

孩子心理的健康主要基于家人的爱和温暖，家人应发自内心地对孩子尊重、信任和乐于陪伴。当父母有无法逾越的现实问题不能与孩子生活在一起，也要多途径、多手段、多方法地与孩子对接，关心到位，指导到位，教育到位。

随讲随练

【多选】以下哪些方法可以帮助父母维护亲子关系？（　　　）

A. 指导父母更新观念，肩负起育子的责任

B. 指导父母善用空余时间，对孩子进行有效陪伴

C. 指导两种特殊家庭的父母进行陪伴

拓展阅读

1.李伟红：《隔代教育与亲子教育的衔接问题研究——社会工作的初步尝试》，硕士学位论文，广西师范大学，2013。

2.黄姗、陈小萍：《隔代教育研究综述》，载《现代教育科学》，2007（4）。

▶▶ 第十八讲
▶ 二孩家庭指导

　　随着人口老龄化问题越来越严重，越来越多的家庭积极响应国家号召生育二孩。然而许多在"独生子女政策"下成长起来的家长在面对二孩家庭的时候，会出现许多束手无策的情况。因此，对二孩家庭中的家长进行科学教育理念的传播，并提供恰当的教育方式的指导，也成了教师亟须做到的工作。

　　因此，本讲针对"二孩家庭如何调适老大的心理""二孩家庭中家长教养方式该做哪些调整""如何指导家长培养二孩之间的合作意识""孩子发生争吵时，老大应该让着老二吗"，以及"二孩家庭中如何培养孩子的规则意识"这几个问题做出解答与回应。

$$\vdots$$

▶▶ 第一节　二孩家庭如何调适老大的心理 ◀

知识构图

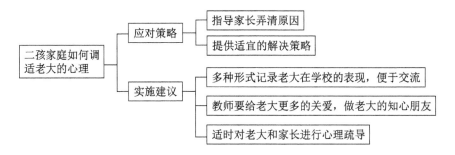

学习目标

　　1.正确分析老大心理问题出现的原因。

　　2.科学、正确地疏导老大的心理。

读前反思

1.家中养育二孩是否会对老大造成心理影响？

2.家长怎么做才能正确解决老大的心理问题？

一、问题聚焦

当下，越来越多的家庭增添了新的成员，各种关于二孩家庭的问题也相继出现，如老大可能会出现暴力倾向、情绪低落、成绩下滑等现象。而家长因为要照顾二宝，或者没有意识到二宝的到来对老大心理的冲击，可能会忽视老大在心理和行为上的问题。那么，教师该如何指导家长做好老大的心理调适呢？

二、应对策略

（一）指导家长弄清原因

当二孩家庭中的老大在学校出现一些反常情绪时，教师应第一时间联系家长，和家长一起弄清孩子反常的原因，并尽最大的努力帮助孩子走出困境。一般来说，家中二宝在3岁以前，老大出现反常情绪的情况会比较突出，而这些情绪的出现可能有以下原因。

原因1：家人对二宝的过多关注导致老大出现极大的心理落差。

教师要引导家长回忆：在二宝出生以前，家人是否都是以老大为中心，二宝的到来，有没有使家人的关注点都转移到了二宝身上。由于家人的时间和精力有限，可能会忽视老大的饮食起居、细微情绪，这种由事事以自己为中心，到逐渐被忽视的转变，可能会使老大出现情绪低落的情况。

原因2：家长对孩子关注的转移导致老大出现焦虑情绪。

教师可以向家长了解，在二宝到来之前，家长是否给老大做好了功课，让老大有充足的心理准备。如果老大没有强大的心理支撑，随着家长关注点的转移，很容易让老大产生怀疑：他们是不是都不爱我了？这时候老大可能会出现行为倒退、情绪焦虑等情况。

原因3：家长情绪的不稳定可能使老大出现暴力倾向。

如果一个孩子在学校出现不同于往常的暴力倾向，而家中正好增添了新成员，教师可以向家长了解，在二宝到来之后，家长特别是妈妈的情绪是否稳定。妈妈的不良情绪很容易传染给老大，老大的情绪无处发泄，就很可能将坏情绪带到学校，做出影响他人的行为。

（二）提供适宜的解决策略

1. 适时与二孩家长联系，指导家长关注对老大的心理建设

在妈妈怀二宝期间，教师要适时与妈妈联系，可以推荐爸爸妈妈和老大一起阅读多子女家庭的相关绘本。教师还可以和家长一起在网上搜索相关书籍，根据老大的年龄确定阅读顺序，在阅读中让老大学着接受二宝。还可以给家长推荐一些关于养育二孩的书籍，和家长一起阅读，并在固定时间交流心得体会，形成家校合力，给老大更多的理解和关爱，让老大顺利度过这段特殊的时期。

同时，教师也要提醒家长告诉老大：无论弟弟、妹妹是否到来，家人对老大的爱是不变的，并用实际行动给老大足够的安全感。同时还要和家里的长辈达成共识，不要在妈妈怀孕期间就给老大灌输要让着弟弟、妹妹的观念，不要让老大有爱被剥夺的失落感。

2. 做好二孩家庭大孩的在校表现记录，与家长一起探究改善方案

在二宝到来后的开始几个月中，二宝肯定备受家人的关注，同时老大的反常情绪也会在这几个月表现得特别明显。教师要特别关注老大在学校的情绪表现，并做好相关记录，每周固定时间跟家长取得联系，告知家长孩子的情绪反应，并和家长一起分析原因，探究改善方案。教师可以向家长建议：让老大积极参与到二宝的成长过程中，如帮忙拿二宝的衣服、尿不湿，和家长一起哄二宝睡觉、给二宝洗澡等。在这样的互动过程中，老大不仅能体会到自己依旧拥有家长的爱，同时也能在照顾二宝中获得成就感。用这种幸福感弥补其心理落差，自然孩子就不会有情绪低落、焦虑等情况了。

三、实施建议

（一）多种形式记录老大在学校的表现，便于交流

教师可以采用照片、视频、表格等方式，记录老大在学校的学习、纪律、人际交往等方面，每周固定时间跟家长交流。同时，也建议家长采取相同的方式记录老大的生活和表现，和教师沟通帮助老大尽快适应家有二宝的生活。

（二）教师要给老大更多的关爱，做老大的知心朋友

当老大感到情绪低落或焦躁时，其实也需要一个情绪的发泄口，教师和家长都应能做到耐心倾听，用爱温暖老大的心灵。所以在校期间，教师要跟家长一样，理解并接纳老大的各种行为表现，做老大的忠实听众和知心朋友。

（三）适时对老大和家长进行心理疏导

如果普通教师帮助老大进行心理调适有困难，可以求助学校的心理咨询部门，由专门的心理教师介入，为老大和家长进行心理疏导。在这期间，班主任和心理教师可以向家长推荐一些育儿书籍，帮助家长掌握更多的育儿专业知识。当家长在育儿道路上内心强大、有条不紊时，便能从容应对各种二孩家庭带来的突发情况了。

教师要和家长达成共识，老大的心理建设是非常重要的，它关系着老大的心理健康，也关系着家庭成员的关系和家庭氛围。因此，形成家校合力，帮助老大度过这段不适应期，是教师和家长共同的责任。

随讲随练

【判断】二孩政策的放开并不会对老大造成影响。（　　）

【单选】下列选项中不属于老大因二宝到来而情绪出现问题的原因是（　　）。

A. 家人对二宝的情况关注过多

B. 父母对老大的关注转移到二宝身上

C. 父母对待老大没有什么明显变化

D. 家人情绪的不稳定

【多选】下列选项中属于在应对二孩家庭的老大心理问题时，教师应该做到（　　）。

A. 多种形式记录老大在学校的表现，便于交流

B. 给老大更多的关心，做老大的知心朋友

C. 经常拿老大与老二作对比教育

D. 适时对老大和家长进行沟通

拓展阅读

　　黄玲军：《二胎家庭中，老大心理健康教育有效策略》，载《华夏教师》，2018（7）。

▸ 第二节　二孩家庭中家长教养方式该做哪些调整 ◂

知识构图

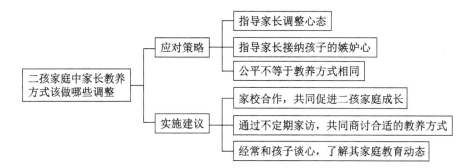

学习目标

1. 改变家长错误的二孩观念。

2. 科学引导家长调整二孩教养方式。

读前反思

1. 家长如何正确对两个孩子进行教育和抚养？

2. 教师与家长如何共同解决两个孩子的教养方式问题？

一、问题聚焦

中国有一句古话："一胎照书养，二胎当猪养。"这让人感觉养二孩是一件非常简单的事情。但事实上，所有的二孩家庭或多或少都会遇到养育问题，如父母如何对待两个孩子，如何引导孩子和平相处等，而这些问题都会影响孩子今后的成长。那么，教师应该如何指导二孩家庭中的家长调整之前的教养方式呢？

二、应对策略

家中只有一个孩子时，家人会将所有的关注点和精力都放在孩子身上，只需要结合这一个孩子的特点来确定教养方法，此时，孩子获得的爱是充足的，内心也是充盈的。二孩降生以后，家庭结构和关系都会发生一些变化，这时候，如果真的只是把"二胎当猪养"，父母不做任何的思考和改变，必定会带来一些因教养方式不良产生的不好结果。接下来我们就将探讨教师该如何指导二孩家长调整教养方式。

（一）指导家长调整心态

在一个家庭决定要二孩之前，教师要指导家长避免出现两种心态。一是"二胎当猪养"的无所谓心态。就像孩子学习知识要预习一样，教师要引导家长提前预习养育二孩过程中的问题，并学习解决办法，这样才能在遇到问题时有所准备，做到心中有数。二是紧张焦虑的心态。有的家长在二孩到来之前，便陷入无穷无尽的紧张焦虑之中，怕二孩到来后忙碌的生活，怕自己处理不好两个孩子之间的关系，怕不能给两个孩子完整的爱等。这两种极端的心态都是不可取的。因此，教师要指导家长调整心态，在二孩到来之前，先学习一些育儿知识，这样可以帮助自己缓解焦虑情绪，同时在育儿过程中更加得心应手。

（二）指导家长接纳孩子的嫉妒心

几乎每一个二孩家庭都面临多子女养育带来的嫉妒、争宠问题。处理得当，会让孩子心中充满更多的爱，创造更大的能量。处理不当，有可能引发家庭冲突，甚至让孩子产生心理阴影，对家庭成员产生敌意。所以，教师要指导家长，孩子嫉妒心的出现是正常的，要从心理上接纳它。这种嫉妒心在老大身上会表现得更加明显，而二宝长大以后，也可能因为要寻求父母更多的关注而产生嫉妒心。教师要指导二孩家长正视这种嫉妒心，并提醒家长不要拿两个孩子相互比较，或者偏心于一个孩子，这无形中会制造矛盾，也会助长孩子的嫉妒心理，更可能给孩子带来伴随一生的心理伤害。

如果孩子已经出现了嫉妒情绪，并做出某些出格的行为，家长要表现出理解和共情。

教师要让家长明白，当孩子觉得爸爸妈妈懂他时，才会放下心中的嫉妒，从对立走向合作。

（三）公平不等于教养方式相同

有了二宝之后，很多家长都会思考一个问题：怎么公平对待两个孩子。对有的家长来说，公平就是给两个孩子相同的物质、相同的爱。可是，这样的"公平"，孩子往往并不领情，还会表现出不耐烦和逆反情绪。这是为什么呢？

教师要指导家长明白一点，不管是第几个孩子，他都是独一无二的。每个孩子都有自己独特的气质、性格、兴趣爱好，当家长为了公平给予两个孩子一样的物质和精神关爱时，孩子可能会觉得自己并没有被父母看到。因此，家长对每个孩子的爱，都应该是量身定做的，是私人定制的，是独一无二的！

想做到这一点，教师就要引导家长了解孩子的喜好，知道孩子最需要的是什么。只有这样，家长的爱才能"投其所好"，真正起到良好的引领作用，将爱注满孩子的心田。

三、 实施建议

（一）家校合作，共同促进二孩家庭成长

教师可以创建专门的育儿群，在班级群内每周推送关于二孩家庭养育的文章，并在群里开设讨论，让家长们交流自己的想法，使家长们在思维的碰撞中丰富自己的育儿经验，学习更多的育儿知识。

同时，教师也可以和家长互相推荐育儿书籍，并定期开展育儿读书会，让家长们在读书会上分享自己的经验，提出自己的困惑，抒发自己的感想。这样，真正将家长们的育儿热情带动起来，使班级形成一种良好的家校合作氛围。

（二）通过不定期家访，共同商讨合适的教养方式

了解一个孩子和家庭最好的方式一定是家访。教师不定期进行家访，特别是对二孩家庭进行家访，可一是让家长体会到教师对其家庭教育的重视，二是帮助他们答疑解惑。

在家访的过程中，教师可以更直观地了解孩子生活的环境，感受家长对孩子的教养方式，从而对家庭教养方式提出自己的建议，和家长共同成长。

（三）经常和孩子谈心，了解其家庭教育动态

教师在学校可以经常和孩子聊天、谈心，站在平等的角度，了解家长在家教养孩子的方式。这样，教师在跟孩子家长交流时，能更迅速找到切入口，使家校沟通的质量提升。同时，如果家长的教养方式出了问题，也可以开导孩子，帮助孩子和家长共同走出教养困境。

教师和家长首先要明确，二孩家庭比一孩家庭的教养方式更加复杂。在此基础上才可形成家校合力，针对二孩家庭中的教养问题，共同商讨出切实可行的策略，帮助二孩家庭平稳过渡。

随讲随练

【判断】二孩的教养方式问题应该让家长与教师共同解决。（　　）

【单选】下列选项中不属于正确的应对策略的是：（　　）。

A.对二孩的教养方式是一样的　　　　　B.指导家长调整心态

C.指导家长接纳孩子的嫉妒心　　　　　D.公平不等于教养方式相同

【多选】下列选项中属于正确对孩子的教养方式的是：（　　）。

A.家校合作，共同促进二孩家庭成长

B.通过不定期家访，共同商讨合适的教养方式

C.经常和孩子谈心，了解其家庭教育动态

D.经常用对比的方式教育孩子

拓展阅读

杨周莹：《二孩家庭教养方式问题调查及对策研究》，硕士学位论文，上海师范大学，2020。

▶ 第三节　如何指导家长培养二孩之间的合作意识 ◀

知识构图

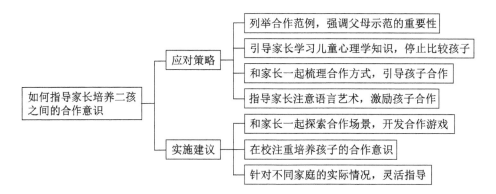

学习目标

　　了解和掌握指导家长培养二孩之间合作意识的方式和策略。

读前反思

　　1.作为教师，你应当如何指导家长培养二孩的合作意识？

　　2.在学校里，你可以通过哪些方式培养孩子，特别是二孩家庭孩子的合作意识？

一、问题聚焦

　　在二孩家庭中，手足竞争是不可避免的。给两个孩子买了相同的玩具，但孩子总觉得对方的玩具比自己的好；买了相同的冰激凌，也觉得对方的比自己的好吃；明明爸爸妈妈对他们付出的爱是一样的，却总觉得更偏爱对方……这样的想法在心理学上被称为"攀比效应"。在有二孩的家庭中，发生在孩子身上的"攀比效应"会影响孩子们的感情，长此以往，还可能对孩子的心理成长造成一定的影响。那么，如何指导二孩家长减少家庭生活中二孩之间的"攀比效应"，让孩子们多一些合作意识呢？

二、应对策略

　　心理学家阿德勒认为，强化孩子之间的"竞争"意识而非"合作"意识，不管孩子们在竞争中处于领先还是落后地位，都会让他们过度关注自身而罔顾他人。也就是说，过度强化"竞争意识"，会滋生孩子的自私心理。因此，二孩家庭中的合作氛围显得非常重要。指导家长营造和谐的家庭合作氛围，教师该怎么做呢？

（一）列举合作范例，强调父母示范的重要性

"其身正，不令而行；其身不正，虽令不从。"父母在生活中的行为深刻地影响着孩子。教师要指导家长，在平时的生活中，可以多在孩子面前展现爸爸妈妈相互配合和彼此合作的状态，比如，共同做饭、打扫卫生。哪怕是一件很小的事情，都尽量合作完成。父母对孩子的影响是非常大的，长期生活在这种团结合作的家庭氛围中，孩子往往会将父母当成自己的榜样，自然而然就会爱上合作，形成合作意识。

（二）引导家长学习儿童心理学知识，停止比较孩子

面对家长时不时地比较，教师要引导家长学习一些儿童心理学的知识，让家长明白，孩子虽然年龄小，但他们心思比较细腻，自尊心也很强。他们会格外敏感于父母对自己的态度。如果爸爸妈妈总喜欢夸赞一个，贬低另一个，那么经常被表扬的孩子很可能产生优越感，变得自私自利。而经常受到批评的孩子会受到极大伤害，逐渐形成自卑的性格。因此，教师要指导二孩家庭的父母，停止比较两个孩子，学会发现每一个孩子的闪光点。

（三）和家长一起梳理合作方式，引导孩子合作

人们终其一生都在寻找价值感和归属感，对孩子来说也是如此。教师要指导二孩家长，在家庭中随时创造积极合作的氛围，引导孩子合作，帮助他们在合作中找到价值感和归属感。

家庭生活中可以找到很多合作的机会，教师可以和家长一起梳理：比如，在养育二孩的过程中，可以让老大参与其中，做一些简单的力所能及的事情，帮助老大建立合作意识；做家务时，也可以分工合作，让孩子擦擦桌子、倒倒垃圾等，虽然事情不多，但也能让孩子找到一种价值感，从而体会到合作的乐趣。教师还可以根据不同家庭的情况，和家长一起设计家庭合作游戏，让孩子参与其中，体会合作的重要性，帮助孩子们树立合作意识。

（四）指导家长注意语言艺术，激励孩子合作

同样的一件事情，家长不同的说话和处理方式，都可能产生不同的结果。因此，教师要指导家长注意语言艺术，时刻注意通过语言激励孩子合作，在这样的环境中长大的孩子，更能形成乐观向上的心态，也更能在集体中与他人和睦相处。

比如，在两个孩子将玩具摆得乱七八糟时，一位妈妈说："你们俩谁要是先把玩具收好，我就给谁一颗糖果。"于是，两个孩子比赛似的一会儿就收好了玩具，可总归有快慢，最后慢的孩子没有得到糖果。另一位妈妈说："你们俩如果能在五分钟之内一起收好玩具，我就给你们每人一颗糖果。"结果，两个孩子也是一会儿就收好了玩具，但却能高高兴兴地每人都拿到了一颗糖果。

同样的一件事情，第一位妈妈的做法虽然培养了孩子的竞争意识，但最后肯定有一个孩子不开心，得不到成就感。而第二位妈妈的做法不仅让两个孩子都获得了成就感，而且培养了他们的合作意识，能以更积极健康的心态和睦相处。

三、实施建议

（一）和家长一起探索合作场景，开发合作游戏

教师可以和家长一起，从生活场景出发，探索哪些场景可以引导孩子与家人合作。如共同做家务：可以是在厨房一起做饭、合作洗碗，可以是全家一起大扫除等；再如共同玩游戏：一起搭积木、拼乐高等；还如亲子共读，合作表演情景剧等。同时，教师也可以带动班级的二孩家长，一起开发合作互动游戏，将这些游戏过程形成文字，在班级分享，同时也可以交流游戏的体验。

（二）在校注重培养孩子的合作意识

教师在指导二孩家长培养孩子在家庭中合作意识的同时，也要关注到孩子在学校合作意识培养的重要性。比如，小组之间在学习上的相互合作，值日生之间的相互配合，全班同学对班规的制定和执行等。教师要注意培养良好的班级合作氛围，平时注重语言和行为的激励，帮助孩子巩固合作意识，从而培养良好的班风班纪，培养孩子积极向上、乐于合作的性格。

（三）针对不同家庭的实际情况，灵活指导

由于每个家庭中二孩之间的年龄差距、性格特点、父母的教育风格等方面的不同，教师也要根据实际情况灵活指导，可以采取来校约谈或者家访的形式，了解家长在二孩相处中的困惑和想法，一起交流解决方案。如果两个孩子年龄差距较大，除了跟父母约谈，也可以和老大一起探讨；如果孩子的性格比较活泼，可以直接向孩子表达自己的诉求；如果孩子的性格比较内敛，父母则需要在言语上多注意自己的表达方式；如果父母的教育风格比较粗暴，教师就要引导父母多学习一些教养方面的知识。

两个孩子之间合作意识的培养，不仅能增进家庭成员的关系，而且对孩子以后的人际关系也有很大的帮助。教师只有自身明确合作的重要性，才能引领二孩家长不断提高孩子的合作意识。

随讲随练

【判断】如果两个孩子都不喜欢吃蔬菜，家长在吃饭的时候可以和两个孩子说："你们俩谁要是先把碗里的蔬菜吃完，我就给谁一颗糖果。"（　　　）

【多选】为了培养孩子的合作意识，父母可以多在孩子面前（　　　）。

A. 一起做饭

B. 一起打扫卫生

C. 一起制作旅游计划

D. 一起给孩子读睡前故事

【单选】作为教师，我们可以通过（　　　）的方式培养孩子在学习的合作意识。

A. 指定某位学生为组长，让全小组成员必须听命于他

B. 强化班长在班级中管理的权利

C. 全班同学一起制定和执行班规

拓展阅读

1.［美国］戈登：《父母效能训练手册：让你和孩子更贴心》，天津，天津社会科学院出版社，2009。

2.［美国］戈登：《P.E.T.父母效能训练：让亲子沟通如此高效而简单》，北京，中国发展出版社，2015。

3.［美国］迈克尔·汤普森、［美国］劳伦斯·科恩、［美国］凯瑟琳·奥尼尔·格雷斯：《妈妈，他们欺负我：帮孩子解决社交难题》，北京，中信出版社，2018。

▶▶ 第四节　孩子发生争吵时，老大应该让着二宝吗 ◀

知识构图

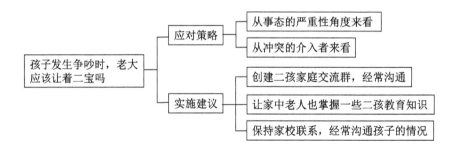

学习目标

1.掌握二孩家庭孩子出现冲突时需注意的事项。

2.掌握公平合理应对冲突的方式。

读前反思

1.目前自己在处理二孩家庭的孩子冲突时存在哪些问题?

2.教师该如何更好地帮助二孩家庭的孩子成长?

一、问题聚焦

在二孩家庭中，常常会听到这样的话："你是老大，应该让着比你小的。"如果老大生性乖巧，那么他可能会按照大人的意思做。但如果老大生性比较叛逆，或者带着对家人偏心的怨气，家长的教导会适得其反。那么，当孩子发生争吵时，老大应该让着二宝吗？教师应该如何指导家长正确对待老大和二宝之间的冲突呢？

二、应对策略

教师要引导家长有这样的认识。在二孩家庭中，不管老大和二宝相差多少岁，他们之间发生冲突是不可避免的。心理学家认为，二孩之间发生冲突，正是他们很有安全感的表现。面对孩子的争吵，作为家长，首先应该感到欣慰，自己给了孩子足够的安全感。其次要理智对待这件事情，避免随意介入使事态变得更加严重。教师可以从不同的角度，帮助家长分析二孩之间的矛盾冲突，从而决定老大是否应该让着二宝。

（一）从事态的严重性角度来看

一般来说，孩子之间的争吵都是小打小闹，家长完全可以置身事外，让孩子自己通过自行协商、自我调整去解决问题。但是，如果双方的争吵上升到了打架的层面，这时候家长就需要介入了。

1. 二孩之间小打小闹时

儿童早期教育学者特维克·史密斯认为，只有卷入争端，孩子才能学习如何解决争端；只有先被大家排斥，孩子才能学会如何加入集体游戏；只有在游戏中遭遇拒绝，孩子才能学会如何让自己更有说服力。[1] 成人如果过早干预，这些学习的机会就丧失了。

教师要让家长了解，孩子之间的小打小闹很正常，最好先让他们自己去解决。二孩之间的小打小闹，对两个孩子来说，都是一次很好的学习社会交往的机会。如果家长随意介入，武断地认为老大应该无条件让着二宝，最后的结果是让老大心中充满怨气，让

---

[1] 迟新丽、张沛超：《别让自己活成一座孤岛：抑郁与焦虑的自救指南》，90页，广州，花城出版社，2021。

二宝失去一次学习探索的机会，这是得不偿失的。

2. 二孩之间剑拔弩张时

当两个孩子冲突升级，已经到了剑拔弩张的程度时，家长就应该适时介入了。但是，教师也要引导家长，这个时候的介入应该是理智的，不能不问青红皂白一味批评老大，这样既让老大受委屈，又使二宝有恃无恐。教师可以建议家长，先弄清冲突的原因，再思考解决方案，对孩子来说，家长的公平对待非常重要，孩子们发生冲突时，家长的态度会直接给孩子留下爱或不爱自己的印象。

教师要指导家长让孩子明白，家长的态度只针对这场冲突，而不针对他们个人，家长对两个孩子的爱是公平的，如果这场争端因老大而起，那么家长确实应该让老大让着二宝，但如果是二宝不讲理，那么家长也应该维护老大的权利，批评二宝。这样两个孩子反而更容易原谅对方，握手言和，他们心中也会充满爱和安全感。

（二）从冲突的介入者来看

强迫老大让着二宝的教育方式非常不合理，老大的自我认同感会极低，很容易形成自卑心理，而二宝也容易形成示弱心理，以此吸引父母的关注，博得父母的保护。父母在处理两个孩子之间的冲突时，如果家里有长辈，可能又会增加一定的难度。

1. 家中老人处理冲突

教师在指导家长处理二孩之间的冲突时，一定要提醒家长时刻秉持公平合理的原则。

如果家中有老人帮忙一起带孩子，在处理两个孩子之间的纷争时，在老人的传统观念里，总会不自觉地产生保护二宝的意愿。因此，教师要指导二孩家庭，在孩子出生以前，就应该给老人灌输这个观念：当两个孩子发生争吵时，不能一味地要老大让着二宝，要结合具体情况，当二宝有错误时，也应该受到批评。当然，我们会发现在具体环境中，即使之前跟老人做好了沟通，但老人依然有偏袒二宝的倾向。这种情况下，父母便可以介入，一是能公平合理地处理冲突，二是给老人做一个示范。

2. 父母处理冲突

教师要指导父母，在处理二孩之间的冲突时，要对事不对人。不能因为觉得二宝比较弱小，便事事让着他。应该根据事情的实际情况，抱着处理好冲突的目的，让孩子在冲突中不仅感受到父母之爱，同时能获得更多的成长。在孩子心目中，父母对自己的态度是非常重要的，如果父母对其中一个孩子有所偏袒，可能就会对另一个孩子造成长久的心理伤害。因此，教师更应该提醒父母，在处理二孩之间的冲突时应该格外谨慎，切不可失之偏颇。如果父母能抱着一种平和、欣赏、顺其自然的态度，则可以让大家在这个过程中都能有所收获。

三、实施建议

（一）创建二孩家庭交流群，经常沟通

教师可以创建一个班级二孩家庭交流群，选一位二孩教育比较出色的家长和班主任一起管理群，经常在群里推送关于二孩教育的文章、讲座、视频，推荐一些教育类书籍等，并倡议家长们互相答疑解惑。必要时，可以定期组织现场交流，让二孩家庭教育形成一股积极向上的合力。

（二）让家中老人也掌握一些二孩教育知识

跟二孩家庭交流群一样，教师也可以和爸爸妈妈一起，经常对老人教育孩子的方式进行指导，可以邀请爸爸妈妈和老人一起到学校进行个别交流，也可以到班级进行集体交流，给老人们一个沟通交流的平台。

（三）保持家校联系，经常沟通孩子的情况

在平时的交流中，无论家长在教育二孩上是轻松自如还是焦头烂额，教师都应该时刻跟家长保持联系，交流孩子在校和在家的表现，从其他家长的教育过程中巩固经验，吸取教训，从而让二孩家庭教育形成适合自己家庭的方式方法。

总之，教师在指导二孩家庭处理冲突时，要时刻提醒家长，无论是爸爸妈妈还是老人，都应该秉持公平公正的原则，耐心等待孩子自己解决冲突，这对孩子的成长来说是个很好的学习机会。而家长要做的，应该是给孩子足够的爱和安全感。

随讲随练

【判断】在孩子小打小闹的时候，家长就需要对孩子的行为进行干预。（　　　）

【单选】当两个孩子的冲突达到剑拔弩张的程度时，父母一定要（　　　）。

A. 对事不对人，公平处理

B. 对人不对事，偏向二宝

C. 凭自己的经验认为是谁的问题就是谁的问题

【多选】在二孩发生冲突时，对孩子而言，（　　　）。

A. 父母对孩子的态度非常重要，父母的偏爱会给孩子造成长久的心理伤害

B. 父母公平对待两个孩子反而更容易让孩子们原谅对方，同时会加强孩子们的安全感

C. 家长的过早介入会让孩子们失去学习成长和提升人际交往的策略的机会

拓展阅读

1. [美国] 尼尔森：《正面管教》，北京，北京联合出版公司，2016。

2. [美国] 法伯、[美国] 玛兹丽施：《如何说孩子才会听　怎么听孩子才肯说》，北京，中央编译出版社，2013。

3. 尹建莉：《好妈妈胜过好老师》，北京，作家出版社，2009。

4. 李惠：《解决二孩冲突不该只是"大"让"小"》，载《早期教育（家教版）》，2016（3）。

⇥ 第五节　二孩家庭中如何培养孩子的规则意识 ◂

知识构图

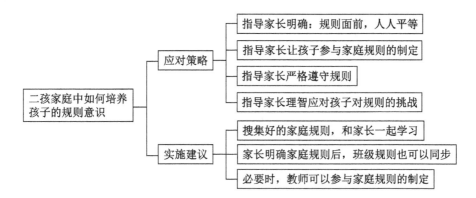

学习目标

1.掌握二孩家庭中孩子规则意识培养的策略。

2.学习帮助家长解决规则执行中的问题的方法。

读前反思

1.同时面对不同年纪的孩子，二孩家庭应该如何建立规则呢？

2.作为教师，你会如何帮助二孩家庭的家长来培养孩子的规则意识？

一、问题聚焦

有了二孩之后，很多家长在帮助孩子建立规则时会感到力不从心。因为两个孩子年龄的差距，他们所能适应的规则也不一样。老大都是自己吃饭，二宝却还处于喂饭阶段；老大生活基本能自理了，二宝却事事还需要大人照顾……这时候，老大可能也会对之前已经习惯的家庭规则产生怀疑。随着两个孩子年龄的增长，他们可能还会同时挑战家庭规则，令家长心力交瘁。那么，教师应该如何指导家长培养孩子们的规则意识呢？

二、应对策略

不以规矩，不能成方圆。学校有校纪，班级有班规，家庭也应该有切实可行的规范。

要培养孩子的规则意识，教师可以指导家长从以下几个方面来做。

（一）指导家长明确：规则面前，人人平等

教师要指导家长，家庭规则是面向所有家庭成员的，是对所有家庭成员行为规范的约定，而不仅仅是对孩子行为的约束。只有家长严格执行规则，才能给孩子一个良好的示范，帮助他们理解规则的不可侵犯，从而培养出规则意识。

在制定规则时，除了要约束孩子的行为，也要约束家长。如规定两个孩子之间要使用礼貌用语，不能有肢体冲突，这是对孩子的约束。要让孩子做到这一点，家长在对待孩子时也应该有礼貌，不使用暴力。无论对孩子还是对家长，都要有一定的奖惩措施，如在家中设置"淘气椅"，无论家庭成员中的谁犯错，都要坐在"淘气椅"上反省，直到认识错误并道歉为止。家长没有按照规则执行也要接受相应的惩罚。

（二）指导家长让孩子参与家庭规则的制定

在制定家庭规则时，教师要指导家长应该征求孩子的意见，这样在执行规则时，孩子才更容易接受。同时，教师要提醒家长注意，如果两个孩子的年龄有差距，在制定规则时就应该体现出来。比如，要求老大自己的事情自己做，可是二宝还小，这时候就需要给老大和二宝分别制定规则，并向老大解释原因。这样，下一次家长在要求老大时，因为提前告知，老大就不会因为两个孩子的标准不一样而心存不满了。

（三）指导家长严格遵守规则

制定规则比较简单，但执行起来会有一定的难度，这对家长的执行力是一个很大的考验。有的家长在执行规则的过程中，先打一棒子，再给口糖吃，这样很容易让孩子觉得混乱。长此以往，制定的家庭规则也就有名无实了。还有的家长在家里会严格执行规则，可是一到外面，就因为各种实际情况改变规则。这样会给孩子形成"规则可遵守，也可不遵守"的印象，最终的结果就是导致规则成为空架子。

（四）指导家长理智应对孩子对规则的挑战

教师要指导家长，作为二孩家庭的父母，面对两个孩子一起挑战规则时，一定要冷静对待。二宝的成长过程始终是以老大为参照的，比如，明明说好九点上床睡觉，可是

九点半了，老大还带着二宝一起玩不肯睡；说好不挑食，但二宝看老大不吃蔬菜，自己也不肯吃等。遇到这种情况，教师要引导家长及时规范老大的行为，先让老大明确规则、执行规则，二宝的问题就迎刃而解了。

三、实施建议

（一）搜集好的家庭规则，和家长一起学习

对制定规则有困难的家庭，教师可以邀请家长和自己一起在网络或书籍中搜集比较好的家庭规则，一起学习，领悟精髓，再根据家庭实际情况进行修改。家庭规则包括很多方面的内容，比如，生活习惯的规则、与人相处的规则、外出游玩的规则、学习的规则等，这些规则可以根据家庭实际情况再次细分。家长需要和孩子一起商量，共同拟定一个符合自己家庭的规则框架，在此基础上进行修改。

（二）家长明确家庭规则后，班级规则也可以同步

如果班级内制定规则的家庭比较多，教师也可以根据家长制定的家庭规则，对班级的规则进行修改完善，让家庭和学校规则达成统一，从而帮助孩子更好地树立规则意识。同时，班级规则的奖惩也要和家庭规则同步，这样能让孩子更快地明确规则的界限，促使班级和家庭规则更好地同步。

（三）必要时，教师可以参与家庭规则的制定

有的孩子可能不太配合家长制定家庭规则，有的家长也可能对如何制定家庭规则感到迷茫。如果家长有需要，教师可以通过家访的形式，帮助家长和孩子一起制定符合其家庭情况的规则。如果班级里大部分二孩家庭的规则基本统一，就能帮助教师更好地协助家长执行规则。在规则执行的过程中，教师也要时刻监督，帮助家长和孩子一起，以最好的状态执行规则。

总之，二孩家庭中规则意识的培养是非常必要的，教师只有多参与家庭规则的制定，才能更好地了解二孩家庭的动态，帮助家长解决规则执行中的问题，在学校与家庭相互配合中，更好地培养孩子的规则意识。

随讲随练

【单选】为什么二孩家庭的规则更难以制定呢? (　　　)

A. 因为制定家庭规则时未让孩子参与

B. 因为家长难以保证在家里家外都严格执行规则

C. 因为二宝会主动模仿老大的行为

D. 因为两个孩子年龄的差距令他们能适应的规则不一样

【多选】面对制定好的规则,家长应该怎么做? (　　　)

A. 父母严格遵守规则,给孩子一个良好的示范

B. 无论什么场合,父母严格执行规则

C. 理智应对孩子对规则的挑战

D. 对老大和二宝同样要求,一视同仁

【多选】教师可以如何帮助家长更好地制定和执行家庭规则? (　　　)

A. 搜集好的家庭规则,和家长一起学习

B. 家长明确家庭规则后,班级规则也可以同步

C. 如果家长有需要,教师可以通过家访的形式,帮助家长和孩子一起制定符合其家庭情况的规则

D. 在规则执行的过程中,教师也要时刻监督,帮助家长和孩子一起,以最好的状态执行规则

拓展阅读

托德老师:《超实用儿童心理学:孩子心理和行为背后的真相》,北京,机械工业出版社,2019。

▶▶ 第十九讲
▶ 其他特殊家庭指导

　　本讲所涉及的特殊家庭包括贫困家庭、留守家庭、离异家庭、流动家庭和富裕家庭。这五类家庭的子女由于缺乏父母足够的关注和正确的指导，更容易出现各种心理问题。如果没有对其进行及时合理的引导，很容易导致孩子出现人格和心理上的缺陷。

　　贫困家庭的孩子如果缺乏正确的家庭教育指导，容易因经济原因而心理失衡，形成自卑、敏感、孤僻的性格。留守家庭的孩子如果没有足够的家庭情感支撑，容易因为缺乏安全感和归属感而变得自我封闭或叛逆、冲动。离异家庭的孩子如果没有及时疏导因父母分开产生的消极心理影响，容易对他人缺乏信任或过度敏感，从而出现自卑、焦虑、抑郁等心理问题。流动家庭的孩子如果没有及时得到家庭支持，容易因对陌生环境的不适应而产生厌学、自卑的心理。富裕家庭的孩子如果没有得到足够时间和高质量的陪伴，容易变得骄纵、冷漠。

　　本讲我们将聚焦特殊家庭的指导，包括针对贫困家庭的家庭教育心理辅导、有留守儿童的家庭的良好亲子关系的维护指导、离异家庭的孩子的心理健康的维护指导、流动家庭的亲子关系改善指导，以及富裕家庭的教育投资指导。

·
·
·
·

▶▶ 第一节　如何对贫困家庭进行家庭教育心理辅导 ◀

知识构图

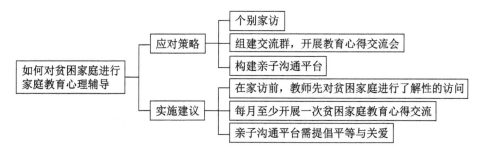

1. 掌握针对贫困生的家庭心理辅导的常用方法。

2. 了解更好推进贫困生家庭心理辅导的实施策略。

1. 你是用什么方法了解自己班上的贫困生的?

2. 你是如何针对贫困生家庭进行家庭教育辅导的?

一、问题聚焦

国家提出教育扶贫,精准扶贫,贫困生的心理辅导在教育扶贫中尤为重要。近年来,各地发生不少贫困生因心理问题而导致的违法犯罪行为,这些都与贫困家庭的教育问题有关。贫困家庭子女承受着比普通家庭子女更大的身心压力,容易有自卑、敏感、脆弱、封闭等心理问题。如果没有对其进行及时合理的引导,很容易导致不良的后果。那么,教师该如何指导贫困生家庭的家庭教育心理辅导呢?

二、应对策略

鉴于贫困生的心理特点,对贫困生的心理辅导要尽量采用温和的方法,润物细无声,慢慢引导,水到渠成。常用的方法有团体辅导,此外还有家访、家庭教育心得交流、构建亲子沟通平台等辅导方式。

（一）个别家访

收集到班级孩子的基本信息后,教师找出需要关注的贫困生,进行个别家访。

1.频率

每学期一次、必要时可以多次。

2.家访的实施

提前预约好家长,在对方方便的时间去家访,尽量家长和孩子都在场。

整理孩子的情况材料,如在校表现、各科学习、兴趣爱好、习惯、优缺点等,带着目的和期望前去家访。可以整理一份《教师家访记录表》，登记好要与孩子和家长达成共识的问题，以便后续进行总结反思。

3.家访的内容

孩子的家庭情况，如家庭构成、学习环境、监护人的教育态度，家庭经济困难对孩子的学习影响等。主要由家长介绍，教师可适当做记录，以便后期查看。

孩子近期的在校表现。教师可以将提前准备好的孩子在校表现、各科学习、兴趣爱好、习惯、优缺点等情况告知家长，并对孩子在校表现存在的问题作适当的分析，对家长的家庭教育方式方法提出意见和建议。

和家长共同商讨家庭教育的方法。教师可以提前整理贫困家庭孩子常见的心理问题，跟家长研究家庭教育心理辅导要注意的地方，达成教育共识。

（二）组建交流群，开展教育心得交流会

可以以班级为单位，如果班级人数较少，也可以以年级为单位，建立贫困家庭教育交流群，开展贫困家庭教育心得交流会。

1.频率

每月一次。

2.交流实施过程

由贫困家庭家长、班主任、家委会成员等组建贫困家庭教育交流群，由家委会家长组织，定期开展交流群经验交流，班主任做好监督，形成良好的交流氛围。

3.交流内容

教育脱贫宣传。由家委会家长或者交流群成员，定期上传与教育脱贫有关的政策或者事例。

贫困家庭教育方法专题。由家委会家长和班主任商议，以贫困家庭孩子教育的案例为引，引导家长思考和交流意见。定期推送贫困家庭教育的相关文章或者书籍给家长。

（三）构建亲子沟通平台

根据贫困生的情况，构建亲子沟通平台，以便了解他们的思想动向，鼓励孩子进步。

1.频率

每学期一次。

2.亲子沟通平台的构建

主题活动。可以利用开主题班会,邀请贫困家庭家长代表参与,体验孩子的学习和生活情况。也可以召开团康活动,开展亲子活动,促进父母与子女的感情沟通。

实践活动。如研究父母的职业特点、追踪父母的一天等形式。

3.亲子沟通平台的构建要点

主题活动以活动为载体,以孩子和家长为主体,可以多安排孩子和家长的发言,如邀请家长叙述自己的工作内容,通过录像视频介绍家长的工作价值等。教师要注意引导孩子了解父母的辛苦付出,也要多展示一些孩子在校的成功时刻及取得的荣誉,让家长看到孩子的进步和努力。

可以让孩子利用周末或寒暑假的时间体验父母工作,写一写感想。引导孩子体验父母的艰辛,争做父母的小帮手。

三、实施建议

(一)在家访前,教师先对贫困家庭进行了解性的访问

此种做法更容易获得家长的欢迎和支持,同时孩子也更容易接受。在家长面前要尽量找孩子的亮点,顺势提出期望,调动孩子在校学习与生活的能动性。学校的教育与环境对青少年,特别是贫困家庭孩子的身心发展有着非常重要的影响。

(二)每月至少开展一次贫困家庭教育心得交流

教师与家长交流得太少,容易让家长遗忘正确的教育方式。很多贫困家庭家长的教育观念较落后,教育信息较为滞后,他们主要通过身边的事例进行学习,所以教师要重视宣传教育脱贫的正向事例,通过分析交流,丰富他们家庭教育的方法,引导贫困家庭家长以更大的热情关注子女的教育,形成家校合力。

（三）亲子沟通平台需提倡平等与关爱

只有平等与关爱可让孩子感受到自己是被关注和期待的，可让家长无压力地了解孩子的学习和生活情况。这可让贫困孩子逐步克服自卑敏感、脆弱封闭的心理。

学校通过家访给予贫困家庭关爱，通过建立交流群来提高贫困家庭家长的家庭教育水平，通过构建亲子平台让学生和家长加深了解，积极表达爱。教师还可以发挥教育智慧，挖掘更多的心理辅导渠道，及时给予贫困生关爱，引导贫困生健康成长。

随讲随练

【多选】贫困生更容易出现哪些心理问题？（　　　）

A. 自卑　　　　B. 敏感　　　　C. 脆弱封闭　　　　D. 骄纵自大

【多选】针对贫困生的家庭心理辅导的常用方法有哪些？（　　　）

A. 个别家访

B. 组建交流群，开展教育心得交流会

C. 构建亲子沟通平台

D. 团体辅导

【多选】教师如何更好地推进贫困生的家庭心理辅导？（　　　）

A. 在家访前，教师先对贫困家庭进行了解性的访问

B. 每月至少开展一次贫困家庭教育心得交流

C. 亲子沟通平台需提倡平等与关爱

D. 挖掘更多的心理辅导渠道，及时给予贫困生关爱，引导贫困生健康成长

拓展阅读

1. 张静：《从贫困生心理辅导个案谈学生健全人格的塑造》，载《考试周刊》，2014（95）。

2. 安秋玲：《贫困家庭教育指导项目的评估研究》，载《华东理工大学学报（社会科学版）》，2016（3）。

➡ 第二节 如何指导留守儿童家长维护良好的亲子关系 ◀

知识构图

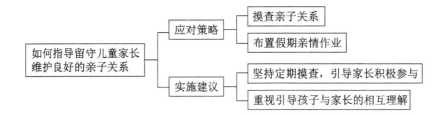

学习目标

1. 掌握指导家长维护亲子关系的策略。

2. 了解引导家长建立和谐亲子关系的原则。

读前反思

1. 用什么方式可以了解亲子关系？

2. 家长应以何种方式维护亲子关系？

一、问题聚焦

留守儿童是指农村地区因父母双方或单方长期在外打工而交由单亲或长辈、他人来抚养、教育和管理的儿童。东北师范大学中国农村教育发展研究院发布的《中国农村教育发展报告 2020—2022》调研结果显示：2021 年全国有义务教育阶段农村留守儿童 1 199.20 万人，与 2012 年相比减少 1 071.87 万人，减幅达 47.20%[1]。大多数留守儿童的父母对孩子的成长缺乏足够的关注与指导，缺乏亲子互动，导致留守儿童性格往往较为孤僻、情感脆弱，缺乏学习热情、自觉性较差，容易产生价值观念的偏离，甚至走上犯罪的道路。那么，面对这么庞大的群体，该如何指导留守儿童家长维护好亲子关系，帮助孩子身心各方面健康地发展呢？

---

[1] 陈鹏：《〈中国农村教育发展报告 2020—2022〉发布：乡村教育多项指标进步明显》，载《光明日报》，2022-12-26。

二、应对策略

留守儿童家长因为长期在外，工作忙碌，容易把亲子教育放到一边，导致父母教育缺乏成为一种普遍的现象。教师可以以活动为主线，把亲子关系量化管理。在孩子成长的关键期，给予适当的关怀，强化亲子的关系。

（一）摸查亲子关系

教师可以定期开展亲子关系摸查，让亲子关系看得见，让留守儿童感受充分的亲情，强化亲子关系。

1.频率

一个月摸查一次。

2.实施方法

首先，设立摸查表格，内容包括孩子的姓名、性别，家长的姓名、性别、联系电话，联系的日期、途径和内容等。其次，收集表格，要求留守儿童签名，家长确认。

3.互动的内容

留守儿童家长的亲子互动，可以通过手机信息或者视频互动，当然手机的管理要得当。对年龄较小的留守儿童，特别是三年级和四年级的留守儿童，也可以通过信件互动。互动的内容可以以"关键时间"为指引，如孩子或者家长生日、重要的节日、期末考试或者孩子在学习生活遇到困难时，在这些时间节点的恰当交流有助于孩子感受到家长爱的关怀。如孩子过生日时，教师可以提前联系家长用视频连线的方式跟孩子一起唱生日歌，也可以托亲戚或者朋友买点蛋糕或者小礼物。要让孩子明白，即使父母暂时不在自己身边陪伴，但他们的爱从来没有缺席。

（二）布置假期亲情作业

1.时间

寒假、暑假，也可以是其他重要的节日。

2.方法或途径

布置假期亲情作业，开学收集，有条件的学校还可以举行学校班级亲子活动或者家长会。

3.作业内容

假期生活手抄报。用手抄报记录家长和孩子共同参与的活动，以及亲子间的互动交流，如和孩子去走亲访友、置办年货、参加乡俗活动、共读一本书等。教师可以指导孩子用简单的文字叙述和照片展示，并设置一个区域让孩子写写自己感受最深的事。手抄报为一张卡纸大小，以保证内容丰富，可以是小孩自己做，也可以亲子合作完成。最后统一收集并评奖，正向强化假期的亲子互动效果。

亲子作文。作文的内容可以多种多样，主要表现孩子在与家长的沟通中学到了什么，如体验到父母外出的艰难，感受到父母的关爱，获取充分的心理营养等，题目自定。孩子完成后可以交给家长签名，家长进行意见点评。然后教师及时收集整理，在适当的时机对完成较好的作文进行表扬，以提高孩子和家长的参与积极性。

三、实施建议

（一）坚持定期摸查，引导家长积极参与

亲子关系摸查贵在坚持，联系的时间不能间隔太久，特别要关注关键时间点亲子互动是否到位。缺失较多的，教师应与家长及时联系，问清楚原因，并在联系表中及时登记，做好督促，形成处理案例。教师可以自己统计检查，也可以由家委会、社会志愿者组织定期跟踪与反馈。无论哪一种方式，教师都要起到监督落实的作用，否则，就会流于形式。

教师还可以多途径引导家长积极参与。可以通过家长学校的亲子沟通讲座，通过QQ班群、微信班群等定期发布亲子沟通的优质文章。对部分取得进步的孩子及时表扬，树立先进典型。甚至可以用腾讯会议等视频软件进行网上家长会议。

（二）重视引导孩子与家长的相互理解

在与家长的沟通中，教师可以多途径地表现出小孩的闪光点，如作业表现良好、某次测验较好，小孩在某次活动中有良好的表现等，然后通过QQ、微信等方式转达给家长，促使亲子互动朝正向发展。尽量指导家长避免对小孩的教育停留在询问考试成绩，指责小孩做得不好的地方。孩子会反感这种亲子互动，甚至不愿意互动，亲子的沟通也

会变得不"亲"。

因此，亲子互动不但要注意"量"，更要重视"质"，愉悦的互动有助于获得良好的亲子教育效果。所以，教师可以在表格里记载孩子对互动的感受，同时对外出务工的父母多加引导。父母的以身作则，更容易引起孩子对父母的理解。有条件的学校可以开展类似亲子沟通的团建活动、主题班会。

父母的陪伴与关爱对早期儿童人格的发展具有非常重要的影响，它奠定了个体人生的基本心理结构与底色。坚持有效的亲子互动联系，珍惜有限的假期亲情守护时间，相信有助于维护好的亲子关系，使得他们教育、健康与心理等各方面健康发展。

随讲随练

【多选】以下哪些方式可以帮助家长维护亲子关系？（　　　）

A. 亲子互动联系　　　　　　B. 假期亲情守护作业

C. 亲子共读项目　　　　　　D. 亲子关系日志

拓展阅读

1. 吴在天：《亲子关系对了，孩子的世界也就对了》，沈阳，辽宁人民出版社，2018。

2. 李中莹：《李中莹亲子关系全面技巧：白金版》，北京，北京联合出版公司，2017。

3. 贾香花：《家庭教育"缺位"与学校教育"补位"——农村留守儿童人格发展问题及解决路径》，载《辽宁教育研究》，2007（5）。

4. 任苇：《留守儿童心理健康教育》，北京，开明出版社，2012。

5. 薛卉琴：《你不知道的留守儿童》，福州，福建教育出版社，2020。

▶ 第三节 如何指导离异家庭父母维护孩子的心理健康 ◀

知识构图

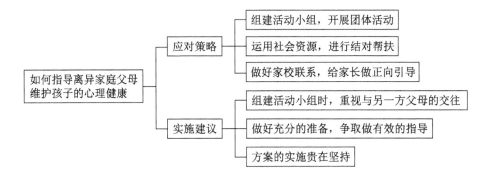

学习目标

1.掌握离异家庭父母维护孩子的心理健康的具体方法。

2.了解指导离异家庭家长的原则。

读前反思

1.离异家庭中孩子的心理健康问题通常有哪些?

2.离异家庭如何维护孩子的心理健康?

一、问题聚焦

离异家庭孩子得不到完整家庭的温暖,也缺乏完整的父母教育,要承受父母之间的冲突给他们带来的消极心理影响。他们容易对他人缺乏信任或过度敏感,容易出现自卑、焦虑、抑郁等心理问题。一些家长因为补偿心理而溺爱或过度保护孩子,一些家长因精力不足而对孩子采取放任的方式,这都会影响孩子的正常发展。据研究,离异家庭孩子比完整家庭孩子表现出更多的问题行为,自我控制力明显不如完整家庭孩子,在性别认同和角色行为方面也会出现偏差,性格不完善和性别移位现象发生概率也更高。

二、应对策略

保持密切家校联系,引导家长做孩子的知心人、指导者,有助于离异家庭父母维护孩子的心理健康。教师可以通过合理的家校联动指导离异家庭父母维护孩子的心理健康。

（一）组建活动小组，开展团体活动

教师可以把班级孩子分成若干个活动小组，进行小组活动，并邀请家长参与。

1. 频率

每学期二至三次。

2. 组建活动小组应注意

活动小组规模不得过大，一般为五人左右。

活动小组的分组应采用异质分组的方法，尽量把离异家庭分到不同的小组。小组内孩子的性格应既有外向型的，也有内向型的。

3. 活动内容

组织班级亲子团建活动。由班主任组织或聘请专业的团建活动团队负责，活动尽量要求孩子的爸爸妈妈都参加。活动时间可以用班会课的时间，也可以用春秋游时间或寒暑假时间。

完成小组亲子作品。让小组成员选定某个主题，完成一份亲子作品。作品要体现小组成员的共同参与。

（二）运用社会资源，进行结对帮扶

教师可以联系社会机构的志愿者，如社区的社工等，对离异家庭进行点对点的帮扶。指引家长通过网络培训资源，如家长慕课等优质资源进行自我提升。

1. 频率

每学期若干次。

2. 途径

教师在用社会资源对离异家庭父母进行指导时，主要负责介绍资源及对资源使用情况的管理。

3. 实施内容

有相当一部分离异家庭的家长常常因不知道如何使用正确的教育方法而困扰，虽然

网络上有大量的资源，但家长不懂得如何选。教师可以在了解孩子情况的前提下，帮家长选相应的网络学习资源。在定期沟通中，教师一方面可以了解家长的学习情况，肯定其较好的做法；另一方面可以指导孩子了解父母的进步和付出，当离异家庭父母与子女沟通的纽带，以便家长进一步发展亲子关系。教师也可以通过与社会机构的志愿者合作，比如，社区的社工，追踪一些离异家庭家庭教育的实施情况，为本班的家长提供帮助，并不定期开展一些活动，让孩子在交流中逐步找到自尊、自信。

（三）做好家校联系，给家长做正向引导

对班上表现有较大变化的孩子，教师可以通过联系家长的方式，正向引导离异家庭父母维护孩子的心理健康。

1. 频率

视情况而定，每学期至少一次。

2. 实施的途径

联系家长，了解情况，并做好记录，教师尽量设立好登记表见本书附录2，对每次的联系做好记录并提出指导的建议，跟踪落实。

3. 实施的内容

教师可以跟家长谈谈离婚前后孩子的学习生活情况变化。讨论学校应该采取哪些方式对孩子进行帮助，并分享一些成功的离异家庭教育经验。

教师可指导离异家庭家长给予孩子更多的关爱，如营造和谐的亲子关系，面对子女时努力控制消极的情绪，尽力为子女创设和谐宽松的家庭气氛，重视家庭成员之间的互相尊重爱护，构建合理的家庭成员交往模式等。鼓励家长进行亲子阅读，利用历史上的名人故事，教导孩子自尊、自信、自爱。

三、实施建议

（一）组建活动小组时，重视与另一方父母的交往

教师要引导离异家庭的父母多带孩子参加一些家庭聚会，让他跟不同性别的孩子打交道，减轻离异家庭的孩子因父亲或母亲一方缺失带来的影响。

（二）做好充分的准备，争取做有效的指导

无论是家校协同，还是借用社会资源，教师都要提前了解家庭的情况。每位家长都有自己的做法和想法，除非教师的指导有依据，否则家长不会立刻听从。这就要求教师提前预设家长可能提出的问题，并且有解决的方案。当教师做到这点，往往问题也能够很好地处理，家长也能够得到较好的指引。

（三）方案的实施贵在坚持

离异家庭的问题往往是存在了一段时间的，教师的指导不一定能够一招见效，往往需要坚持做工作。教师可以把工作归类存档，在德育处建立档案，也可申报课题，最终形成教育方法体系。

著名教育家吕型伟说过："教育需要爱，也要培养爱。没有爱的教育是死亡了的教育；不能培养爱的教育，是失败的教育。"[1]让我们的关爱行动，给予离异家庭父母指引，也给予离异家庭子女爱的温暖，让他们自尊、自信、自强。

随讲随练

【多选】以下哪些选项可以帮助维护离异家庭孩子的心理健康？（　　）

A. 组建活动小组，开展团体活动

B. 运用社会资源，进行结对帮扶

C. 做好家校联系，给家长做正向引导

【判断】教师给予家长活动方案即可，不需要监督实施。（　　）

拓展阅读

1. 张春泥：《离异家庭的孩子们》，北京，社会科学文献出版社，2019。

2. 傅安球、史莉芳：《离异家庭子女心理》，杭州，浙江教育出版社，1993。

---

[1] 吕型伟：《为了未来：我的教育观（续集）》，209页，上海，上海教育出版社，2002。

▶▶ 第四节　如何让流动家庭充满"稳定的爱" ◀

知识构图

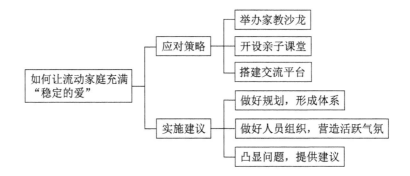

学习目标

1. 掌握让流动家庭充满"稳定的爱"的应对策略。

2. 了解让流动家庭充满"稳定的爱"的实施建议。

读前反思

1. 你的班级中有流动家庭的孩子吗？你认为这些孩子最需要什么？

2. 我们应该如何为这些孩子提供"稳定的爱"？

一、问题聚焦

随着进城务工人员的增多，父母或其他监护人把子女带出户籍所在地，到务工所在城市与自己一起生活的现象越来越普遍。这些家庭被称为"流动家庭"，其子女被称为"流动儿童"，他们日益受到社会各界的关注。流动家庭的家庭教育存在以下几个问题：家长与孩子的沟通渠道不通畅，父辈与子辈代沟严重；部分家长因文化素质不高，又缺乏学习的动力、学习的时间和获取家庭教育知识的途径，使得其家庭教育观念落后，家庭教育方法简单粗暴，言传和身教矛盾。那么，教师应如何落实"流动家庭"的家庭教育指导呢？

二、应对策略

解决流动家庭的教育问题常用的对策有举办家教沙龙，开设亲子课堂，搭建交流平台的方式。

（一）举办家教沙龙

家教沙龙要注意以家长为主体，以孩子成长为中心。家长们的"共同语言"很多，家庭教育经验和困惑都是鲜活的教育资源。带着家庭教育问题与有着专业教育理论知识的教师进行对话，有利于家长们找到成功教育的理论支点。

1. 频率

每学期二次。

2. 途径

成立班级家庭教育指导委员会，由4～6名家长和班主任构成，其中含2～3名流动家庭的家长。并把流动家庭的家庭教育问题纳入班级共同管理中，线上和线下双结合。教师可以先进行问题征集，建立"家教沙龙"群，由委员会的负责人和班主任提前两周安排进行主题发言的家长，确定发言主题。

3. 实施内容

家教沙龙要注意以家长的问题为主线，家长共享经验，并在分享中逐步收获适合自己的方法。教师可以安排一名流动家庭的家长提前阅读一些家庭教育的材料，讲讲学习心得，也可以让他介绍自己的家庭教育中的成功事例，或对失败案例的反思，还可以让他谈谈家校合作中出现的问题，以及对如何解决问题的思考。班主任可以适当地做一些简短的家庭教育讲座，为家长答疑解惑。

（二）开设亲子课堂

为解决流动家庭"沟通难"的问题，教师可以组织一些亲子课堂活动，让流动家庭的家长走进课堂，了解孩子在新环境里的精神状态、心理负担和学习情况，感受新的学习方式对孩子的影响。教师可以创设一定的"互动情境"，让家长和孩子一起面对困难，共同解决问题，使家长和孩子通过亲子课堂中的互动拉近亲子距离，增进亲子感情。

1. 频率

每学期一次。

2. 途径

流动儿童较多的班级可以利用班会课的时间，流动儿童较少的班级可以特意请这些家长到校或外出参与活动，通过多种途径开展亲子课堂。

3. 实施内容

让孩子、家长分享自己想法，达到分享"沟通"的良好效果。如开一节感受亲情、感恩父母的主题班会，教师可以提前请家长录制好《流动儿童家长的忙碌一天》微视频，在班会里播放，对孩子进行职业教育的同时，也让孩子感受到父母的艰辛和亲情的温暖。随后，可以让孩子填写感恩卡，感恩父母，也可以布置感恩任务，让孩子为家长做一件事，让家长感受到孩子的感恩之情。

（三）搭建交流平台

传统家长会及家访有着不可替代的优势，教师和家长面对面的交流是非常有针对性和感染力的。同时，一些新的交流平台凭借其便捷高效、形象生动、互动性强的特点也逐渐成为家校沟通的新"桥梁"，如家长热线电话、家长交流群，家校通、班级博客等。还有一些特殊的流动儿童，教师可以尝试家校结对帮扶的方式进行帮助。

1. 频率

随机，但要在班级流动儿童出现某些问题或者有特殊情况时，及时沟通交流。

2. 途径

通过任意可进行交流的平台，进行一对一的辅导。

3. 实施内容

教师可以针对流动儿童本身存在的问题，以及家庭教育的问题提出建议。教师可以跟流动家庭形成一对一帮扶，督促家长增强家庭教育的意识，积极参加各种家庭教育培训，提高自身的家教水平，使家长能够较为全面、系统、科学地进行家庭教育。

三、实施建议

（一）做好规划，形成体系

每次开展"亲子课堂"活动之后，教师可以整理活动过程编辑成册，形成学校特色，也便于为之后的家庭教育指导工作提供经验和参考。

（二）做好人员组织，营造活跃气氛

无论是"家教沙龙"，还是"亲子课堂"，只有家长意识到问题、改变观念，积极参与到活动中，才能够有所收获。增强家长的参与积极性是活动的重点，也是难点。活动的组织要提前规划好各个环节的用时，确定发言的人员，发言人要提前准备好发言稿。教师还可以引入一些游戏活动环节，营造活跃气氛，良好的气氛将有助于活动的开展，取得更好的效果。

（三）凸显问题，提供建议

教师可以搜索一些热点问题，如如何保证流动儿童良好的学习环境、如何丰富流动儿童课余生活、如何合理规划流动儿童家务与学习时间、如何减少流动儿童的粗暴管理方式等。

教师针对热点问题开展活动，吸引更多的流动儿童家长参与到家庭教育的学习者队伍中来，提高流动儿童家长的家庭教育意识，改进家教方法，帮助流动儿童加强自尊自信，构造良好的亲子关系，才能让"流动家庭"充满"稳定的爱"，保障流动儿童的健康成长。

随讲随练

【判断】流动儿童比其他孩子缺乏安全感，所以我们无法弥补他们心灵的缺失。（　　）

【多选】流动儿童家庭教育可能会存在以下哪些问题？（　　）

A. 家长与孩子的沟通渠道不通畅，父辈与子辈代沟严重

B. 部分家长自身文化素质不高，家庭文化氛围不浓

C. 家长家庭教育方法简单粗暴，言传和身教相矛盾

D. 家庭教育观念落后，又缺乏学习的动力

【多选】解决流动家庭的教育问题常用的对策有哪些？（　　）

A. 举办"家教沙龙" 　　　　　　B. 开设"亲子课堂"

C. 搭建"交流平台" 　　　　　　D. 创立亲子教育类培训

拓展阅读

1.董妍：《流动儿童心理健康教育》，北京，开明出版社，2019。

2.万国威：《流动儿童调查：典型特征与保护体系建设流》，载《人民论坛》，2024（1）。

3.孟珊珊、孙远刚：《新时代流动儿童心理健康教育现状及对策》，载《中小学心理健康教育》，2021（32）。

▶ 第五节　富裕家庭怎样合理进行家庭教育 ◀

知识构图

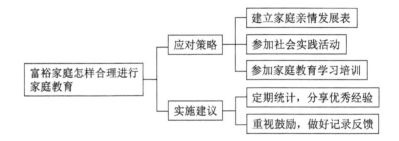

学习目标

1.掌握富裕家庭合理进行家庭教育的策略。

2.了解富裕家庭合理进行家庭教育的实施方式。

读前反思

1.你认为"富养"一个孩子具体指的是什么方面的"富养"？

2.你知道应该如何指导富裕家庭合理进行家庭教育吗？

一、问题聚焦

富裕家庭的孩子物质条件优越，这类家庭中的大部分父母相对比较忙碌，能陪伴孩子的时间较少。部分家长选择用物质的满足替代时间的陪伴，久而久之孩子花钱大手大脚，追求高消费。尤其令人担忧的是，有些孩子用钱不当，贪图享乐，节俭意识差；有些孩子以自我为中心，优越感强，轻视他人，情绪自控能力较差，对亲人、朋友，以及集体、国家缺乏应有的责任感。当富裕家庭的孩子出现以上问题，可看出是家长的家庭教育"投资"出现了偏差：重视物质和智力培训的投入，却忽视了德育的培养。那么，教师该如何指导富裕家庭进行家庭教育呢？

二、应对策略

要扭转富裕家庭孩子的教育偏差，教师可以通过家庭亲情发展表、社会实践教育活动、家庭教育学习培训等方式，转变富裕家庭的教育理念，引导家长掌握正确的家庭教育投资方向，投入时间，发展亲子关系，保障富裕家庭孩子的心理健康发展。

（一）建立家庭亲情发展表

教师可以指导富裕家庭的家长与孩子一起用《家庭亲情发展表》记录家庭亲情发展的情况，让家长在忙碌中也能关注到家庭的亲情发展。此表主要包括家长和孩子的姓名、记录时间、事件内容和备注。

1.频率

每周一次。

2.途径

孩子每周回顾本周家庭的亲情事件，完成家庭亲情发展表格，家长签名后上交班主任。

3.记录的内容

一是亲子活动，如父母和孩子一起吃晚餐、做运动、看电影、亲子阅读等。二是感恩活动，如父母为孩子精心准备生日会，孩子为父母做饭、收拾家务等孝敬父母的事。

（二）参加社会实践活动

教师和家长沟通，引导家长带子女积极参加社会实践活动。通过参与社会实践活动，发展亲子关系，培养富裕家庭子女节约的习惯，树立正确的金钱观念。

1. 频率

每学期一次。

2. 途径

教师可以选择一些适合孩子当前年龄段的内容，指导富裕家庭的家长带子女参加。此外，教师还可以给富裕家庭的家长设计一份社会实践活动积分表，鼓励家庭完成一定的积分目标。

3. 实施内容

一是可进行公益劳动，教师可以鼓励家长参与到社区的公益劳动，如利用假期时间到社区看望孤寡老人、清洁社区、小小志愿者等活动。二是可进行实践体验活动，如素质训练，带孩子到农村体验农忙生活等。

（三）参加家庭教育学习培训

通过家庭教育讲座等方式，引导富裕家庭的家长参与到家庭教育的学习培训中。

1. 频率

每学期一次。

2. 途径

教师可以通过多种方法，如开设专题讲座，用家长热线电话、家长交流群、家校通、班级博客与家长进行沟通，引导家长利用网络资源进行学习。也可以举办线上线下的家教沙龙，面对面地对家长进行指导。

3. 实施内容

一是可以有富裕家庭教育的理念和方法探讨。培训内容包括"智力投资与德育投资""如何合理发展亲子依恋关系""如何充实自己的生活""如何改变孩子大手大脚花钱的习惯"等。可以邀请专家开讲座，也可以邀请部分有经验的富裕家庭的家长，介绍自己在家庭教育中的成功案例或问题案例。对富裕家庭子女常出现的问题，教师要引导家长们充分讨论，达成共识，形成正确的教育观念。

二是可以有富裕家庭教育资源共享。教师可以定期在家庭交流群里发布家庭教育的案例，可以是成功的案例，也可以是失败的经验教训。并向有需要的家长介绍家庭教育辅导资源，如心理辅导、社工辅导、家长慕课等网络资源、家庭教育的书籍等。

三、实施建议

（一）定期统计，分享优秀经验

教师可以定期收集家庭亲情发展表，对一些较好的亲情故事，可以分享给其他的家长和同学作为参考，引发其他家长的思考。

（二）重视鼓励，做好记录反馈

对社会实践教育活动表现突出的孩子，教师可以建议家长给予适当的表扬和鼓励。也可以邀请亲子一起分享社会实践教育活动的心得体会，并在班级内进行"实践活动精彩瞬间"的微视频评比、"最美小劳动能手"以及"最美劳动家庭"评比等，给获奖的孩子一些小礼物及证书，鼓励富裕家庭亲子共同参与社会实践活动。在开展活动之前，教师要设立明确的积分规则。例如，亲子每次参加社会实践活动，积分增加1分；有视频记录过程的，积分增加1分；事后认真记录活动心得的，积分增加1分。并设计好积分表格，便于在活动后进行记录和评奖。

教师在指导过程中，要着重帮助富裕家庭的家长转换投资理念，重视德育，认识到亲子陪伴的重要性，从而增加亲子时间的投入，这些都能在孩子的成长过程中形成良好的效果。

随讲随练

【判断】对富裕家庭的孩子来说，对物质的享受大于对精神的需求。（　　　）

【多选】扭转富裕家庭子女的教育偏差，教师可以利用以下哪些途径？（　　　）

A. 建立家庭亲情发展表　　　　B. 开展社会实践教育活动

C. 进行家庭教育学习培训　　　　D. 家访

拓展阅读

1. 檀传宝：《德育美学观》，北京，教育科学出版社，2021。

2. 王晓春：《富裕时代的家庭教育》，广州，中山大学出版社，2005。

3. 缪建东：《家庭教育社会学》，南京，南京师范大学出版社，1999。

4. 张迷晨：《当前富裕家庭的家庭教育问题研究：以广东省东莞市为例》，硕士学位论文，湖南师范大学，2012。

▶▶ 第二十讲
▶ 特殊学生指导

　　近年来，特殊教育受到越来越多的重视，成为衡量一个国家义务教育是否充分普及的标准之一，也成为评判一个国家是否具有发达文明的标志之一。特殊教育的受重视程度可以从与普通教育的横向比较，以及特殊教育学校的纵向发展中体现出来。随着经济社会的发展，特别是人口的年龄结构和空间布局结构的变化，中小学布局结构调整成为我国教育改革的一项重要内容。[1]

　　这就要求我们的一线教师要了解更多有关特殊学生的特点、需求及具体的指导方法。

●
●
●
●

▶▶ 第一节　如何应对孩子的厌学情绪 ◀

知识构图▶

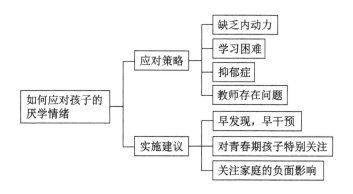

---

[1] 王雁、王志强、朱楠等：《我国特殊教育学校学生分布情况调查》，载《中国特殊教育》，2013（1）。

学习目标

1. 了解孩子产生厌学情绪的因素。
2. 掌握应对孩子厌学情绪的策略。

读前反思

1. 你了解孩子产生厌学情绪的因素吗?
2. 在平时的教育中,你是如何应对孩子的厌学情绪呢?

一、问题聚焦

越来越多的教师反映,现在孩子不爱学,不要学,"沉迷网络"以及"逃学辍学"等新闻也频频出现。如今,随着孩子的个性越来越突出,厌学情绪的爆发也越来越集中,孩子厌学已是一个不容忽视的普遍现象。中学生存在厌学情绪的比例较高,小学生的比例也在上升。如果不采取有效的措施加以引导和纠正,势必会给孩子的成长造成极大影响。教师应该怎么办呢?

二、应对策略

厌学情绪的产生是多种主客观、内外因素交互作用的结果,存在着复杂的心理机制。教师先要搞清楚孩子产生厌学情绪的原因,才能对症下药,利用干预措施进行相应的干预,帮助孩子逐渐摆脱厌学情绪。厌学情绪的产生,主要分为孩子自身的内在因素,以及师生关系等外在因素。以下是几种因素及其应对策略。

(一)缺乏内动力

由于家庭教育不到位,或者孩子自身心理不成熟,没有认同的学习目标,不知道为什么而努力。当遇到困难和挫折,信心便降低,慢慢有了逃避的想法,产生厌学的情绪。

应对策略:做一份人生规划。

具体步骤:第一,教师和家长一起帮助孩子发掘自身优点和特长,让其说说自己的理想和愿望,了解其真实想法,做一份人生规划。第二,分析孩子的优势和不足,找到努力的方向，制订短期学习计划。第三，结合班队活动，创造机会让孩子独立完成某些工作，让孩子明白学习的意义，最后产生积极的自我暗示——"我要学""我能学""学了有用"。

（二）学习困难

孩子由于智力原因或者不良的学习习惯导致学习成绩较差时，往往会受到教师的责备、家长的批评及同学的冷落。久而久之，其挫败感加强，愈发自卑，就会产生厌学情绪。

应对策略：实施多元评价体系。

具体步骤：第一，在校建立多元评价体系，可以从"学习兴趣、行为习惯、学习成果、人际交往、劳动技能"等多方面去评价孩子，让孩子的自我价值感有多个来源，弱化单一的成绩评价。第二，每周进行自评，调动孩子内因，启发孩子认识自我，发现自我；同时引导孩子互评，帮助孩子学会用欣赏的眼光看待伙伴，发现学习困难孩子的优点。第三，建议家长不要只看孩子的成绩，全面关注孩子各个学科的表现、人际交往及生活中的细节，及时发现孩子的闪光点，给予认可和肯定，增强其自信心和自我认同感。

（三）抑郁症

每个孩子或多或少都会有情绪问题，青春期更加突出。如果家长与孩子之间缺乏有效的沟通，忽视孩子的心理成长，教师也没有及时发现和疏导，小小的抑郁心理渐渐积压，最终很可能导致抑郁症的发生。孩子会对一切事物兴趣下降，情绪低落，不愿与人交往，严重时会出现轻生的情况。

应对策略：心理辅导。

具体步骤：第一，推荐家长寻求专业心理书籍和心理医生的帮助，给予孩子专业的心理辅导。当孩子发展到抑郁症时，教师要耐心同家长沟通，让家长了解抑郁症，带孩子接受医院治疗。第二，建议家长带孩子一起结对活动，参与户外徒步、体育锻炼，或者欣赏花草等，让孩子放松身心，得到同伴支持。

（四）教师存在问题

孩子厌学不可忽视的原因还有教师，特别在小学阶段，孩子对教师的喜欢程度往往决定了他对这门学科的喜恶程度。而孩子评价教师的依据往往不在于他的教学水平，更多的在于教师对孩子的行为态度。一旦师生关系出现问题，孩子就会产生逆反心理，不喜欢上这门学科，产生厌学心理。

应对策略：化解矛盾。

具体步骤：第一，教师首先要反思自己或者调查其他教师在和该生的相处过程中是否有不愉快经历；是否经常冷落和批评该生，而少有鼓励和表扬；是否孩子对教师存在误会。第二，如果教师自身存在以上问题，必须及时蹲下身来与孩子进行平等对话和沟通，解除误会或者真诚道歉。如果有其他任课教师存在以上问题，需要分别做好沟通，帮助他们缓和关系。第三，可以利用书信、电话或者当面谈心等方法加强交流，真正消除矛盾，重新建立和谐的师生关系。

三、实施建议

（一）早发现，早干预

轻度的厌学情绪表现为孩子对学习兴趣不浓厚，上课注意力不集中；严重些会发展为不参与教学活动，不完成作业；再严重者为厌学症。教师要对孩子多一些关注，在发现孩子有轻微厌学情绪时，就立即给予帮助和干预，这样孩子的改正效果往往会很好。

而厌学情绪不单单发生在学习困难或者行为有偏差的孩子身上，一些学优生也会出现厌学情绪，这部分孩子往往更容易被教师和家长忽视，等问题严重时，为时已晚，再想干预则收效甚微。教师要做个有心人，葆有一颗敏感的心，善于发现孩子的小小改变和异常行为。

（二）对青春期孩子特别关注

如果说厌学情绪的产生有很多原因，那么青春期就像一味助燃剂。当女生和男生的生理开始变化，加上内分泌作用，心理上会变得更加敏感，更加叛逆。教师可以教给孩子一定的性知识，缓解孩子的不安、自卑与害羞，也可以指导家长关注孩子的身体变化，适时指导。

（三）关注家庭的负面影响

"问题学生"背后，往往有一个"问题家庭"，教师需要了解家庭对孩子的负面影响。

有些家庭缺爱，有些家庭缺少正确引导，有些家庭对孩子没有很高的期望……教师要针对不同的情况进行分析和沟通，争取得到家长配合，一起帮助孩子，转化孩子。

如果是不可改变的客观因素造成孩子的问题情绪，那么教师要努力营造班级的小环境，给有厌学情绪的孩子一点留在学校的理由，可以是一节他喜欢的课、一个他喜欢的社团、一个他喜欢的人、一样他喜欢的东西……唯有如此，才有机会扭转孩子的厌学情绪。

随讲随练

【判断】厌学情绪的产生是多种主客观、内外因素交互作用的结果，存在着复杂的心理机制。（　　）

【单选】下列哪种说法不是导致孩子产生厌学情绪的因素：（　　）。

A. 缺乏内动力　　　　　　　　B. 学习困难

C. 抑郁症　　　　　　　　　　D. 良好的师生关系

【多选】如何应对孩子的厌学情绪：（　　）。

A. 早发现，早干预　　　　　　B. 对青春期孩子特别关注

C. 关注家庭的负面影响

拓展阅读

1. 郭娅：《缓解中小学生厌学情绪的对策》，载《教育评论》，2000（1）。

2. 赵玉芬：《初中生厌学量表编制及应用》，载《上海教育科研》，2019（10）。

3. 肖海平：《从人本主义心理学视角探讨克服中小学生厌学情绪的对策》，载《教育导刊》，2002（13）。

4. 马金祥、王水玉：《学生厌学的环境诱因及防治策略》，载《教育探索》，2005（5）。

➤ 第二节　家校如何联手提高"学困生"的学习兴趣 ◀

知识构图

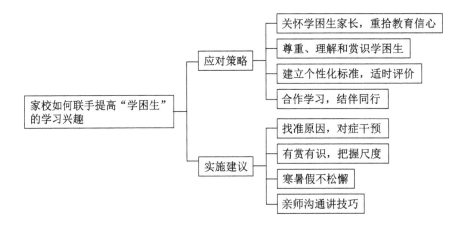

学习目标

1. 掌握如何通过家校联手来提高学困生的学习兴趣。

2. 了解提高学困生的学习兴趣应该注意的方面。

读前反思

1. 你了解孩子成为学困生的原因吗？

2. 在平时的教育中，你对转化学困生有什么好方法吗？

一、问题聚焦

在任何学校、任何班级都有这样一个特殊的群体——学困生。学困生指的是智力正常，但在校成绩暂时落后，对学习不感兴趣的学生。学困生往往由个人、家庭、学校和社会等多种原因造成，此群体一直是教学教育工作的一个难点。如何通过家校联手来提高学困生的学习兴趣呢？

二、应对策略

（一）关怀学困生家长，重拾教育信心

要想和家长联手提高学困生的学习兴趣，首先要提高学困生家长的教育热情。学困生家长在经历一次次教育失败和教师的批评后，会焦虑、怀疑，甚至会选择放弃。教师在做学困生家庭教育指导时，要特别关注学困生家长的情绪和想法，通过同理和共情，去理解家长的难处，给予尊重和鼓励。每隔一段时间，教师可以通过网络或者电话沟通一下教育情况，可以表扬孩子和家长的进步，可以交流近阶段孩子的表现，也可以倾听家长的烦恼，给予指导，避免只打"追责电话"和"教育电话"。让学困生家长不再害怕教师的来电，愿意和教师交流，一同探究家庭教育的不足，携手合作，共同教育。

（二）尊重、理解和赏识学困生

想要转化学困生，首先就要爱护学困生，理解、尊重并真心地去赏识他们。家长和教师必须先达成这样的共识，才能做好之后的转换工作。学困生并非一无长处，他们也有上进的方面，但他们的上进表现大多具有不稳定性，教师和家长要努力创造条件，及时表扬赞美他们的闪光点，使他们燃起希望之火，让闪光点成为学困生向学优生转化的转折点。比如，举办一次学困生擅长的比赛，让学困生负责一项他可以承担的班级工作，或者进行一次学困生才艺展示，让他们在班级中找到存在感，提高自信心；同时，教师可以指导家长，在家庭生活中安排孩子感兴趣的小岗位，如"安全监督员""绿化养护员""修理工""信息员"等，让孩子承担家庭责任，提高自我价值感。同时建议父母，试着把关注的重心从孩子的"学习成绩"转移到孩子的"进步"。只有让学困生感受到教师和家长最真诚的关爱，他们才能乐意接受帮助与批评，才能培养他们的信心，才能走向进步。

（三）建立个性化标准，适时评价

对学习动力不足、学习基础差、学习兴趣低的学困生，建立个性化的评价标准很有必要。相对长期目标，一个短期可行的目标和奖励更加有激励作用。刚开始，

教师可以降低作业难度和作业量，让家长观察孩子完成作业的时间，并把星星作为奖励。奖励标准是作业能否完成和能否按时完成。每当孩子拥有10颗，就给予鼓励和肯定，并完成其一个小小的心愿（不鼓励给物质奖励）。持续一个月后，教师可以在作业中设置提高题，鼓励其尝试挑战，并观察上课的参与度。家长则重点观察孩子做作业的主动性。此时应评价孩子作业能否主动完成，能否完成挑战题，课上能否积极举手。每天最高奖3颗星，当达到17颗时给予鼓励和肯定，并完成其一个小小的心愿。

之后，可以根据孩子完成情况保持或者增加难度。等有一定成效后，让孩子自己定一个更为长期的目标和评价要求，慢慢建立他的信心，激发学习的内动力。

（四）合作学习，结伴同行

在平时的教学中，很多教师会有意地把优等、中等、学困生三种孩子安排在一个小组里进行合作学习。但在转化学困生时，其实学困生加中等生的组合更好。很多学困生面对优等生有压力，学困生家长面对优等生家长也会焦虑。教师可以尝试三个中等生家庭配一个学困生家庭的组合。在校学习时，三位中等生帮助指导一名学困生；在家学习时，大家在微信组里讨论各自遇到的难题。教师和家长可以定期组织小组活动，带孩子一同学习，探讨教育方法。

三、实施建议

（一）找准原因，对症干预

找准学困生成因是转化的基础。孩子学习产生困难的原因各不相同，其成因是极其复杂和多方面的，从教育教学角度将其形成分为内部原因和外部原因。

内部原因有：自控能力弱，学习习惯差，自卑心理严重。外部原因有：知识衔接断链，家庭教育出问题，突发事件（如父母离异、生病、去世等）。只有找准了学习困难的成因，教师才能进行有效干预和指导。

（二）有赏有识，把握尺度

在转化学困生的过程中要特别注意把握度，对待学困生时，不能为了鼓励而一味表扬不敢批评，这样他们会变得无法正确面对挫折和失败。批评时，教师和家长要让孩子感受到客观、公正和真诚。学困生的转化过程也是有反复的，这就要求教师和家长抓住时机，适当批评，进行心理疏导，引导孩子在挫折面前学会自我调节，增强抗压心理。

（三）寒暑假不松懈

学困生的转化是个漫长的过程，寒暑假两个时间段容易被教师忽视，也容易让之前的努力功亏一篑。教师要特别注意这两个假期时对学困生的指导和关注不能忽视。通过电话、网络和家访等方式，和家长保持对学困生学习习惯、学习态度和学习兴趣的关注，及时干预和引导。

（四）亲师沟通讲技巧

在与家长沟通前，教师可以多方面、多途径地了解家长的情况，如职业、性格等，然后根据对方的心理特点、工作特点及需要沟通的内容，选择合适的时间和地点进行沟通。对学困生的家长，教师与其沟通的重要技巧之一就是"正面鼓励，积极表扬"，不能一上来就数落孩子的不是。教师要放平心态，先肯定孩子的优点和进步点，然后过渡到需要家长配合改进的问题上。指出不足和缺点时，语气要委婉。

在沟通时的话语中要注意"多我少你"，试着把"你的孩子"变成"我们宝贝"，把"你要"变成"我们一起"，把"这样我很累"改成"这样你更辛苦"换种方式，可以大大改变和学困生家长的沟通效果。

学困生转化工作是一项长期的工作，更是一项难度大的教育教学改革。学困生的学习动机与学习方法不是先天遗传的，也不是教师一方就能培养成的，而是家庭、学校，甚至社会共同作用的结果。只有学校和家庭的紧密配合，一起努力，才能达到良好的教育效果。

随讲随练

【判断】学困生指的是智力正常，但在校成绩暂时落后，对学习不感兴趣的学生。（　　）

【单选】下列哪种说法不能提高学困生的学习兴趣：（　　　）。

A. 关怀学困生家长，重拾教育信心　　　B. 尊重、理解和赏识学困生

C. 个性标准，适时评价　　　　　　　　D. 自主学习，尝试独处

【多选】提高学困生学习兴趣时应该注意：（　　　）。

A. 找准原因，对症干预　　　　　　　　B. 有赏有识，把握尺度

C. 寒暑假不松懈　　　　　　　　　　　D. 亲师沟通讲技巧

拓展阅读

1. 王春梅、辛宏伟：《学困生的学习心理障碍与教育对策》，载《教育探索》，2003（4）。

2. 宋广文、骆风、周方芳：《学优生、学困生社会支持、心理弹性与心理健康的关系研究》，载《中国特殊教育》，2014（3）。

3. 陈栩、张建霞、郭斯萍：《谈学困生自我效能感的培养》，载《教育探索》，2006（9）。

4. 赵兰兰、汪玲：《学习兴趣研究综述》，载《首都师范大学学报（社会科学版）》，2006（6）。

➤ 第三节　如何提高肢残儿童的自信心 ◄

知识构图

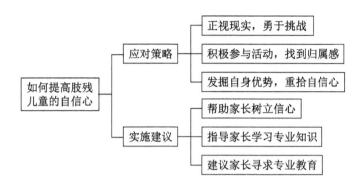

学习目标

1.了解肢残儿童的身心发展规律。

2.科学正确引导肢残儿童拾得自信。

读前反思

1.肢残儿童都会产生怎样的心理?

2.我们怎么做才能帮助肢残儿童对生活的重拾自信?

一、问题聚焦

由于先天或后天的因素,肢残儿童存在不同程度的生理缺陷,这导致孩子缺乏自信心,出现自卑怯懦、孤僻敏感、痛苦沮丧和自尊心过强等问题,身心得不到健康发展。教师和家长要密切关注肢残儿童的心理问题和行为障碍,解决其成长过程中的困惑和障碍,保障特殊儿童身心健康成长。

二、应对策略

肢残儿童的家长承受着普通家长没有的压力和焦虑,教师首先要疏导其心情,积极鼓励家长,不要让消极情绪主导家长的行动。其次,可以帮助家长掌握孩子的心理状态,根据肢残儿童常有的心理问题来对症下药,从而将问题一一解决。

（一）正视现实，勇于挑战

教师可以给家长推荐一些描写残疾人自强不息的电影和给予力量的书籍，电影如《阿甘正传》《我的左脚》《我的少女时代》《美丽战争》，书籍如《网络妈妈》《躁郁的人生》《假如给我三天光明》《钢铁是怎样炼成的》《少有人走的路》等。另外，还可以陪同孩子一起观看残疾人运动会，用现实中肢残人士不断奋斗努力的例子来激励孩子，让孩子勇于面对现实，并且认识到命运对每个人都是相对公平的，帮助孩子以积极乐观的心态对待身体的缺陷，不怨天尤人，通过自己的奋斗来挑战命运，战胜命运。

（二）积极参与活动，找到归属感

教师要鼓励和指导家长多带孩子参与集体活动，引导孩子体验与人交往的快乐，正视自己的缺陷，提高交往的主动性，找到社会归属感。可以建议家长循序渐进，先带孩子在最熟悉的环境中进行人际交往，如所居住的小区、街道，常去的超市等，接着再慢慢把孩子带到陌生的环境。同时，可多参加文体活动，打开心扉，结识更多的朋友。积极生活是康复的最佳途径，只有在同伴的鼓励下，孩子才能真正实现与社会的无障碍沟通交流。

（三）发掘自身优势，重拾自信心

当一个人有一技之长时，才能较好地生活，更好地适应社会。教师和家长要善于发现肢残儿童对学习、生活感兴趣的方面，了解孩子的优、劣势和潜在能力，并将这些记录下来。同时耐心指导，给予孩子关心和鼓励，保护和激发孩子的潜能，将兴趣爱好培养成他的特长。挖掘肢残疾儿童的优点，就像从沙粒中淘金子一样，发现闪光点就及时给孩子鼓励、帮助，让其耀出光芒。只有提高残疾儿童的自信心，才能让孩子在将来竞争激烈的社会中能够立住脚，学会自立自强。

三、实施建议

（一）帮助家长树立信心

肢残儿童心理和生理的康复是一个长期而又缓慢的过程，不仅需要经济的支撑，更需要心理的扶持，而生活的压力、经济的负担，甚至周围异样的眼光，都会让家长感觉力不从心，产生自责和消极的想法。有时家长和孩子都付出了很大努力，但却没有取得预期的结果，此时，家长很可能会崩溃，失去对孩子康复的信心和对未来的希望。

在教育肢残儿童的过程中，教师一定要帮助家长们树立信心和耐心，要正视孩子的特殊性，勇于接受现实。可以建议家长把要孩子完成的训练目标先分解，然后分阶段完成。家长对孩子的进步要及时给予肯定，客观看待孩子出现"反复"的问题，尽量不对孩子发火，要用自己的言行感染孩子，帮孩子树立自信。

（二）指导家长学习专业知识

肢残儿童大部分时间是在家里度过的，因此教师可以推介一些专业书籍和讲座给家长，通过学习特殊教育知识，了解相关理论，借鉴他人的成功案例，有针对性地开展早期的家庭训练。如对听障孩子进行听说能力训练和手语训练，对视盲孩子进行早期的方向辨别训练、定向行走训练及盲文训练。特别要注意的是，一定要提醒家长主动学习一些培养特殊儿童社会交往能力的知识，或是与其他家长交流教育方法，从中借鉴有益的经验。帮助家长与专业人员建立联系，专业人员能够对肢残儿童的家庭活动提出有针对性的指导建议，帮助特殊儿童父母制定活动方案。

（三）建议家长寻求专业教育

家长如果只是把孩子放在家里，照顾衣食起居，会逐渐让孩子失去独立的能力。为此，教师需要指导家长让孩子尽早接受专业的治疗与系统的训练，不要让孩子错过最佳的康复期。教师指导家长针对孩子的特点选择专业教育机构，不能盲目从众，以免耽误孩子的康复进程。康复训练还要与学校教育同步进行，孩子一旦进入适合的学校或幼儿园上学，家长就应该与学校密切配合，积极参加学校组织的有关活动，以及必要的社会活动，多方面、多途径、多角度获取教育孩子的信息和方法。同时还要发挥专业人员在家庭教育中的作用，多向专业机构中的特殊教育和家庭教育专家请教，协调学校、社区等各方面资源，努力为肢残儿童创造幸福快乐的成长空间。

肢残儿童是社会的弱势群体，希望通过家校共育，可以帮助他们找回自信，塑造积极向上的心态，勇敢、自信地面对未来。

随讲随练

【单选】下列选项中不属于对肢残儿童心理问题的解决策略的是：（   ）。

A.让其正视现实，勇于挑战

B.鼓励积极参与活动，找到归属感

C.发掘自身优势，重拾自信心

D.让他自己思考，自己劝说自己

【多选】下列选项中属于对肢残儿童家长进行帮助的是：（   ）。

A.帮助家长树立信心

B.指导家长学习专业知识

C.告诉家长顺从孩子，不要让他再受打击

D.建议家长寻求专业教育

拓展阅读

1.丑荣之:《残疾儿童自信心的培养与教育》,载《江西教育科研》,1988(6)。

2.宓忠祥:《心理健康是人格健全的前提》,载《中国残疾人》,2003(6)。

▶▶ 第四节　如何对智力障碍的孩子进行科学指导 ◀◀

知识构图

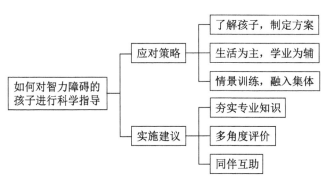

学习目标

1.了解智力障碍的孩子所面临的困难。

2.科学正确引导智力障碍的孩子健康成长。

读前反思

1.智力障碍的孩子面临的问题都有哪些?

2.怎么做才能科学引导智力障碍的孩子幸福生活?

一、问题聚焦

智力障碍是由多种原因所致的神经发育障碍性疾病,特征表现为患者智力水平低于实际年龄应达到的水平,并导致其社会适应困难。到目前为止,绝大多数的轻度智力障碍的孩子都选择在普通学校的普通班级随班就读。据研究表明,随班就读的方式,有利于智力障碍的孩子的身心发展,提高其社会适应能力。[1]但这也给教师提出了新的挑战,教师该如何对智力障碍的孩子进行科学有爱的指导呢?

二、应对策略

特殊儿童首先是儿童,与正常孩子一样有着教育需求,只是身心发展与普通的孩子存在着一定的差异。教师要正确看待他们的特殊性,满足他们不同的教育需求,让他们也能享受到教育的幸福感。

(一)了解孩子,制定方案

由于智力障碍的孩子具有特殊性,更需要教师全面了解其情况,具体问题具体分析,制定可行的随班就读指导方案。首先可以从孩子之前就读的学校(幼儿园、小学、初中)入手,通过与孩子曾经的教师沟通,初步了解孩子。其次,再深入孩子的家庭,了解孩子的生活环境、家庭成员、亲子关系等,可以从与家庭成员的交流中了解孩子的性格、行为、习惯,还可以直接与孩子接触,近距离观察和了解。

---

[1] 樊广权、刘小强:《浅谈农村小学随班就读智障儿童课堂教学策略》,载《才智》,2014(23)。

全面了解孩子之后，教师要对这些信息进行分析、整合，制定出一套符合该孩子特点、切实可行的指导方案。教师可以和家长一起制定方案，从问题分析、教育目标、教育方法、教育内容、教育评价等方面入手。在目标制定上，以"提高人际交往能力、自理能力、劳动能力、情绪控制力"等方面的培养为主，淡化文化课成绩的目标。

（二）生活为主，学业为辅

当教师在选择教育教学内容时，首先要帮助智力障碍的孩子解决在校内的自我服务问题，培养其生活自理能力。教师可以根据制定的方案，指导家长在家对孩子进行自理能力训练，主要内容为整理书包、上厕所、洗手、吃饭、接水、喝水等在学校需要自主完成的日常活动。同时还要指导家长训练孩子的运动能力，如跑步、跳跃、站立、行走等大动作，帮助其参与集体活动。

当然，学业方面也不能完全忽视，教师可以根据其智力水平和学习基础，和家长一起制定一份特殊的教学目标，准备一本特殊的综合作业本。由于随班就读的特殊性，教师没有充足时间对其进行单独上课和辅导，因而建议教师可在正常教学中安排适合智力障碍的孩子的任务，如上课时设计几道特别容易的问题让其回答，课后把问题记录到特殊作业本上。放学后，可以把特殊作业本转交给家长，让其清楚今天所教重点，在家继续担任教师角色，就今天所教知识点进行巩固训练。化繁为简的作业和重点突出的训练，可以帮助智力障碍的孩子有所收获，让他产生了成就感，激发其学习和做事的兴趣。

（三）情景训练，融入集体

智力障碍的孩子除了智力发展水平较低、学习适应能力低，还会有情绪问题，如易怒、情绪反复等，这样的行为会让其他同学不解，甚至厌烦，缺少同伴的关爱，智力障碍的孩子更难融入集体。教师可以创设常见情景，让家长在家模拟训练，加强引导，如你叫什么名字（让孩子会叫同学的名字），当你不小心碰到别人怎么办（让孩子学会说"对不起"），当别人帮助你时怎么做（让孩子学会微笑和说"谢谢"），当别人打你拿你的东西时你怎么做（让孩子知道要去找教师指出不善意的同学），上课时什么事情不能做……诸如此类在校常见的情景。

通过情景训练，让智力障碍的孩子能逐渐做到会用目视、点头、摇头、微笑等动作表示理解他人的说话，并能用别人能理解的声音、单词、句子、问题来表达自己的愿望和要求，慢慢融入集体，和普通孩子一起学习和生活。

三、实施建议

（一）夯实专业知识

要想顺利完成随班就读指导工作，教师先要调整自己的心态，坦然地接受这份特殊工作，保持阳光的心态。除了个人心理，教师还要做好特殊教育专业知识的准备工作。大多数负责随班就读指导的教师不是特殊教育专业，所以缺乏专业的知识和技能。教师们可以通过查找资料、阅读书籍、请教专业或者有经验的班主任、去辅读学校学习等渠道获取特殊教育专业的知识，从而更好地发挥指导作用。在此基础上，教师也可以积极补充一些专业机构相关的知识，以帮助家长寻求专业的医生进行诊断与治疗，为智力障碍的孩子的有效干预和康复做好服务工作。

（二）多角度评价

对待智力障碍的孩子，教师与家长不应过于注重他们的成绩，应多关注他们的情绪变化、思想状况、兴趣爱好等。当孩子的行为出现异常或者学习康复兴趣不高时，教师和家长要特别关心，敏锐观察，从"人际交往能力、自理能力、劳动能力、情绪控制力"等多角度评价孩子并反馈给家长。通过前测、后测，用事实证明孩子的进步与发展，引导家长加强家庭中对孩子教育的方向把握，帮助家长掌握和运用正确的教育方法及康复技巧。

（三）同伴互助

随班就读模式的初衷是让智力障碍的孩子接触社会，让正常学生学会包容和关爱他们。教师除了要对他们进行特殊辅导和帮助，也要对班级其他孩子进行指导。教师可以分不同阶段对全班进行主题教育。一开始以提高大家的心理适应能力为重点，开展"不一样的我们"主题班会，创造融合教育的环境。让大家了解每个孩子都有其特殊性，要学会包容和体谅每个人的不一样。在大家适应融合环境后，教师可以开展"我们都一样"的主题班会，展示各自的特长，营造普通生与其互相学习、共同进步的氛围。让大家发现，在不一样的背景下，智力障碍的孩子也能融入班级活动中，并发现他们身上的闪光点，以此激励大家共同进步的信心。

智力障碍的孩子也有享受幸福教育的权利，每一个教师遇到了这样的孩子都应该尽自己所能给他这种幸福。虽然，这是一个艰辛、漫长、复杂的过程，但是正如陶行知先生的名言："捧着一颗心来，不带半根草去。"这个过程是赤诚的、奉献的，是必将给他、给你、给我、给我们，都带来幸福的。

随讲随练

【判断】智力障碍的孩子应该特殊对待，不应该随班就读。（　　　）

【单选】下列选项中不属于对智力障碍的孩子科学指导的是：（　　　）。

A.了解孩子，制定方案　　　　　　B.生活为主，学业为辅

C.情景训练，融入集体　　　　　　D.正常对待，不必特殊

【多选】教师应该如何对智力障碍的孩子进行科学指导：（　　　）。

A.夯实专业知识　　　　　　　　　B.多角度评价

C.同伴互助　　　　　　　　　　　D.交给家长

拓展阅读

1. 张鸿懿、周为民：《音乐治疗在智力障碍儿童教育中的作用》，载《中央音乐学院学报》，2004（1）。

2. 朱媛媛：《智力障碍儿童教育安置方式研究》，硕士学位论文，华东师范大学，2012。

3. 黄勇：《游戏教学对增进智力障碍儿童课堂学习适应行为之成效研究》，硕士学位论文，重庆师范大学，2013。

➤ 第五节　如何提高多动症孩子的学习效率 ◂

知识构图

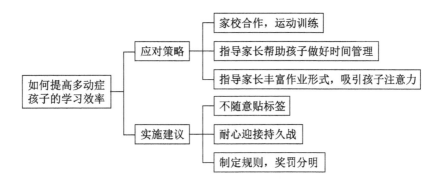

学习目标

1. 能够根据不同的情况，选择适宜方式，提高多动症孩子学习效率。

2. 了解提高多动症孩子学习效率的实施建议。

读前反思

1. 在之前的教学中，你是否能提高多动症孩子的学习效率?

2. 反思自己在提高多动症孩子的学习效率时，是否采用了科学的应对策略?

一、问题聚焦

注意缺陷多动障碍（Attention deficit and hyperactivity disorder，ADHD）俗称儿童多动症，是一种以注意力不集中、活动过度和冲动行为为特征，导致儿童学习困难，并出现一系列的行为问题，属于破坏性行为障碍。[1]这一疾病会给孩子的学习和成长造成巨大阻碍。那么，教师该如何提高多动症孩子的学习效率?

二、应对策略

之前对多动症的治疗主要以药物和心理治疗为主，近几年，随着多动症孩子的增多，

---

[1]　陶国泰：《儿童少年精神医学》，217～228页，南京，江苏科学技术出版社，1999。

学校和教师也开始对这类孩子进行行为训练及教学干预。我们接下来主要围绕以上两个干预策略展开讨论。

（一）家校合作，运动训练

ADHD 儿童临床经常表现笨拙、跌倒、精细动作协调不良、空间位置障碍、视觉运动障碍等，都与前庭系统功能有着密切联系[1]。因此，进行针对性的运动训练，可以有效地帮助该类孩子调节神经发育，改善症状，从而提高学习效率。针对多动症孩子的运动训练，是个漫长的过程，需要每天坚持才能有效果，孩子很难独立完成，而教师也没有精力和时间每天陪同训练。因此，监督和训练只能靠家长来完成，这就需要家长的认同和配合。首先，教师要和家长进行宣传和解释，让家长接受孩子的问题。其次，把训练方法教给家长，并指导家长在家对孩子进行训练。学校还可以招募一批家长志愿者，在校对多动症孩子训练。具体见表 20-1。

表 20-1　针对多动症孩子的常见训练项目及训练方法

训练项目	走直线	推球	翻滚
场地	学校操场跑道。	宽敞的室内。	宽敞的室内。
方法	让孩子双脚前后分开站立在跑道线上，右脚脚尖碰左脚脚跟。注意力集中，在线上前进行走，双脚始终保持一直线，脚尖永远碰到脚跟。走 20 分钟后，进行慢跑，同样，双脚不能离开跑道线，沿线跑 10 分钟。	让两个孩子分别趴在两张垫子上，相隔 1 米左右，双手分别放在胸两侧，双脚向上勾起。一人把篮球用力向前推，使篮球滚向对面的人，对方接住后，双手收回胸前，再向前推出篮球。两人来回做动作，训练 20 分钟。	让孩子平躺在地上，双手放在身体两侧，自然夹紧。用腹部力量向左边翻滚，调整姿势，继续向左边翻滚，连续 10 个为一组，做 5 组。
频率	每天一次，每次 30 分钟。	每天一次，每次 20 分钟。	每天一次，每次 20 分钟。
注意事项	走路和跑步都要保持匀速，控制好速度，不能忽快忽慢。	孩子接到球后，一定要收回双手再向前推出。过程中，双脚保持向上勾起状态，不能放下。	指导孩子利用腹部力量带动身体翻滚，不能用手支撑。翻滚方向必须为向左。

[1]　李静、程嘉、丰雷等：《注意缺陷多动障碍儿童的前庭平衡功能与执行功能》，载《中国心理卫生杂志》，2012（6）。

（二）指导家长帮助孩子做好时间管理

多动症孩子的组织计划能力、时间管理能力很差，所以需要家长去帮助他们。教师要指导家长帮助孩子合理地去安排一天的时间，可以建议家长给孩子制订一个清晰的计划表，规定好起床、就餐、作业、玩耍、就寝的时间；同时，给孩子准备好闹钟或计时器，把时间外化，让孩子有时间观念，遵守安排。教师也要提醒家长注意，不遵守计划时要灵活处理，不要将时间花在埋怨和指责上，根据后面事情的优先级，先做重要的事。慢慢地把时间管理的责任过渡到孩子身上，让其自己制订计划表，试着做时间管理。

多动症孩子完成作业也是一件比较令人头疼的事，建议家长利用"分段学习法"，根据孩子能力，设定好时间段，分段完成。同一个作业，15～20分钟一段，中间休息一下，重复4个回合完成。也可以这一段时间做语文，休息以后换成数学，各科作业交叉进行。当孩子能力进步后，可以把时间增加到25分钟。如此类推，增加持续的时间。

（三）指导家长丰富作业形式，吸引孩子注意力

在为孩子选择学习材料时，要注意趣味性和多样性。比如，在阅读材料的选择上，教师可以建议家长选择多种多样的材料，包括卡通、童话、小说、短文、绘本等。还可以指导家长把一些枯燥的学习任务设计成学习游戏，比如，认识拼音和识字，把学习元素融入小游戏，如识字游戏、背单词游戏等。将多种感官通道结合起来学习，也是一个好办法。比如，听单词、听故事，模仿课文中人物的表情和言语，家长也可以参与其中，和孩子一起进行角色扮演。还可以引导家长给孩子多提供一些实际操作和动手的学习机会，让孩子通过自己动手摆弄物体来理解问题，解决问题。

三、实施建议

（一）不随意贴标签

正常孩子也会有"多动"表现，但不是注意力缺陷导致的，可以受自身控制，这与多动症孩子有本质区别。多动症的确诊是需要专业评估的，教师即使有相关知识，也不能随意给孩子贴上"多动症"标签。即使孩子确诊了"多动症"，教师也要保护孩子的隐私，不能公之于众。

（二）耐心迎接持久战

根据以往经验和研究，系统训练效果最初较明显，可让大部分多动症孩子的病症有所缓解，但接着会有很长一段瓶颈期。因此教师和家长要做好充分的心理准备，有足够的耐心坚持下去。在此期间，教师和家长对孩子的鼓励与引导尤为重要。

（三）制定规则，奖罚分明

规则是必须的，教师可以建议家长事先将孩子需要关注的行为记录下来，做好整理，和孩子一起制定好让双方均能接受的规则。规则要尽量简单、公正且通俗易懂。所有家人都要严格执行，统一标准。

家长是孩子最好的行为治疗师。找对方向，辛勤付出，就会有所收获。多动症孩子需要我们更多的耐心和恒心，只要坚持下去，一步一步去做，我们一定会看到孩子的改变。

随讲随练

【判断】多动症是"注意力缺陷多动障碍"的简称，主要特征为注意力不集中、活动过度和情绪冲动。（　　）

【单选】下面哪一个不是提高多动症孩子的学习效率的应对策略？（　　）

A. 家校合作，运动训练

B. 指导家长帮助孩子做好时间管理

C. 对多动症孩子放任不管

【多选】教师提高多动症孩子的学习效率有哪些？（　　）

A. 不随意贴标签

B. 耐心迎接持久战

C. 制定规则，奖罚分明

拓展阅读

1.刘春生:《多动症儿童行为管理的教育策略》,载《中小学心理健康教育》,2021(28)。

2.孔德琳:《学前教育中多动症儿童的教育管理策略》,载《科技资讯》,2020(7)。

3.李霞开:《多动症儿童教育案例剖析》,载《新课程研究》,2019(A1)。

4.施静平、侯红宝:《探讨多动症儿童的教育策略》,载《华夏教师》,2019(25)。

5.应有根:《浅谈多动症儿童的管理和教育》,载《中华少年》,2019(14)。

▶▶ 附录1
▶ 考试焦虑自陈量表

请认真阅读每一个句子，每题有 4 个备选答案，根据自己的实际情况，进行选择，每题只能选择一个答案，其相应字母的意义是：

A——很符合自己的情况　　　　　B——较符合自己的情况

C——不太符合自己的情况　　　　D——很不符合自己的情况

1. 在重要考试的前几天，我就坐立不安了。

2. 临近考试时，我就泻肚子。

3. 一想到考试即将来临，我的身体就会发僵。

4. 在考试前，我总感到苦恼。

5. 在考试前，我总感到烦躁，脾气变坏。

6. 在紧张的复习期间，我常会想："这次考试要是得到个坏分数怎么办？"

7. 越临近考试，我的注意力越难集中。

8. 一想到马上就要考试了，我参加所有文娱活动都感到没劲。

9. 在考试前，我总预感到这次考试将要考砸。

10. 在考试前，我常做关于考试的梦。

11. 到了考试那天，我就不安起来。

12. 当听到考试的铃声响起，我的心就开始紧张起来。

13. 遇到重要的考试，我的脑子就变得比平时迟钝。

14. 看到考试题目越多、越难，我越感到不安。

15. 在考试中，我的手会变得冰凉。

16. 在考试时，我感到十分紧张。

17. 一遇到很难的考试，我就担心自己会不及格。

18. 在紧张的考试中，我会想些与考试无关的事情，注意力集中不起来。

---

[1] 纪微：《在集体中健全人格：中学班级管理经典活动案例》，143 页，长春，东北师范大学出版社，2010。

19. 在考试时，我会紧张得连平时记得滚瓜烂熟的知识也回忆不起来。

20. 在考试中，我会沉迷在空想之中，一时忘了自己是在考试。

21. 在考试中，我想上厕所的次数比平时多。

22. 考试时，即使不热，我也会浑身冒汗。

23. 在考试时，我紧张得手发僵，写字不流畅。

24. 考试时，我经常会看错题目。

25. 在进行重要的考试时，我的头会痛起来。

26. 发现剩下的时间来不及做完全部考题，我就急得手足无措，浑身大汗。

27. 如果我考了个坏分数，家长或教师会严厉指责我。

28. 在考试后，发现自己会做的题没有答对时，就很生自己的气。

29. 有几次重要考试之后，我腹泻了。

30. 我对考试十分厌烦。

31. 只要考试不计成绩，我就会喜欢进行考试。

32. 考试不应在像现在这样的紧张状态下进行。

33. 要是不进行考试，我就能学到更多的知识。

评分：

A 得 3 分，B 得 2 分，C 得 1 分，D 得 0 分，然后计算出总得分：总得分是 3 乘以 A 的次数、2 乘以 B 的次数和 C 的次数，这三项的总和。

通过总分可得知你的焦虑水平：

0～24 分：镇定。

25～49 分：轻度焦虑。

50～74 分：中度焦虑。

75～99 分：重度焦虑。

▶▶ 附录2
▶ 离异家庭学生关爱记录表

年　　月　　日

姓名	性别	年龄	家庭地址
联系电话			
帮扶教师辅导记录			
学生现状分析			
家校共商的措施和方案			

▶▶ 附录 3
▶ 随讲随练参考答案